谨以此书献给为中国实现
海洋强国梦想的人们

"十二五"国家重点图书出版规划项目

电力电子新技术系列图书

船舶电力推进系统

主　编　汤天浩　韩朝珍

参　编　施伟锋　陈雪峰　许晓彦　谢　卫　姚　刚

　　　　韩金刚　万　芳　金坚鸿　高迪驹　王天真

机械工业出版社

《船舶电力推进系统》是国内第一部全面系统论述现代船舶电力推进技术的学术专著。全书从理论和实践两个方面详细分析了船舶电力推进系统的组成结构、数学模型和控制方法；根据设计规范和技术要求，给出了实际船舶电力推进系统设计案例和仿真结果；详尽介绍了目前国际先进的技术方法和设计理念；还探讨了未来新的技术发展趋势。为读者全面了解和掌握船舶电力推进系统的国内外进展、关键技术和研究设计方法提供学习和借鉴。

本书适用于高等学校有关专业的教师和研究生，从事船舶和海洋工程的设计建造和有关电气装备制造的工程技术人员，也适用于相关领域的市场推广、技术服务和企业经营的高级管理人员。

图书在版编目（CIP）数据

船舶电力推进系统/汤天浩，韩朝珍主编. —北京：机械工业出版社，2015.3（2025.7 重印）

（电力电子新技术系列图书）

"十二五"国家重点图书出版规划项目

ISBN 978-7-111-49630-4

Ⅰ. ①船…　Ⅱ. ①汤…②韩…　Ⅲ. ①船舶推进 – 电力系统　Ⅳ. ①U664. 14

中国版本图书馆 CIP 数据核字（2015）第 049162 号

机械工业出版社（北京市百万庄大街 22 号　邮政编码 100037）

策划编辑：罗　莉　责任编辑：罗　莉
版式设计：霍永明　责任校对：闫玥红
封面设计：马精明　责任印制：邰　敏
北京华宇信诺印刷有限公司印刷
2025 年 7 月第 1 版第 4 次印刷
169mm × 239mm · 24. 25 印张 · 538 千字
标准书号：ISBN 978-7-111-49630-4
定价：79. 00 元

电话服务　　　　　　　　　　网络服务
客服电话：010 – 88361066　　机　工　官　网：www. cmpbook. com
　　　　　010 – 88379833　　机　工　官　博：weibo. com/cmp1952
　　　　　010 – 68326294　　金　书　网：www. golden – book. com
封底无防伪标均为盗版　　机工教育服务网：www. cmpedu. com

电力电子新技术系列图书
序　　言

1974 年美国学者 W. Newell 提出了电力电子技术学科的定义，电力电子技术是由电气工程、电子科学与技术和控制理论三个学科交叉而形成的。电力电子技术是依靠电力半导体器件实现电能的高效率利用，以及对电机运动进行控制的一门学科。电力电子技术是现代社会的支撑科学技术，几乎应用于科技、生产、生活各个领域：电气化、汽车、飞机、自来水供水系统、电子技术、无线电与电视、农业机械化、计算机、电话、空调与制冷、高速公路、航天、互联网、成像技术、家电、保健科技、石化、激光与光纤、核能利用、新材料制造等。电力电子技术在推动科学技术和经济的发展中发挥着越来越重要的作用。进入 21 世纪，电力电子技术在节能减排方面发挥着重要的作用，它在新能源和智能电网、直流输电、电动汽车、高速铁路中发挥核心的作用。电力电子技术的应用从用电，已扩展至发电、输电、配电等领域。电力电子技术诞生近半个世纪以来，也给人们的生活带来了巨大的影响。

目前，电力电子技术仍以迅猛的速度发展着，电力半导体器件性能不断提高，并出现了碳化硅、氮化镓等宽禁带电力半导体器件，新的技术和应用不断涌现，其应用范围也在不断扩展。不论在全世界还是在我国，电力电子技术都已造就了一个很大的产业群。与之相应，从事电力电子技术领域的工程技术和科研人员的数量与日俱增。因此，组织出版有关电力电子新技术及其应用的系列图书，以供广大从事电力电子技术的工程师和高等学校教师和研究生在工程实践中使用和参考，促进电力电子技术及应用知识的普及。

在 20 世纪 80 年代，电力电子学会曾和机械工业出版社合作，出版过一套电力电子技术丛书，那套丛书对推动电力电子技术的发展起过积极的作用。最近，电力电子学会经过认真考虑，认为有必要以"电力电子新技术系列图书"的名义出版一系列著作。为此，成立了专门的编辑委员会，负责确定书目、组稿和审稿，向机械工业出版社推荐，仍由机械工业出版社出版。

本系列图书有如下特色：

本系列图书属专题论著性质，选题新颖，力求反映电力电子技术的新成就和新经验，以适应我国经济迅速发展的需要。

理论联系实际，以应用技术为主。

本系列图书组稿和评审过程严格，作者都是在电力电子技术第一线工作的专家，且有丰富的写作经验。内容力求深入浅出，条理清晰、语言通俗，文笔流畅，便于阅读学习。

　　本系列图书编委会中，既有一大批国内资深的电力电子专家，也有不少已崭露头角的青年学者，其组成人员在国内具有较强的代表性。

　　希望广大读者对本系列图书的编辑、出版和发行给予支持和帮助，并欢迎对其中的问题和错误给予批评指正。

电力电子新技术系列图书

编辑委员会

前　　言

　　我站在法国最西端的布雷斯特（Brest）海边，夕阳正缓缓沉落到大西洋滚滚波涛中，灿烂的晚霞映红了天边。这里是法国重要的造船基地，也是法国海军的摇篮。曾经的坚船利炮轰开了腐朽王朝闭关锁国的大门，也唤醒了沉睡千年的东方雄狮。现今这里是法国乃至欧洲主要的海洋科技中心，我受邀在此做访问教授，也趁此无繁杂琐事打扰的时机，利用闲暇之余来完成《船舶电力推进系统》全书的最后修饰。

　　回想到2010年，受机械工业出版社"电力电子新技术系列图书"编委会的委托编撰《船舶电力推进系统》，深感肩负的重任和艰难。当时，中国已跃升为世界第二造船大国，但主要的船舶电气设备大都依赖进口；特别是船舶电力推进系统的核心技术和关键设备仅有少数几个国际著名公司提供。国内外的研究论文和专著也不多，国内早先由大连海事大学樊映海教授编著过《船舶电力推进》一书，但其主要内容源于苏联的技术，并以直流调速系统为主，已不能适应如今主要采用交流电力推进技术船舶的需求；国外也鲜有能反映当前船舶先进电力推进技术的专著可供借鉴。因此，编写本书的困难重重。好在编写过程中召集了来自涉海高校、船舶设计院和造船单位的专业技术人员，经过4年的艰苦努力，全体参编人员不辞辛劳，攻坚克难，终于完成了本书的撰写。

　　本书是集体智慧的结晶，上海海事大学的施伟锋教授，以他在船舶电力系统方面长期的教学和研究为基础，编写了第3章；许晓彦教授和波兰格丁尼亚海事大学的Janusz Mindykowski教授共同编写了第6章；谢卫教授从西安交通大学引进到我校，现担任电气自动化系主任，长期从事电机理论的教研工作，编写了第4章和第7章中有关电机结构、设计与制造等方面的内容；韩朝珍教授级高工作为本书的主编之一，从清华大学毕业后长期从事电力推进船舶的设计和建造工作，主持了国内第一艘电力推进船"中铁渤海"火车客渡轮的设计，她率领上海船舶研究设计院和佳豪船舶工程设计股份有限公司的陈雪峰、万芳高工，以及金坚鸿等工程师编写了第7、8章的主要内容。他们以丰富的工程实践经历，提供了实际案例和设计数据，使本书能够更好地体现理论与实际相结合，既有学术价值，也增强了实用性。本书还得到许多青年才俊的加盟，韩金刚副教授参与了中国第一条燃料电池电力推进试验船的研发，此后在法国海军学院继续做博士后研究，撰写了第9章中有关燃料电池船舶的章节；姚刚博士在法国中央理工大学做博士后期间从事船舶电力系统仿真建模研究，撰写了第7章中有关电力系统仿真的章节；王天真副教授在法国海军学院做博士后期间及此后，一直从事船舶信息技术与故障诊断研究，并获得国家自然基金资助，撰写了第 5 章中有关船舶智能信息处理方法的内容；高迪驹博士获得国家自然基金资助，进行船舶混合动力系统研究，撰写了第 9 章关于船舶混合动力系统的章节；本人撰写了第 1、2、4、5 章的主要内容，并负责全书的统稿。书中还吸收了本人许多研究生的研究成果，他们是：窦金生、周福娜、李继方、郑慧、陈雯洁、闻春红、杜婷婷、陈菁、周晶晶等。由此可见，本书是长期研究积累的总结，凝聚了众人的心智和成果。在此，对所有参编者的辛勤付出和贡献表示衷心的感谢。

本人应特别感谢 ABB 公司，作为国际主要的船舶电力推进系统制造商，始终引领着该领域的国际发展前沿，也一直以各种方式孜孜不倦地普及船舶电力推进知识。该公司的原技术总监 Alf 博士曾应邀到我校讲学，为本书提供了丰富的素材和先进的知识。ABB 公司中国船舶部的许多同仁也为本书提供了极有价值的参考资料。本书引用了 ABB、西门子及 GE 等国际著名公司的系统和案例，已在书中标明。他们先进的技术和理念代表了当前国际船舶电力推进系统的现状和发展趋势，使本书能够体现当代精神并与时俱进。对他们为本书的支持，以及对中国造船业的发展和技术进步所做的贡献表示由衷的感谢。

许多国内的研究机构也在船舶电力推进系统的研发方面不懈努力并取得成果。非常感谢中国船舶重工集团公司武汉船用电力推进装置研究所（武汉 712 所）对本书的支持，他们提供的资料和研究成果为本书增色添彩。

陈伯时教授是我国电力传动技术的开拓者和引领者，他一直关注电力传动在船舶中的应用；陈坚教授最早在华中科技大学建立了船电系，为船舶电气工程的发展培养人才。正是他们在丛书编委会极力推荐编撰本书，并提请我担任主编，本人对前辈的举荐和厚爱深表敬意和感谢。他们不仅是我的恩师和学术领路人，也是我永远学习的榜样和楷模。

还需感谢机械工业出版社为本书的编辑和出版提供了大力支持和帮助，特别是本书的责任编辑，正是她的宽容和耐心，给我们极大的创作空间和自由，并允许编写过程的滞后与拖延，为本书能够提高质量提供了保障。在此，我也对本书的延迟出版表示歉意。

最后，应特别感谢我们的家人，正是由于父母的养育，妻儿的理解和支持，才能全身心地投入到工作和写作中。为了国家富强和民族复兴，我们曾浪迹天涯、上下求索，又一直奋勇攀登，无怨无悔。谨以此书来回报他们伟大无私的爱。

由于本人的学识有限和时间仓促，本书还有许多不足和谬误，恳请读者批评指正。

搁笔之时，已是深夜。相隔 6 小时的时差，那轮红日应正在我故乡的东海之滨冉冉升起，就像中国蓬勃发展的时代，生机无限。我们正在从造船大国向造船强国跨越，期待本书的出版能为从事船舶和海洋电气工程的专业技术人员提供借鉴和帮助。让我们共同努力，为中国早日实现海洋强国的梦想而奋斗。

上海海事大学
汤天浩

目　　录

常 用 符 号 表

一、主要元件和装置用的文字符号

A	电枢绕组，A 相绕组，执行器	M	电动机
A/D	模/数转换器	MS	同步电动机
AR	反号器	N	中线点，磁极北极
AU	绝对值计算单元	P	螺旋桨
B	B 相绕组	P/D	脉冲数字转换器
BQ	位置传感器，转子位置检测器	PG	脉冲发生器
C	电容器，C 相绕组，控制器	PM	永磁材料，永磁电动机
CB	电路断路器	PLC	可编程逻辑控制器
CR	电流调节器	PPC	功率程序选择器
CSI	电流源逆变器	PR	极性转换器，相位调节器
D	数字集成电路和器件	PS	位置传感器
D/A	数/模转换器	R	电阻
DLC	逻辑控制环节	RP	电位器
E	原动机，电源	S	开关器件，磁极南极
EA	电动势运算器	SA	控制开关，选择开关
ER	电动势调节器	SC	同步补偿器，超级电容
ES	储能系统	SE	转速编码器
F	励磁绕组	SR	转速调节器
FA	具有瞬时动作的限流保护	ST	饱和限制环节
FBS	测速反馈环节	T	变压器
FC	燃料电池	TA	电流互感器，电流传感器
FE	磁通估计器	TG	测速发电机
FG	函数发生器	TV	电压互感器，电压传感器
FR	磁场（电流）调节器，磁链调节器	TVC	双向晶闸管交流调压器
FU	熔断器	TVD	直流电压隔离变换器
G	发电机	U	变换器，调制器
GD	驱动电路	UCR	可控整流器
GS	同步发电机，轴带发电机	UCH	直流斩波器
GT	触发装置	UI	逆变器
GTF	正组触发装置	UPW	PWM 波生成环节
GTR	反组触发装置	UR	整流器
IM	异步电动机，感应电动机	VC	晶闸管整流装置
I/O	输入/输出接口	VCO	压控振荡器
IU	积分单元	VD	二极管，续流二极管
HALL	霍尔传感器	VF	正组晶闸管整流装置
HBC	滞环比较器，滞环控制器	VG	电压发生器
K	继电器，接触器	VR	反组晶闸管整流装置
L	电感，电抗器	VSI	电压源逆变器
LC	逻辑控制器	VT	晶闸管，功率开关器件

二、常用缩写符号

ABS	美国船级社（American Bureau of Shipping）
ABT	自动母线转换器（Automatic Bus Translator）
AC	交流电（Alternating Current）
AFPM	轴向磁通永磁同步电动机（Axis Field Permanent Magnet Synchronous Machine）
ANN	人工神经网络（Artificial Neural Networks）
APF	有源电力滤波器（Active Power Filters）
AUV	自主水下载运工具（Autonomous Underwater Vehicles）
AVR	自动电压调整器（Automatic Voltage Regulator）
AZIPOD	全回转吊舱式推进器（Azimuth Pod）
CHBPWM	电流滞环跟踪PWM（Current Hysteresis Band PWM）
CN	控制局域网（Control Network）
CO	一氧化碳（Carbon Monoxide）
CPP	可调距螺旋桨（Controllable Pitch Propeller）
CRP	反转螺旋桨（Contra – Rotating Propeller）
CSI	电流源（型）逆变器（Current Source Inverter）
CVCF	恒压恒频（Constant Voltage Constant Frequency）
DC	直流电（Direct Current）
DCS	分布式控制系统（Distributed Control Systems）
DCU	系统直接控制单元（Direct Control Unit）
FDD	故障的检测与诊断（Fault Detection and Diagnosis）
DF	位移因数（Displacement Factor）
DM	数据挖掘（Data Mining）
DOF	自由度（Degree Of Freedom）
DP	动力定位系统（Dynamic Positioning System）
DSP	数字信号处理器（Digital Signal Processor）
DTC	直接转矩控制（Direct Torque Control）
EMI	电磁干扰（Electromagnetic Interference）
FCS	现场总线控制系统（Field – bus Control Systems）
FDR	频率下降率（Frequency Decrease Rate）
FFT	快速傅里叶变换（Fast Fourier Transform）
FN	现场总线网（Fieldbus Network）
FOC	燃油消耗（Fuel of Consumption）
FPP	定距螺旋桨（Fixed Pitch Propeller）
FTC	故障容错控制（Fault Tolerant Control）
GMDSS	全球海上遇险安全系统（Global Maritime Distress and Safety System）
GPS	全球定位系统（Global Position System）
GTO	门极可关断晶闸管（Gate Turn – off Thyristor）
HC	碳氢化合物（Hydrocarbon）
HRSG	热回收蒸汽发电机（Heat Recovery Steam Generators）
HTS	高温超导（High Temperature Superconducting）
HVDC	高压直流输电（High Voltage Direct Current）
IEC	国际电工委员会（International Electrotechnical Commission）
IEEE	电气电子工程师学会（Institute of Electrical and Electronics Engineers）
IGBT	绝缘栅双极型晶体管（Insulated Gate Bipolar Transistor）

IGCT	集成门极换向晶闸管（Intergrated Gate Commutated Thyristor）
IMO	国际海事组织（International Maritime Organization）
IPS	综合电力系统（Integrated Power Systems）
KDD	知识发现（Knowledge Discovery in Database）
LCI	负载换流逆变器（Load Current Inverters）
LNG	液化天然气（Liquid Natural Gas）
LQI	线性二次积分（Liner Quadratic Integral）
ME	主机（Main Engine）
MPPT	最大功率跟踪（Maximum Power Point Tracing）
MSB	主配电屏、主开关柜（Main Switchboard）
NOx	氮氧化合物（Nitric Oxides）
PCA	主元分析（Principle Component Analysis）
PEBB	积木式电力电子组件（Power Electronics Building Blocks）
PEMFC	质子交换膜燃料电池（Proton Exchange Membrane Fuel Cell）
PF	功率因数（Power Factor）
PFC	功率因数校正（Power Factor Correction）
RFPM	径向磁通永磁同步电动机（Radial Field Permanent Magnet Synchronous Machine）
PID	比例积分微分（Proportion，Integration，Differentiation）
PLC	可编程逻辑控制器（Programmable Logic Controller）
PLL	锁相环（Phase Lock Loops）
PM	永磁（Permanent Magnet），细微颗粒（Particulate Matter）
P – MOSFET	场效应晶体管（Power MOS Field Effect Transistor）
PMS	电能管理系统（Power Management Systems）
PWM	脉宽调制（Pulse Width Modulation）
RDT	轮毂式推进器（Rim Driven Thruster）
SCR	晶闸管相控型整流器（Silicon Controlled Rectifier）
SG	同步发电机（Synchronous Generator ）
SHEPWM	消除指定次数谐波的PWM（Selected Harmonics Elimination PWM）
SiC	碳化硅器件（Silicon Carbide）
SOA	安全工作区（Safe Operation Area）
SOC	电池剩余电量（State of Charge）
SPWM	正弦波脉宽调制（Sinusoidal PWM）
SVC	静止无功补偿器（Static Var Compensator）
SVPWM	电压空间矢量（Space Vector PWM）
THD	总谐波畸变率（Total Harmonic Distortion）
UPS	不间断电源（Uninterruptible Power Supply）
VC	矢量控制（Vector Control）
VPI	真空压力注入工艺（Vacuum Pressure Injection）
VR	矢量旋转变换器（Vector Rotator）
VSI	电压源（型）逆变器（Voltage Source Inverter）
VVVF	变压变频（Variable Voltage Variable Frequency）

三、常见下角标

A	定子 A 相绕组	M	电动机（Motor）
a	电枢绕组（armature）；转子 a 相绕组	max	最大值（maximum）
ac	交流电（alternating current）	MD	机械推进（Mechanical Drive）
add	附加（additional）	min	最小值（minimum）
am	阻尼（amortisseur）	N	额定值，标称值（Nominal）
av	平均值（average）	off	断开（off）
B	定子 B 相绕组	on	闭合（on）
b	转子 b 相绕组；船体（body）；电池（battery）	op	开环（open loop）
		out	输出（out）
bl	堵转；封锁（block）	P	比例（Proportion）；有功功率
bs	偏压（bias）；基准（basic）	p	磁极（poles）；峰值（peak）螺旋桨（propeller）
C	定子 C 相绕组；电容（Capacitor），电缆		
c	转子 c 相绕组；控制（control）	Q	无功功率；螺旋桨转矩
cl	闭环（closed loop）	q	q 轴（quadrature axis）
com	比较（compare）；复合（combination）	r	转子（rotator）；上升（rise）
cr	临界（critical）	ref	参考（reference）
cv	变流器、变频器（converter）	rec	整流器（rectifier）
d	直流（direct current）；d 轴（direct axis）；扰动（disturbing）	rms	有效值、方均根值（root mean square）
		rv	反向（reverse）
de	柴油机（diesel engine）	s	定子（stator）；串联（series）
dp	位移（displacement）	sam	采样（sampling）；脉动（pulse）
dr	下降（decrease）	SB	配电盘、开关柜（Switchboard）
dt	畸变（distortion）	sc	超级电容（super capacitor）
D	微分（Differential），驱动（Drive）	sl	转差（slip）
e	电、电源（electric source）；地球（earth）	sh	短路（short）
eq	等效值（equivalent parameter）	sp	船舶（ships）
ED	电力推进（Electric Drive）	ss	稳态（steady state）
em	电磁的（electric - magnetic）	st	起动（starting）
f	磁场（field）；正向（forward）；反馈（feedback）	sy	同步（synchronous）
FW	飞轮（Flywheel）	t	触发（trigger）；三角波（triangular wave）
g	发电机（generator）；气隙（gap）；栅极（gate）		
G	电网（Grid）	tm	变压器（transformer）
GB	齿轮箱（Gear Box）	T	转矩（Torque）；船舶推力（Thrust）
I	积分（Integral）	ub	不平衡（unbalance）
in	输入（input）	W	线圈（winding）
L	负载（Load）	x	X 轴
l	线值（line）；漏磁（leakage）	y	Y 轴
lim	极限，限制（limit）	z	Z 轴
loss	损耗（loss）	∞	稳态值，无穷大处（infinity）
m	磁的（magnetic）；机械的（mechanical）主要的（main）		

四、主要参数和变量符号

A	面积、散热系数	f_e	电源频率
A_0	桨的盘面积（m^2）	f_g	发电机输出电压频率
A_E	桨的伸张面积（m^2）	f_G	电网频率
a	线加速度	f_M	调制信号频率
B	磁通密度、宽度	f_r	交流电机转子频率
B_m	永磁体的磁通密度	f_{si}	交流电机转差频率
B_h	永磁体的励磁分量磁通密度	f_s	交流电机定子频率
B_i	永磁体内禀磁通密度	f_{sp}	船舶推力减额
B_r	剩余磁通密度	f_{sw}	开关频率
B_{WL}	水线宽（m）	f_T	载波信号频率
C	电容、系数	G	电机旋转感应系数；传递函数；系统增益
C_A	船舶海军系数	$G(s)$	开环传递函数
C_D	摩擦转矩阻尼系数	$G_{ci}(s)$	闭环传递函数
C_e	他励直流电动机在额定磁通的电动势系数	g	重力加速度
C_{ge}	发电机电枢感应电动势系数	GD^2	飞轮惯量
C_F	摩擦阻力系数	h	滞环宽度，谐波次数
C_{MT}	他励直流电动机在额定磁通的转矩系数	h_0	螺旋桨进程
C_R	兴波阻力系数	H	磁通强度
C_T	电动机的电磁转矩系数，船舶总阻力系数	H_g	气隙的磁通强度
		H_m	磁体的磁通强度
D	直径、电动机调速范围、占空比	I, i	电流（大写为平均值或有效值，小写为瞬时值，下同）
D_P	螺旋桨直径（m）		
D_ω	机械阻尼系数	I_a, i_a	电机电枢电流
d	距离（m）	I_d, i_d	整流电流、直流平均电流，d 轴电流分量
d_h	螺旋桨桨毂直径（m）		
E, e	感应电动势（大写为平均值或有效值，小写为瞬时值，下同），误差	I_f, i_f	励磁电流
		I_g, i_g	发电机电流
		I_{gf}	发电机励磁电流
E_a, e_a	直流电机电枢感应电动势、反电动势	I_G, i_G	电网电流
E_{add}, e_{add}	附加电动势	I_h	谐波电流
E_2, e_2	变压器二次绕组感应电动势	i_m, i_m	交流异步电动机励磁电流
E_{gf}	发电机转子感应电动势		
$E_r, \dot{E}_r$	交流电机转子感应电动势	I_1, i_1	变压器初级绕组电流，电流正弦基波分量
$E_s, \dot{E}_s$	交流电机定子感应电动势		
F	磁动势	I_2, i_2	变压器次级绕组电流
F_r	电机转子磁动势	I_L, i_L	负载电流
F_s	电机定子磁动势	I_N, i_N	额定电流
F_n	船舶傅汝德数	i_q	q 轴电流分量
f	频率	I_r, i_r	交流电机转子电流

（续）

I_s, i_s	交流电机定子电流	L_m	互感
I_{sh}, i_{sh}	短路电流	L_r	转子电感
I_{st}, i_{st}	电机起动电流	L_s	定子电感
I^0, I^+,	分别为三相电力系统中线电流的零序，	M	闭环系统频率特性幅值；PWM 调制比
I^-	正序，逆序对称分量的有效值	m	质量；相数；脉冲数；检测值
J	转动惯量	N	绕组匝数，数值
J_g	发电机组的转动惯量	N_p	电机极对数
J_p	螺旋桨进速系数	N_r	转子每相绕组的匝数
j	传动机构减速比	N_s	定子每相绕组的匝数
K	系数、常数、比值	n	转速
K_e	直流电动机电动势结构常数	n_m	机械转速
K_D、k_D	微分系数	n_0	理想空载转速
K_g	发电机系数	n_s	交流电机同步转速
K_{gf}	发电机励磁系数	n_p	螺旋桨转速
K_I、k_I	积分系数	P	功率
K_i	电流检测环节比值，电流反馈系数	P_b	蓄电池功率
K_m	电机结构常数	P_{ch}	充电功率
K_n	转速检测环节比值，转速反馈系数	P_D	推进功率
K_P、k_P	比例放大系数	P_{em}	电磁功率
K_{pp}	螺旋桨的功率系数	P_E	有效功率，原动机功率
K_{pQ}	螺旋桨的转矩系数	P_g	发电机输出功率，有功功率
K_{pt}	螺旋桨的推力系数	P_{gmax}	发电机最大输出功率
K_s	电力电子变换器放大系数	P_G	电网功率
K_{sh}	短路电流偏移因子	P_{in}	输入功率
K_{st}	起动转矩倍数	P_h	谐波功率
K_{pT}	螺旋桨推力系数	P_{loss}	损耗功率
k	系数；调节系数	P_L	负载功率
k_C	电缆的电容系数	P_m	机械功率（电动机输出功率）
k_i	电流比；起动电流倍数	P_N	额定功率
k_N	绕组系数	P_{out}	输出功率
k_{ws}	定子绕组因数的修正系数	P_p	螺旋桨的功率
l	长度	P_{si}	转差功率
l_C	电缆线路长度	P/D_P	螺旋桨螺距比
l_g	气隙的径向长度	$p = \dfrac{d}{dt}$	微分算子
l_m	磁体的径向长度		
L	电感	Q	无功功率；热量；流量
L_f	励磁绕组电感	Q_g	发电机输出的无功功率
L_g	发电机电枢线圈同步电感	Q_p	螺旋桨扭矩
L_l	漏感	R	电阻；阻力
		R_a	直流电机电枢电阻

（续）

R_b	镇流电阻，泄流电阻	t_p	峰值时间
R_e	中性点接地电阻	t_r	上升时间
R_f	励磁电阻；反馈电阻	t_s	调节时间
R_g	发电机电枢线圈电阻	t_v	恢复时间
R_0	运算放大器输入电阻		
R_n	雷诺数	U, u, $\boldsymbol{u}$	电压，控制变量（大写为平均值或有效值，小写为瞬时值，粗体为矢量，下同）
R_r，R'_r	转子绕组电阻及折算		
R_{rec}	整流装置内阻	U_1, u_1	变压器初级电压，电压正弦基波分量
R_s	定子绕组电阻	U_2, u_2	变压器次级侧电压
R_T	船体裸阻力	U_a	直流电机电枢电压
r	参考变量；控制指令	U_c	控制电压
S	视在功率；开关状态	U_d	整流电压、直流平均电压
S_g	发电机的容量	U_{d0}, u_{d0}	理想空载整流电压
S_N	额定视在功率（容量）	U_f, u_f	励磁电压
s	转差率；Laplace 变量	U_g, u_g	发电机电压，栅极驱动电压
T	转矩、螺旋桨推力、时间常数；开关周期	U_G, u_G	电网电压
T_c	电力电子开关周期	U_h	谐波电压
T_d	检测环节的时间常数	U_m	峰值电压
T_e	电动机电磁转矩	u_M	调制波电压
T_E	原动机的拖动转矩	U_N, u_N	额定电压
T_{em}	电磁转矩	U_r, u_r	交流电机转子电压
T_{fl}	滤波时间常数	U_s, u_s	电源电压、交流电机定子电压
T_g	发电机的阻转矩	$\boldsymbol{u}_s$	定子电压（矩阵）、空间电压矢量
T_l	电枢回路电磁时间常数	u_T	三角载波电压
T_L	负载转矩	U^0, U^+, U^-	分别为三相电力系统中相电压或线电压零序，正序，逆序对称分量的有效值
T_m	机电时间常数		
T_N	额定转矩		
T_p	螺旋桨推力	U_x^*, U_x	变量 x 的给定和反馈电压（x 可用变量符号替代）
T_r	转子电磁时间常数		
T_{st}	起动转矩	v	速度，线速度
T_s	电力电子变换器平均失控时间，电力电子变换器滞后时间常数	$\boldsymbol{v}$	速度矢量
T_{sam}	采样周期	v_0	螺旋桨进速（静水）
T_{sp}	船舶推力	v_{sp}	船速
T_{sw}	电力电子器件开关时间	V	体积
T_T	载波信号周期	w	伴流分数，扰动量（白噪声）
t	时间、推力减额分数	W	能量
t_m	最大动态降落时间	W_C	电容储能
t_{on}	开通时间	W_m	电机磁场储能
t_{off}	关断时间	W_{FW}	飞轮储能

（续）

x	位移、时域变量，状态变量	η_S	轴系效率
X	电抗，频域变量，坐标轴	η_{SB}	配电系统效率
X_g	发电机同步电抗	η_T	传动效率
X_d	发电机 d 轴同步电抗	η_{tm}	变压器效率
X_q	发电机 q 轴同步电抗	θ	电角位移；相位角；可控整流器的导通角
X_r, X_r'	转子绕组旋转漏电抗及折算	θ_g	发电机输出电压与电流的相位角
y, Y	系统输出变量，年数，横移位移	θ_r	转子电流与转子感应磁动势之间的夹角
z	z 垂直位移	θ_m	机械角位移
Z	电阻抗，垂直方向坐标轴	λ	电机允许过载倍数
Z_p	螺旋桨叶数	μ_0	真空磁导率
Z_s	定子侧总齿槽数	μ_{rm}	永磁材料的相对磁导率
α	可控整流器的控制角，船舶纵倾角	ρ	密度，电导率
β	可控整流器的逆变角，机械特性的斜率	σ	漏磁系数；转差功率损耗系数
γ	相角裕度；PWM 电压系数	$\sigma\%$	超调量
δ	功率角；静差率；调节率	τ	时间常数，积分时间常数，微分时间常数
δ_n	转速调节率	Φ	磁通
δ_f	频率调节率	Φ_{gp}	发电机的每极磁通
Δ	偏移量，差值，损耗值	Φ_m	每极气隙磁通量的幅值
Δf_{dr}	频率下降率	Φ_N	额定磁通
Δn	转速降落	Φ_r	转子磁通
Δp	功率损耗	Φ_{rs}	电动机定子与转子的合成磁通
ΔU	电压差	Φ_s	定子磁通
$\Delta\theta_m$	相角差	φ	磁场相位角；阻抗角
ξ	阻尼比	φ_r	转子磁动势与合成磁动势之间的夹角
η	效率	φ_s	定子磁动势与合成磁动势之间的夹角
$\boldsymbol{\eta}$	船舶的位移向量	Ψ, ψ	磁链
η_0	螺旋桨敞水效率	Ψ_m	交互磁链
η_{CPP}	可调距桨效率	Ψ_r	转子磁链
η_{cv}	变流器效率	Ψ_s	定子磁链
η_D	推进效率	ω	角转速，角频率
η_{de}	柴油辅机效率	ω_b	闭环频率特性带宽
η_{ED}	电力推进系统效率	ω_c	开环频率特性截止频率
η_{FPP}	定距螺旋桨效率	ω_e	电角频率
η_g	发电机效率	ω_g	发电机转速，角频率
η_{GB}	传动轴与齿轮箱效率	ω_m	机械角速度
η_H	船体效率	ω_n	二阶系统的自然振荡频率
η_M	电动机效率	ω_r	转子角转速，角频率
η_{MD}	机械推进系统效率	ω_s	定子角转速（频率）；同步角转速（频率）
η_{ME}	主机效率	ω_{si}	转差角转速，角频率
η_R	螺旋桨相对旋转效率		

第1章 绪 论

船舶运输是历史最为悠久的一种交通运输手段，它从发祥至今已经有数千年的历史，其间经历了一次又一次巨大的变革，从18世纪蒸汽机的发明，到20世纪初内燃机开始取代蒸汽机作为船舶的主要动力，都是船舶发展的重要里程碑。长期以来，以热机（比如：柴油机、汽轮机以及燃气轮机等）为动力直接驱动螺旋桨的机械推进系统成为船舶推进的主要方式，在船舶动力装置中占据了主导地位。

然而，船舶机械推进系统仍存在噪声大、调速范围小和灵活性差等问题难以解决。电力推进船舶采用电动机替代热机直接驱动螺旋桨，由于电动机功率密度高，控制简便，并且动态响应快，与机械推进装置相比，船舶电力推进系统具有如下优点：

1）使用高速不可逆的热力发动机，降低了船舶动力装置的重量和体积；
2）可以方便地通过多台发电机电气连接获得所需的电能，提高了系统可靠性；
3）允许船舶推进器的输出转速和转矩变化范围较大，提高船舶操纵灵活性；
4）在中、低速航行和港口频繁起停作业时，有较高的经济性能；
5）可以获得所需的推进电动机机械特性，满足不同航行条件要求；
6）缩短了连接轴的长度，消除推进螺旋桨对热力发动机的振动和冲击。

因而，船舶电力推进将逐步取代传统的机械推进方式，成为未来船舶的主要推进方式。

1.1 船舶电力推进的发展历史

船舶电力推进具有很长的发展历史[1]，可以追溯到19世纪。1832年，由蓄电池提供电力，直流电动机驱动的电力推进船在俄国首次试验成功；1860年世界上第一艘以蓄电池为动力，电动机直接驱动的电力推进潜水艇投入使用；1886年，"Volta"号电力推进船横跨英吉利海峡。这类电力推进船采用蓄电池供电，直流电动机驱动螺旋桨旋转，通过直流调速控制船舶运动。进入20世纪，大部分潜水艇都采用电力推进方式。常规潜水艇在水面航行时由柴油机—发电机组给蓄电池充电，并向电动机供电驱动船舶；在水下航行时由蓄电池供电，电动机驱动船舶。核潜艇则采用原子能发电，电动机驱动的推进方式。

自19世纪20年代，船舶电力推进系统采用涡轮发电装置，由直流发电机和电动机组成的 Ward – Leonard 直流调速系统（G–M）；随后，推出了由交流同步发电机与同步电动机组成的调速系统（交流 G–M）构成电力推进装置。G–M 系统通过直流发电机的输出电压或改变同步发电机的频率实现转速调节，因而又称为旋转变流器。在20年代，美国建造的6艘4万 hp⊖的 Mexico 级战舰和两艘18万 hp 的航空母舰都采用了汽轮

⊖ 1hp = 735W。

机—发电机—电动机驱动模式的电力推进系统。在第二次世界大战期间，仅美国就建造了 300 多艘采用柴油机—发电机—电动机驱动模式的战舰和运输舰。此后，在破冰船、科学考察船以及其他特殊用途船舶上也陆续装备了电力推进系统。例如："S/S Normandie"号电力推进船由 4 台蒸汽透平发电机组分别向 4 台 29MW 同步电动机供电，通过调节同步发电机的输出频率来控制同步电动机的转速；也可以在低速航行时，由一台发电机同时向两台电动机供电。

到 20 世纪 70 年代，由晶闸管整流器调压调速系统取代了 G－M 调速系统；自 80 年代以来，随着电力电子器件的不断进步，采用可关断半导体开关的交流调速系统逐步取代了晶闸管直流调速系统，成为目前船舶电力推进系统的主要调速方式。这一时期，船舶电力推进系统采用柴油发电机组为主要发电装置，构成统一的船舶电网提供固定频率和稳定的输出电压，通过晶闸管交－直－交变频器或晶闸管 AC/AC 变换器驱动交流电动机，实现定距螺旋桨（Fixed Pitch Propeller，FPP）的转速调节。这类电力推进方案先被用于特种工程船舶，比如：海洋测量船、破冰船等；后来又应用于游轮和渡轮，比如：80 年代中期的"S/S Queen Elizabeth II"豪华游轮，采用该方案；其后，在"梦幻级和公主级"游轮中也都采用该方案。

20 世纪 90 年代，吊舱式电力推进装置改变了传统的船舶推进方式，将交流异步电动机或同步电动机至于水下的吊舱中，进一步扩大了舱容；采用基于脉宽调制（PWM）的 AC—DC—AC 变换器以及高性能交流调速技术，提高了系统动态性能；并通过舵桨合一，使船舶控制更为简便和灵活，提高了船舶水动力特性和可操控性。吊舱式电力推进装置使船舶推进方式取得了突破性发展，电力推进在大型游轮、破冰船、海洋石油平台以及海军舰船应用方面占据主导地位。比如：1999 年建成的"Voyager of the Seas"号豪华游轮，船体长 311.1m，宽 38.6m，高 72.3m，137300t 排水量；其电力推进装置采用 6×12.6MW 柴油发电机组供电，3 个 14MW 电动机作为主驱动，其中 1 个为固定螺旋桨推进器，2 个全回转（Azimuthing）螺旋桨推进器；4 个 3MW 电动机作为辅助驱动；航速达到 22Kn（巡航速度）。

也有外国学者将船舶电力推进技术的发展分为 3 个阶段[2]：

1）第一阶段（20 世纪 20～70 年代），采用旋转变流器组成 G－M 调速系统；

2）第二阶段（20 世纪 70～80 年代），采用电力电子静止变流器取代旋转变流器，组成直流或交流调速系统；

3）第三阶段（自 20 世纪 90 年代），各种吊舱式电力推进器的出现。

从上述船舶电力推进系统发展的历史轨迹可以看出，其每一次进步和突破都与电力电子技术与传动控制系统的发展基本同步并密切相关。新一代的器件带出来新一代的变换器，又推动了新一代传动控制系统的发展；与此同时，电机及控制技术的发展也至关重要。由此可见，电力电子器件及其变流器、电力传动控制技术的进步是推动船舶电力推进系统不断创新的动力[3]。

1.2 船舶电力推进技术的国内外现状

当前，船舶电力推进系统进入了一个新的发展时期。在技术方面：由于船舶驱动功率越来越大，提高电动机的电压等级可以减小电动机体积和降低重量，因而需要采用中压系统以提高系统功率。为此，在发电系统方面主要采用柴油机或燃气轮机作为原动机，由同步发电机组提供中压恒频的交流电，船舶电网分为中压（3.3~11kV）系统直接向中压变频调速系统供电；低压（400~690V）系统向其他船舶电气设备供电，通过船舶综合电力系统（IPS）实现发配电的自动控制、状态监测和能量管理。在电力推进方面，主要采用中压交流异步电动机或同步电动机直接驱动螺旋桨，配以中压变频器和自动控制系统实现转速控制。特别是，近年来多相电动机的发展突破了传统的三相交流电动机的限制，其每相绕组可以分别由单独的变频器供电，这样既可降低每个变频器的容量，又能通过电动机绕组的分组供电，使推进装置具有故障冗余和容错能力，提高系统的可靠性。

在应用方面：电力推进系统广泛应用于各类船舶，目前在各种大型客轮，包括豪华游轮、渡轮；货轮，特别是 LNG 船、化学品船等，各种海洋工程船，包括破冰船、铺缆船、挖泥船、测量船等；海洋石油、天然气开采装备，包括海洋油气开采平台的动力定位（Dynamic Position，DP）系统，以及油气运输船等。典型的应用例子如："Queen Mary II"号豪华游轮采用了 4 个吊舱式电力推进器，其中两台固定式，另两台为全回转（Azimuthing）吊舱式推进器，配备了 4 台 21.5MW 交流电动机。目前，ABB、ALSTOM、SIEMENS、GE 等公司是全球主要的电力推进系统制造商。

中国目前虽然是世界航运第一大国和造船第二大国，但是在电力推进船舶的研发、制造和应用方面起步较晚，处于落后状态。近年来在国家的大力支持下，一些高校和科研院所在研发和设计方面持续进行探索和攻关。例如：哈尔滨工程大学、武汉海军工程学院、上海海事大学等高校一直从事电力推进的理论研究、模拟试验和系统设计；中国船舶工业集团公司第 704 研究所，712 研究所（简称 704 研究所，712 研究所）等单位在产品开发应用上取得了实质性进展，中国船舶工业集团公司第 708 研究所（简称 708 研究所）、上海船舶研究设计院、上海佳豪船舶工程设计股份有限公司等设计单位在系统设计和集成应用等方面也取得了长足的进步。

在应用方面，上海船舶设计院成功主持设计国内第一批电力推进的火车客渡轮"中铁渤海"1 号、2 号、3 号，船长 182.6m，宽 24.8m，总吨位 22700t，安装了两套 ABB 公司生产的 Compact Azipod 吊舱式电力推进系统，在每套装置中配备了 1 台永磁同步电动机，分别驱动螺旋桨，两桨共同推进船舶，并在烟台 - 大连航线上应用。上海爱德华造船厂在 2001 年建造了电力推进化学品运输船，采用 4 台 2.7MVA 的柴油发电机组，1 台西门子 - 肖特公司的 5.1MW 的双螺旋桨吊舱式（SSP）推进器放置在船尾作为主推进装置和 1 台 550kW 导流罩式（SST）推进器作为艏推进装置。广船国际有限公司为中远集团建造两艘 18000t 半潜式海洋工程运输船，这两艘姊妹船总长 156m，型宽

32.3m，型深10m，下潜深度19m，是中国第一次建造的电力推进半潜船，分别于2003年和2004年投入营运。江南造船厂建造的我国第一艘电力推进海监船"中国海监83"，船长98m，型宽15.2m，型深7.8m，排水量3980t，最大航速18kn，2005年8月正式投入南海海域执法。此外，我国还建造有中科院小水线面科学考察船、广州救捞局的1200t起重船（推进功率2×1MW＋侧推功率2MW）、浙江1000t自航起重船（推进功率4×1MW）、上海振华重工建造、上海佳豪船舶工程海工部设计的烟台打捞局5000t起重铺管船电站总装机功率在40.23MW，安装8只推进器已满足背景工程特殊作业时DP3定位需要。

上海海事大学于2007年设计建造了"世纪之光"电力推进清扫船，如图1-1所示，该船应用于黄浦江水面保洁工作。该船的主要参数为：总长27.90m、型宽6.60m、型深2.40m、吃水1.40m、航速10.5kn、排水量92t。电力推进系统为左右双螺旋桨，推进电动机的额定功率为2×110kW，额定转速1450r/min，电站容量2×140kW。该船采用嵌入式计算机和CAN现场总线通信技术，研制了驾机一体化电力推进和操纵控制嵌入式系统、电力推进电站的电能管理嵌入式系统、船舶状态远程监测系统，具有优良操控性能和船舶清捞系统的高效保洁性能。

图1-1　"世纪之光"电力推进清扫船（图片来源：上海海事大学）

此后于2008年设计建造了"黄埔"号电力推进游览船，如图1-2所示，是为与2010年上海世博会接待服务建造的一艘仿古游览船，于2009年初投入商业运行。该船是国内第一艘以电力推进系统为动力装置的节能环保型黄浦江豪华游览船，主要参数为：总长56.00m、型宽14.00m、型深3.20m、吃水2.00m、航速11kn、排水量880t，客位450人。电力推进系统为左右双螺旋桨主推进器和艏侧推进器，主推电动机额定功率2×380kW，额定转速1491r/min，侧推电动机额定功率132kW，电站容量4×400kW。其技术特点是：电力推进系统除了两台主推进装置外，增加了1台艏侧推进装置，大大提高了船舶的机动性和操纵性。

图 1-2 "黄埔"号电力推进游览船（图片来源：上海海事大学）

2009 年又为云南滇池设计和建造了"滇游 1 号"电力推进游轮，如图 1-3 所示，其主要参数为：总长 36.00m、型宽 8.40m、型深 1.90m、吃水 1.10m、航速 10kn、排水量 120t，客位 216 人。电力推进系统为左右双螺旋桨，推进电动机的额定功率为 2×90kW，额定转速 1488r/min，电站容量 2×120kW；该船的技术特点是：船上客舱用电负载极小，整个船舶电站容量的 75% 作为电力推进系统的两台主推进装置用电；操纵控制系统对于电力推进负载必须实时严格控制，要求电能管理系统对发电机组调频调载响应快速，防止因推进负载突变而造成全船黑电事故发生。

图 1-3 "滇游 1 号"电力推进游轮（图片来源：上海海事大学）

712 研究所是我国从事舰船电力推进系统及其配套装置的专业研究所之一。拥有

"国家舰船综合电力推进系统试验室"，建有舰船电力推进研发体系的 3 个平台：研究设计平台、试验验证平台和技术支持平台。研发了具有自主知识产权的电力推进系统集成及核心设备设计方法和分析计算软件，积累了一定的工程实践经验，已具备了 7MW（含）以下直流电力推进系统、20MW（含）以下中低压交流电力推进系统及 5MW（含）以下永磁电力推进系统集成设计能力，并可提供电站自动化系统、功率管理系统（Power Management System，PMS）、推进操控系统、机舱监测报警系统、船用整流变压器、船用推进变频器、船用推进电动机等配套产品。例如：中国自行研制建造的第一艘小水线面交流推进船舶"北调 991 号水声测量船"，如图 1-4 所示，该船由四台柴油发电机组为全船供电，推进系统采用三相 690V 电制，通过变频技术控制两台 800kW 交流异步推进电动机，驱动定距桨，满足各种作业工况的航速要求。

图 1-4　北调 991 号水声测量船（图片来源：中船重工 712 研究所）

GT499T 散货船为日本内海运输船只，如图 1-5 所示，该船主要用于运输钢材等货物。该船采用电力推进方式，由两台柴油发电机组供电，电网电制为 400V、60Hz，推进为变频器控制异步电动机驱动定距桨推进方式。单轴推进功率为 450kW，共两套推进器。712 研究所为该船综合电力推进系统及全船电气设计总包方，负责综合电力推进系统集成设计、调试和配电板、变压器、变频器、推进电动机及全船推进、监控系统设备供货。

2000 方自航绞吸挖泥船，如图 1-6 所示，该船是交通部长江航道局出资建造的一艘大型自航电力推进工程船。该船推进功率为 2×1600kW，采用变频驱动方式，该船水下绞刀和泥泵也由变频电动机驱动，为此采用分时复用方式。712 研究所为该船提供电力推进系统集成设计及推进变频器、PMS、变频驱动控制系统的设备供货、系统调试及交付。

图 1-5　GT499T 电力推进散货船（图片来源：中船重工 712 研究所）

图 1-6　2000 方绞吸式电力推进挖泥船（图片来源：中船重工 712 研究所）

1.3　存在问题与未来发展趋势

　　电力推进系统在船舶中的应用正在发展之中，整个电力推进系统及设备就是一个多学科综合交叉的领域，它涉及电力、电子、控制、自动化硬件及软件、船体及机械等边缘学科技术等。目前，船舶电力推进系统的核心技术和关键设备还掌握在国外几大公司手中，国内技术和设备制造距国际先进水平还有相当差距，原有的学校教育的学科分类已不适应迅速发展的海洋工程发展需要。

因此，从事船舶与海洋类的学校必须尽快适应市场需求，编写适应电力推进系统技术的教学大纲，培养综合性海洋电气工程人才。船舶工程的相关研究、设计和制造单位应重点研究和解决当前存在的一些关键技术问题：

1）研究中高压系统基本理论，首先从理论上研究解决中高压船舶电力系统与电力推进系统的特点与要求，研究系列国际标准。比如：IEC 国际电工技术标准、中国国家标准、各国船级规范等，以适应船舶应用需求。

2）研究分析当前被广泛使用并较为成熟的几种电力推进系统及设备。

3）研究电力推进装置的单机容量和功率密度，这既需要在电动机设计、制造及新材料应用方面有新的突破；也需要研发高压大容量的变频器，其涉及电力电子器件、新的电路拓扑及调制方法；同时还需减少谐波和电磁干扰（EMI），提高电能质量。

4）在应用方面，研究提高系统可靠性进一步降低造价，扩大市场应用。

另一方面，能源短缺和气候变化，是人类在进入 21 世纪所面临的巨大问题和挑战之一，因此，人们一直在努力寻找能源利用效率高、不污染环境并可以再生的新能源及其利用方式。随着全球石油资源的耗尽，内燃机将逐步退出历史舞台，这为船舶电力推进系统提供了前所未有的发展空间和广阔舞台，因此，船舶未来的发展趋势为[4,5]：

（1）进一步发展电力推进船舶，从电力电子器件、变流器拓扑结构、推进电动机、控制方式等方面，引进新材料、新技术和新理念，不断提升电力推进系统的功率密度、效率和性能。比如：在电力电子器件方面采用碳化硅器件（SiC）来提高器件的耐压和开关频率；在变流器拓扑方面，采用可以灵活搭建的电力电子组件（Power Electronics Building Blocks，PEBB）来构造变频器，PEBB 具有基本的主电路结构、驱动和保护电路、并集成了滤波器和控制器，可以通过可编程方式实现各种变流功能，例如：组成整流器、逆变器、有源滤波器、励磁电源、充电电源等功率单元，还可进一步组合成级联式多电平变频器；在电动机方面，超导电动机的应用，将极大地提高电动机的功率密度、降低损耗及减小体积和重量。

（2）在目前 IPS 的基础上，通过系统优化，进一步降低损耗和提高系统效率，实现节能减排。比如：采用直流电网和储能装置，既可以减少传输损耗，还能回收和存储制动电能；充分利用太阳能、风能、洋流能等自然资源，组成混合动力系统，以减少燃油消耗，节能减排。

（3）开发新能源，人们必须在石油没有用完的时间内找到新的能源及其动力装置，为此提出了"全电船"（All Electric Ship）的概念[6]，即在船上全部装备电气设备和系统。然而，目前要真正实现"全电船"，仍需要解决许多问题：首先是电源问题，即采用何种供电方式？就目前的电力推进船舶而言，仍然是采用柴油机或燃气轮机拖动发电机向全船供电。因此，开发可再生能源是当前研究新能源供电方式的重要课题，其研究热点主要集中在风力发电、太阳能电池和燃料电池方面[4]。

1.4　本书的编排

本书试图系统深入地论述船舶电力推进系统，从系统结构、变流模式、控制方式等方面探讨理论方法和分析应用技术，以便同行研究借鉴。全书共分9章。

第1章绪论主要综述船舶电力推进系统的历史、现状与发展，提出船舶电力推进系统未来发展中值得重视的一些问题。

第2章主要论述船舶电力推进系统的基本结构与技术要求，对电力推进方式进行了分类，并通过建立系统功率链，分析系统损耗和效率，并与机械推进方式进行了比较分析。

第3章船舶电力系统结构与控制从船舶综合电力系统组成与功能角度出发，详细论述了发电机机组、船舶电站的构建与系统控制，包括有功功率和无功功率调节。并讨论了船舶电力系统保护与短路电流计算。

第4章船舶电力推进系统组成与装置是电力推进系统的主要设备，重点论述了船舶推进器及其特性，推进电动机的构造与性能，变频器的电路拓扑和调制方法，并讨论了电力推进装置的组成和设计。

第5章船舶电力推进自动控制系统是全书的核心内容之一，着重应用自动控制理论，从系统稳态和动态两个方面详细论述了系统建模、控制方法和性能分析，并讨论了系统监控和能量管理等问题。

第6章船舶电能质量控制是电力推进船舶必须解决的重要问题，本章根据船舶电能质量要求，分析了船舶电能质量的问题与原因，进而给出了谐波检测与分析方法，并探讨了电能质量控制方法与装置。

第7章船舶电力推进系统的设计与实践，从工程实际出发，讨论了船舶电力推进系统设计，并通过实际案例给出了船舶电力推进系统的设计过程和仿真试验结果。

第8章船舶电力推进系统的应用主要介绍了电力推进系统在船舶和海洋平台的典型应用及案例。

第9章船舶电力系统的新技术和新发展主要探讨全电船的发展、混合动力与推进系统以及新能源电力推进船等方面的新技术和新发展。

参 考 文 献

[1] Dennis T Hall, et al. Practical Marine Electrical Knowledge [M]. (Ind Ed). London：WITHERBY, 1999.

[2] Alf Kåre Ådnanes. Maritime Electrical Installations And Diesel Electric Propulsion [R]. The report of ABB AS Marine, 2003.

[3] 汤天浩. 电力电子与传动控制在船舶电力推进中的新发展和应用 [J]. 电气传动自动化：增刊, 2001 (4).

[4] Terry Ericsen, Narain Hingorani, Yuri Khersonsky. Power Electronics and Future Marine Electrical

Systems ［J］. IEEE TRANSACTIONS ON INDUSTRY APPLICATIONS, 2006, 42 （1）: 155 – 163.

［5］ McCoy T J. Trends in ship electric propulsion ［C］. Proceedings of the IEEE Power Engineering Society Summer Meeting, 2002: 343 – 346.

［6］ Castellan S, et al. Modeling and Simulation of Electric Propulsion Systems for All – Electric Cruise Liners ［C］. Electric Ship Technologies Symposium, 2007.

第 2 章　船舶电力推进系统的基本结构与分析

本章主要介绍船舶电力推进系统的基本组成，构建一个系统的框架结构，便于后续各章的具体介绍和讨论。另外，与机械推进相比较，分析了船舶电力推进的效率和提高能效的途径。

2.1　船舶电力推进系统的基本组成

船舶电力推进系统从系统结构角度看是个典型的复杂系统，一般可以将其分为船舶运动控制系统、电力系统和电力传动控制系统 3 个子系统。

2.1.1　系统组成结构

船舶电力推进系统的基本结构如图 2-1 所示，由船舶运动控制系统、电力系统和电力推进控制系统组成。船舶运动控制系统设在驾驶室控制台（简称驾控台），由驾驶室控制台专职指挥人员进行船舶的航向、船速等信号指令设定，系统根据指令信号采取相应的控制策略，控制船舶的运行；电力推进控制系统根据船速的要求，控制推进的速度，并改变或保持所需的舵角，以控制航向；电力系统则提供推进电动机所需的电力，以及全船其他设备的电力供应。现代船舶的控制采用计算机分布控制系统结构，其各子系统之间的控制与反馈信号通过计算机网络连接。

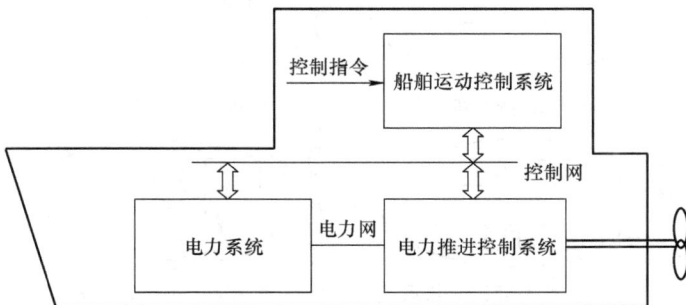

图 2-1　船舶电力推进系统基本结构

如图 2-2 所示，给出了一个典型的船舶电力推进系统的例子。操纵器（含发令车钟功能）代表船舶运动控制系统，由驾控台远程遥控。船舶电力系统由数台柴油发电机组组成，提供船舶所需电力，配电盘根据船舶负载需求控制发电机组的运行，并通过开关和输电线及变压器将电力分配到各个用电负载。电力推进控制系统包括：变压器、变流器、推进电动机与控制柜，根据船舶控制指令，调节电动机的转速，以控制船速。监控系统检测和采集所需的状态信号，进行状态监控、越限报警、故障诊断和安全保护等。为了减小变流器的谐波对电网及其他用电设备的干扰，设置了谐波滤波器。

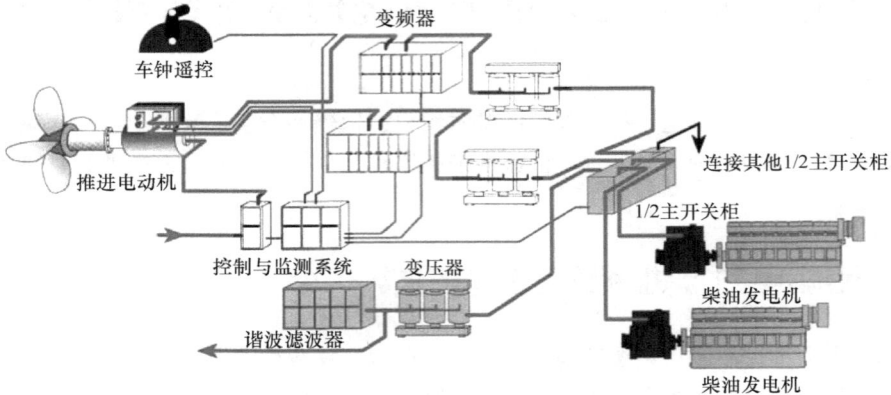

图 2-2　典型的船舶电力推进系统（图片来源：ABB 公司）

2.1.2　船舶电力推进系统的分类

船舶电力推进系统主要采用电动机驱动螺旋桨的推进模式，根据船舶推进所需的功率可选择 1 台电动机单独驱动或多台电动机联合驱动的方案。对于采用多台电动机联合驱动情况，又可分为串联推进模式或并联推进模式。图 2-3 给出了常用的 4 种推进模式[2]。

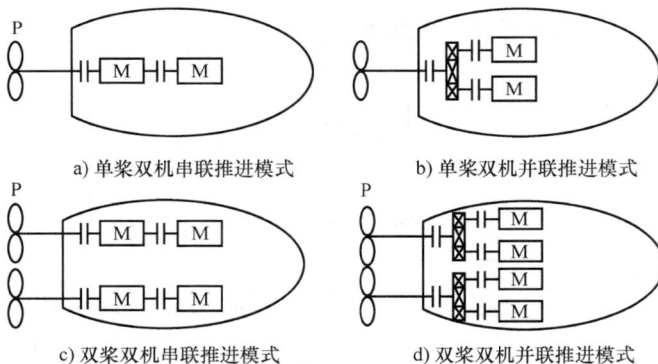

图 2-3　几种船舶电力推进模式

（1）单轴推进系统

采用一个螺旋桨的船舶驱动方式。如果电动机功率不够，可以通过两台电动机同轴串联驱动，如图 2-3a 所示，以增强推进系统功率；也可以采用两台电动机通过齿轮箱并联驱动模式，如图 2-3b 所示，该模式还具有故障冗余和容错控制的能力，因而应用更多。

（2）双轴推进系统

双轴推进模式因其具有较好的操控性，得到了广泛的应用。图2-3c为双桨双机串联推进模式，图2-3d为双桨双机并联推进模式。同样，双桨推进系统因装备了两套推进装置，具有较好的故障冗余和容错能力。

（3）多轴推进系统

吊舱式推进装置的推出，改变了原有的在船尾放置螺旋桨的常规推进方式。理论上讲，吊舱式推进器可以根据需要在船下任意放置。这样，使多轴推进系统在现代船舶中具有广阔的应用前景。尤其是海洋工程的特种作业需求使得多轴推进系统优越性突显，为了确保海洋工程作业安全可靠，通常为了增加推进力，在大型船舶的推进系统设置两个以上的推进器；为了改进船舶的操控性，可以设置多个推进器；特种作业需要安装动力定位系统（DP），DP通常要求多轴推进系统，目前在海洋工程及油气平台上得到广泛应用。

例如：如图2-4所示的海洋工程船在尾部设置了吊舱式主推进器，船首设置了辅助推进器，两边还有侧推进器，使船舶既可以航行，又可以定位作业，具有优良的操控性、DP功能，以及故障冗余和容错能力。

主推进器　　　　　　　　　　　　　　辅助推进器　侧推进器

图2-4　多轴推进系统的海洋工程船（图片来源：ABB公司）

多轴推进系统由于装备了多个推进器，具有优良的操控性，故障冗余和容错控制能力，但因各个推进器之间需要协调控制，增加了控制系统的复杂性。

2.2　电力推进系统的效率与性能分析

由于柴油机推进的方式在目前船舶运输中占据了绝大部分份额，电力推进装置价格比较昂贵，初期投资成本高，成为制约其发展最主要的因素；并且人们对它的认识，特别是系统效率还存在疑问。本节将从效率和性能两个方面对两类系统进行分析和比较。

2.2.1　系统功率链与效率分析

船舶采用电力推进方式的效率是否比传统的机械推进方式高？这一直是个有争议的问题。这里采用系统功率链效率分析方法来比较两者的效率，其基本思路是：首先建立系统功率链，然后通过分析功率流中的能量损耗，计算系统的效率。任意一个能量系统如图2-5所示，设其输入功率为P_{in}，输出功率为P_{out}，假定在其功率传输中损耗功率为

P_{loss}，那么其系统效率为

$$\eta = \frac{P_{out}}{P_{in}} = \frac{P_{out}}{P_{out} + P_{loss}} \qquad (2\text{-}1)$$

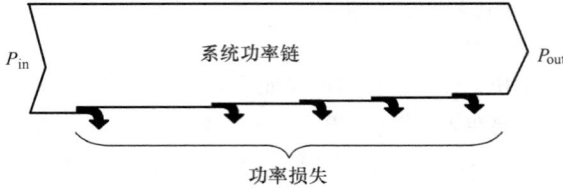

图 2-5 系统功率链及其损耗（图片来源：ABB 公司）

如果系统是由各功率单元串联而成的功率链，则其总效率是功率链中各功率单元的效率之积，即可表示为

$$\eta = \prod_{i=1}^{n} \eta_i \qquad (2\text{-}2)$$

考虑船舶电力推进系统，其功率链主要由原动机、发电机、配电开关柜、变压器、变频器、电动机和 FPP 组成，如图 2-6 所示。

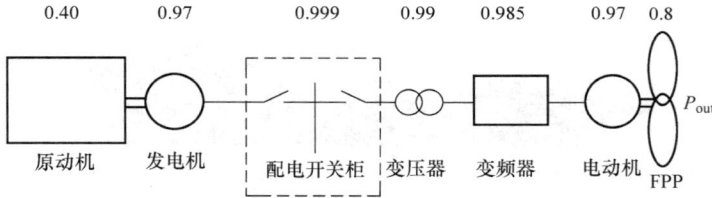

图 2-6 电力推进系统功率链（图片来源：ABB 公司）

按当今的技术水平，其各功率单元的效率为：原动机若采用中、高速柴油机 $\eta_d = 0.35 \sim 0.45$，发电机 $\eta_g = 0.95 \sim 0.97$，开关柜 $\eta_{SB} = 0.999$，变压器 $\eta_{tm} = 0.99 \sim 0.995$，变频器 $\eta_{cv} = 0.98 \sim 0.99$，电动机 $\eta_M = 0.95 \sim 0.97$，FPP 的效率大约为 $\eta_{FPP} = 0.8$，其总效率可按式（2-2）计算。假定其各功率单元的效率如图 2-6 所标出，则船舶电力推进系统的总效率 η_{ED} 为

$$\begin{aligned} \eta_{ED} &= \eta_d \eta_g \eta_{SB} \eta_{tm} \eta_{cv} \eta_M \eta_{FPP} \\ &= 0.4 \times 0.97 \times 0.999 \times 0.99 \times 0.985 \times 0.97 \times 0.8 = 0.296 \end{aligned} \qquad (2\text{-}3)$$

对于采用中低速主柴油机直接驱动螺旋桨的传统机械推进系统，其功率链由主机（ME）、齿轮箱、传动轴与可控距桨（Controllable Pith Propeller，CPP）组成。如图 2-7 所示，其各功率单元的效率为：主柴油机 $\eta_{ME} = 0.25 \sim 0.35$，传动轴系与齿轮箱 $\eta_{GB} = 0.9$，CPP 的效率以最高效率 $\eta_{CPP} = 0.8$，可计算出系统总效率 η_{MD} 为

$$\eta_{MD} = \eta_{ME} \eta_{GB} \eta_{CPP} = 0.35 \times 0.9 \times 0.8 = 0.25 \qquad (2\text{-}4)$$

分析比较两类系统，虽然机械推进系统功率链相对简单，但因其主柴油机需要在不同负载条件下工作，效率较低；而在电力推进系统中，拖动发电机的柴油机通过多台并

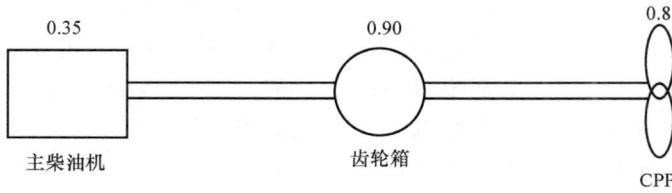

图 2-7 机械推进系统功率链

联运行模式，可使其始终工作在最高效率状态。在不同负载工况下各种驱动方式的效率曲线如图 2-8 所示。

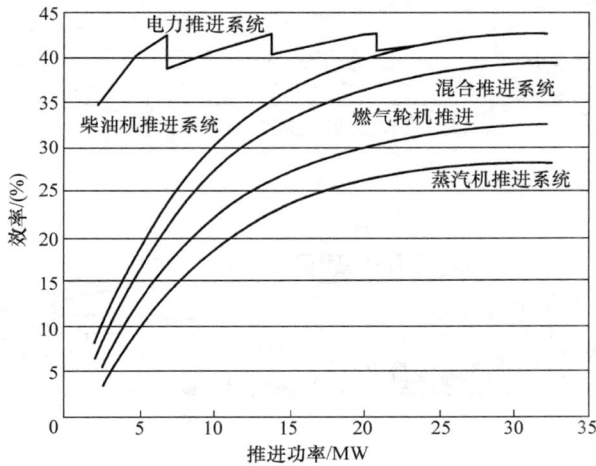

图 2-8 不同推进方式的船舶燃油效率曲线（图片来源：ABB 公司）

首先，根据效率曲线可知，假如某船舶的平均推进功率为 15MW，采用柴油机直接推进方式的效率为 35%，而采用电力推进方式的平均效率大于 40%，两者相比，可以提高约 5% 的效率。

其次，目前电力推进系统电力传递环节效率较高，按图 2-6 给出的各环节效率，可计算出：$\eta_g \eta_{SB} \eta_{tm} \eta_{cv} \eta_M = 0.97 \times 0.999 \times 0.99 \times 0.98 \times 0.97 = 0.912$。可见：从功率传递角度看，电力传递环节的效率并不低于传统的机械传动环节的效率。

而且，由于机械推进系统采用 CPP，而电力推进系统采用 FPP，在低推力时，两者比较，CPP 的功率损耗要高 15%，如图 2-9 所示。

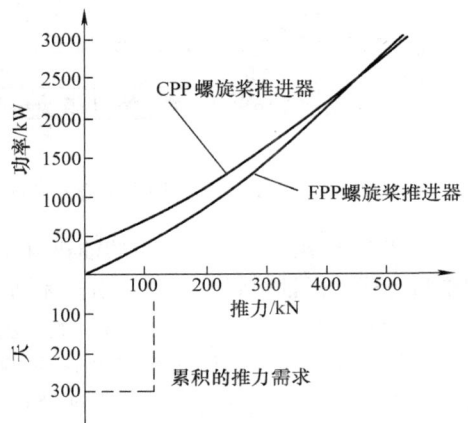

图 2-9 FPP 与 CPP 系统拉力效率曲线
（图片来源：ABB 公司）

如果采用吊舱式推进器，使船舶尾部线型和结构简化，推进器被安装于船尾最佳位置处，可以获得比传统推进更高的推进效率。这种布置的灵活性可选择更合适的螺旋桨，减少其附加阻力，进一步提高传动效率。例如：上海船舶设计院为海洋救捞工程船设计的动力方案通过对其整体的优化，使其推进效率提高22%。

同时，如果再考虑电力推进系统在节省舱容（5%～15%）和降低油耗方面的优势，其运行成本和经济效益将更加可观。如图2-10所示，给出了同一船舶采用柴油机直接推进、电力推进和吊舱式推进器3种方式的舱容，分别为48%、56%和61%。

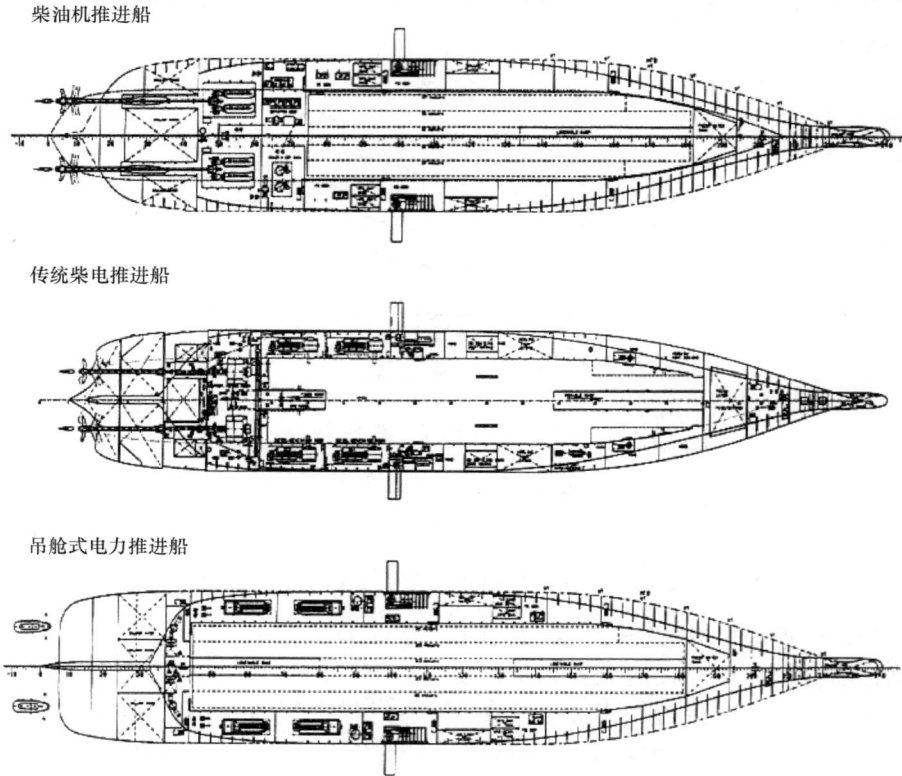

柴油机推进船

传统柴电推进船

吊舱式电力推进船

图2-10　3种推进方式的舱容比较（图片来源：ABB公司）

图2-11给出了采用一台主柴油机直接机械推进与4台柴油发电机组联合发电的电力推进方式的燃油消耗。图中，机械推进方式在不同负载工况下的燃油消耗率（FOC，单位g/kWh）曲线用虚线标出，电力推进方式的燃油消耗曲线用实线标出。

比较可见：因柴油机运行在60%～100%负载时，具有最大的燃油效率，因此，在低负载工况下，机械推进方式的燃油消耗增大；而电力推进方式可以通过减少柴油发电机组的数量使运行机组始终在高效率工作点，因而在整个运行工况下，保持较低的燃油消耗。这一特性在燃油价格持续攀高的今天，显得尤为重要。

另据电力推进系统制造商提供的数据，也说明了采用电力推进系统后，燃油消耗有明显下降。例如：据 ABB 公司的数据，采用 CRP Azipod 推进器，燃油消耗减少 20%，往返时间缩短 25%；另据西门子公司报道：其吊舱式电力推进器 SSP，电动机直径减小 40%，电动机效率达到 98%，总效率提高 20%。图 2-12 是 ABB 公司给出的对两条相同吨位船舶的运行比较，电力推进船 A 的年燃油消耗（虚线）明显少于传统推进船 B 的年燃油消耗（实线）。

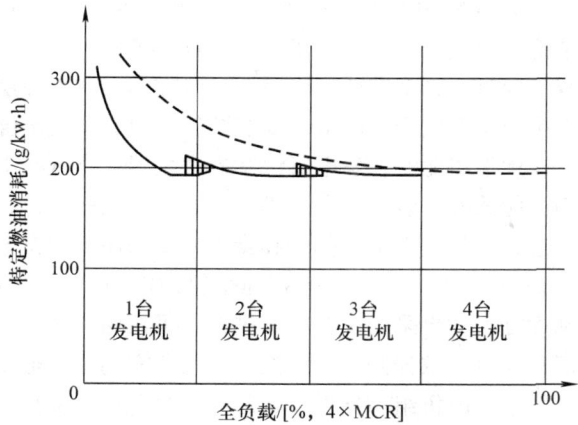

图 2-11　电力推进与柴油机直接推进方式的燃油消耗比较（图片来源：ABB 公司）

综上分析：从总体上看，电力推进系统的效率要高于传统的机械推进效率，具体可根据船舶设计的要求和参数，按上述公式和曲线进行分析和计算。

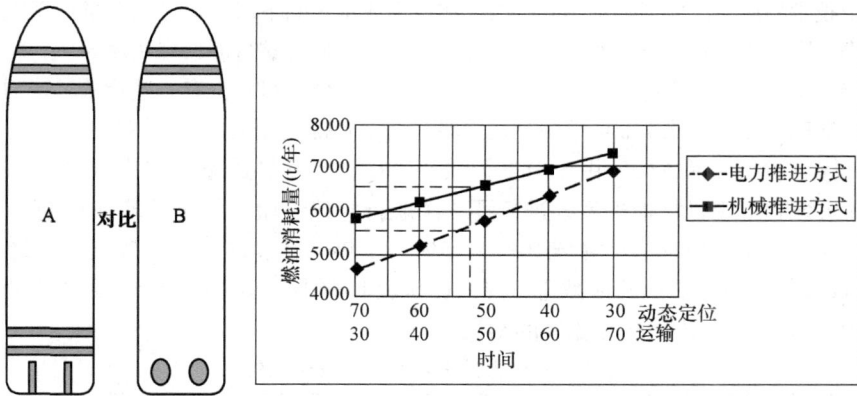

图 2-12　两种推进方式年燃油消耗比较（图片来源：ABB 公司）

2.2.2　电力推进船舶的特性分析

电力推进船舶采用电动机替代热机直接驱动螺旋桨，与机械推进装置相比，船舶电力推进系统的特点分析如下：

1）在船舶动力装置方面，使用高速不可逆的热力发动机驱动发电机提供电力，可以方便地通过发电机并联运行获得所需的大容量供电，通过电网分配全船电能，简单可靠、形式单一、便于管理；由于采用电动机驱动螺旋桨，允许选用船舶推进器的最佳转速和直径，缩短了连接轴的长度。这样，使整个动力系统的功率密度大大提高，降低了重量和体积。

（2）在船舶的设备布置方面，电力推进系统除了电动机与螺旋桨是机械连接外，其余都是电气连接。发电机组和推进装置都可以分散布置，省去了原先主机所占的大量舱容；而且，各个系统可以灵活安装在不同的甲板层面，比如：控制与监控系统可以布置在中上层舱室中，配电与变流装置，包括主配电屏、变压器、变频器、滤波器等可以布置在中下层舱室，发电机组和推进装置可布置在下层舱室，以减小振动和噪声。如果采用吊舱式推进装置，电动机可以放置在船舶外部，会进一步减小舱容，降低振动和噪声。这也是目前大部分邮轮和豪华游艇采用电力推进的主要原因。

3）在控制方面，统一管理全船的电力系统，可实现能量优化；电动机控制简单、机动性好，如果采用吊舱式推进器，可在船舶任何水平方向提供推力，使机动性进一步提高；还可分散控制和协调控制，按所需的推进电动机机械特性，满足不同航行条件要求；由于发电机组和推进装置都有多台配备，提高了系统的故障冗余性，并可实现容错控制，保障航行安全。这也是大部分特种船舶、海洋工程船采用电力推进的原因。特别是 DP 系统硬件及软件产品的出现，解决了多个推进器复杂计算及控制的许多技术难点，在海洋平台等动力定位控制中得到应用。

4）在经济效益方面，虽然早期电力推进船舶的造价较高，一次性投资大，但随着电力推进系统技术的成熟及应用范围不断扩大，初投资成本不断下降，加之电力推进系统的整体效率较高，因而越来越得到人们的承认，特别是对中、低速航行的特殊用途船舶，有较高的经济性能；所节省的舱容可以用于装货或其他用途。因此，目前也有一些货轮，特别是特种货物的运输船，比如：化学品或危险品运输船、液化天然气船等采用电力推进。

5）从节能和环保方面，由于减少了燃料消耗，废气排放量也相应减少了。有人对 AZIPOD 系统和常规机械推进系统进行了一次航行对比试验，结果发现在相同的速度条件下，AZIPOD 系统功率消耗降低 10%～15%，全年燃料节省 12%，废气排放量降低数值也是 12%。这对于提倡节能减排，降低碳排放和减小气候变化的今天尤为重要。

表 2-1 总结了上述分析和比较的结果。

表 2-1　电力推进与柴油机推进比较

项目	机械推进	电力推进	
		轴桨式	吊舱式
设计自由度	较低↓	较高↑	最高↑↑
机动性	较低↓	较高↑	最好↑↑
电站冗余	较小↓	较大↑	较大↑
有效载荷	较小↓	较大↑	最大↑↑
节能	油耗↑	油耗↓	
环保	废气排放↑	废气排放量低↓	

2.2.3　船舶电力推进系统的综合指标

船舶推进系统是船舶的核心设备，对船舶的整体性能与经济性、安全性都至关重要，因此需要对系统指标进行综合分析和评价。

系统指标一般分为：技术指标、经济指标和外部指标等。表 2-2 列出了船舶推进系统的主要评估指标，分为 3 大类，每大类再细分下级指标。

表 2-2　船舶推进系统评估指标

		起动时间
技术性能	机动性	变工况机动性
		停车机动性
		全速
	航速	经济航速
		巡航续航能力
		电站容量
	电站性能	过载能力
		调速性能
		调压性能
	生命力	抗冲击性
		抗破损性
		有效度
	可靠性及维修性	平均修复时间
		平均故障间隔时间
		故障检测点设置
	保护能力	断路器分析能力
		巡航续航能力
经济性能	初建费用	论证设计费
		建造费
	使用维修费	运行费
		维修费
外部指标	尺寸	重量
		面积比
		容积比

参 考 文 献

［1］Alf Kåre Ådnanes. ABB AS Marine. Maritime Electrical Installations and Diesel Electric Propulsion ［R］. The report of ABB AS Marine. 2003.

［2］汤天浩．电力电子与传动控制在船舶电力推进中的新发展和应用 ［J］．电气传动自动化：增刊，2001（4）．

第 3 章　船舶电力系统的结构与控制

船舶电力系统为全船提供电力，涵盖了电力的产生、输送、分配和应用全过程。本章将根据电力推进船舶的特点和要求，阐述电力推进船舶的电力系统结构、分类和控制方法，并讨论系统设计、系统保护与能量管理等问题。

3.1　船舶电力系统的组成与功能

船舶电力系统的功能和作用类似陆上电力系统，包括发电装置、配电装置、电网和用电负载单元，但是因为船舶海上航行的特殊环境，故又具有孤立电力系统的特点。

3.1.1　船舶电力系统的发展

早期的船舶电力系统是直流电系统，其后发展到交流电系统。例如：我国在 20 世纪 50 年代以前，船舶电力系统绝大多数为直流电制，电能主要用于船舶照明；60 年代初，国内制造的远洋船舶上采用混合电制，发电机为交流电制，经变流机组变为直流电后给甲板机械等电力传动装置供电；70 年代以来，我国自行设计制造的沿海及远洋船舶上普遍采用了交流电制，实现了船舶电力系统的交流化。

最初的船舶推进器动力主要是通过柴油机或汽轮机机械输出轴推进的，电能主要用于船舶的照明等辅助设备，20 世纪 40 年代，万吨级海洋船舶平均电站容量只有 60kW。以后逐渐扩展到对电动机等负载供电，由于主推进器不是依靠电能，故交流电力系统所有装置及系统被称为辅机系统。随着船舶功能及装载量不断扩大，船舶已从过去千吨级发展到当前数十万吨级，海洋工程发展更是如火如荼，船舶电力系统容量从过去几十千瓦已发展到现今兆瓦级以上；随着船舶技术发展对船舶的安全性、可靠性、操纵性要求越来越高；随着大功率电子器件技术及计算机技术的应运而生，使得船舶采用电力推进成为可能，人们把陆上成熟的高压大电站系统设备移植到海洋工程及特大运输船上，将大容量电动机用于船舶推进。目前电力系统已发展成为船舶主动力系统，系统的容量升级甚至达到百兆瓦级，电力推进技术及设备也越来越成熟，它将给海洋工程、船舶设计制造及应用带来巨大的变化。

随着船舶日趋大型化及海洋工程设备应用的复杂化，电力系统控制日趋复杂，船舶电力系统的容量日益增大，船舶电力系统自动化程度不断提高，经历了单发电机自动化、机舱局部自动化和全船自动化阶段，由单台计算机对船舶电力系统的控制发展到多计算机网络自动化控制系统，并朝着高可靠性、智能化方向发展。

3.1.2　船舶电力系统的基本结构与功能

船舶电力系统是一个海上移动的孤立电力系统，其结构与运行工况应满足海洋环境的要求。船舶电力系统基本结构如图 3-1 所示，由 2 或 3 台主发电机和 1 台应急发电机组成。船舶航行时，根据负载需要，由 1 或 2 台主发电机提供电力；应急发电机在主发电机故障时起动，为应急负载提供电源；在港口抛锚时，主发电机可以停止运行，使用岸电插座接入外部电源。主配电屏将电力分配到所需用电设备，根据负载用电等级分为若干组，配电系统需根据负载性质进行不同等级供电。

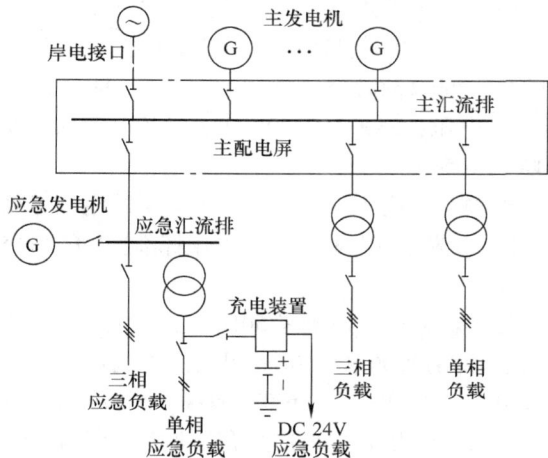

图 3-1　船舶电力系统基本结构图

船舶电力系统包括 4 个组成部分：

1）发电单元是电源。它是将机械能、化学能、核能等转换成电能的装置。船舶上常用的电源装置有柴油发电机组/汽轮发电机组和蓄电池。

2）配电单元是将电源进行分配的配电装置。船舶配电装置可以分为主配电屏、应急配电屏、动力配电屏、照明配电屏和蓄电池充放电屏等。根据不同的船舶需要还配置一些特殊的配电屏。自动化电站的作用是对电源进行合理调配、优化、保护、监视与控制。

3）输电单元是电网。它是全船输电电缆及其结构组成的总称。其作用是将电能传送给全船所有的用电设备。船舶电网通常由动力电网、照明电网、应急电网、低压电网与弱电电网等构成。

4）用电单元是电气负载。船舶电气负载可分成几种类型，对于海洋运输类船舶，电力负载主要是各种船舶甲板机械的驱动电动机/机舱的泵及通风、制冷空调、冷藏集装箱、电气照明、船舶通信和航行电子设备等用电设备。对于电力推进船舶，除上述负载之外，主要供电对象是作为船舶主动力的大功率推进电动机及其系统的电力负载，电力推进负载的容量将占到电力系统总容量的 70% 左右。

3.1.3　船舶电力系统的电压等级

船舶电力系统的电压等级根据背景工程使用电能容量及系统需要确定。由于配电系统中在电源装置和负载之间是通过电缆或变压（变流）设备进行电能输送的，首尾端存在电压差异，因而电压标准用发电和用电两种来表示。其主要电气参数，比如：电压和频率均依据 IEEE Std - 45 - 2002 的规定（前面数字是发电机电压，紧跟其后的括号里的是用电设备电压）：

（1）标准电压

1）交流电压分为低压、中压和高压3个等级，目前船舶常用的标准是：

① 低压：120（115）V，208（200）V，230（220）V，240（230）V，380（350）V（陆用），400（380）V，450（440）V，480（460）V，600（575）V，690（600）V；

② 中压：2400（2300）V、3300（3150）V、4160（4000）V、6600（6000）V，11000（10500）V。

③ 高压：高于11000（10500）V的电压等级。

2）直流电目前只有两个电压标准：120（115）V和240（230）V。

（2）标准频率

美国是60Hz，欧洲是50Hz，其他大多数国家是50Hz或者60Hz。

中国的标准频率为50Hz；电压等级为：低压单相230（220）V，三相380（350）V；中压3300（3150）V；高压6600（6000）V和11000（10500）V。

采用IEC电压等级来选择船舶电力系统的通常方法是：

1）如果船舶发电机的总装机容量超过20MW，采用大于400kW的电动机，推荐选择11kV的中压电力系统；

2）如果船舶的发电机的总装机容量在4~20MW之间，采用大于300kW的电动机，推荐选择6.6kV的中压电力系统；

3）如果船舶的发电机的总装机容量低于4MW，采用小于400kW的电动机，推荐选择690V的低压电力系统；

4）对于低压配电系统，一般采用400/230V电压等级。

另外，必须注意：

1）对于主要负载是变速驱动系统而无短路电流，如果发电机的装机容量足够大，则电力系统可选用任何电压等级。为了优化装机容量，应仔细计算负载和故障电流，来选择恰当的解决方案。

2）在船上功率大于300kW的驱动系统也常用低压电动机，这就必须考虑负载电流和起动特性，包括增设起动装置，并分析比较所有的成本。

3）由于许多船舶电气设备仅用440V（60Hz）电压等级，这就意味着在船上很难避免使用440V配电系统。

3.2 船舶发电机组

船舶发电机组由原动机、发电机与控制装置组成，由原动机驱动发电机发出电能，控制装置保持机组的稳定运行与输出标准电压和频率的电能，是船舶电力系统的核心设备。

3.2.1　船舶发电原动机

船舶发电机组根据其原动机及其动能产生的不同分为：

1）汽轮机发电机组。使用蒸汽，技术成熟、可靠性高，但效率较低。

2）燃气涡轮机发电机组。高速、重量轻，效率较低，可采用循环透平技术回收废气来提高效率。

3）内燃机发电机组。主要用柴油或重油，也有用汽油和双燃料，效率高。

4）燃料电池。燃料电池是一种新型发电装置，利用氢气和氧气发生化学反应产生电，清洁高效，未来可用于潜艇等。

目前，考虑到船舶电力系统的建造成本、维护使用、发电机组动态特性等因素，大部分海洋运输类船舶和电力推进船舶的电力系统采用柴油发电机组。柴油发电机组是内燃发电机组的一种，一般由柴油原动机、三相交流同步发电机和控制屏（包括自动检测、控制及保护装置）3部分组成；柴油发电机组如图3-2所示。

图 3-2　柴油发电机组

船舶柴油发电机组的种类比较多，按不同方式分类如下：

1）按照发动机燃料不同可以分为柴油发电机组和混合燃料发电机组；

2）按照转速不同可以分为高、中、低速机组；

3）按性质和用途不同可以分为常用、备用和应急用发电机组；

4）按控制和操作方式不同分为现场操作发电机组与自动化遥控发电机组；

5）按照发电机的输出电压频率不同可分为交流发电机组（中频：400Hz，工频：50Hz/60Hz）和直流发电机组。

通常海洋运输类船舶采用交流同步发电机，当电压频率为50Hz/60Hz时，中小型发电机的额定电压一般为400V，大型发电机的额定电压一般为6.3～10.5kV。对于采用电力推进方式的船舶，目前多考虑配置综合电源装置及系统，由于推进电动机功率较大，需要配置多台大型发电机组形成大功率船舶电力系统。船舶电力的突然中断将造成用电设备失去供电，使船舶失去控制，从而造成船舶重大损失或人身伤亡事故，这时需要应急发电机组对应及用电设备紧急供电，因此海洋船舶都配置有应急电力系统。船舶柴油发电机组的自动化控制可实现无人机舱功能，自动控制中包括机组的自动起停、调压、调频/调载、并车、按负载大小增减机组、故障处理、记录打印机组运行报表和故障情况等。船舶发电机组的自动起动机组可在电网中断供电后10～15s内自动起动与并网恢复船舶供电。

发电用柴油原动机需要与发电机进行紧密配合，以适应船舶电网的安全运行要求，因此原动机在技术上有如下特点和要求：

1）频率稳定。柴油机运转速度直接与电网频率相关，为保证频率稳定性，要求柴油原动机安装灵敏度较高的全程式调速器。要求瞬时调速率≤7%～10%，稳态调速率≤5%，转速波动率≤±0.5%。调速器的应用从机械离心式、液压式、电液式逐渐过渡到了电子调速器。一般地，机械调速器精度等级为3级，静态调速率为5%；而电子调速器精度等级为1级，静态调速率达到2%。

2）要求发电机组运行的平稳性好，转速不均匀度小。所以，发电用柴油机采用多气缸结构与较大的飞轮。

3）可靠性高，具有长期连续工作的能力。应急备用发电机组或无人值守发电机组要求安全连续运行时间在500h以上。一些质量高的柴油机的平均无故障时间可以达到2500～5000h。

4）噪声低。在距柴油机和发电机机体1m处的噪声声压平均值：机组功率≤250kW时，噪声≤102dB（A）；机组功率＞250kW时，噪声≤108dB（A）。低噪声机组在距机体1m处的噪声声压值可达到≤65dB（A）。

5）柴油机驱动的发电机组及应急备用发电机组必须有自动进行起动、加减负载、停机等多种能满足船舶自动化电站的自动控制功能。

为此，一般选择中高速柴油机作为发电机组的原动机，采用四冲程、水冷方式。例如：瓦锡兰Auxpac柴油发电机组等。

柴油发电机具有结构紧凑、占地面积小、热效率高、起动迅速、控制灵活以及燃料储存与输送方便等特点。具体有：

1）单机容量等级多，柴油发电机组的单机容量从几千瓦至几万千瓦，目前国产机组最大单机容量为几千千瓦。

2）配套设备结构紧凑、安装地点灵活、柴油发电机组的配套设备比较简单、辅助设备少、体积小、重量轻。

3）热效率高，燃油消耗低。柴油机的有效热效率为30%～46%，高压蒸汽轮机约20%～40%，燃气轮机约20%～30%。因此，柴油机的有效热效率比较高，其燃油消耗较低。

4）起动迅速、并能很快达到全功率。柴油机的起动一般只需几秒钟，在应急状态下可在1min内达到全负载；在正常工作状态下达到全负载约在30min以内。柴油机的停机过程也很短，可以实现频繁起停。柴油发电机组适合于作为船舶常用发电机组和应急发电机组。

5）维护操作简单，所需操作人员少，备用期间保养容易。

6）柴油发电机组购置与发电的综合成本较低。

其存在的主要缺点是：使用不可再生的柴油，燃烧后产生NO_x、CO、HC、PM排放物，对大气产生环境污染，在运行工况变化时，由于燃烧不良，产生的污染比较严重，且运行噪声较大；目前一些柴油机采用电喷技术后，可以减少一定的排放污染。

3.2.2 船舶同步发电机及其励磁方式

3.2.2.1 同步发电机结构

船舶发电机主要采用同步发电机，按其结构可分为旋转电枢式发电机（简称转枢式）和旋转磁极式发电机（简称转磁式）两种类型：

1）转电枢式同步发电机，发电机的电枢是转动的，磁极是固定的，电枢电动势通过集电环和电刷与外电路连接。由于采用电刷和集电环引出大电流比较困难，容易产生火花和磨损，只适用于小容量的同步发电机。

2）旋转磁极式同步发电机，其磁极是旋转的，电枢绕组是固定的，电枢绕组的感应电动势无须集电环和电刷而直接送往外电路，所以绝缘能力和机械强度好，且安全可靠。由于励磁电压和励磁容量比电枢电压和发电机容量小得多，所以电刷和集电环的负载及工作条件大为减轻和改善。这种结构形式广泛应用于大、中容量的同步发电机，并成为同步发电机的基本结构形式。

船舶同步发电机以 ABB 的同步发电机为例，其基本结构如图 3-3 所示，由定子、转子、冷却与机械传动机构等组成。

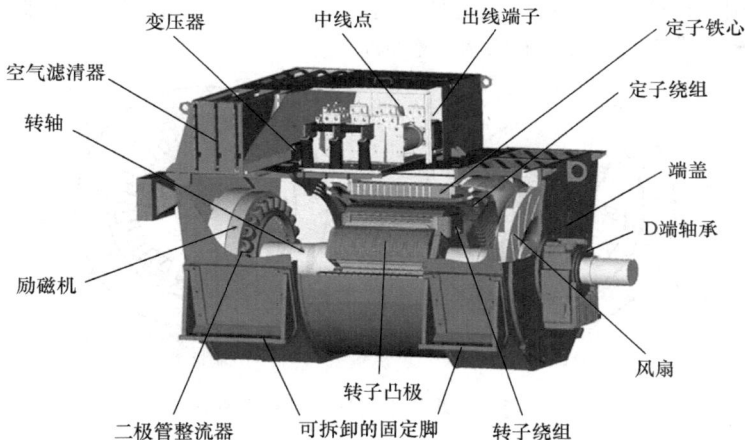

图 3-3　船舶同步发电机的基本结构（图片来源：ABB 公司）

（1）定子结构　同步发电机的定子，就其基本结构而言，与普通异步发电机的定子没有多大区别，也是由定子铁心、定子绕组以及机座、端盖等附件组成，其中三相交流绕组对称地嵌于定子铁心之中，如图 3-4 所示，且定、转子铁心之间存在满足电气和机械设计要求的气隙。

（2）转子结构　电励磁同步发电机的转子有凸极式和隐极式两种形式：凸极式有明显的磁极，如图 3-5a 所示。其磁极是用钢板叠成或用铸钢铸成，在磁极上套有线圈，这些线圈串联起来，就构成了励磁绕组。在励磁绕组中通入直流电流，可使磁极产生极性，其极性应呈相邻磁极 N、S 交替排列。隐极式无明显的磁极，转子为一个圆柱体，表面上开有槽，励磁绕组内嵌其中，并用金属槽楔固紧，使发电机具有均匀的气隙，如图3-5b所示。

（3）阻尼绕组　中小功率的同步发电机一般都做成凸极式的，为了能够自起动及改善动态性能，在转子磁极的极靴上可装设阻尼绕组，如图3-4所示。该阻尼绕组与笼型异步电动机的转子绕组结构相似，整个阻尼绕组由插入极靴孔或槽内的铜条（导条）和端接铜环（端环）焊接组成，是一种自成回路的绕组。设置阻尼绕组是为了防止发电机在负载突然变化或不对称运行时对定子绕组的冲击，这是因为发电机在负载变化或不对称时，其绕组内的电压、电流会形成一个振荡的过程。阻尼条就是对该振荡过程增加阻力，形成衰减的阻尼振荡，从而产生一定的缓冲作用，提高电网系统的稳定性，这就是"阻尼"的含义。转子阻尼绕组对交流同步发电机的动态过渡过程有很大的影响。

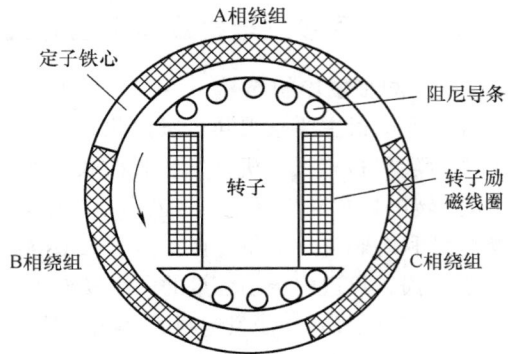

图3-4　三相凸极同步发电机截面图（第2章参考文献［1］）

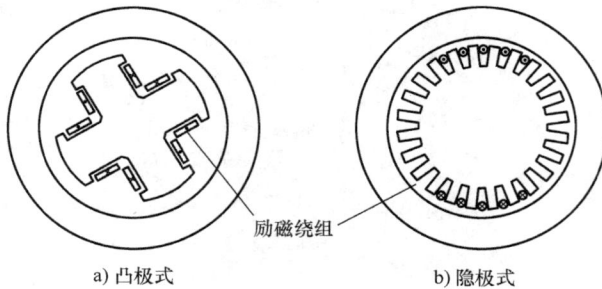

a) 凸极式　　　　　　b) 隐极式

图3-5　同步发电机转子结构示意图

3.2.2.2　同步发电机的励磁方式

电励磁同步发电机的主磁场是由转子励磁绕组通入直流电而产生，即转子励磁绕组需要配置直流电源。主磁场由直流励磁电流 I_g 控制，通过控制电流 I_g 能使同步发电机工作在任何期望的功率因数下，如超前、滞后或等于1，这也是电励磁同步发电机独特的优势。发电机励磁方式分为有刷励磁和无刷励磁两种。

（1）有刷励磁方式　传统同步发电机的励磁方式如图3-6所示，采用相控晶闸管整流器，通过集电环和电刷给转子励磁绕组供电。有刷励磁方式的缺点在于集电环和电刷之间存在机械磨损，需要定期维护。

（2）无刷励磁　同步发电机的无刷励磁根据励磁发电机的类型分为直流无刷励磁（励磁机直流供电）和交流无刷励磁（励磁机交流供电）。交流无刷励磁的优点是主发电机在静止状态下就能提供励磁。如图 3-7 所示，交流无刷励磁系统主要由旋转变压器、交流相位控制器和二极管整流器组成。

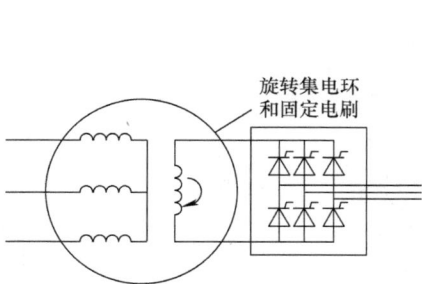

图 3-6　采用晶闸管相控整流电路
的有刷励磁方式（图片来源：ABB 公司）

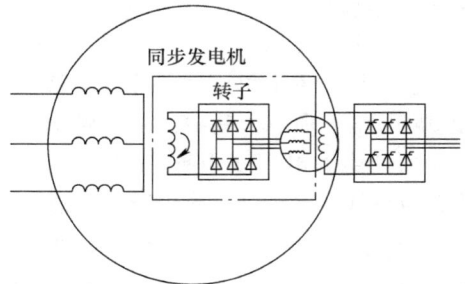

图 3-7　无刷直流励磁方式
（图片来源：ABB 公司）

三相旋转变压器的转子二次绕组（副绕组）安装在同步发电机转轴上，这里的旋转变压器实际上就是一台绕线转子异步发电机。一定频率的交流电源通过晶闸管交流相位控制器得到大小可变的交流电压，它受晶闸管触发延迟角 α_{gf} 的控制，给旋转变压器的定子一次绕组（主绕组）供电。旋转变压器的定子磁场以对应于交流电源频率的恒定转速旋转，而对应于同步发电机转速的旋转变压器转子磁场的旋转速度是由逆变器供电电源的频率决定的，这样定、转子旋转磁场之间就存在转差，转子绕组中将产生转差电压，该转差电压由安装在转子绕组上的二极管整流器整流成直流，供给同步发电机的励磁绕组，从而产生励磁电流 I_{gf}。

值得注意的是，旋转变压器并没有任何集电环和电刷，励磁电流 I_{gf} 的大小通过触发延迟角 α_{gf} 控制。如果同步发电机转速下降，转差率 s 将增加，转差电压增大，导致励磁电流 I_{gf} 上升，但通过控制触发延迟角 α_{gf} 能抑制 I_{gf} 的上升。当然，这种无刷励磁方式增大了系统成本和复杂度，而且励磁电流的瞬态响应相对于有刷励磁而言要慢些。

3.2.3　船舶同步发电机工作原理与特性

同步发电机的工作原理是：由原动机驱动励磁转子产生旋转磁场，在三相对称的定子线圈中产生感应电动势，三相电压的幅值相等而相位差 120° 电角度。同步发电机产生的交流电的频率取决于原动机的转速，其主要参数可计算如下：

（1）输出频率

假设原动机转速为 n_m（单位 r/min），同步发电机旋的转子有 N_p 对磁极，每秒将产生 $N_p \times n_m/60$ 个电周期，所以发电机的频率 f_g（单位为 Hz）为

$$f_g = \frac{N_p n_m}{60} \tag{3-1}$$

因此，原动机必须以恒定速度驱动发电机，以产生频率恒定的输出电压。机械角度 θ_m 与发电机的电角度 θ_g（单位均为弧度）有如下关系：

$$\theta_{\mathrm{m}} = N_{\mathrm{p}}\theta_{\mathrm{g}} \tag{3-2}$$

同理，机械转速 ω_{m} 与发电机的电角频率 ω_{g}（单位均为弧度/秒）也相差 N_{p}，即 $\omega_{\mathrm{m}} = N_{\mathrm{p}}\omega_{\mathrm{g}}$，也就是 $\omega_{\mathrm{g}} = 2\pi f_{\mathrm{g}}$。

（2）输出电压

交流同步发电机负载的等效电路模型如图 3-8 所示，其中：$\dot{E}_{\mathrm{gf}}$ 为转子磁场所产生的电枢线圈感应电动势，R_{g} 为电枢线圈电阻（一定情况下可忽略），L_{g} 为电枢线圈同步电感，$\dot{U}_{\mathrm{g}}$ 为发电机输出端电压，$\dot{I}_{\mathrm{g}}$ 为输出电流（通常滞后于端电压）。

设：$\varPhi_{\mathrm{gp}}$ 为发电机的每极磁通，I_{gf} 为励磁电流，K_{gf} 为励磁系数，若不考虑磁饱和，则有 $\varPhi_{\mathrm{gp}} = K_{\mathrm{gf}}I_{\mathrm{gf}}$。再考虑转子以转速 n_{m} 旋转，C_{ge} 为电动势系数，则转子感应电动势为

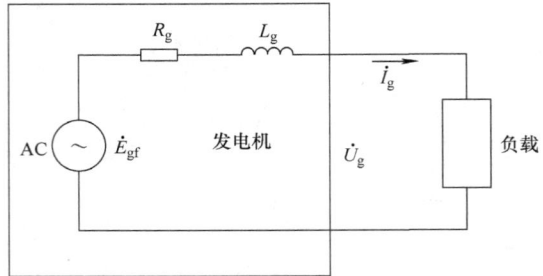

图 3-8　交流同步发电机负载等效电路模型

$$E_{\mathrm{gf}} = C_{\mathrm{ge}}\varPhi_{\mathrm{gp}}n_{\mathrm{m}} = C_{\mathrm{ge}}K_{\mathrm{gf}}I_{\mathrm{gf}}n_{\mathrm{m}} = K_{\mathrm{g}}I_{\mathrm{gf}}n_{\mathrm{m}} \tag{3-3}$$

式中　K_{g}——发电机系数，$K_{\mathrm{g}} = C_{\mathrm{ge}}K_{\mathrm{gf}}$。

根据电路原理，发电机的输出端电压的相量形式为

$$\dot{U}_{\mathrm{g}} = \dot{E}_{\mathrm{gf}} - \dot{I}_{\mathrm{g}}(R_{\mathrm{g}} - \mathrm{j}X_{\mathrm{g}}) \tag{3-4}$$

由于 R_{g} 的值一般远远小于 $X_{\mathrm{g}} = \omega_{\mathrm{g}}L_{\mathrm{g}}$，可以忽略，上式可以简化为

$$\dot{U}_{\mathrm{g}} = \dot{E}_{\mathrm{gf}} - \mathrm{j}X_{\mathrm{g}}\dot{I}_{\mathrm{g}} \tag{3-5}$$

（3）输出功率

三相发电机的性能分析可以按照一相来进行，这是因为三相除了 120° 的相位差，其余是完全一样的。设发电机供给的负载电流 $\dot{I}_{\mathrm{g}}$ 滞后于端电压 $\dot{U}_{\mathrm{g}}$ 一个相位角 θ_{g}，基于式（3-5）且忽略电枢电阻 R_{g} 的每相相量关系如图 3-9 所示。

发电机定子每相所产生的功率 $P_{\mathrm{g}} = U_{\mathrm{g}}I_{\mathrm{g}}\cos\theta_{\mathrm{g}}$，利用相量图中的三角函数关系，$X_{\mathrm{g}}I_{\mathrm{g}}\cos\theta_{\mathrm{g}} = E_{\mathrm{gf}}\sin\delta$，即 $I_{\mathrm{g}}\cos\theta_{\mathrm{g}} = E_{\mathrm{gf}}\sin\delta/X_{\mathrm{g}}$，得

$$P_{\mathrm{g}} = U_{\mathrm{g}}E_{\mathrm{gf}}\sin\delta/X_{\mathrm{g}} = \frac{E_{\mathrm{gf}}U_{\mathrm{g}}}{X_{\mathrm{g}}}\sin\delta = P_{\mathrm{gmax}}\sin\delta \tag{3-6}$$

式中　P_{gmax}——最大输出功率，$P_{\mathrm{gmax}} = \dfrac{E_{\mathrm{gf}}U_{\mathrm{g}}}{X_{\mathrm{g}}}$。

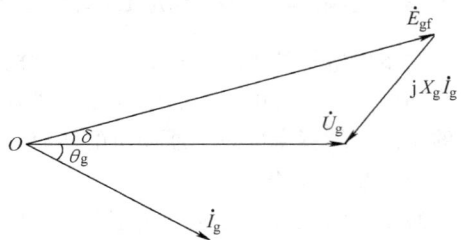

图 3-9　忽略电枢电阻的交流发电机相量图

由于输出功率取决于 $\dot{U}_{\mathrm{g}}$ 和 $\dot{E}_{\mathrm{gf}}$ 之间的夹角 δ，所以 δ 称为功率角（以电角度度量）。

三相定子电流产生一个与转子磁场转速（称为同步转速）完全相等的旋转磁场，δ 是转子磁场和定子磁场中心线之间的物理角度，并且转子磁场超前定子磁场 δ 角。

由式（3-6）可知，输出功率与功率角之间的关系如图 3-10 所示，是一个半正弦曲线。随着输出功率的增加，功率角也增加，直到 $\delta = 90°$ 时，输出达到最大功率 P_{gmax}。如果超过这个极限，转子磁场和定子磁场将不再保持同步，而是失去同步运行，即发电机将变得不稳定，不能输出稳定的功率。因此，P_{gmax} 又称为发电机的稳态稳定极限功率（或失步功率）。

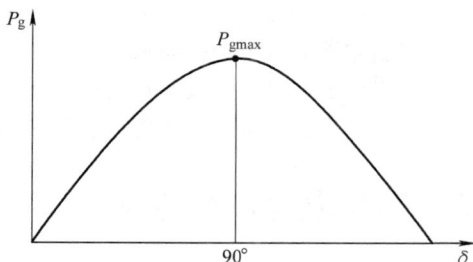

图 3-10　交流发电机功率角 δ 与输出功率的关系

例【3-1】　一台 5MVA、60Hz、6.6kV、4 极、效率 95% 的隐极同步发电机，每相同步电抗为 7.0Ω，忽略电枢电阻。当运行在单位功率因数时，求（a）稳态运行所能产生的最大功率（设负载保持不变）；（b）功率角（即转子超前角）；（c）作用于转子上的阻转矩（N·m）。

解：（a）单位功率因数时，发电机定子每相输出电压和电流分别为

$$U_g = 6600\text{V} \div \sqrt{3} = 3810.5\text{V}$$

$$I_g = \frac{1}{3} \times 5 \times 10^6\text{VA} \div 3810.5\text{V} = 437.4\text{A}$$

由图 3-8 所示的相量图可以得到：

$$E_{gf} = \sqrt{(3810.5\text{V})^2 + (437.4\text{A} \times 7\Omega)^2} = 4888.2\text{V}$$

三相发电机输出最大功率为单相的 3 倍，即

$$P_{max} = 3P_{gmax} = 3 \times \frac{4888.2\text{V} \times 3810.5\text{V}}{7\Omega} = 7.983\text{MW}$$

（b）利用式（3-6），两边均取 MW 为单位，得 $5 = 7.983\sin\delta$，即 $\delta = 38.8°$。

（c）根据 $P = T_g\omega_m$，其中：$\omega_m = 2\pi n/60 = 2\pi \times 1800 \div 60 = 188.5$ 弧度/s，因此，作用于转子上的阻转矩计算为

$$T_g = 5 \times 10^6\text{W} \div 188.5/\text{s} = 26526\text{N·m}$$

（4）船舶发电机组的主要参数及选择

同步发电机的额定值是表征同步发电机性能的重要参数，同步发电机在出厂前经过严格的技术检查鉴定后，在发电机定子外壳的明显位置上钉有一块铭牌，铭牌上规定了发电机的主要技术数据和运行方式。这些数据就是同步发电机电气参数的额定值，在使用中应严格遵守约定。参数包括：额定功率、额定容量、额定电压、额定电流、功率因数、额定频率、额定转速和相数。

船舶交流同步发电机的输出电压等级为 230/400V/6.3kV，功率因数 $\cos\varphi = 0.8$。电频率一般为 50Hz/60Hz，机组的转速只能是 3000/3600r/min、1500/1800r/min、1000/1200r/min 和 750/900r/min 等与发电机的极对数相关的值；因而，通常选择的额定转速

为 1500/1800r/min 或 750/900r/min。

发电用柴油机的功率可以从几千瓦到上万千瓦，功率变化范围宽广；一般来说，功率在 12~1500kW 范围内的柴油发电机用作船舶动力系统电源、备用电源或应急电源；电力推进船舶发电机组功率需根据船舶推进功率进行配置，可达数万千瓦。发电用柴油机在稳定工况下运行，负载率较高；应急或备用电源需标定一定的持续输出功率时间。机组配套功率应扣除电动机的传动损失和励磁功率，故需要有一定功率储备。

3.3 船舶发电机组控制

为了保证发电机组输出电压频率的稳定性，一般都装有高性能的自动调节装置。对于并联运行和并入电网的机组则装有自动调频调载装置。控制发电机组的船舶自动化电站具有发电机自起动、自动加载、故障自动报警和自动保护功能，发电机组可以全自动化运行，正常情况时不需要管理人员的手动操作，能适应船舶机舱无人值班功能的要求，具有较高的供电可靠性和自动化功能。

3.3.1 船舶发电机组控制结构与模型

一般而言，电力系统的稳定运行需要控制其电压、频率和功率，包括有功功率和无功功率。船舶电力系统主要依靠控制其发电机组来实现上述功能。

3.3.1.1 发电机组控制原理与系统结构

根据式（3-1），发电机的输出交流电的频率取决于转速，因此可以通过调节原动机的转速来进行调频，单台发电机频率控制的基本原理可参照原动机转速控制进行。

由式（3-3）可知，发电机的感应电动势 E_{gf} 随着励磁电流 I_{gf} 的增大而升高。如图 3-9 所示，当 E_{gf} 的幅值增加时，将提升使端电压 U_g 和增大功率因数角 θ_g，从而使发电机输出的滞后无功功率 Q_g 变大。即发电机可以提供更多的滞后无功功率给负载，直到电流达到允许的极限。反之，减小 I_{gf} 就会同时减小 E_{gf} 和发电机输出的滞后无功功率。通过欠励状态的调节可以使 $E_{gf}=U_g$，此时发电机将运行在单位功率因数下，并输出最大的有功功率给负载。但是这将超出原动机的负载能力（通常情况下原动机是在额定 0.9 滞后功率因数时驱动发电机的），而且欠励甚至可以使发电机运行于超前功率因数状态，这样就需要从系统吸收无功功率。由此可知通过对励磁电流的控制，可以调节发电机输出电压的幅值及无功功率。

综上所述，交流发电机输出产生的复功率为 $S_g=P_g+jQ_g$，其中有功功率 P_g 主要是通过原动机的调速器控制原动机的燃料供给量来调节的，而无功功率 Q_g 则主要是通过控制励磁电流来调节。因此，船用发电机组控制主要包括：电压控制以调节船舶电力系统电压与无功功率；转速控制以调节船舶电力系统频率与有功功率。

根据上述发电机组的控制原理，可以将船舶柴油发电机组看成是柴油原动机通过机械轴驱动同步发电机发出电能的系统，并将原动机与发电机分离开来，看成是两个相对独立的串级控制系统。由此，船舶柴油发电机组控制系统的一般结构如图 3-11 所示，这里采用调速器和调压器两个独立的控制器，通过调速器对柴油机进行调速控制，以调节发电机转速，达到调频作用；通过调压器调节励磁电流，对发电机进行励磁控制，以实现输出电压的调节。

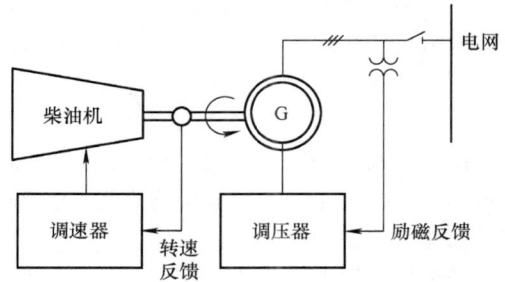

当控制精度要求比较高时，应该考虑柴油发电机组是一个机电耦合与电磁耦合极强的整体，发电机电压与频率之间、发电机有功与无功系统之间具有耦合关系，对电压与频率的控制需进行解

图 3-11　船舶发电机组独立控制系统结构

耦，系统控制方式如图 3-12 所示，属于多输入多输出控制系统。还有一些系统控制形式是以船舶电网各点的电压值为目标进行控制，形成电力系统参数分散式控制方案。

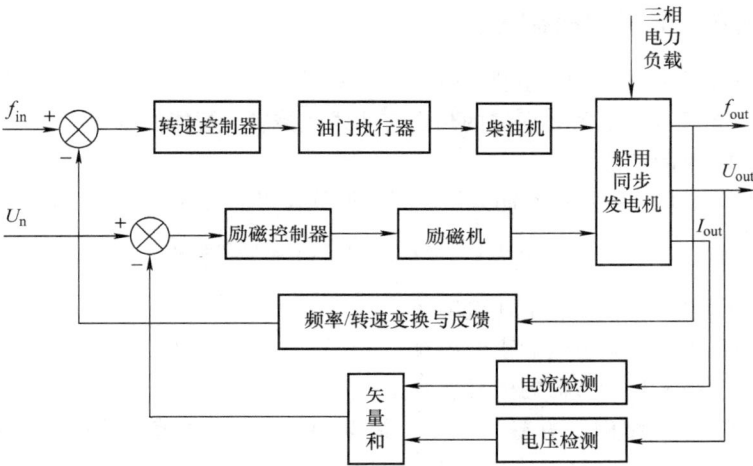

图 3-12　船用柴油发电机系统频率、电压双输入三输出控制系统方框图

3.3.1.2　发电机及其控制系统模型

同步发电机的模型有多种，其稳态模型可由图 3-8 导出，发电机的电压回路方程见式（3-4），再表示为

$$\dot{U}_g = \dot{E}_{gf} - \dot{I}_g(R_g - jX_g) \tag{3-7}$$

原动机驱动发电机旋转的运动方程为

$$T_E - T_g = J_g\frac{\mathrm{d}\omega_m}{\mathrm{d}t} \tag{3-8}$$

式中　T_E——原动机的拖动转矩，单位为 N·m；

　　　ω_m——原动机的转速，单位为 rad/s；

　　　J_g——发电机组的转动惯量，单位为 kg·m²；

T_g——发电机的阻转矩，单位为 N·m。

发电机的阻转矩等于其输出功率与转速之比，可由式（3-6）得

$$T_g = \frac{3P_g}{\omega_m} = \frac{3P_{gmax}\sin\delta}{\omega_m} \tag{3-9}$$

由此，式（3-7）、式（3-8）和式（3-9）构成了发电机的稳态数学模型。稳态模型虽然简单，仅能描述发电机稳定运行的静态关系。上述模型也可根据控制方法的不同，简化成传递函数形式。

若要描述发电机的动态行为，则要采用动态数学模型。由于同步发电机大都采用凸极式转子，其动态数学模型常用两极式凸极发电机来表示[18]，按其轴线分为 d、q 两个轴，来分别建立 d、q 轴的动态等效电路及其电压方程。其他类型的电动机也可按此原理分解，或通过坐标变换，将同步发电机三相绕组的变量关系变换到 d、q 轴坐标系，然后建立其数学模型。这部分内容将在第 5 章中详细介绍，这里从略。

3.3.2　船舶发电机组控制方法

目前船舶电力系统柴油发电机组常用的闭环控制方法有 PID 控制、改进 PID 控制、多变量控制、自适应控制等，研究的热点有非线性控制、智能控制等。

3.3.2.1　PID 控制方法

PID 控制器是最为经典的控制方法，其控制规律可表示为

$$u(t) = k_P e(t) + k_I \int e(t)\mathrm{d}t + k_D \frac{\mathrm{d}e(t)}{\mathrm{d}t} \tag{3-10}$$

式中　k_P——模拟 PID 调节器的比例系数；

　　　k_I——模拟 PID 调节器的积分系数；

　　　k_D——模拟 PID 调节器的微分系数。

基本的 PID 控制结构如图 3-13 所示，模拟 PID 调节器大多采用模拟运算放大器构成，数字式 PID 由数字电路或计算机算法实现。

一般来说，PID 调节器各调节环节的作用如下：

（1）比例系数 k_P 对系统性能的影响

对稳态特性的影响：在系统稳定的情况下，稳态误差与 k_P 成反比关系，加大比例系数 k_P，可以减小稳态误差，提高控制精度。但是，加大 k_P 不能完全消除稳态误差。

对动态特性的影响：比例系数 k_P 加

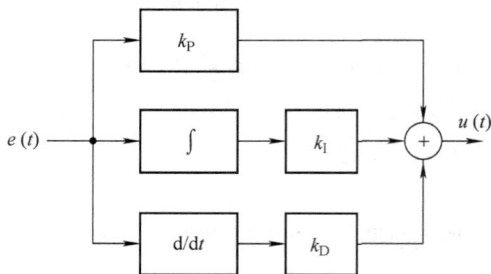

图 3-13　基本 PID 控制

大，会使系统的动作灵敏、响应速度加快。但 k_P 偏大，振荡次数变多，调节时间加长；当 k_P 太大时，系统会趋于不稳定。因此，需选取适当的 k_P，在保证系统稳定的前提下，提高精度和响应速度。

（2）积分时间常数 T_{I}（$k_{\mathrm{I}} \propto \dfrac{1}{T_{\mathrm{I}}}$）对系统性能的影响

对稳态特性的影响：积分控制能消除系统的稳态误差，提高控制系统的控制精度；但若 T_{I} 太大，积分作用太弱，将不能减小稳态误差。

对动态特性的影响：积分时间常数 T_{I} 偏小，积分作用强，由于积分具有滞后的特性，系统振荡次数较多；T_{I} 太大，对系统性能的影响减小。当时间常数 T_{I} 合适时，动态过渡过程的性能比较理想。

（3）微分时间常数 T_{D}（$R_{\mathrm{D}} \propto T_{\mathrm{D}}$）对系统性能的影响

微分控制的作用反映偏差信号的变化率与一定的趋势，通过微分控制能够预先控制偏差，产生超前的校正作用，可用于改善系统动态特性。如减少超调量，缩短调节时间，允许加大比例控制，使稳态误差减小，提高控制精度等。当 T_{D} 偏大时，超调量较大，调节时间较长；当 T_{D} 偏小时，同样超调量和调节时间也都较大；只有 T_{D} 取得合适，系统动态过程的调节才能得到比较满意的效果。

实际应用时，可根据系统需求选择全部或部分校正环节组成具有不同功能的调节器，比如：P 调节器、PI 调节器、PD 调节器、PID 调节器，并根据系统的性能要求设计调节器的参数，以达到系统指标。

在计算机控制的电力传动系统中，采用数字式 PID 调节器，其控制算法又分为位置式 PID 算法和增量式 PID 算法等。由于计算机控制进行的是离散数字控制，是根据采样获取的离散偏差值计算控制量，因此需要对连续 PID 控制算法进行离散化。在系统采样周期满足香农定理的情况下，当采样周期足够小时，可用一阶差分进行一阶微分计算，用累加进行积分计算，从而将模拟 PID 控制算法离散化，实现 PID 的离散数字计算，完成控制。

由于 PID 调节器的参数直接影响着系统的性能指标，在高性能的调速系统中，有时仅仅靠调整 PID 参数难以同时满足各项静、动态性能指标。采用模拟 PID 调节器时，由于受到物理条件的限制，只好在不同指标中求其折中。而计算机数字控制系统具有很强的逻辑判断和数值运算能力，充分应用这些能力，可以衍生出多种改进的 PID 算法，提高系统的控制性能。例如：积分分离算法、分段 PI 算法、积分量化误差的消除等。

3.3.2.2 多变量线性最优控制方法

电力系统的发电机组控制可采用线性最优控制方法。在常规的单变量励磁调节器中，多以发电机电压偏差作为反馈控制量，而调速器则以转速偏差作为控制量，这两种反馈偏差量是单独作用的，线性最优控制以多变量控制为基础，将两者联系起来。一种线性最优控制器依据现代控制理论中的线性二次积分（Liner Quadratic Integral，LQI）偏差为最小作为性能指标；其反馈量可以包括发电机状态变量的电压、电流、电功率、磁场磁通、转速、功率角以及原动机状态变量的柴油机油门执行伺服器开度、机械功率、机械转矩或是其中某些需要量。这种控制系统以电力系统相关的状态变量作为反馈量，对于船舶发电机组控制系统，其结构形式如图 3-14 所示。

多变量控制系统由于输入的发电机组信息多且同在一个信息处理系统中，系统控制的主要特点与可以实现的功能有：

① 系统是基于现代控制理论，利用多变量控制方法求解；

② 可对励磁和调速进行综合控制，解决两系统之间的耦合问题；

③ 控制器预先推算出发电机的内部状态及与运行相适应的增益值；

④ 可以考虑原动机特性进行动态特性的调节；

⑤ 可产生判断和处理起动、停机和甩负载程序控制功能；

⑥ 可产生装置故障时的失效保护功能；

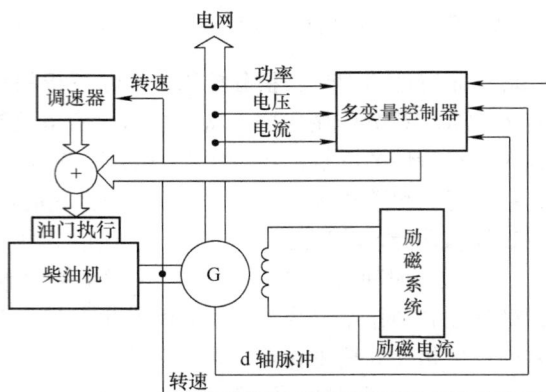

图 3-14　多变量控制系统结构框图

⑦ 在发生系统事故等暂态过程中记录发电机状态量的变化。

多变量控制系统为实现上述功能，以信息与数据为基础，可自动补偿负阻尼，具有提高系统动态稳定性和抑制长时间功率摇摆的能力。此外，当与发电机连接的系统状态发生大扰动变化时，如电网输电线中某一线路故障时，控制系统可根据情况求出最优增益，系统具有良好的鲁棒性。对于多机系统也有良好的控制性能。同时可以为船舶电力系统监视报警系统提供基础信息，在设备故障时可根据已有的信息实施自动切换。

3.3.2.3　先进控制方法

随着对船舶发电机组控制性能要求的提高和自动控制理论的发展，船舶发电机组也开始采用其他先进控制方法。例如：

（1）自适应控制方法

该方法是一种能自动适应被控对象发生变化或被控对象所处环境信息不完备情况下进行有效控制的方法。常用的方法有3类：变增益自适应控制、模型参考自适应控制和自校正控制。在这3类控制中，自校正控制应用最为广泛，在电力系统中的应用也较多。

（2）智能控制方法

传统控制方法都依赖系统的模型，对于相对复杂的系统来说，建模比较困难，或者说建立精确的数学模型不易。智能控制方法是将人工智能引入控制领域，模拟人的控制方法，而不依赖数学模型。目前，主要的智能控制方法有：学习控制、专家控制、模糊控制、神经网络控制等。智能控制的特点是：控制算法不依赖或不完全依赖于对象模型，因而系统具有较强的鲁棒性和对环境的适应性。

3.3.3　船舶电力系统电压与无功功率控制

对于船舶交流电力系统的同步发电机来说，在负载电流变化时，由于电枢反应的影响将使发电机的端电压发生变化，尤其是电动机起动等电感性负载电流，其影响更大。

发电机端电压变化将影响用电设备的正常运行，产生如发电机停转、继电器/接触器释放等危害。因此，需要对发电机的电压进行控制，其方法是采用自动电压调整器（AVR）或自励恒压装置，对发电机的励磁进行控制，使发电机在负载变化时自动维持电压恒定，达到对发电机端电压与电网电压的调节作用。中国船级社《钢质海船入级规范》中对于船舶发电机及其电力系统突然加载大负载的性能有具体的要求与规定。

3.3.3.1 发电机励磁控制基本原理与要求

同步发电机励磁系统用于产生转子磁场，通过调节励磁电流可控制发电机的电压和无功功率，其作用如图 3-15 的相量图所示。

在现代大功率发电机中，同步电抗 X_g 大约是 1.5 倍的发电机基值阻抗。由于这个大电抗，在相同端电压的情况下，转子电动势 E_{gf} 或转子励磁电流在额定负载且功率因数为 0.9 滞后时相比空载要大两倍以上。在典型的励磁系统中，通过调节励磁电流，可以在 1~3 倍的宽范围内改变 E_{gf}，而不致使磁路过度饱

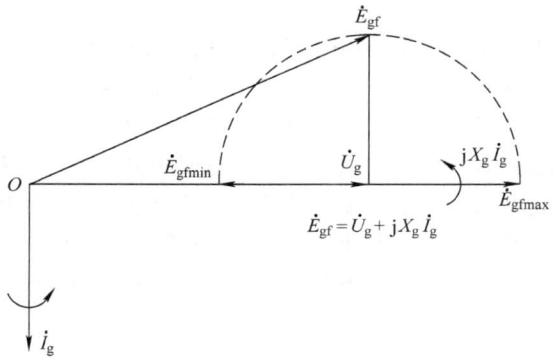

图 3-15 感应电动势 E_{gf} 随负载功率因数从 0 滞后到 1 的变化

和。大多数励磁系统运行在 $E_{gf} = 200 \sim 1000\text{V}$ 时，而励磁功率即转子绕组 I^2R 损耗则仅为发电机额定功率的 0.5% ~1%。

船舶发电机励磁控制的基本要求：

（1）保持正常运行的电压

对于同步发电机来说，在负载电流变化时，通过调节发电机励磁电流来控制 E_g，以保持发电机端电压的恒定。因而自动调压装置的作用是根据发电机输出电压的变化（含各种大小扰动引起），控制器按一定的控制规律进行运算，产生控制励磁电流的指令，调节励磁电流大小，来控制发电机输出电压，使电压变化稳定在一个可接受的范围内。

（2）改变无功功率以适应负载需求

船舶同步发电机是船舶电力系统的无功功率电源，应根据负载要求提供无功功率。当同步发电机并联运行时，若在网并联运行的发电机的电动势不相等，在网运行的发电机定子绕组间就会产生环流，引起无功功率分配不均匀。无功功率分配控制是运用自动调压装置来调整发电机的电动势 E_{gf}，以减小机组间的环流，使并联运行机组处于合理而稳定的无功功率分配中。无功电流若不按比例分配，会造成部分机组电流偏大、部分机组电流偏小。这样会使发电机总定子铜损加大，使效率降低；会造成某些机组电流过载，另一些机组可能转化为输入滞后无功电流的运行状态。电流过载将导致继电保护动作，发生不应有的停电事故。

（3）提高稳态性能和动态稳定性

随着船舶电力系统的大型化和发电机单机容量的快速增长，自动电压调节器的功能开始不再局限于维持发电机电压恒定这一要求上，开始更多地注重如何提高发电机的稳态性能及动态稳定性。在船舶电网短路故障时，需要励磁系统适时地进行强行励磁，以产生一定数值的短路电流使选择性保护装置准确动作；并在短路故障电路被切除以后，使发电机的端电压迅速回升，来提高电力系统并联运行的稳定性和继电保护装置动作的可靠性。

3.3.3.2 发电机励磁控制系统结构与分类

从船舶发电机励磁自动调整系统的作用来看，励磁系统的基本功能是给同步发电机磁场绕组提供直流励磁电流。此外，励磁系统通过控制磁场电压/电流来控制励磁强度，完成系统控制和保护功能，这对船舶电力系统具有满意的供电性能至关重要。对于小型发电机可通过磁场变阻器的人工调节来实现励磁控制；但是，对于大型发电机常采用自动电压调节器（AVR）。船舶大功率同步发电机的励磁控制系统结构如图3-16所示，可以根据电力系统容量与供电质量要求考虑是否配置电力系统稳定器。

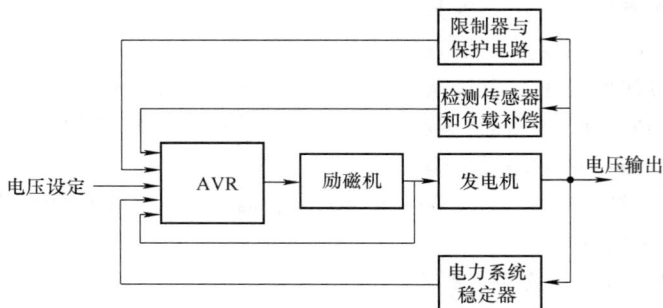

图3-16　同步发电机励磁系统功能框图

系统中各单元的功能是：检测传感器和负载补偿单元用来检测发电机端电压或电网电压，将信号整流和滤波后，转换为成比例的直流量；AVR单元对输入偏差信号按一定控制规律进行计算，生成适合于励磁机的控制信号，来调节发电机励磁并使系统稳定运行；励磁机单元为同步发电机磁场绕组提供激磁直流电流，是励磁系统的功率级执行单元；限制器和保护电路单元，设置了控制和保护功能，以保证励磁机和同步发电机不超过容量极限。大功率的发电机还可配置电力系统稳定器，给调节器提供一个附加的输入信号，以提高电力系统的阻尼、抑制低频振荡。其他的输入信号还有转子转速偏差、功率变化和频率偏差等。

船舶同步发电机AVR按励磁控制的电压偏差与检测参数的不同可分成如下3种类型。

（1）按负载电流进行调节

按负载电流进行调节是按发电机输出电流的大小及其功率因数来对发电机励磁电流

进行调节。控制中直接反映负载电流扰动量的大小，动态特性较好；但这类控制形式从理论上存在静差，稳态特性较差。这类控制方式的静态电压调整率一般在 ±3% ~ ±5% 之间，最好也只能达到 ±2% 左右。不可控相复励调压装置就属于这种控制类型。

（2）按电压偏差进行调节

按电压偏差进行调节是按发电机设定电压与输出电压的偏差来对发电机励磁电流进行调节，是一种电压闭环控制形式。这类调节系统从理论上可做到发电机实际输出电压与设定电压之间静态偏差为零，但由于并联运行的需求，实际调压装置应是一个有差系统。因此，这类 AVR 的电压调整静态精度高，静态电压调整率在 ±1% 以内，有的已达到 ±0.5% 以内。欠缺的是动态特性不如按扰动进行调节的控制方式，可控硅调压装置就属于这种控制类型。

（3）按复合原理进行调节

按复合原理进行调节是按电流扰动与电压偏差的综合信号进行调节，即按发电机的电流大小及其功率因数和发电机输出电压与给定电压的偏差来对发电机励磁电流进行调节。这类调压装置是将上述两种控制方法结合在一起，所以具有上述两种装置的优点，并可以克服各自的不足之处，调压装置的静态特性与动态特性都很好。再结合电流相位，形成相复励控制；可控相复励调压装置就属于这种控制类型。

AVR 控制励磁以保持发电机输出电压在限定的范围内，并补偿发电机负载、转速、温度及功率因数的变化。精细的 AVR 采用三相有效值（方均根值），励磁电流由专用的三相永磁同步发电机提供，可将 AVR 控制电路与非线性负载隔离，并减小发电机端部的无线电频率干扰。

在持续的发电机短路电流下对励磁机的保护能力是 AVR 中永磁转子的另一特点，AVR 的一些其他特点还有：

1）频率测量电路连续监测发电机的转轴速度，在某可预置阈值下按比例减小发电机的输出电压，实现励磁系统的低速保护。

2）根据 AVR 输出设备的内系关机设定最大励磁的安全值，这个条件保持锁定直到发电机停机。

3）规定对远程电压调节的连接方式，允许用户精密控制发电机的输出。AVR 能够和其他类似的发电机设备一起运行。

4）典型的瞬态响应时间是：AVR 为 10ms，90% 励磁电流为 80ms，97% 发电机电压为 300ms。AVR 还包括一个稳定或阻尼电路，以实现发电机良好的稳态和动态性能。

AVR 带有一个软起动或电压斜坡上升电路，当发电机升速时可控制电压的上升率。这个通常是预设并密封的，给定的电压斜坡上升的时间约为 3s。如果需要，在 AVR 技术规范所设定的界限间也可以调整这个参数。

当两台交流发电机并联运行时，若各发电机电势不相等，将在发电机定子绕组间产生环流，引起无功负载电流分配不均匀或不按发电机容量比例进行分配。当两台发电机电势相差太大时，环流会引起一台发电机电流过载而烧坏。因此，需要自动调整发电机的励磁来改变环流，使无功电流分配的不均匀度保持在允许的范围内。

从船舶电力系统角度考虑，励磁系统应能提高系统稳定性。这需要调节发电机磁场，以提高小信号稳定性；同时能够对一个扰动快速地进行响应，以提高系统的暂态稳定性。当电网发生短路时，励磁系统也能够自动快速地增加发电机励磁电流，进行强迫励磁，使发电机的电势和短路电流大为增加，从而保证短路保护装置动作的准确性和自动化电站的安全运行。

3.3.3.3 发电机励磁控制器设计

船舶电力系统必须保持在额定电压下运行，保持电压的恒定是供电质量的重要指标之一。实际运行时，电力系统受到负载等干扰的作用，电压总是经常变动，船舶电网由于发电机容量小，所以电压波动范围比陆上大电网要大得多，运用船舶发电机励磁控制保持船舶电网电压稳定十分重要。

（1）AVR 装置的性能指标

船舶电力系统中，同步发电机励磁控制的核心单元是 AVR，总的技术要求是：简单可靠、动态特性要好、具有一定的强行励磁能力，适合船舶电力系统保护的要求；能合理而稳定地分配无功功率。其性能指标具体表现在以下方面：

1）良好的稳态特性：要求原动机在额定转速运行时，交流发电机连同其励磁系统，应能自空载至额定负载范围内，且其功率因数为额定值的情况下，保持其稳态电压的变化值在额定电压的 ±2.5% 以内；应急发电机可允许在 ±3.5% 以内。大型海洋船舶为提高船舶电力系统的供电质量，一般采用可控相复励调压装置；20 世纪 80 年代后建造的船舶发电机，采用这种调压装置的，其稳态指标大多均已达到 ±1% 以内，20 世纪 90 年代某些产品的稳态电压调整率已达到 ±0.5% 以内。

2）在动态特性方面要求当发电机在额定转速且电压接近额定电压下运行时，如突加或突卸 60% 额定电流及功率因数不超过 0.4（滞后）的对称负载时，电压振荡的瞬态电压跌落应不低于额定电压的 85%，当电压上升时，其瞬态电压值应不超过额定电压的 120%，而电压恢复到与最后额定值相差 3% 以内所需的时间不应超过 1.5s。

3）具有无功分配控制功能。如需要输出功率相同的发电机并联运行，则当有功负载平均分配时，其每台发电机的无功负载与其按比例分配值的偏差不应超过其额定无功功率的 10%。在不同额定功率的发电机并联运行时，假设有功功率按比例分配，则无功负载与其按比例分配值之差不应超过下列两值中较小者：最大发电机额定无功功率的 10%，最小发电机额定无功功率的 25%。

4）具有强行励磁功能。电力系统的特点之一，是系统的过渡过程非常快。当负载突变或发生短路时，电压会突然下降很大。这将给电力系统的运行带来许多问题，甚至可能使电力系统丧失稳定。因此，由提高发电机并联工作稳定性、电动机运行稳定性以及继电保护装置动作的准确性等动态稳定性的观点出发，要求调压装置的强行励磁要迅速。

5）从短路保护的要求出发，一旦发生外部短路，发电机在短路瞬间应能提供足够的短路电流，以供负载开关跳闸。例如规定：当接线端子三相短路时，稳态短路电流应不小于 3 倍也不大于 6 倍的额定电流，发电机及其励磁机必须能承受此稳态短路电流 2s

而无损坏。

（2）同步发电机励磁 PID 控制原理

通常自动电压调节器构成的励磁控制回路由测量、比较、调节、触发脉冲形成和晶闸管整流电路组成。控制系统原理框图如图 3-17 所示。

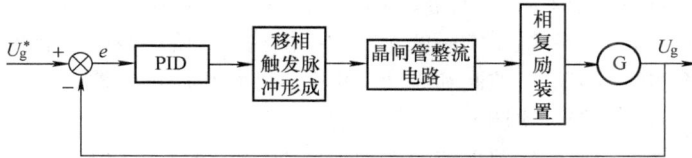

图 3-17　励磁控制系统原理框图

各个环节的作用是：测量环节完成控制系统实际电压的检测。测量环节中的测量电路一般采用三相降压变压器降压、整流、滤波来获得发电机端电压信号，也有直接取自发电机端电压经电阻分压、整流、滤波后得到端电压信号的。比较电路实现设定电压与实际测量电压的比较，获得设定电压与实际测量电压的偏差值（$e = U_g^* - U_g$）。对于电子电路形式实现的装置，其形式多样，有采用双稳压管桥式比较电路的，也有采用单稳压管桥式比较电路的。调节器可采用由运算放大器构成的 PID 调节器（模拟调节器），对偏差信号进行比例、积分、微分计算。励磁调节执行环节由移相电路、触发脉冲形成电路、晶闸管整流电路等形式组成，完成对励磁电流大小的调节执行。

目前以计算机为核心的数字控制器广泛应用，可采用数字 PID 控制算法，控制方法与功能由微机软件程序实现。

3.3.3.4　无功功率及其电压控制的其他方法

电力系统中，一些负载通常吸收无功功率，例如变压器不管其负载如何，总是吸收无功功率。发电机空载时，起主要作用的是并联激励电抗；满载时，起主要作用的是串联电抗。为保证船舶电力系统有效和可靠的运行，还可以运用其他的手段来控制电压和无功功率，例如：并联电容器、并联电抗器、同步补偿机（同步调相机）和静止无功补偿（Static Var Compensator，SVC）装置等。

在这一类装置中，大型海洋船舶或电力推进船舶常用的电压和无功功率控制装置有同步调相机、电容器与电抗器、静止无功补偿装置等。

（1）同步调相机

自 20 世纪 30 年代，同步调相机就已用于输电和次输电系统的电压和无功功率控制。它们常连接到变压器的第三个绕组上。同步调相机相当于在网空载运行的同步电动机，即没有原动机或机械负载的在网运行的同步电动机。比如：船舶轴带发电机电力系统常采用同步调相机，以自动调节无功功率输出以保证恒定的端电压。

（2）电容器电抗器方法

并联电容器在 20 世纪 10 年代中期开始用于电网的功率因数校正。并联电容器提供无功功率和增大局部电压。自 20 世纪 30 年代后期，并联电容器的使用有显著的增加，在今天这是一种提供无功功率的非常经济的方式。并联电容器的主要优点在于价格低和安装、运行的灵活性。它们很容易安装在电力系统中的各点上，因而提高输电和配电的效率，并联电容器的主要缺点是它们的无功功率输出与电压平方成正比。结果是在低电压时无功功率输出减小，而这时很显然是需要更多的无功功率。

串联电容器与导线相串联以补偿线路的感性电抗，这将减小线路所连节点间的转移电抗，增加最大传输功率和减小实际的无功功率损耗。尽管串联电容器并不常用于电压控制，但它们确实能改善电压控制和无功功率平衡。由串联电容器产生的无功功率随功率传输的增加而增加，能自我调节，不需要进行系统调节。

并联电抗器常用于补偿线路电容的作用，特别是限制由于线路开路或轻载负载所引起的电压升高。船舶电网由于线路电容小而不常使用，特殊船舶使用时并联电抗器要用开关进行控制。

（3）静止无功补偿方法　自从20世纪70年代后期静止无功补偿装置（SVC）应用以来，陆上电力系统中同步调相机开始逐渐被静止无功补偿装置所取代，其价格比同步调相机低20%～30%。由于静止无功补偿装置能提供对无功功率和电压的连续和快速控制，静止无功补偿装置增强了输电系统的性能。例如：可以增强暂时过电压的控制，防止电压崩溃，增强暂态稳定性，增强系统振荡的阻尼。目前，新设计的船舶电力系统中，静止无功补偿装置开始进行应用。

早期的静止无功补偿装置采用饱和电抗器，随着电力电子技术的发展，静止无功补偿技术得到快速的发展，并逐渐占据了无功补偿装置的主导地位，在无功补偿中得到了良好的运用。静止无功补偿装置是并联连接的静止无功发生器/吸收器，其输出随电力系统电压控制相关参数而变化。

静止无功补偿包含了静止无功发生器或吸收器以及适当的控制装置。静止无功补偿系统是静止无功发生器和可切换的电容或电抗相结合的系统，其输出在协调控制下进行。无功功率控制器件基本类型有：饱和电抗器、晶闸管控制的电抗器、晶闸管控制的电容器、晶闸管控制的变压器、自换流或线换流方式的换流器。

3.3.4　船舶电力系统频率与有功功率控制

船舶电力系统的负载发生变化时，将引起发电机组转速变化，因而使电网频率发生变化，从而直接影响船舶电力系统的品质。尤其是船舶大负载的运行，如侧推器、起货机、甲板机械、空调制冷设备、机舱内大的服务泵等驱动电动机的起/停与变负载运行，又如电力推进船舶的主推进电动机起/停与变负载运行，都将产生船舶电网的大瞬时有功功率需求。中国船级社的《钢质海船入级规范》对于船舶电力系统突然加载大有功负载有具体的要求与规定。

对于电力推进船舶，电力系统频率的变化对推进电动机的运行会造成影响。根据推进电动机驱动螺旋桨的功率与转速成三次方关系，频率的增加将使推进电动机过载；频率的大范围下降将导致感应电动机和变压器中励磁电流剧增，极端情况会引起在网发电机之间的负载不平衡，进而产生船舶电网失电，对船舶安全航行产生危险。

频率波动的另一个不良影响是使电力系统运行不经济。一般来说，原动机在额定转速（即发电机在额定频率）下运行最经济，在偏离额定转速时会使原动机效率降低、燃烧不良，对环境产生影响。为了满足电力系统运行的可靠性和经济性，船舶电力系统的频率稳定是十分重要的，而频率的调整与控制主要依靠对原动机转速的调整与控制实现。

3.3.4.1 发电机组转速与频率调节原理

海洋运输类船舶电力系统一般使用柴油发电机组供电，发电机组控制的一个重要内容是转速控制；船舶发电机组控制系统的调速器是转速控制的核心设备。当船舶电力系统负载增加时，其原动机的负载转矩增加，而引起转速下降。机械动力源（汽轮机、燃气轮机、柴油机或电动机）的转速调节率 δ_n 可定义为

$$\delta_n = \frac{n_0 - n_N}{n_N} \qquad (3\text{-}11)$$

式中　n_0——原动机的空载转速；

　　　n_N——原动机的额定转速。

因为交流发电机的频率直接取决于原动机的转速，通常按照控制器的转速调节率 δ_n 来定义发电机的频率调节率 δ_f

$$\delta_f = \frac{f_0 - f_N}{f_N} \qquad (3\text{-}12)$$

采用自动转速调节控制器会增加燃油以保持原动机转速不变。但是，这不能完全补偿负载的增加，原动机的转速会以近似线性的方式稍微下降，发电机转速调节器将给原动机增加燃油以保持转子转速恒定。实际的转速控制器必须有一定的死区，否则对于负载变化都将产生振荡。这样当发电机负载增加时，由于转速控制器的死区，稳态转速将稍微下降。因此，即使有自动转速控制，实际的原动机控制器并不能完全保持转速恒定，原动机转速会随着负载的增加而稍微下降。频率下降率（FDR）Δf_{dr} 可定义为输出负载每千瓦或每兆瓦下的频率下降率，即

$$\Delta f_{dr} = \frac{\Delta f}{\Delta P} \qquad (3\text{-}13)$$

频率下降率表示了发动机的转速控制率或发电机的频率控制特性，可用图 3-18 的下垂线表示。

例【3-2】　一台 60Hz 同步发电机额定值为 100MVA，功率因数为 0.9，空载频率为 61.5Hz。求原动机的转速调节率、发电机的频率调节率和发电机的频率下降率。

解： 在额定负载运行时，发电机输出功率为 100MVA × 0.9 = 90MW，而发电机的额定频率是 60Hz，那么：

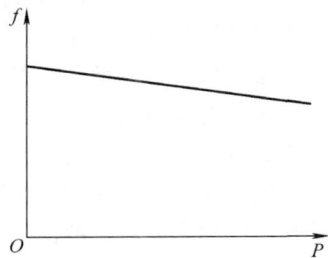

图 3-18　发电机的下垂特性线

$$\delta_f = \frac{f_0 - f_N}{f_N} = \frac{61.5\text{Hz} - 60\text{Hz}}{60\text{Hz}} = 0.025\text{pu} = 2.5\%$$

由频率从空载的 61.5Hz 下降为 90MW 额定负载的 60Hz，其频率下降率为：

$$\Delta f_{dr} = (61.5\text{Hz} - 60\text{Hz})/(90\text{MW} - 0) = 0.01667\text{Hz/MW}$$

3.3.4.2 发电机组转速控制系统结构与分类

发电机组转速控制的调速器类型有机械/液压式和电子式，具体设计的方案有多种。从自动控制的角度观察系统结构，将调速系统独立考虑时，船舶发电机组的调速系统形成了一个以转速为定值的闭环反馈控制系统；考虑发电机频率与电压的耦合关系时，将形成多变量控制系统。

（1）船舶发电机转速控制系统结构

船舶发电机转速的控制依靠柴油原动机调速控制器进行，系统基本组成如图 3-19 所示，控制系统通过传感器检测发电机转速，通过控制油门执行阀控制柴油机的供油量大小，达到控制柴油发电机转速的目的。

按控制系统的各单元，可以得到船舶发电机转速控制系统基本结构如图 3-20 所示，其中：C 为控制器，A 为油门执行器，E 为原动机，G 为发电机，输入是设定转速 ω_g^*，输出是实际转速 ω_g，从柴油机输出轴进行检测，发电机输出功率 P_g，电力负载 P_L 相当于系统的负载扰动。

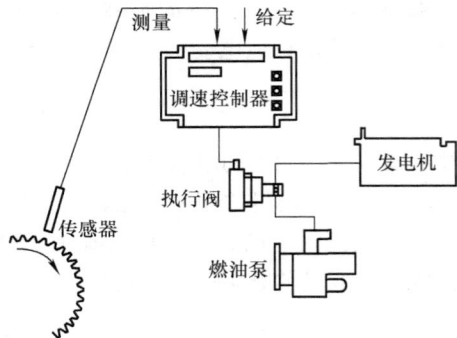

图 3-19　柴油发电机调速系统结构

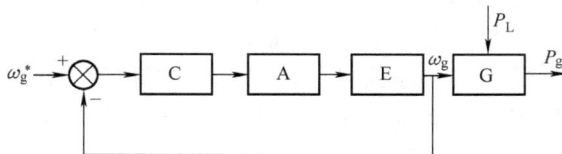

图 3-20　柴油发电机转速控制系统结构

转速反馈单元通过转速检测传感器获得发电机转速信号；柴油发电机组是系统中的被控对象，调节器是闭环控制系统的核心控制单元，常用 PID 控制算法；通过油门执行器调节柴油机的供油量，实现对柴油机输出轴功率的调节，达到对发电机组转速的定值控制。电网的电力负载可以看作为发电机的负载与干扰信号，当负载变化引起柴油机机械转矩和电转矩的不平衡，导致发电机转速变化。

转速信号的检测还可以在发电机的外侧传动轴上安装转速检测传感器或通过发电机的输出电气频率参数转换得到。由于发电机的转速变化会影响输出电压，电压控制对发电机励磁产生作用，引起的电枢反应会影响到发电机的转子力矩。说明：发电机的电磁作用对其转速的影响包含了电磁与机械两个方面。故此，通过检测发电机输出频率来得到发电机组的转速，更能反映发电机组的电、磁、机械的综合作用过程，这时控制系统对于电网频率的稳定作用也更加直接，这就需要对发电机组电压与频率进行多变量解耦控制。

（2）船舶发电机转速控制系统分类

船舶发电机转速控制的调速器是保证柴油发电机组可靠与稳定运转的重要控制单元，根据柴油发电机的容量与用途，首先要选用适当类型的调速器，同时对于调速器的技术性能有一定的基本要求。例如：要能够在一定的转速范围内进行调节；具有合适的稳态调速率，稳态调速率越小，调节过程的静态精度就越高；系统形成后具有尽可能小的转速波动率；足够的油门驱动能力，用来克服油门调节机构的阻力和使之产生一定的加速度；与柴油原动机形成机组后，机组的动态与静态性能应符合《钢质海船入级规范》的要求。若按调速器的实现形式分类，可以分为机械调速器、液压调速器和电子调速器。

1）机械调速器是一种由转速感应元件通过杠杆等机械连接直接带动调速油压机构的器件，亦称机械离心飞锤式调速器，其驱动系统起单纯的力的传递以及变更位移方向和大小的作用，因此这类调速器的驱动力直接取决于飞锤的离心力，其大小是很有限的，只能用于中小容量的柴油发电机组。其灵敏度和精度亦较差，但结构简单，维修方便。

2）液压调速器利用转速感应元件把转速信号转换后输送给驱动机构，用以控制液压放大机构，得到需要的调节力来驱动柴油机油量调节机构。由于它是通过液压放大机构起作用，故称为间接作用式。同时，为了改善调节性能，在感应元件与驱动机构之间设有反馈装置。

3）电子调速器是目前最常用的调速器，有模拟式和数字式两种。两者的区别是模拟式电子调速器的控制器由运算放大器等模拟电路电子元件组成，数字电子调速器由数字微处理器及相应的接口芯片组成。电子调速器用转速设定电位器或软件指令设定需要的发电机转速。磁脉冲式传感器通过飞轮上的齿圈测量发电机转速实际值，并送至控制器（调速器），在控制器中实际值与设定值相比较，其比较的差值经控制线路或控制算法程序，按设计的控制规律进行运算，再经放大驱动执行器输出轴，通过调节连杆拉动喷油泵齿杆，进行柴油机供油量的调节，从而达到保持发电机组于设定转速的目的。

由于实际上发电机的端电压值与发电机的频率（或转速）之间有一定的耦合关系，发电机的转速变化对于发电机的端电压有影响，发电机励磁产生的电枢反应对于转子的转矩也有影响，从而影响转速，发电机转速控

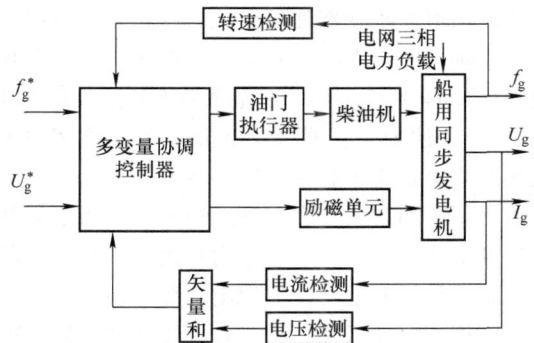

图 3-21　柴油发电机组电压与频率协调控制的系统结构

制系统与发电机励磁控制系统之间存在耦合关系，因此关于发电机组的电压与频率的控制是一个多输入多输出系统。

图 3-21 给出了一个协调控制的系统结构，将发电机的电压、频率作为系统的两个给定值，通过检测发电机实际电压、电流与频率，由多变量协调控制器产生相应的电压与频率控制信号，协调控制系统的输出保持恒定。

多变量控制需要转速与电压两个控制器进行解耦。笔者提出一种船舶发电机组双 CMAC 神经网络并行控制系统的结构如图 3-22 所示。船舶发电机组的转速控制回路和励磁控制回路的控制都采用 CMAC 神经网络并行控制方式进行，系统的控制质量方面的优点是两方面的综合，神经网络控制的自适应能力增强了系统之间的协调性。

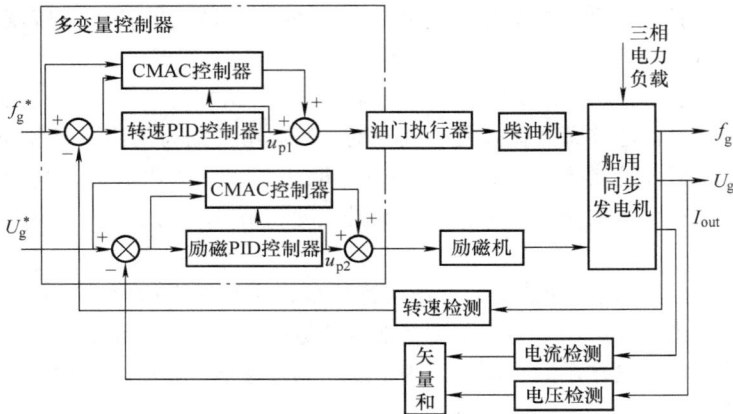

图 3-22　船舶柴油发电机双输入双输出系统 CMAC 神经网络并行控制框图

3.3.5　船舶发电机组的并联运行与调载控制

船舶电力系统运行时，当单一发电机组给船舶电网及其负载供电时，转速调节器的调节作用可以改变柴油发电机组的转速，以稳定电力系统的频率。当有多台发电机组对电力系统同时供电时，它们的端电压和频率必须相等。而这个频率决定了它们分担的负载大小及其变化大小，每台机组所分配到的负载取决于发电机调速特性的斜率（下垂特性）。一般地，若两台发电机组下降率调速的百分数几乎相等，那么每台机组输出的变化基本上正比于它的额定容量。

为了在两台或多台并列运行的发电机之间稳定地分配负载，调速器应具有负载增加时速度下降的特性。船舶电力系统的发电机并联运行时有功功率的分配中，对于两台以上无差原动机调速特性的发电机组，由于相互之间的功率分配找不到稳定的平衡点，故一般不使用，而必须使用有差调速特性的发电机组。

而两台发电机的频率下垂特性曲线决定了总负载的分配。由式（3-13），如果已知发电机的功率，其频率可由频率下降率求出，即

$$f_{\mathrm{g}} = f_0 - \Delta f_{\mathrm{dr}} P_{\mathrm{g}} \tag{3-14}$$

式中　f_g——发电机运行频率；

　　　P_g——发电机的输出功率。

现假定发电机 1 和发电机 2 各自的负载功率为 P_{g1} 和 P_{g2}，分别按照它们的频率下降率，可求出其输出频率为

$$f_{g1} = f_{01} - \Delta f_{dr1}P_{g1} \tag{3-15}$$

$$f_{g2} = f_{02} - \Delta f_{dr2}P_{g2} \tag{3-16}$$

根据并联条件，发电机的输出频率应等于电网频率，即

$$f_{g1} = f_{g2} = f_G \tag{3-17}$$

此时，电网的总负载为

$$P_G = P_{g1} + P_{g2} \tag{3-18}$$

假设其他参数均已知，联立求解式（3-17）和式（3-18）可得发电机 G_1 和发电机 G_2 的负载分配 P_{g1} 和 P_{g2}。两台发电机并联运行的负载分配如图 3-23 所示。

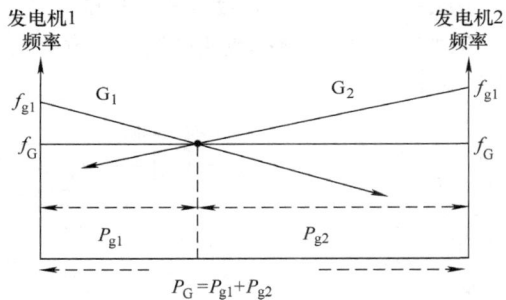

图 3-23　两台发电机并联运行的负载分配原理

例【3-3】　两台交流发电机的空载频率都是 60.5Hz，发电机 1 和发电机 2 的频率下降率分别是 0.0006Hz/kW 和 0.0008Hz/kW。如果两台发电机并联给 1500kW 的总负载供电，试求每台发电机的负载分配，以及总线的运行频率。

解： 设发电机 1 和发电机 2 分配的千瓦功率分别是 P_{g1} 和 P_{g2}，其频率下降线方程可写成：

$$f_{g1} = f_{01} - \Delta f_{dr1}P_{g1} = 60.5 - 0.0006P_{g1}$$

$$f_{g2} = f_{02} - \Delta f_{dr2}P_{g2} = 60.5 - 0.0008P_{g2}$$

因为是并联运行，$f_{g1} = f_{g2} = f_G$，$P_G = P_{g1} + P_{g2} = 1500kW$，所以：

$$f_G = 60.5 - 0.0006 \times P_{g1} = 0.0008(1500 - P_{g1})$$

由此可得：$P_{g1} = 857kW$，$P_{g2} = 643kW$。

电网频率：$f_G = 60.5Hz - 0.0006Hz/kW \times 857kW = 59.986\ Hz$

从上例可以看出，G_1 较 G_2 特性更硬（下降较缓），所以分配的负载较大。

由于特性较硬的发电机 FDR 较低（下降线较平稳）而分配较重的负载，特性较软的发电机 FDR 较高（下降更多）而分配较轻的负载；另外，具有较高空载转速（下降线上移）的发电机可分配较大的负载。因此，可以保持控制器下降率相同，通过改变控制器设置，使转速线和频率线上移或下移，即改变燃料输入率，实现发电机的功率控制及负载分配。在实际中，发电机的负载分配是通过人工或自动调整原动机控制器的设置来实现的。控制器自动控制系统直接按照负载的大小成正比地改变燃料输入率和转速，当负载增加时，燃料也增加，反之亦然。

如图 3-24b 所示，速度下降的调节特性可用在积分环节上增加一个静态反馈环来实现，传递函数可以简化为如图 3-24c 所示。这类调速器被称为带增益 $1/\Delta f_{dr}$ 的比例控制器。百分速度调节或频率下降率 Δf_{dr} 的值取决于图 3-24d 中稳态速度与发电机组的负载特性之比，也就是速度偏差（$\Delta\omega$）或频率偏差（Δf）与供油刻度/供油刻度变化或功率输出变化（ΔP）之比等于速度调节率或频率下降率 f_{dr}，它由式（3-19）用百分数表示。

$$\Delta f_{dr}\% = \frac{\text{速度或频率变化百分率}}{\text{功率输出变化百分率}} \times 100\% = \left(\frac{\omega_0 - \omega_L}{\omega_N}\right) \times 100\% \qquad (3\text{-}19)$$

式中　ω_0——空载速度；

$\quad\quad\omega_L$——带负载时的速度；

$\quad\quad\omega_N$——正常标准速度或额定速度。

例如，5% 的下降率或速度调节率意味着 5% 频率偏差导致阀门位置或功率输出的 100% 变化。

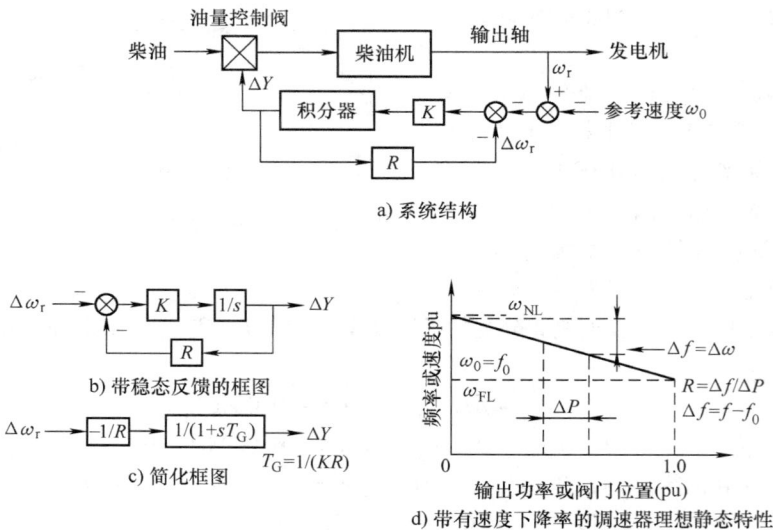

a) 系统结构

b) 带稳态反馈的框图

c) 简化框图　$T_G=1/(KR)$

d) 带有速度下降率的调速器理想静态特性

图 3-24　带稳态反馈的调速器系统结构

从调速特性分析可以知道，发电机组之间负载稳定分配要求发电机具有有差调速特性。若并列的两台发电机同时具有无差调速特性，同一频率下发电机的工作点将有很多，系统的总功率在两台发电机之间的分配找不到唯一的稳定平衡点。任何偶然性的原因都可能形成总负载或一大部分负载转移到某一台机组上，甚至会使其中一台机组过载，而另一台机组则变成逆功率状态运行，最后将对电力系统造成破坏，或导致保护系统的动作，电能的供给不能连续进行。在保护系统不动作情况下，也会形成功率随机摆动的现象，造成机组间有功功率的振荡，所以两台具有无差调速特性的发电机组是不能稳定地并列运行的。

一台无差调速特性发电机与一台有差调速特性发电机的并列运行方法称为主导发电机并列方法。具有无差调速特性的发电机组称为主导发电机，由于额定频率下该发电机具有很多工作点，它将保持频率恒定和承接负载的变化量。应用这种方法时必须使主导发电机有足够大的容量，船舶电力系统中发电机容量较小，相对于负载更不具有无穷大特性，故很少采用这种方案。船舶电力系统要求发电机组都具有速度下降的有差调速特性，并且要求特性尽量一致，使得在电力系统受大负载扰动时的动态过程中每台发电机有功负载的承受尽量均匀。

船舶电力系统频率稳定与功率分配均匀之间存在着一定的矛盾。从频率稳定的角度来看，要求调速特性的斜率越小越好，这样在大的功率范围内频率变化较小；但由于实际调速器控制存在不灵敏区，不灵敏区越大引起功率分配误差就会越大。相对地，从功率分配的角度来看，调速特性的斜率越大其分配误差就越小，但当系统负载波动时，频率的波动也越大。船舶上一般采用自动调频调载装置来解决这个矛盾，其控制结构如图3-25所示，在原有的调速控制器基础上，增加了负载平衡控制，使系统频率稳定在设定的范围内，并实现功率平衡。

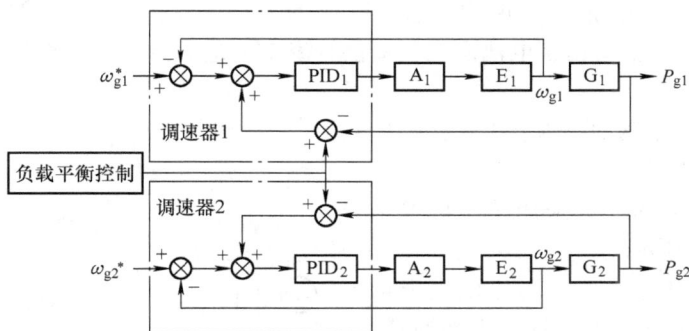

图 3-25　自动调频调载系统控制结构

频率及有功功率自动调整装置是用于协调原动机调速器自动地保持电网频率为额定值，维持并联运行发电机之间有功功率均匀（或按发电机容量比例）分配的自动化装置。通过对每台发电机输出有功功率的检测，根据功率差值平移发电机组的特性，使发电机组之间有功功率均匀分配。

当两台发电机并联工作时，如果一台发电机由于某种原因瞬间减速，它输出的功率就会减小，随之就会加速。另一台发电机将承担较大的负载，并减速。这种调整将持续下去，直到两台发电机转速完全相同，频率和端电压也完全相同。可以说，并联运行的发电机运行在相同的转速，共同决定电网的负载需求。

3.4　船舶电网与配电系统

船舶电网与配电系统，特别是大型船舶与陆地的城镇电网与配电系统有些类似，通过主配电屏、输电线及开关柜或配电箱把电能传输给船舶的每个用电负载。

3.4.1 船舶电网的结构

船舶电网根据用途不同具有不同的结构，船舶电网按其输电功能不同可分为供电网和配电网：

1）供电网络用来连接发电设备与配电屏。例如：主发电机与主配电屏、应急发电机与应急配电屏、主配电屏与应急配电屏以及岸电箱之间的电网。

2）配电网是从主配电屏和应急配电屏到各个用电设备的电气连接。当用电设备较多时，还需要通过分配电屏、区域配电屏和设备配电箱进行电能分配。

按船舶电网的系统功能不同，又可分为主电网、应急电网和弱电电网等。

1）主电网由发电机电源经主配电屏进行供电，它包括动力电网（比如：380V）和正常照明电网（比如：220V）。

2）应急电网用于当船舶电源因故障不能供电时，应急电源将通过应急配电屏向船上必须工作的部分用电设备供电。

3）弱电网主要向船舶的低压电气设备，比如：通信设备、各种助航设备以及信号报警系统供电；应急时由蓄电池向全船提供直流24V应急照明，并作为关键设备的控制电源。

目前，船舶电网的结构形式大致可以分为

（1）星型母线

常规船舶电网一般采用星型母线结构，如图3-26所示。

主发电机的电力负载与主配电屏连接，并通过分配电箱向照明，内部通信，电子电路等负荷供电。应急发电机与应急配电屏主母线连接，应急电源可由应急发电机或蓄电池构成向应急设备供电。这类电网主要用于各种内燃机推进的船舶中，比如：传统的柴油机推进大型货船等。

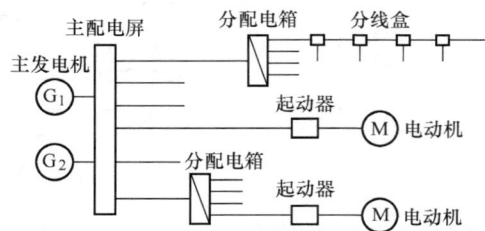

图 3-26 船舶电力系统星型母线结构

船舶电力系统星形枝状电网特点与功能是：

1）由于从总配电屏引出的各条独立馈电线上都装有馈电安全保护开关，因此便于在总配电屏上对全船用电设备实行集中控制。独立馈电，相互之间影响小，提高了供电的可靠性。

2）如果用电设备的数量很多，总配电屏内将会集中大量的馈电电缆，这不但使电缆消耗量多，而且总配电屏的尺寸也需相应地增大。

3）这种结线方式的主馈电线一般都不留备用线路，因此任何一条馈电线发生故障时就会造成该线路上用电设备的停电。

（2）环型母线

通常环型母线结构如图 3-27 所示，它有 4 个并联的发电机，而没有配置应急发电机；这 4 个发电机的母线与四个总线节点形成了一个环形网络。当多个发电机通过总线并联时，在任何方式下都可以为其他发电机供电，这些发电机向其余的负载供电。不同的发电机和配电屏一般分布在不同的防火区和水密舱室。这样能够提供冗余的隔离配电系统。

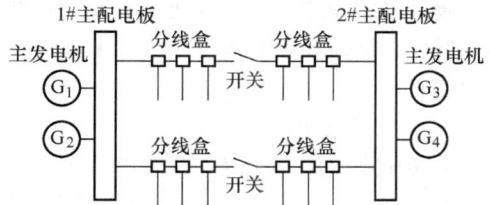

图 3-27　船舶电力系统环形母线结构

船舶电力系统环状电网特点是：

1）每一个用电设备均可从线路的两个方向获得供电，所以任一路主馈电线因故障断电都不会引起用电设备的停电，安全性高。

2）可以减少主馈电线的数量和总配电屏的尺寸。

3）不便于在总配电屏上对各馈电线路实行集中控制，需要设置两个分电站。

3.4.2　船舶配电系统

船舶配电系统由各种配电屏、开关柜、变压器和电缆组成，将电能输送和分配到船上各个用电设备。

3.4.2.1　船舶配电屏

一般来说，船舶配电屏和开关柜主要包括：断路器、隔离开关、熔断器、继电器、仪器仪表、控制器和其他发电和配电设备。例如：发电机控制屏、电动机控制屏，或者其他中央配电屏等都属于配电屏的组成之一。其主要功能为

1）接收与分配电能；

2）对船舶电网进行控制与保护；

3）对船舶电网及其电气设备进行状态监测和显示；

4）操控电气设备与调节电气参数，比如：发电机的电压和频率设定等。

船舶配电装置按其用途可以分为

（1）主配电屏

主配电屏与多台主发电机连接，用来控制和监测主发电机的运行状态；对全船电力负载进行电能分配，其中：对重要的负载直接供电，对电力和照明设备进行配电。通常，主配电屏采用母线分段供电方式，如图 3-26 和图 3-27 所示，每个发电机设有单独的控制屏，其母线之间通过隔离开关连接或断开，可方便地根据负载需要独立运行或并联运行，并具有故障冗余功能。

对于电力推进船，规范要求将主配电屏分隔在不同的区域，以增加系统的故障冗余和容错能力，并具有防火和防水功能，应能在某一区域或机舱发生故障、失火、进水等情况下，由另外的主发电机和配电屏供电。例如：对于分隔成两个区域的供电系统，其各自的主发电机与负载能力相同，如果其中一个区域发生故障，将损失 50% 的电力。

为了降低系统成本，电力推进船的配电系统可分成 3～4 个区域，以减少额外的设备需求。此外，通过转换开关将发电机或电气设备连接到两个配电屏，以增加故障冗余和降低成本。

（2）应急配电屏

应急配电屏的功能是在主电源失电时控制应急发电机组与向船舶应急设备供电。而在正常情况下，由主配电屏通过应急配电屏向应急用电设备供电。必须注意：应急电源不允许向主配电屏供电，或与主电源并联运行。

（3）区域配电屏

区域配电屏用来为某一区域分配电能的开关组合，来自主配电屏或应急配电屏的电源通过开关转换向区域内的电气设备供电。

（4）分配电屏

分配电屏是由一组具有过电流保护功能的断路器组成的开关柜，用来对一组相同性质的终端电力负载供电。分配电屏可以由主配电屏提供一次配电，再由区域配电屏提供二次配电，再三次配电给用电设备；或者直接由主配电屏提供一次配电，其二次配电给下属用电设备。

（5）配电箱和控制屏

主要用于电气设备或系统的供电及其断路保护等，往往船上同时工作的多个用电设备可共用一个配电箱，以便于管理与控制。

3.4.2.2　船舶低压电器

在船舶配电系统中，常用的低压电器有母线转换开关、断路器、隔离开关、电气测量仪表等。

（1）自动母线转换器

当主电源检测到线电压较低或者为零时，自动母线转换器（ABT）使用不同类型的断路器和继电器使电源馈线从主要电源自动切换到备用电源。所有的 ABT 都带有一个本地的手动切换能力，可替代所有的自动操作。一些 ABT 可具有远程切换能力，可以在很远的地方进行手动操作（但不能自动操作）。

（2）断路器

断路器主要用于接通和切断主电路，在电路发生过载、短路或欠电压等故障时，可自动切断电源，起保护作用。

（3）隔离开关

隔离开关用于在电路中电流消除后，电流为零时切断电路，以使隔离电源。其目的是通过手动断开电源并保持开关锁定，来保证维修过程的安全。它不是一个断路器，因而不能断开负载电流。当电路有负载电流时，如果隔离开关打开，必将引发严重安全隐患，可能着火，甚至爆炸。

（4）电气测量仪表

船用电气测量仪表用于检测系统参数和监视电网运行状态，主要包括传感器和显示仪表。测量传感器主要用于检测电路的电压和电流，常用电压互感器和电流互感器，通过电磁感应获得所需的电气参数，并将测量电路与主电路隔离。常用的船用电气仪表主要有电压表、电流表、频率表、功率因数表等。由于其使用环境特殊，要求其满足船级社的规范，例如：

1）能抗摇摆、冲击和振动；

2）具有防水和潮湿功能；

3）采用广角式仪表，指针偏转度可达 230°；

4）带有夜光功能等。

3.4.2.3 船舶电缆

电缆是指放在同一绝缘套管里的一个或多个的绝缘大容量导线，并配有接地屏蔽。船舶电网通过电缆将电能传输到各个用电设备。因此，电缆的选择非常重要。按不同的用途，船舶电缆分为以下几种：

1）电力电缆，用于动力及照明电路；

2）控制电缆，用于船舶的控制电路与装置；

3）通信电缆，用于系统的信号传输；

4）射频电缆，用于无线电通信和雷达信号等。

应根据其用途与船级社的船舶入级规范选择电缆型号、导体材料、截面积、绝缘等级等参数。

（1）导体材料

铜和铝是目前最常用的导线材料。铜的导电率高，性能好，但价格高；铝作为导线材料可以减轻重量并减少损耗，根据铝电导率与质量密度的乘积与铜相比，可以得出每米同样的电导率下，铝导线比铜导线轻一半。

（2）导体截面积与载流量

IEEE–45 规定所有导线的型号以横截面积单位为 kcmail，型号与导线的横截面积为线性关系。其计算关系如下

$$kcmail = 1000D_1^2 \tag{3-20}$$

式中　D_1——导线横截面的直径，单位为英寸（in）。

欧洲和国际标准导线的面积以 mm² 为单位。

在正常和冲击电流情况下，电缆的型号要符合载流量和电压降的限制要求。

（3）绝缘等级

制造电线或电缆时，根据不同的温度额定值和用途要用不同程度的绝缘。表 3-1 给出了主要的绝缘材料以及使用的温度范围。显然，导体的绝缘温度额定值越高，导体可以承受的电流值越大。绝缘材料除了选用适当的温度额定值外，还要考虑船舶电缆要有较高的防潮性能以抵抗船上潮湿有水的情况。

电缆绝缘的温度和防潮参数，工业上以字母代表。一些字母含义如下：

RH：导线绝缘材料为橡胶，可承受的最高温度是 70℃；

RHH：导线绝缘材料为氯丁橡胶，可承受的最高温度是 90℃；

TW：导线绝缘材料为热塑性塑料，具有防水性，在潮湿环境下可承受的最高温度

是 60℃；

表 3-1 线路绝缘和运行温度

绝缘材料	运行温度/℃
热塑性塑料	60 ~ -40
橡胶	75 ~ -40
乙烯基	80 ~ -20
交联聚乙烯	80 ~ -60
氯丁橡胶	90 ~ -30
聚丙烯	105 ~ -20
氟化乙丙烯	150 ~ -40
聚四氟乙烯	200 ~ -70
硅橡胶	200 ~ -70

XHHW：导线绝缘材料为交联聚乙烯，在潮湿环境下可承受的最高温度是 80℃。

根据绝缘材料的型号确定持续运行温度的限值，从而确定电缆的载流量。为了安全运行，电缆的表面温度应该限定在 60 ~ 75℃。电缆周围的空气温度也会影响电缆上的载流量，根据电缆布线的不同（如：内部客舱、甲板、机舱等）和电缆管道中相邻导线的温度影响，温度会在 40 ~ 65℃。一根套管里有三四根导线的电缆上载流量要比单个相同大小导体的载流量要小，并列排在电缆管道中的电缆上载流量更小。较高的环境温度和集中排放的电缆管道都会使线上的载流量比数据表上提供的标准值低。

（4）线路电压降

各种电缆从控制柜传送电力给用户负载，电压从发送端的最大值逐渐降低到接收端的最小值，其线路的电压降必须限制在允许范围内。因此，配电网不仅需要满足系统所需的容量，也应在稳态条件下，工作于额定电流时保持电压降不超过允许的限定范围；在暂态情况下，例如电动机起动时产生的冲击电流，一般会使配电系统短时电压低于允许值，但也能正常工作。

如果，配电屏发送端的母线电压 $\tilde{U}_s$ 保持不变，负载电流 $\tilde{I}$ 具有滞后功率因数为 $\cos\theta$，流到负载接收端时电压为 U_L，并且点 SB 和 L 之间的所有变压器和电缆之间的每相线路总阻抗是 $Z_l = R_l + jX_l$，那么点 SB 和 L 之间的电压降 U_{dr} 的大小可近似计算为

$$U_{dr} = U_{SB} - U_L = I(R_l\cos\theta + X_l\sin\theta) \tag{3-21}$$

以上所有计算公式都是用每相电路的安培、伏特和欧姆来表示，用正的 θ 表示滞后功率因数、负的表示超前功率因数。也可以用基于接收端 kVA 和电压的 R_l 和 X_l 标幺值来表示。这样，额定负载时 $U_r = 1.0\text{pu}$，$I_N = 1.0\text{pu}$，而当 80% 的负载时 $I = 0.8\text{pu}$。如果式（3-21）采用电流、电阻和电抗的标幺值，其电压的单位也用标幺值表示；如果采用百分比值，则电压也用百分比表示。

电动机起动电流 I_{st} 的功率因数很低，滞后于电压 0.2 ~ 0.3，线路电压降接近与电

源电压同相。因此，在有阻抗 Z_l 的电缆上，电动机起动电流产生的电压降 U_{dr} 可以简单地表示为

$$U_{dr} = I_{st}Z_l \tag{3-22}$$

如果电路 $R_l \ll X_l$，当功率因数很低时，电压降可以进一步近似为 $I_{st}X_l$，或在 $R_l \gg X_l$ 的小型电缆中可以近似为 $I_{st}R_l$。

上述电压降分析方法虽然仅针对一根馈电线路，但这种方法同样可用于有多个馈线系统的电压降分析。每个馈线电缆的电压降必须经过相应的计算以保证符合系统要求的限制范围。通常，线路电压降的允许范围：电力电缆为 5%～10%；照明电路为 3%～6%；DC24V 电路为 5%～10%。

由于配电系统的电压降取决于负载电流和负载功率因数，外接电容可以把功率因数提高到接近 1.0，这样可以消除线路电感产生的电压降 $X_l\sin\theta$，并进一步减少线电流产生的电压降。或在配电系统的控制站中设置自动电压调整装置，比如在船上的配电屏或区域配电屏上设置相应的调压设备，以保证电压稳定而不受负载电流的影响。

（5）汇流排

大功率的负载需要输送大电流，往往采用具有矩形截面的汇流排（母线排）来传输电能。两个平行放置的汇流排，其每米的电阻 R（单位为 Ω/m）和电感 L（单位为 H/m）参数可由如下方程用国际单位制给出：

$$R = \frac{2\rho}{a \cdot b} \tag{3-23}$$

$$L = \frac{4\pi \times 10^{-7}}{b}\left(d + \frac{2a}{3}\right) \tag{3-24}$$

式中　ρ——电导率，20℃时，铜导体的 $\rho = 0.01724\mu\Omega \cdot m$，铝是 $0.0282\mu\Omega \cdot m$；

　　　a——母线排厚度；

　　　b——母线排宽度；

　　　d——两线之间的距离。

在低频（50Hz 或 60Hz）运行状态下，上述方程对于汇流排的厚度比表层深度薄的导体是有效的。在高频率情况下，由于集肤效应和邻近效应，汇流排的 R 会更高，L 会有稍微降低。

三相长汇流排可用于把大电流从电源输送到远处的负载，比如：大功率推进电动机或者武器载荷。然而，如果相线 A–B、B–C 和 C–A 之间空间配置不平衡，将会导致汇流排每相的漏抗不平衡，在负载末端出现不平衡的电压降和电压。这些不平衡可以通过调整汇流排的布置来消除，将每条汇流排在不同的位置交叉布置，使其每个分布长度所占据的空间位置彼此相同。

有时在高压设备中，汇流排被封装在环氧树脂里，并排安装以承受高电压。这种结构会导致每米汇流排的电抗高，但因汇流排在机壳内安装距离短而忽略。

（6）高频配电

对于舰船用的高频电力系统，由于漏抗 $X = 2\pi fL$ 会随着频率的增加而增加，电缆

在高频下电抗升高，其电阻 R 因高频集肤效应和邻近效应也会增加，结果是输电线路每安培的电压降增大。对于大功率汇流排来说，如果铜管的壁厚薄于其集肤效应的深度，在该工作频率下能减少交流电阻。而且，用铜管做成汇流排还可进行水冷却，因此与用铜板做成的矩形汇流排相比增加了结构完整性的优点。然而，铜管环绕会导致高的漏抗，这会增加线路每安培的电压降。

频率非常高的电源往往用绞合电缆作为输电线。绞合电缆是由许多细股电磁线构成，薄导体与硬聚酰亚胺类型的薄膜绝缘通常用于绕组线圈电磁铁称为电磁线。绞合电缆中的每股电线不断换位，从而占据换位节距电缆中每个可能的位置。这样，无论电缆直径多少，其电流都均匀分布。如果个别股线直径比表层深度薄，即使在很高的频率下，任意直径的绞合电缆能使交流电阻与直流电阻的比率 R_{ac}/R_{dc} 接近 1.0。漏抗则是另外一种情况，圆形电缆常规或者绞合时，因为 $X = 2\pi fL$，在高频时有很高的漏抗。如果把绞合电缆做成有扁平的矩形带可以减少漏抗，如果用 3 根扁平的结构设计可以更进一步减少漏抗。

3.5　船舶电力系统稳定性分析

电力系统稳定与控制是一个复杂的问题，船舶电力系统的稳定运行直接关系到船舶的安全航行。

3.5.1　电力系统稳定概念与分类

船舶电力系统稳定可以广义地定义为：系统能够运行于正常运行条件下的平衡状态，在遭受干扰后能够恢复到可以允许的平衡状态。根据系统结构和运行模式的不同，电力系统不稳定可以通过不同的方式表现出来，并受许多因素的影响。将电力系统稳定进行适当的分类，对于电力系统稳定的分析、对于造成不稳定基本因素的识别以及寻找改善稳态运行的方法等是必要的。电力系统稳定比较完整的分类如图3-28所示。由于各种类型清晰的分类边界难以确定，因此分类之间会有一定的重叠。

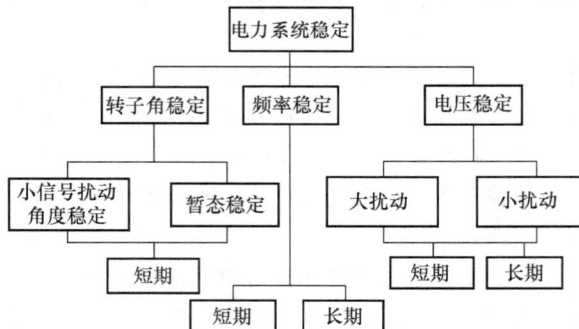

图3-28　电力系统稳定性分类

一个正确设计和运行的船舶电力系统应满足下列要求：

1）系统必须能够适应不断变化的负载有功和无功功率的需求，必须保持适当的有功和无功旋转储备，并始终给予适当的控制；

2）系统应以最低成本供电，并对生态产生的负面影响最小；

3）系统供电质量必须满足一定的标准，频率的稳定性、电压的稳定性和系统运行的可靠性等符合船舶入级船级社的规范要求。

3.5.2 转子角稳定分析

凸极式同步发电机的转子角反映了电力系统中互联的同步发电机保持同步的能力，转子角的稳定问题包含电力系统中固有的机电振荡，其基本影响与同步电机的功率输出随其转子摇摆变化的关系有关。因此，转子角的稳定与同步发电机及其控制的特性密切相关。

（1）同步发电机的功率角控制与稳定性

根据式（3-6）给出的同步发电机的功率与转子角度的关系，其曲线如图3-29a所示。图中 δ 是发电机转子之间的角度，又称功率角。同步发电机 $\delta = 90°$ 时的最大功率 P_{max} 称为稳态稳定极限。δ 任何超过 90° 的摆动都将使转子失去同步及功率输出能力。因此，在所有条件下都希望保持 $\delta < 90°$，包括在正常和非正常运行情况下可能出现的瞬态过程。例如：如果发电机的负载突然从 P_{g1} 变为 P_{g2}，转子功率角将从原负载 P_{g1} 对应的 δ_1 增加到新负载 P_{g2} 对应的 δ_2。由于转子的机械惯性，这个过程需要一定的时间，并呈现阻尼式的振荡状态，转子功率角在新的稳态值 δ_2 附近振荡，如图3-29b所示。

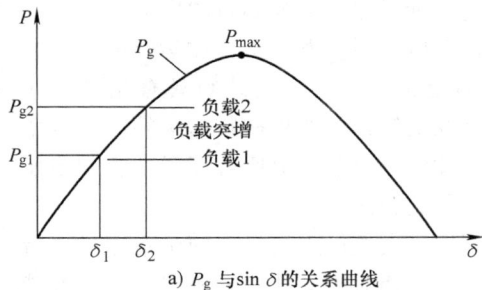

a) P_g 与 $\sin \delta$ 的关系曲线

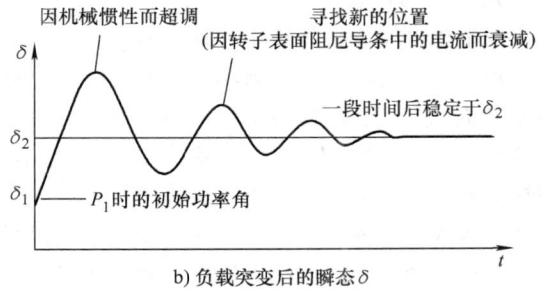

b) 负载突变后的瞬态 δ

图3-29 突加负载后转子功率角的瞬态振荡

如果在过渡过程中出现 $\delta > 90°$，发电机将失稳并丧失功率输出能力。因此，在最坏的负载突变情况下，以及预计的或偶然的所有可能故障时，必须保证功率角的摆动小于 90°，并留有充分的裕量。这个发电机的负载极限称为瞬态或动态稳定极限，在正常稳态运行时 δ 一般约在 25°~35°。

为了减小负载突变造成的转子瞬时振荡，每个磁极表面沿发电机长度方向装有若干阻尼导条，如图3-30所示，每个磁极的导条在两端部稍微缩短，在每个磁极表面构成一个局部的鼠笼。当转子在同步速附近振荡时，这些导条对于同步旋转的定子磁通相当于一个短路环，类似于笼型感应电动机，将在导条中产生感应电流。导条中电阻的发热损耗可消耗振荡能量，经过循环周期直到振荡完全衰减，感应电流为零。因此，这就相当于一台小的感应电动机叠加于一台同步发电机，当转子在同步速附近振荡时起到阻尼作用。另外，在转子加直流励磁之前，还可以像感应电动机那样起动发电机并升速到接近同步速，使之成为同步发电机。

船上很多加载工况都会引起发电机的负载突变，比如：起动船舶和船艉推进器、货舱和压载泵、起重机、主循环泵、军舰上的大功率武器、大负载电路中断路器的突然跳闸或故障保护跳闸等，在这些瞬态过程中为保持动态稳定性，发电机的负载突变必须限制在额定功率的25%～30%，精确限值的确定可以按照等面积判据来进行。

（2）同步发电机并联运行的稳定性

当两台以上同步发电机互联运行时，互联发电机的定子电压、电流必须具有相同的频率，每台发电机转子的机械转速必须与此频率同步。因此，电力系统中所有互联运行同步发电机的转子旋转必须同步。

互联同步发电机之间保持同步是通过一台或多台发电机相对于其他发电机趋于加速或减速时起作用的恢复转矩实行。在稳定状态下，

a) 发电机中部的截面图

b) 部分笼的顶视图

图3-30　凸极顶面的阻尼导条
（也可用于隐极转子）

每台发电机的输入机械转矩和输出的电转矩保持平衡，转速保持不变。如果系统受到干扰，则两个转矩的平衡被破坏，发电机的转子将按旋转体的运动定律加速或减速。若某台发电机比其他发电机转得快，则它的转子角位置相对于那些转得较慢的发电机转子角将会超前。这样所产生的角度差将按功角特性关系把较慢发电机所带的部分负载转移给较快的发电机，从而有助于减少转速差和角度差。由于功角特性的正弦函数关系，当超过某一极限（通常是90°转子角），角度差的增加将伴随传输功率的减少而增加，从而进一步增加角度差而导致不稳定。对于任何给定的情况，系统的稳定性取决于转子位置的偏移是否能产生足够的恢复转矩。转子角稳定分为小信号扰动转子角稳定和暂态稳定。

在电力系统中，小信号扰动由于小的负载和发电变化而会连续发生。由于这类扰动比较小，使得在系统分析时允许对系统方程式进行线性化处理。通常，可能产生两种形式的不稳定：其一是由于缺乏足够的转子功率角稳定裕度；其二是由于缺乏足够的阻尼转矩造成转子角增/减的幅度产生振荡。系统对小扰动的响应特性是否优良与初始运行条件、发电机控制以及输电系统强度等因素有关。

暂态稳定性反映电力系统遭受严重暂态扰动下保持同步的能力。所产生的系统响应

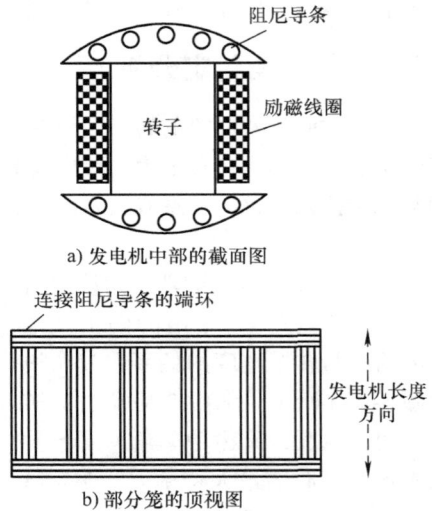

包括发电机转子角的大偏移，并受非线性功角关系的影响。其稳定性取决于初始运行工况和受扰动影响的严重程度。通常系统受扰动后会有改变，使扰动前后的稳态运行状态不同。在暂态稳定研究中，最能反映系统动态过程的时间范围一般是扰动发生后的 3 ~ 5s，对大系统主导的子系统之间的振荡时间可延长到 10s。

3.5.3　电压稳定分析

电压稳定是电力系统在额定运行条件下和遭受扰动之后系统中所有母线都持续地保持可接受的电压波动的能力。当有扰动、增加负载或改变系统条件造成渐进的、不可控制的电压降落时，那么系统就进入了电压不稳定状态。

对于船上用电设备，当实际电压偏离额定值时，用电设备的效率就会降低，偏离额定值很大时，运行工况会恶化，甚至会导致设备的损坏。船舶电网的电压深度下降将导致其他保护电器动作、电网解列、全船停电的电压崩溃等事故。电压不稳定本质上是一种局部现象，然而它的后果却会给系统带来广泛影响，最后可能波及整个系统。

造成电压不稳定的主要因素是系统不能满足电力负载的需求，为了简化分析，可主要分析无功功率的供给需求与平衡对系统稳定的影响；严格地说，电力系统的有功功率对于电压稳定也有影响。

如前所述，通过调节励磁电流可以控制输出电压和无功功率，但其控制受发电机运行功率极限的影响。在正常励磁的情况下，允许的电枢电流限制着功率输出。欠励使发电机运行在功率因数接近 1 的状态，可输出更多的有功功率，但会使原动机超载，因为大多数原动机驱动发电机额定工作时功率因数是 0.9 滞后。过励发电机可以输出更多的滞后无功功率，直到励磁线圈达到热的极限。所有这些

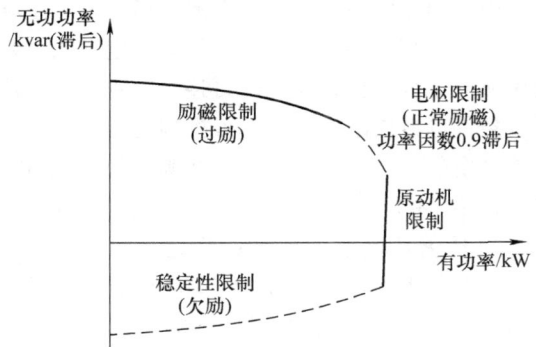

图 3-31　4 个限制界线的交流发电机功率曲线

限制一起决定了发电机实际的有功功率输出能力，而限制界线由不同的性能约束所决定，如图 3-31 所示。

电压稳定的准则是，电力系统中的每一母线，在给定的运行条件下，当注入母线的无功功率增加时其母线电压幅值也同时按相关的规律增加；如果系统中有一个母线的电压幅值随注入该母线的无功功率的增加而减小，则该系统是电压不稳定的。IEEE 电压稳定工作小组在 1990 年的报告中认为，如果电力系统能维持电压以确保负载导纳增大时，负载消耗的功率也增加，并且功率和电压都是可控的，就称电力系统电压稳定；反之就称电力系统电压不稳定。为了便于分析，将船舶电力系统电压稳定分为大扰动电压稳定和小扰动电压稳定。

小扰动电压稳定是指系统负载逐渐增长的变化之下系统控制电压的稳定能力。这种

形式的稳定性由负载特性、连续与离散作用的控制所确定，这个概念对确定任意时刻系统电压对于小的变化如何响应是有用的。小扰动电压稳定的基本过程接近于稳态。因此，静态分析可有效地用于确定稳定裕度，识别影响稳定的因素以及检验广泛的系统条件和一定的故障方式。小扰动电压稳定判据是：在给定的条件下，系统中每条母线的电压的幅值随注入该母线的无功功率的增加而增大，则系统是稳定的；如果系统中至少有一条母线电压的幅值随注入该母线的无功功率的增加而减小，则该系统是电压不稳定的。这与通常的电压稳定概念相一致。

大扰动电压稳定是指系统大的负载设备连续波动运行、遭受故障、失去发电机或电网故障等大扰动的冲击后系统控制电压的稳定能力。这种能力由发电机特性、负载特性、系统控制和保护的相互作用所决定。大扰动稳定性的确定需要在足够长时间内观察系统的非线性动态特性，以便获取发电机励磁调节器等一些装置的相互作用情况。时间可从几秒延长到数十分钟，因此需要通过长期动态仿真进行分析。大扰动电压稳定的判据是：在给定的大扰动及随后的系统控制作用下，在一定的时间内，所有母线电压都达到可接受的稳态水平，则系统是稳定的，否则系统是不稳定的。

3.5.4 频率稳定分析

由于船舶电力系统是一个海上孤立电力系统，系统运行中频率波动范围比较大，有必要分析研究频率稳定问题。频率稳定是电力系统在额定运行条件下和遭受扰动之后系统中所有母线都持续地保持可接受的频率变化范围的能力。当有扰动、增加负载或改变系统条件等造成渐进的、不可控的频率降落或升高，则系统进入频率不稳定状态。造成不稳定的主要因素是系统不能满足有功功率控制的要求；船舶电力系统中的每一母线，在给定的运行条件下，当注入母线的有功功率增加时，其母线频率幅值也同时增加，则系统是频率稳定的；反之，则系统频率是不稳定的。同样频率的不稳定会给整个电力系统带来不良影响，甚至导致整个电力系统崩溃。

频率不稳定的直接原因是干扰情况下发电机组有功功率/转矩输出的不稳定（不平衡）与转速的不稳定。如前所述，通过发电机的转速控制，可以调节电网的频率。因此频率稳定与发电机组的转速稳定直接相关，但也需要考虑频率控制对于发电机电压控制的耦合作用。

一般来说，原动机的转速调节采用基于下垂特性的控制策略，如果采用等同步控制策略，如图 3-32 所示，转速能在很短的时间内恢复。这是瞬态特性的

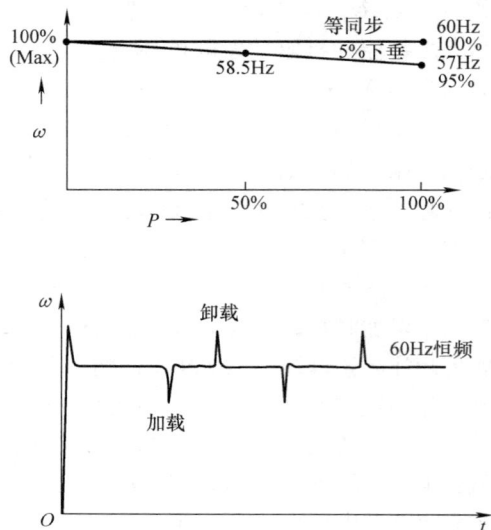

图 3-32 采用等同步控制策略的频率恢复过程

暂时降落——常称为补偿，这样可保证总线频率从空载到满载都是 60 Hz。

3.6 船舶电力系统保护与短路电流计算

船舶电力系统在运行中可能会出现不正常状态或故障，威胁电网的安全，导致设备损坏或电力中断。特别是短路故障，严重时会造成整个电网崩溃，危及船舶和人身安全。为此，船舶电力系统必须设置可靠的保护装置，并进行短路电流计算。

3.6.1 船舶电力系统保护的要求

船舶电力系统保护装置的基本要求如下：
1）保护装置应能自动快速动作，当发生故障时，切断故障电路；
2）保护装置具有分辨故障的能力，仅切断故障电路，而确保正常电路工作；
3）保护装置措施合理、范围广泛、动作协调。

为此，船舶电力系统保护装置通常主要包括 3 个部分：
1）电气参数的检测部分。用来检测电路的参数，包括：电压、电流、频率和温度等；并要求测量准确，能灵敏地辨别参数的变化。
2）逻辑判断部分。具有区分正常与故障状态的能力，并正确判断是否应采取措施或动作，防止故障发生和蔓延。
3）紧急保护机构。对于超过极限的故障采取必要的保护措施或动作，并尽可能缩小故障影响范围。

随着现代船舶自动化程度的日益提高，对电力系统可靠性和安全性的要求也更高。近年来，计算机与信息技术的广泛应用，船舶电力系统保护的方式也有相应的变化和改进。
1）强化了系统保护功能。电力系统采取分级保护措施，能按系统的总体要求协调动作，以应对多重复杂故障的发生；并在任何工况下，确保故障保护装置的动作不会破坏系统的稳定性；且能在故障消除后，使系统恢复和调整。
2）电力系统的保护功能与控制装置及监控系统集成。目前的现代大型船舶电站普遍采用了自动化装置和监控系统，可以实现系统状态自动监测、实时显示、越限报警等功能；还可通过数据存储和信息分析，进行趋势分析、参数辨识和故障诊断；进一步与自动化装置相结合，可实现系统重构、容错控制等。

3.6.2 船舶电力系统保护的措施

船舶电力系统设备众多、网路复杂，而且各个设备的特性也差异较大，因此需要对船舶电力系统和用电设备进行分类，研究分析其各自的保护措施和装置。分析船舶电力系统，发现整个系统可以分为 3 个主要部分：发电装置、输配电网络和用电设备，其功能与作用不同。因而，可以大致将系统的电气保护也分为 3 类：
（1）发电机的保护

船舶发电机是船舶电力系统中最重要的设备之一。保证发电机不受损坏，是实现安全供电的重要手段。因此，对发电机各种常见的不正常运行和故障，必须设置相应的保护。发电机应设有过负载保护、外部短路保护。另外，对并联运行的发电机还应设置欠电压保护和逆功率保护。

1）发电机的过载保护。船舶电站在运行过程当中，如果出现发电机的容量不能满足负载的要求或并联运行的发电机组负载分配不均匀等情况，就可能造成发电机过负载，表现为电流过负载和有功功率过负载两种方式，它们对发电机的运行均是不利的。长期的过负载，会使发电机过热，引起绝缘老化甚至损坏；长期的功率过负载会导致原动机的寿命缩短和部件损坏。

发电机过负载保护应具有反时限特性。中国船级社《钢质海船入级规范》对发电机的过负载保护规定：

① 过负载小于10%，建议设一个延时音响报警器，其最大整定值应为发电机额定电流的1.1倍，延时时间不超过15min。

② 过负载在10%~50%之间，断路器的分断时间不大于2min。建议整定值应为发电机额定电流的125%~135%，断路器延时15~30s分断。

③ 过电流大于50%，但小于发电机的稳态短路电流，经与系统选择性保护所要求的短暂延时后，断路器应分断。断路器的短延时脱扣器建议按如下规定整定：初始值为发电机额定电流的200%~250%，延时时间最长0.6s。

④ 当3台及以上发电机并联连接时，还应设有瞬时脱扣器，并应整定在稍大于其所保护发电机的最大短路电流工况下断路器瞬时分断。

对于具体的发电机保护装置，还应根据它的设计制造情况、使用情况作具体的分析，然后再计算保护整定值，做出相应调整。

2）发电机外部短路的保护。通常在发电机较远处短路时，短路电流一般较小（达到3~5倍发电机的额定电流），这时希望负载的分路开关动作，而不需要主开关动作，以免整个电网供电中断。故主开关须设置一段短延时（0.2~0.6s），以避免分路开关的动作。当在发电机近端短路时，短路电流较大，可达发电机额定电流的5~10倍，这必须立即切断发电机的供电，使保护装置瞬时动作。

3）发电机的欠电压保护。当调压器失灵或发电机外部发生短路故障没有及时切除时，将可能产生电压下降的情况。异步电动机长期在低压下运行，会因过电流而发热，使绝缘老化损坏，这对发电机和异步电动机运行都是不利的，因此欠电压保护的任务是当发电机电压低于一定值时，使主开关不能合闸或从电网上自动断开。欠电压保护实际上还是一种短路保护的后备保护，因为短路时必定会出现发电机的欠电压现象。

4）发电机的逆功率保护。当多台同步发电机并联工作时，如果其中一台发电机的原动机出现故障，例如，燃油中断、连接发电机的离合器损坏等，将使该发电机不但不能输出有功功率，反而从电网吸收功率变成同步电动机运行，这时其他的机组将产生过负载，甚至跳闸而使全船供电中断。由于同步发电机变成同步电动机运行状态，要从系统中吸收有功功率，它相对于发电机输出功率的方向相反，故称为逆功率。另外，当同步发电机在非同步条件下并网时，也可能出现逆功率，很大的整步电流不但影响整个电网的正常供电，而且交变的力矩往往会损坏发电机组。

并联运行的交流发电机应该设有延时 3~10s 动作的逆功率保护。并联运行发电机的逆功率（或逆电流）值按原动机的类型不同可整定为：原动机为柴油机时，逆功率值为发电机额定功率（电流）的 8%~15%。原动机为涡轮机时，逆功率值为发电机额定功率（电流）的 2%~6%。船舶同步发电机的逆功率保护一般由逆功率继电器来实现。

（2）电力系统的保护

船舶电力系统的保护，是指系统出现过负载或短路故障时对电缆的保护。船舶电力系统的短路保护最重要的问题是保护装置的选择性问题，也就是在故障发生时，保护装置只切除故障部分，而不使前一级保护装置动作。这样就保证了其他没有故障电路的正常供电。为了实现电力系统的选择性保护，通常可按电流原则和时间原则进行保护装置动作的整定。以电力系统选择保护为例，按时间原则，保护装置动作时间的整定值，从用电设备至电源设备逐级递减；电流原则是根据限制的电流大小进行动作整定。

变压器是配电网的主要设备，一般出现的故障有相间短路、对外壳短路、绕组匝间短路和输出端短路。由于船舶电力系统中变压器的容量不是很大，一般地，变压器仅设短路保护以及供电电网的绝缘检测。涉及内容有：一次电路保护装置的选定、变压器一次电路保护装置整定、变压器过载装置的整定、变压器回路的保护协调。

（3）用电设备的保护

船舶用电设备主要是电动机等，其用电占据大部分电力系统的容量，应予重点关注。

1）电动机保护的一般要求：

① 功率大于一定的额定功率和重要设备电动机，均应设置独立的过载、短路和欠电压保护。

② 重要电动机和舵机的过载保护一般应设置报警装置。

③ 保护电器的设计应使电动机在正常使用条件下，允许通过正常加速的电流。

④ 对连续工作的电动机，保护装置应具有过负载工况下能保证电动机有可靠热保护的延时特性。

⑤ 保护继电器的最大持续电流应整定在被保护电动机额定电流的 105%~120% 的范围内，不应超过 125%。

⑥ 对断续工作制电动机，保护电器的电流整定和延时特性（时间函数）应在考虑了实际使用条件后选定。

⑦ 多相电动机用熔断器保护时，应考虑设置防止单相运行的保护。

⑧ 对顺序起动的电动机，应设有欠电压保护，以保证电压恢复时电动机可以重新起动。

2）船舶电力推进系统保护。船舶电力推进系统是船舶航行的主动力系统，关系到船舶航行的安全，系统的保护有特殊的要求。按中国船级社《钢质海船入级规范》具体有：

① 如在主电路中设有过电流保护电器，则其整定值应足够大，以保证不会由于机动航行或在恶劣海况或浮冰中航行时所产生的过电流引起该过电流保护电器动作。

② 在推进电动机可能出现超速（例如在轻载或丢失螺旋桨情况）的直流系统中，应设置合适的超速保护。

③ 如数台独立驱动的直流发电机在电气上作串联连接，则应设有某台原动机丧失动力的情况下引起发电机逆转的保护措施。

④ 励磁电路不应设置断开电路的过载保护，带半导体变换器的励磁电路除外。应设有选择性脱扣设备或采用快速减少发电机和电动机磁通的方式，以保证过电流不会达到损坏推进装置的数值。应在驾驶室和集控室对发电机励磁系统的故障进行报警，发生该故障时系统能自动进入故障安全运行模式。

⑤ 应设有对主推进电路对地漏电检测的设备，并能在出现接地故障时发出报警。如接地故障电流的作用可能引起损坏时，则应设置脱扣设备。对于中性点接地系统，应采取措施以使推进系统发生接地故障时，接地电流一般不超过20A。应设置对推进电动机励磁电路的对地漏电检测装置，但无刷励磁系统和500kW以下的电动机可以免设该装置。

⑥ 直流电动机及其保护系统的设计应考虑在短路时能将损害降低至最小程度。通常不设熔断器，而是通过过载继电器断开励磁回路或通过遥控的主电路断开装置进行保护。如有螺旋桨堵转的可能性（例如电力推进破冰船在破冰工况下），则应设置防止推进装置损坏的保护。

⑦ 滤波电路可以安装熔断器，熔断器动作应能在控制室发出声光报警。

⑧ 对于1500kVA及以上的发电机及电力推进系统中大容量推进变压器，应提供内部短路的差动保护或类似保护功能。对半导体变换器应提供下列保护措施：防止半导体变换器电源系统过电压；防止正常工作期间半导体元件过载；进行短路保护。

（4）其他方面的保护 船舶电网的保护内容还有：岸电连接保护（船电与岸电必须设置联锁保护），蓄电池保护，仪表、指示灯和控制电路的保护，静止或固态装置的保护，照明和电热器回路保护等。

3.6.3 船舶电力系统保护装置

船舶电力系统保护装置，主要是由熔断器、断路器、过载继电器和失电压继电器等组成。这些保护装置的整定值，通常是按时间原则、电流原则或两者综合的原则来进行整定。

1）时间原则通过各级保护装置动作时间整定值的不同来实现选择性保护。动作时间应保证从用电设备至电源方向逐级递增。按时间原则整定的选择性保护系统，其保护性能较可靠，原则上可应用于任何电力系统。

2）电流原则以各级保护装置动作电流的不同来实现选择性保护。动作电流应保证从用电设备至电源方向逐级递增。按电流原则得到的选择性保护的优点是短路时动作迅速，其动作的时间仅取决于保护装置的固有动作时间，通常约为 0.1s，其缺点是开关的断流容量受到限制，并易受外界相关因素的干扰，级间协调较困难。

由于二者各有利弊，有时难以得到满意效果，实际运用时一般都将两种方法协同使用，相互弥补不足。

船舶电网的保护按其保护功能通常可分为全定额保护方式和后备保护方式。

1）全定额保护方式：电网内所有保护装置所具有的额定短路容量均大于其安装点的估算短路电流。根据选定保护装置特性，可组成选择切断保护方式和非选择切断保护方式。

2）后备保护方式：系统中设置的保护装置，对于其安装点的最大估算短路电流实施保护动作。如果短路电流不够，在该保护装置的电源侧设置对最大估算短路电流具有足够容量的保护装置，以便安全地切断故障回路的保护方式。

3.6.3.1 熔断器

熔断器通过在故障电路中熔断细金属丝来提供保护。熔丝可以是银、铜或镍；银因其性能长期稳定而最为常见。因为当熔丝熔断，会在断开的负载上、负载电感线上以及回路导体上产生电感能量而引起电弧，熔断器主体通常填充有砂磨型填料，用来抑制电火花。熔断器的使用时间主要取决于熔丝在负载不断导通和关闭时由热弹性周期而决定的寿命。

（1）熔断器的类型

目前在电力系统中，针对不同应用有 3 种类型的熔断器：

1）标准（单熔丝）熔断器，是在照明和小功率电路中使用的通用熔断器。采用单根熔丝，当积累的热量达到熔化温度时，该熔丝被熔断。

2）延时（慢速熔断或双元件）熔断器，延时的目的是在某些负载设备如电动机、变压器、电容器、加热器等起动的瞬间，允许其产生的浪涌电流通过。这种熔断器有两个串联部件：一个是厚的球状物，在过载电流作用下缓慢升温；另一个是具有大散热面积的薄片，只有故障时当电流迅速上升到非常高的值时才会断开。

3）电流限制（快熔）熔断器，它在可能的故障电流第一次峰值出现前断开电路。其熔丝有短暂的电弧和快速的熔化时间，在大约 1/4 个周期内切除故障，其允许电流远小于普通熔断器可能承受的故障电流峰值。这种熔断器多用于热敏感的并且包含二极管、晶闸管、晶体管等元器件的电力电子电路中。

各种类型的熔断器由专业制造厂商提供，应根据不同用途来选择。

（2）熔断器的选择

选择熔断器时有 3 个关键因素需要考虑：

1）必须能连续通过额定电流。

2）必须支持额定电路电压。

3）能切断最大电流并不能发生爆炸，此电流一定大于熔断器处的预期故障电流。

当电流高于"故障电流 - 断开时间"特性（被称为 i - t 曲线）中的额定电流时，该熔断器断开（熔化或熔断）。由于批量生产时产生的误差，i - t 曲线通常是给出一个

范围，如图 3-33 所示。例如，在 5 倍额定
电流时，断开时间可以是 0.01～1.0s 之
间。系统设计必须考虑周到，使其在需要
断开的时候能够及时断开，以保护系统。

熔断器的额定电流必须慎重选择，过
于保守或者过于宽松都会引起问题。熔断
器额定电流选择的一般标准如下：

① 能持续通过 110% 的额定电流至少
4h 不发生断开；

② 当通过 135% 的额定电流时，1h 内
能断开；

③ 当通过 200% 的额定电流时，2min
内断开；

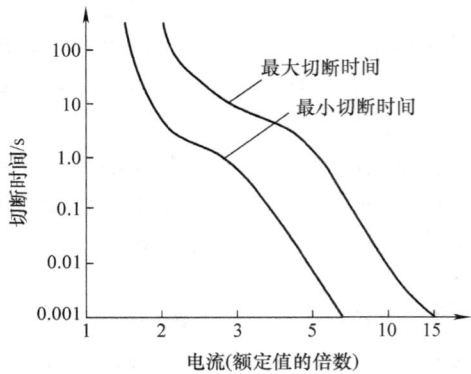

图 3-33　标准通用熔断器
故障电流清除时间范围

④ 当通过 1000%（10 倍）的额定电流时，1ms 内断开；

⑤ 在额定电流的情况下电压降小于 200mV。

熔断器选定的额定电压值通常是它所保护负载电路的额定电压，而额定电流则为负
载电路电流的 1.2～1.3 倍，需要向上选取最接近的高等级标准。

3.6.3.2　电路断路器

断路器通过自动断开和闭合触点以响应过电流，或在需要时手动断开和闭合。它是
由各种继电器线圈和机电触点构成，触点在故障电流产生时自动断开。高压断路器、继
电器以及隔离开关的主触点通常镀银，这样在其使用寿命周期内性能会更稳定。电路断
路器的"电流－断开时间"特性与熔断器相似，即如 $i-t$ 逆关系曲线所示，电流越大，
其断开时间越短。

图 3-34 给出了典型的断路器电路结
构，由电流互感器（TA）、过电流继电器
和主触点开关组成。当故障所引起的大
电流被 TA 检测到，TA 的输出流经过电
流保护继电器的工作线圈，使继电器的
常开触点闭合。继电器触点闭合的同时
给断路器跳闸线圈通电，由此断开主电
路触点。电路断路器磁极打开时产生的
电弧被鼓风空气或磁极间的横向磁场吹
走。

在没有故障发生时，如果按下手动
跳闸按钮，可以绕过过电流保护继电器
触点直接给断路器跳闸线圈通电，断开

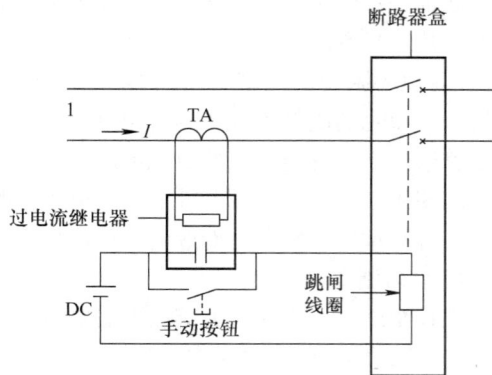

图 3-34　包含过电流继电器的
电路断路器保护方法

主电路。

过电流继电器所期望的时间延迟特性可由两种方式获得：

① 调整继电器的弹簧力和/或触点位置。

② 调节继电器线圈抽头。

（1）断路器的类型

1）塑壳双元件断路器，一般用于小型低压电路。它是由两个跳闸元件构成，并密封在同一个塑料壳里。由热元件在与 I^2 成反比的时间内触发跳闸，或由电磁力来触发，几乎在瞬间完成触点的分离。过载电流由热元件触发跳闸，故障电流由磁力触发跳闸，因此，它也被称为双元件热磁电路断路器。

2）空气断路器和气流式断路器，适用于那些由于怕引起火灾而不能采用充油断路器的场合，一般用于中压系统并可用于室内。带电导体之间的绝缘和冷却媒介是空气，这使得它和其他类型相比，要经济一些但会笨重一些。对于鼓风式断路器，电流切断时触点处产生的电弧被空气或磁通迅速吹走。

3）真空断路器或高压充气断路器，其带电导体之间的绝缘介质是真空或高压气体（SF_6 或氮气），它结构紧凑，不需要太多的空间。常被用于室内或室外布局紧凑的高压（35kV）和大功率配电系统中。

交流系统或直流系统中的电弧必须减小或从触点上灭掉，可以通过吹入空气、电磁力或者通过绝缘液体（如油）或高压气体来吸收电弧能量。比较而言，目前，空气断路器是传统的保护装置，仅用于低压系统，最常用的是 SF_6 断路器和真空断路器，将电流在密闭的容器中切断并有更好的绝缘。

（2）断路器的选择

断路器的选择取决于多个额定性能参数，比如：

① 允许温升的额定连续电流；

② 对地绝缘的额定线电压；

③ 对称短路电路容量（MVA）或在无热损伤情况下可被切断的故障电流；

④ 断路（跳闸）时间，通常是在 5~15 个信号周期之间，并且可调，以用来和其他上下游断路器进行协调；

⑤ 跳闸后不损伤触点的过电压值；

⑥ 对雷电脉冲电压的耐压能力；

⑦ 承受第一次不对称峰值电流而无机械损伤的耐受能力。

为了选择采用合适的断路器，工程师必须考虑列出所有额定参数和各种因素。然而，选择断路器的关键因素是：

① 连续额定电流必须≥最大负载电流；

② 电流分断能力必须≥系统中可能出现的最大故障电流；

③ 断路器的额定电压必须大于安装点的线电压。

对于小功率的系统，采用有熔断功能的接触器替代断路器，将降低成本和减小体积，而且由于其分断电流时 di/dt 较低，所产生开关电弧也较小。

3.6.3.3 过载保护装置

熔断器和断路器仅当过电流≥它自己额定电流的200%时才开始动作。大多数设备允许1~2h有115%的过载。这样115%的过载与200%过载之间出现没有保护的空白区域。这段空白区域由过载保护来填补，最简单和最常用的过载保护形式是采用双金属片，当过热时，由于其形变上的差异导致触点分开。

3.6.4 船舶电力系统短路电流的计算

由于对电力系统伤害最大的情况是系统发生短路，因此进行短路电流计算十分必要。在船舶电力系统设计时，精确的计算各点的短路电流值，可以合理地选择保护方式和保护装置，以保证系统发生短路时能快速有效地切除短路故障，把短路造成的破坏限制在最小范围。

在进行电力系统初步设计时需估算短路电流，用以选择配电装置和电器。在电力系统设计基本完成后，计算短路电流，用以校核所选用电气设备的热稳定性和电动力稳定性、校核所选用电器的短路接通能力和短路分断能力。

3.6.4.1 短路故障机理分析

短路故障被定义为在电力系统中一个带电导体接触另一个带电导体或接地。短路的原因可能是由于意外，也有可能是因为导体之间的绝缘损坏。其结果是产生一个非常大的短路电流，导致系统中的设备出现机械性或者热损伤，并进一步导致系统出现故障。系统中某处可能的故障电流幅值决定了熔断器或断路器的电流保护能力，这些熔断器和断路器必须被安装在电源和故障点之间以保护系统免受潜在危险的影响。

（1）短路故障的类型有：

1）三相三线制中性点对地绝缘配电系统中的故障类型有：

L-L：两相线路短接在一起（两相短路）；

L-L-L：三相线路短接在一起（三相短路）。

2）中性线接地的三相四线制配电系统中的故障类型有：

L-G：单相对地短路；

L-L：两相线短路在一起，但是不接地（两相短路）；

L-L-G：两相线短路在一起，并且接地（两相对地短路）；

L-L-L：三相线短路在一起，但是不接地（三相对称故障）；

L-L-L-G：三相线短路在一起，并且接地（三相对称接地故障）。

其中：L-L-L和L-L-L-G故障被称为对称故障，因为它们涉及对称的三根端线，导致的故障电流也是平衡的对称三相电流。其他3种类型的故障被称为非对称故障，故障电流在3根端线中并不对称。

船舶电气系统中故障的发生概率并不容易确定，依据陆地系统故障的发生概率，三相系统中约70%的故障最开始只是单相对地短路故障（L-G），但是，短路引起的发热会导致电缆线中其他导线之间的绝缘损坏，这样就会很快导致进一步出现三相对称L-L-L-G故障。

（2）短路故障分析模型

为分析方便，将故障回路中所有元器件的电气模型连接成单相电路，每一个元器件由其等效串联电阻 R 和漏抗 X 表示。通常情况下，可以忽略 R 和 X 值较小的器件以简化分析，如断路器、熔断器、继电器触点等。三相系统的短路分析一般是在 Y 形连接对每一相电路进行，对于 Δ 形连接的阻抗值，可通过除以 $\sqrt{3}$ 转换成等效的 Y 形连接的值。

由于发电机和变压器等设备铭牌上通常直接给出了阻抗 Z 的百分比，为简化分析，可采用百分比或者标幺值。电缆的阻抗一般在厂商的规格表中给出，将此值除以每相阻抗基准值，就可以将电缆阻抗转换为标幺值。每相阻抗的基准值为

$$Z_{bs} = \frac{U_{bs}}{I_{bs}} = \frac{U_{bs}}{U_{bs}} \frac{U_{bs}}{I_{bs}} = \frac{U_{bs}^2}{S_{bs}} \tag{3-25}$$

式中　Z_{bs}——每相阻抗的基准值，单位为 Ω；

　　　U_{bs}——每相电压的基准值，单位为 V；

　　　I_{bs}——每相电流的基准值，单位为 A；

　　　S_{bs}——每相容量的基准值，单位为 VA。

对整个系统中进行故障电流分析会涉及很多串联的元器件，这时只能有一个电压基准值，这种情况下一般采用从电源端开始第一个给故障处供电的上游变压器的额定电压作为基准值。所有元器件以欧姆或百分比表示的阻抗值都转换为这个共同的基准值以便分析。如果所有系统阻抗都以欧姆为单位，可以通过电压平方比的方式转换成共同基准电压的形式，即

$$\frac{Z_{bs2}}{Z_{bs1}} = \left(\frac{U_{bs2}}{U_{bs1}}\right)^2 \tag{3-26}$$

如果采用的电源容量基准值较小，则基准电流较小，基准阻抗较高，因而在以 S_{bs} 为基准值的系统中 Z 的百分比变得更低。因此，Z 值的百分比和 kVA 基准值大小成线性关系。

（3）短路电流的暂态过程分析

考虑一个从电源到发生短路故障处已经被简化成等效 $R-L$ 电路的系统模型，如图 3-35a 所示。初始负载电流和预期的故障电流相比较小，在简化但是相对精确的分析中可以忽略不计。当正弦电压源电压值为 $\sqrt{2}U_e\sin(\omega t + \theta_{sh})$（其中 t 为故障开始后的时间；θ_{sh} 为闭合开关瞬间的电压相位角，也即为正弦周期中的短路故障初始角）的瞬间，通过短接开关来对系统施加故障。当 $\theta_{sh}=90°$ 时表明当电路的电压通过其自然峰值时故障准确地出现，如图 3-36b 所示；当 $\theta_{sh}=0°$ 时表明当正弦电路电压通过其自然零点时出现短路，如图 3-36c 所示。

采用基尔霍夫电压定律来对图 3-35a 所示的 R-L 电路进行暂态分析，可得

$$\sqrt{2}U_e\sin(\omega t + \theta_{sh}) = Ri + L\frac{di}{dt} \qquad t > 0 \tag{3-27}$$

a) 在$t=0$发生短路的故障$R-L$等效电路

b) 当$\theta_{sh}=90°$，$U_e=U_p$时短路

c) 当$\theta_{sh}=0°$，$U_e=0$时短路

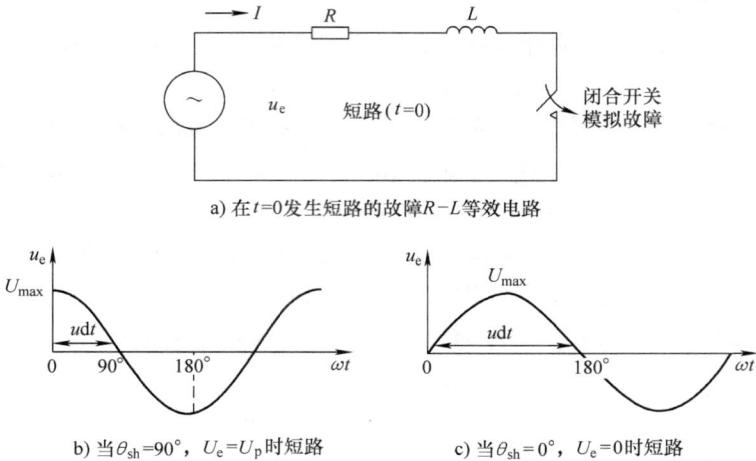

图 3-35 $R-L$电路中正弦电压接通后的暂态电流

假设初始条件为：当 $t=0$ 时，$i(0)=0$，$u(0)=\sqrt{2}U_e\sin\theta_{sh}$，式（3-27）的特解是如下暂态故障电流

$$i_{sh}(t)=\sqrt{2}I_{rms}\left(\sin(\omega t+\theta_{sh}-\theta_z)-\sin(\theta_{sh}-\theta_z)e^{-\frac{R\omega t}{X}}\right) \tag{3-28}$$

式中　R——短路电路中的总电阻；

$X=\omega L$——总电抗；

θ_z——阻抗角，$\theta_z=\arctan\,(X/R)$；

I_{rms}——指数衰减的暂态项上叠加的交流分量的有效值。

因此，短路电流是开关闭合角 θ_{sh} 以及短路电路时间常数 $T_{sh}=L/R=X/(\omega R)$ 的一个复函数。

由式（3-28）给出的短路电流，当 $\theta_{sh}=0°$ 时具有最大峰值，即短路发生时，电压源在其正弦周期中正通过其自然零点。另一方面，短路电流峰值在 $\theta_{sh}=90°$ 时最小，也即短路时，电压源在通过其自然正弦峰值的瞬间。大多数短路故障在 $\theta_{sh}=90°$ 时发生，也就是说当系统电压在其正弦峰值时发生，如图 3-36 所示。这主要是因为在峰值电压时绝缘比在电压过零时更容易被击穿。

在最坏情况下（$\theta_{sh}=0°$）的暂态电流可近似计算为

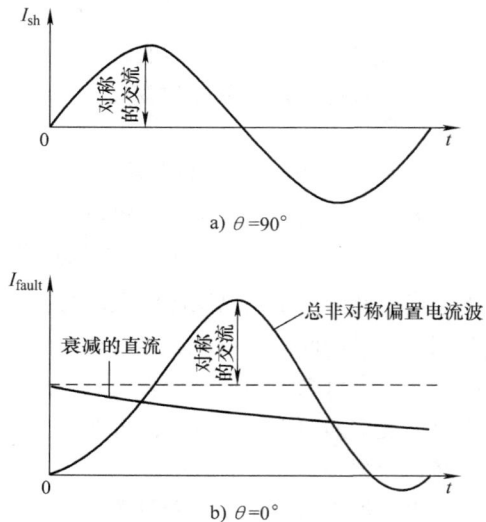

a) $\theta=90°$

b) $\theta=0°$

图 3-36　当故障在初始角 $\theta_{sh}=90°$ 和 $\theta_{sh}=0°$（最坏的情况）时的暂态电流

$$i_{sh}(t) = \sqrt{2}I_{rms}\left(e^{\frac{R\omega t}{X}} - \cos\omega t\right) \tag{3-29}$$

由此可见，无论是对称或非对称短路，其短路电流的最大峰值都出现在短路发生后的 $1/2$ 周期，这也是最大短路电流计算的 I_{sh}。

3.6.4.2　短路电流计算系统图

短路电流计算根据船级社的有关要求，需要首先选择计算工况，画出电力系统示意图，并标出各计算短路点。

（1）短路计算工况的选择

短路电流计算应选择电力系统短路最严重的工作状态，需要考虑的情况：

1）投入运行的发电机总额定功率最大，且并联运行；

2）电网中投入运行的电动机总负载功率最大；

3）发电机组起始负载最大。

（2）短路计算系统图的绘制

短路计算系统图应根据船舶电力系统一次配电网络及所选的计算工况来绘制，通常采用单线系统图。图上应注明发电机的型号、额定功率和额定电压，开关电器的型号、额定电流，电缆的型号、数量、截面积和长度，等效电动机和其他元器件的主要技术数据；某船舶电力系统短路计算系统图如图 3-37 所示。

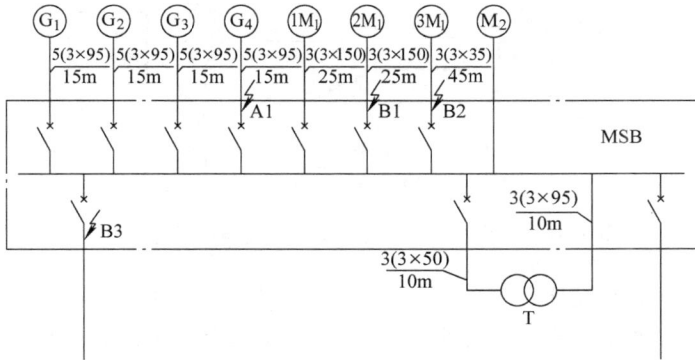

图 3-37　某船舶电力系统短路计算系统示意图

图中主要包括：

1）并联运行的发电机；

2）等效运行的电动机；

3）主要电气设备，比如：断路器、变压器等；

4）所选择的短路计算点。

（3）短路计算点的选择

短路计算点的选择原则是：在该点短路后，流过所选和校验的电气设备的电流最大。

70

3.6.4.3 短路电流基本计算方法

不同的短路故障产生的短路电流大小不同，短路电流计算的关键是分析和找出产生最大的短路电流。

（1）对称故障电流

图 3-38 给出了三相对称故障（L－L－L 或 L－L－L－G）的单线电路图，图中所示的是一个接地或者不接地的 Y 形连接系统，在"故障"处发生短路故障，电压变为零。从电源流出的故障电流经过短路处（零电阻）并流过一条电阻最小的路径返回到电源，完全绕过负载。因此，在故障电流计算中完全没必要考虑负载。所有电源的电压都降落在故障电流流经的故障回路上的阻抗上。采用有效值计算，根据基尔霍夫定理有：

$$I_{sh} = \frac{每相电压源电压有效值}{故障回路每相阻抗和} \tag{3-30}$$

由于从电源到故障处，发电机、变压器和电缆都是串联连接的，因此 I_{sh} 的计算公式为

$$I_{sh} = \frac{U_g}{(R_g + R_T + R_1) + j(X_g + X_T + X_1)} \tag{3-31}$$

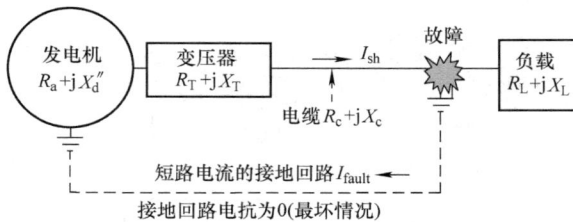

图 3-38 发电机、变压器和电缆串联时的短路故障

如果发电机容量比变压器容量大很多，可认为发电机的特性不变，且 $Z_g = 0$，即式（3-31）中 R_g 和 X_g 都等于零。在其他情况下，如果从电源到故障处的系统可以通过计算或者通过实验用戴维宁等效电源模型 U_{eq} 和 Z_{eq} 表示，则故障电流可简单表示为

$$I_{sh} = \frac{U_{eq}}{Z_{eq}} \tag{3-32}$$

式（3-31）和式（3-32）给出对称电流有效值的计算公式。

（2）不对称故障电流

但是，如果同一时刻三相系统中只有一相（比如：A 相）有 $\theta_{sh} = 0°$，这将会引起完全偏移不对称峰值，此时其他两相，B 相和 C 相将分别具有 $\theta_{sh} = 120°$ 和 $240°$。由于故障起始角 $\theta_{sh} = 0°$，将会出现最坏情况下的故障电流，为此定义短路电流的偏移系数 K_{sh} 为

$$K_{sh} = \frac{最坏情况下不对称故障电流首次峰值}{对称故障电流有效值} \tag{3-33}$$

其首次峰值幅值 I_{ap} 可以通过短路电流偏移因子 K_{sh} 乘以对称电流有效值而得到，即有

$$I_{ap} = I_{sh}K_{sh} \tag{3-34}$$

研究表明，短路电流偏移因子 K_{sh} 与其电路的阻抗有关，表3-2列出了在各种不同 X/R 比值情况下的 K_{sh} 值。由该表可见，如果一个电路的电抗可忽略并且 $X/R = 0$，那么这个电路的短路电流没有不对称性，第一个峰值只有正常正弦波大小的 $\sqrt{2}$ 倍。另一方面，当 X/R 比值较大的情况下，初始直流分量和第一个对称正弦交流电的峰值是相等的。

表3-2　偏移不对称峰值因子

X/R 比值	K_{sh} 值 *	首次峰值在 60Hz 系统中的发生时间/ms
0	$1 \times \sqrt{2} = 1.414$ （零不对称）	4.167①
1	1.512	6.1
2	1.756	6.8
3	1.950	7.1
5	2.19	7.5
7	2.33	7.7
10	2.456	7.9
20	2.626	8.1
50	2.743	8.2
100	2.785	8.3
∞	$2 \times \sqrt{2} = 2.828$ （全不对称）	8.333②

① $1/4 \times 1/60s = 0.004167s = 4.167ms$；

② $1/2 \times 1/60s = 0.008333s = 8.333ms$。

这样，对于接地或者不接地系统的三相对称故障，最大故障电流（$\theta_{sh} = 0°$）由式（3-34）给出。

这时，B 相和 C 相短路电流的峰值将有较低的偏移因子，因此，与 A 相比较其峰值也较低。三相故障中平均不对称峰值电流被定义为

$$I_{avp} = \frac{1}{3} \times （三相首次峰值之和） \tag{3-35}$$

这个平均值在估算断路器动作前故障电流在三相设备中产生的总发热量是很有帮助的。这里需要强调的是，导体之间的机械力是和电流的平方成正比的，在第一次完全偏移不对称故障电流峰值出现时，这个机械力将会非常大。对于发电机线圈、变压器线圈、汇流排以及断路器等设备的机械结构，在不超过允许的弯曲应力和不超过支座之间最大允许偏移的情况下，必须被设计得足以承受在两个支撑机构之间的应力。此外，假设断路器将在几个信号周期后切断短路电流，在此之前，热量会一直聚集在导体内；在

此情况下，这些设备必须被设计得可以在故障电流存在时，将温升限制在允许的范围内。

3.6.4.4 短路电流的工程计算

工程上，船舶交流电力系统短路电流计算常常用简化的方法进行，近似计算法是在一定的假设情况下用计算公式描述整个短路过程的计算方法，其遵循的基本假设有：

1）忽略不计电力系统中的所有电容；

2）短路发生瞬间，短路点某相的相电压瞬时值为零；

3）短路期间短路电流的路径不变；

4）忽略不计短路电弧阻抗，也不计及汇流排、电压互感器阻抗以及导体之间连接点的接触电阻；

5）变压器处于主抽头位置；短路在三相同时发生；

6）短路发生前发电机处于额定负载状态；

7）并联运行的发电机，在短路发生瞬间所有发电机按比例承担有功和无功负载；

8）在每一不连续的时间间隔内，所有电路元件做出线性响应。

这些假设对满足船舶工程计算要求来说是可以接受的。为简便起见，还常常通过等效方法，将各运行的主要电气设备等效为一个设备，来计算和分析短路电流。船舶电力系统中同步发电机和异步发电机是系统中的两个主要电气设备。中国船级社规范将船舶交流电力系统三相短路的短路电流和短路功率因数的计算列为主要计算内容。下面分析同步发电机和异步发电机馈送的短路电流计算。

（1）等效发电机

为计算短路电流，将运行中的各台发电机综合成一台等效发电机，该等效发电机馈送的短路电流等效于各台发电机馈送的短路电流之和。

假定在短路发生开始几个周期内，所有同步发电机产生相类似的反应，且相应地产生具有相同基本特征的短路电流。在同步发电机机端发生三相短路时，其单相等效电路如图 3-39 所示。在故障发生的过程中，发电机电抗在很大的范围内变化，对求解故障电流有很大的作用，应该使用发电机暂态电抗的初始值进行故障电流分析。图 3-39 中：E_{gf} 为发电机故障前的感应电动势，X_g 为同步电抗、X_g' 为暂态电抗、X_g'' 为次暂态电抗。

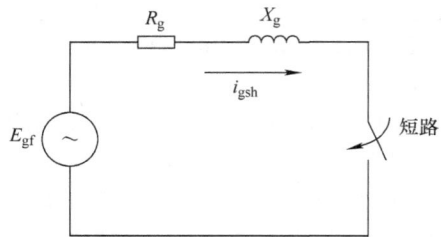

图 3-39　同步发电机机端三相短路等效电路

分析表明：发电机短路时从次暂态到暂态再到稳态的变化是渐进式的，电抗呈指数规律上升，电流呈指数规律衰减。然而，实际的非对称电流包含两个分量，一个对称的正弦信号叠加在一个衰减的直流信号上。在图 3-40 中，该非对称电流根据故障发生过程中 3 个不同阶段（次暂态、暂态以及稳态）的时间范围分别画出。

在每个区域初始时刻的峰值为

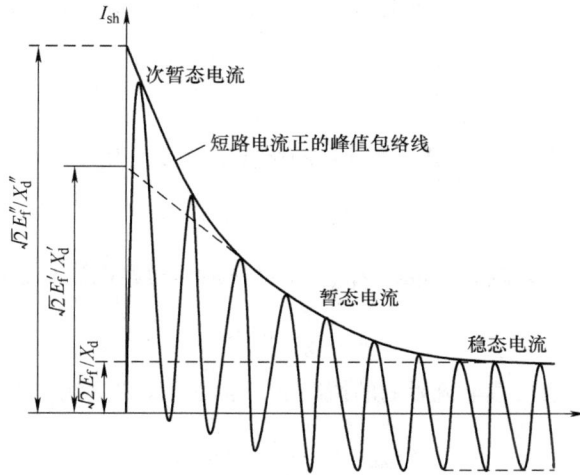

图 3-40 指数衰减不对称故障电流以及峰值包络线

$$I_{gshp} = \frac{\sqrt{2}E_{gf}}{初始时刻同步电抗} \qquad (3\text{-}36)$$

分别用 X_g''、X_g'、X_g 代入上式，求取各时刻短路电流的峰值。

考虑故障电流暂态分析的复杂性，船舶电力系统标准 IEEE – 45 规定可以使用下列设备和系统参数的故障电流有效值经验公式进行精确计算。

在所有三相系统中首次峰值平均有效值为

$$I_{avp1} = 8.5 I_{gN} \qquad (3\text{-}37)$$

式中 I_{gN} ——发电机额定电流有效值。

最坏情况下，首次完全不对称峰值电流的有效值为

$$I_{asp1} = 10.0 I_{gN} \qquad (3\text{-}38)$$

在最坏情况下全偏移电流的首个峰值为

$$I_{aspmax} = \sqrt{2} I_{asp1} \qquad (3\text{-}39)$$

在进行发电机支撑结构的机械力计算时，必须使用该峰值大小，以避免最坏情况下短路故障造成的机械损伤。

（2）平均等效电动机

当电力系统中某处发生短路时，所有连接于系统中的电动机均产生短路电流。通常，将小容量电动机编成一组，作为一个等效电动机处理。在异步电动机电源端发生三相短路时，其等效电路如图 3-41 所示。

假设有 n 台电动机投入运行，其总功

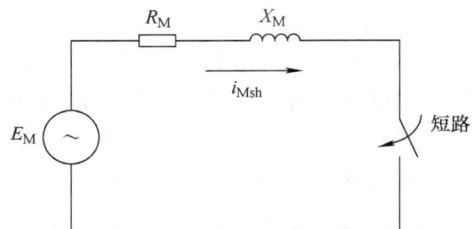

图 3-41 异步电动机机端三相短路等效电路图

率为 $\sum P_{\mathrm{Mi}}$，等效电动机的额定功率则等于运行电动机的平均功率，即

$$P_{\mathrm{Meq}} = \frac{\sum\limits_{i=1}^{n} P_{\mathrm{Mi}}}{n} \qquad (3\text{-}40)$$

若电动机的阻抗为 Z_{M}，则等效电动机的堵转阻抗 Z_{Meq} 为

$$Z_{\mathrm{Meq}} = \frac{Z_{\mathrm{M}}}{n} \qquad (3\text{-}41)$$

电动机短路电流的衰减时间常数 T_{Msh}，电动机对称短路电流有效值的计算

$$I_{\mathrm{Msh}} = \frac{U_{\mathrm{N}}}{Z_{\mathrm{Meq}}} \mathrm{e}^{-\frac{1}{2T_{\mathrm{Msh}}}} \qquad (3\text{-}42)$$

在忽略短路发生前负载电流影响的情况下，电动机短路电流非周期分量 I_{Mshd} 为

$$I_{\mathrm{Mshd}} = \frac{\sqrt{2}U_{\mathrm{N}}}{Z_{\mathrm{Meq}}} \mathrm{e}^{-\frac{1}{2T_{\mathrm{Msh}}}} \qquad (3\text{-}43)$$

峰值短路电流 I_{Mshp} 为

$$I_{\mathrm{Mshp}} = \sqrt{2}I_{\mathrm{Msh}} + I_{\mathrm{Mshd}} \qquad (3\text{-}44)$$

一般地，除定义所涉及的大电动机外，在船舶电力系统中的其余电动机均属小电动机。所有这些小电动机及其连接电缆可作一等效电动机处理，如缺乏其特征参数的确切数据，则可以采用下列特征参数的近似值。

电动机阻抗（适用于 50Hz 和 60Hz 电力系统）

$$
\begin{aligned}
Z_{\mathrm{M}}^{''} &= 0.2 \\
X_{\mathrm{M}}^{''} &= 0.188 \\
R_{\mathrm{s}} &= 0.043 \\
R_{\mathrm{r}} &= 0.027
\end{aligned}
\qquad (3\text{-}45)
$$

电动机时间常数：

在 50Hz 系统中 $T_{\mathrm{M}}^{''} = 22.4\mathrm{ms}$，$T_{\mathrm{dcM}} = 14.08\mathrm{ms}$；

在 60Hz 系统中 $T_{\mathrm{M}}^{''} = 18.67\mathrm{ms}$，$T_{\mathrm{dcM}} = 11.73\mathrm{ms}$。

等效电动机的额定输出功率，可按"电力负载计算书"进行计算，或者也可取为实际运行中发电机（不包括短时转移负载的发电机）总额定有功功率的 60% 减去各大电动机额定输出功率之和来确定。

（3）大容量电动机

大容量电动机系指船上额定功率与单台发电机额定功率相接近的电动机。推进电动机指驱动船舶推进器用电动机。一般船舶电力系统将额定输出功率大于或等于系统中最大发电机额定功率的 25% 的电动机定义为大电动机。对于大电动机，应按给出的计算方法分别计算其机端短路的短路电流。如缺乏计算所需的电动机的各项特征参数，则可以使用下列各项电动机特征参数的近似值。

电动机阻抗（适用于 50Hz 和 60Hz 电力系统）

$$Z''_M = 0.16$$
$$X''_M = 0.15$$
$$R_s = 0.034 \tag{3-46}$$
$$R_r = 0.021$$

电动机时间常数：

在 50Hz 系统中 $T''_M = 22.4\text{ms}$，$T_{dcM} = 14.08\text{ms}$；

在 60Hz 系统中 $T''_M = 18.67\text{ms}$，$T_{dcM} = 11.73\text{ms}$。

（4）变压器短路计算

当器件阻抗不知道的时候，可仅对短路处供电的变压器短路电流进行最保守的估计，这实质上是将变压器一次侧当作内部阻抗为零的无限容量的母线来处理。当变压器的额定容量和发电机相比很小的时候，这种估计是相当准确的。它实质上是忽略了发电机和一直到变压器一次侧母线的电缆阻抗。当故障发生前变压器满电压工作时，这种简化可以使得对对称故障电流的有效值做出最为保守的估计，即有

$$I_{Tsh} = Z_T \times I_{T2N} \times 100\% \tag{3-47}$$

式中　I_{T2N}——变压器二次侧额定电流。

在一个和无限大容量电源相连接的变压器中，最坏情况下完全不对称故障电流第一个峰值为

$$I_{Tasp1} = \frac{K_{sh}S_T \times 10^6}{\sqrt{3}U_{lN}Z_T} \tag{3-48}$$

式中　U_{lN}——额定线电压，单位为 V；

　　　Z_T——变压器串联阻抗，pu 值；

　　　S_T——三相变压器的总容量，单位为 MVA；

　　　K_{sh}——根据变压器 X/R 比确定的偏移因子（常见大功率电力变压器的典型值为 $X/R = 7$，$K_{sh} = 2.33$）。

（5）主汇流排短路电流计算

主汇流排处的短路电流，需考虑发电机与电动机的共同作用。如图 3-42 所示，发电机通过电缆向一台电动机供电，如果发电机和电动机之间的电缆发生短路，则故障电流不仅来自发电机，同时还来自电动机。电动机转子的动能和磁能变成电流流回到故障处。该电流的计算非常复杂，但 IEEE - 45 标准提供了一个电动机流出对称故障电流有效值的近似估算方法

$$I_{Msh} = K_M I_{MN} \tag{3-49}$$

式中　I_{MN}——电动机额定电流；

　　　K_M——电动机修正系数。

当电动机电压小于 240V 时，$K_M = 2$；当电动机电压介于 240～600V 之间时，$K_M = 3$；当电动机电压大于 600V 时，$K_M = 4$。

流入接地故障的总电流（尽管不是在电缆中）等于来自发电机的电流加上来自电

a) 三相对称故障没有接地电流

b) L-G 故障中的地电流

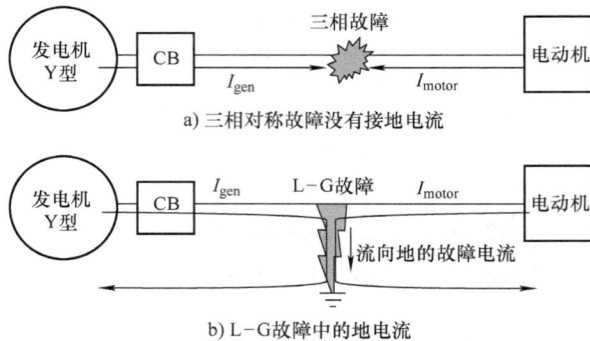

图 3-42　电动机负载故障电流

动机的电流。用对称有效值表示为

$$\sum I_{sh} = I_{gsh} + I_{Msh} \tag{3-50}$$

式中　I_{sh}——L-L-L 短路故障总故障电流；

　　　I_{gsh}——由所有已知阻抗计算得到的从发电机流出的短路电流；

　　　I_{Msh}——从电动机流出的故障电流，等于 2～4 倍的电动机额定电流。

尽管在主配电屏内部发生短路的可能性很小，但是应按照 IEC 60298-3 标准的要求设计灭弧装置，以防止在短路最严重情况的人身安全和设备损坏。

3.7　船舶综合电力系统

随着船舶大功率电力推进系统的应用，船舶电力系统容量与结构发生了突破性变化。另外，对冗余推进船舶以及具有动力定位功能的船舶需求不断上升，要求更多船舶配置物理上独立的冗余电力系统。如今，船上各个不同系统之间的相互联系已变得日趋复杂，从而使船舶的设计、建造和应用更具综合性。

从目前船舶电力系统发展的趋势看，中压电力系统成为大型海洋船舶电力系统发展的方向。目前新建的大型船舶，如：集装箱船、客滚船、油轮、LNG 船、豪华游轮、半潜船等，由于电力系统容量非常大，大多都采用中压电力系统；而海洋平台及海洋工程船，由于运用电力推进动力定位系统，几乎无一例外地采用了中压电力系统。国内外此类新型船舶的设计、施工及营运等实践证明，中压电力系统应用于现代船舶取得了很好的效果，体现了未来船舶电力系统发展的方向，将成为未来大型海洋船舶电力系统主干电网的主流形式。

军用舰船与电力推进船舶电力系统的发展方向是综合电力系统（Integrated Power System，IPS），综合电力系统技术开始于 20 世纪 90 年代中期，将船舶电力系统的领域拓展到了船舶动力系统等各个方面，成为船舶系统中最重要的系统，产生了"全电船"。电力系统控制内容涉及电能的产生、分配、管理、功率变换、舰载设备用电及其电力推进系统的各个方面。采用 IPS 技术能简化舰船动力系统结构，降低舰船噪声能级，提高舰船的生命力和综合作战能力；舰船 IPS 技术有利于舰船总体设计的优化，因此是未来使用舰载高能武器系统的必由之路。

3.7.1 船舶综合电力系统结构与组成

由于大功率电力推进船舶需要的发电机的容量很大，且大部分电力被推进电动机所用。为此，综合电力系统的基本结构如图 3-43 所示，由主母线连接主发电机与推进电动机，采用中压直接供电；其他负载通过变压器降压后分配利用。

船舶综合电力系统主要优点：

1）由于减少了燃油消耗和维护费用，从而降低了船舶的寿命周期成本，特别是当船舶负载变化较大时效果更加显著。例如，对于许多动力定位船来说，其航行操作的时间和进行控位/机动操纵的时间通常各占一半。

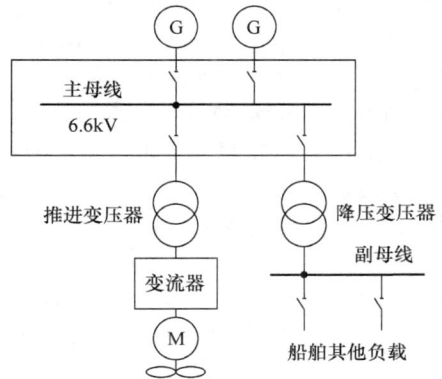

图 3-43 船舶中压综合电力系统结构图

2）系统不易受到单个故障的影响，并且可以对发电机的原动机（柴油机或燃气轮机）的运行与负载进行优化。

3）使用中高速柴油机，重量更轻。

3.7.2 船舶综合电力系统冗余结构

为了保证电力推进船舶的可靠性，ABS 规定：在电动船上电力系统要有一定的冗余度。图 3-44 给出 ABS 的冗余等级。

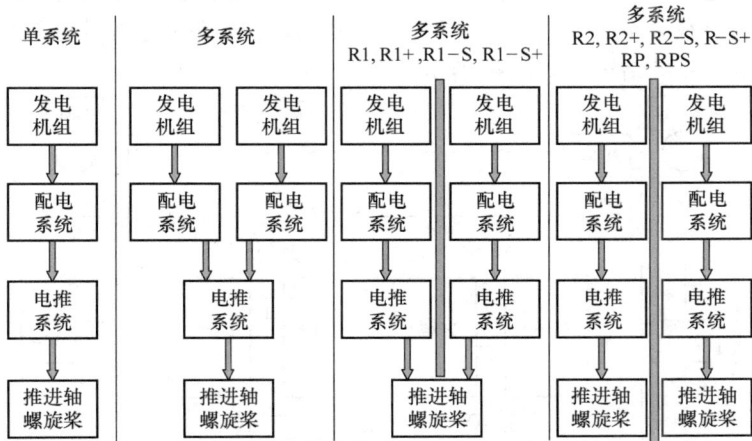

图 3-44 ABS 的系统冗余等级

图 3-44 中：第 1 种为单系统，其设备均为单一配置，没有故障冗余能力；第 2 种为多系统，其发电机和配电盘多有备份，而电力推进系统和推进轴及推进器没有备份；第 3 种系统，除了推进轴和螺旋桨是单一的，其余都有冗余，而且还可放置在不同舱室

隔离；第4种系统，所有设备均冗余配置，且可采取隔离措施。

在上述的 ABS 分类中，用 R 表示冗余度，2 表示交替平行的供电电荷，S 表示物理分离，+ 表示额外的可靠性特征。

具有冗余的电力系统 ABS – R2 必须采用水密舱将两组电力系统在物理上分离。如果对船舶冗余度有更高要求，还需要采用具有双定子绕组的推进电动机，既可向每个推进电动机提供足够的功率，也可在一个绕组故障时，保持电动机继续运行。

例如：图 3-45 所示在电力系统中所要求的 ABS – R2 冗余程度，其配置了 4 台发电机，每两台发电机一组，两组汇流排互为备份；两套推进装置，可同时推进，也可在故障时，由 1 套推进装置工作。

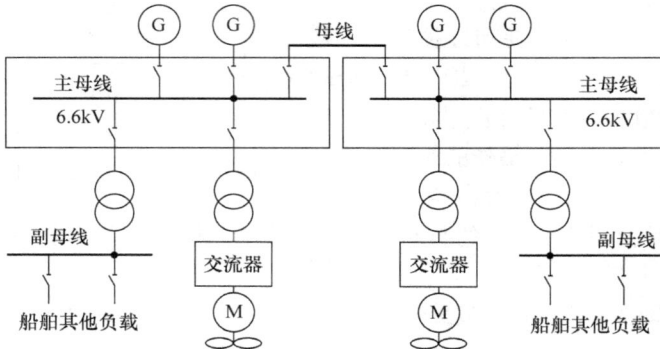

图 3-45　ABS – R2 船舶电力推动系统的冗余结构

船舶电力推进中，区域配电形式的应用与发展非常迅速，现代船舶 IPS 区域配电系统往往采用中压电网，配置 4 台发电机组，具有冗余结构，并进行物理分离，实现分区供电；区域配电系统将用电负载按需要分割为若干个水密区，主馈电线形成多通路环形结构，每一个负载区域都有一个独立的配电控制装置，以保障系统的可靠性和安全性。典型的区域配电系统结构如图 3-46 所示。

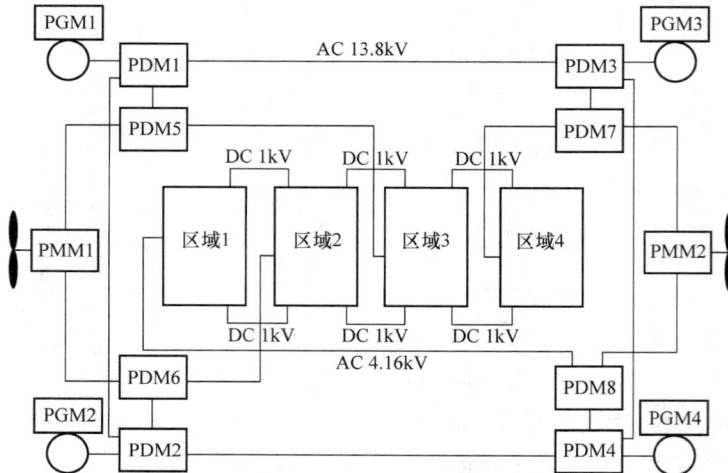

图 3-46　船舶电力系统区域配电结构图

注：PGM—发电单元　PDM—配电单元　PMM—推进电动机单元

船舶电力区域配电系统具有以下的特点与功能：

1）用电负载可以有多种供电方式进行组合供电，当部分发电单元受损，可以有余下发电单元维持供电；

2）对于推进器电动机供电方式有冗余，提高了安全性；

3）需要有多个电站分布在船舶的不同部位来支持，投资大。

在现代船舶中，除了一些对供电可靠性要求特别高的军用舰艇、大型客船和一些电力推进船舶采用环状电网供电，大部分海洋运输类船舶都采用枝状电网供电；现代先进大型军舰开始采用区域配电系统。要求动力定位的船舶或海洋工程装置也常用分区配电系统，以增加系统的容错能力。目前一些船舶标准和规范允许采用隔离断路器，当故障发生时切断有故障的电路部分，而保证正常部分的运行。例如：挪威海事局（NMD）的规定中有更严格的要求，通常不接受采用3级工作的电网。

3.7.3 船舶综合电力系统应用举例

随着船舶电站容量的增加，额定电流和短路电流也增加。由于汇流排的机械和热应力以及开关能力的限制，有必要采用中压系统来增加电压和减少电流。综合中压电力系统主要用于大功率电力推进系统的船舶中，比如：大型邮轮、军用舰船等。图 3-47 是

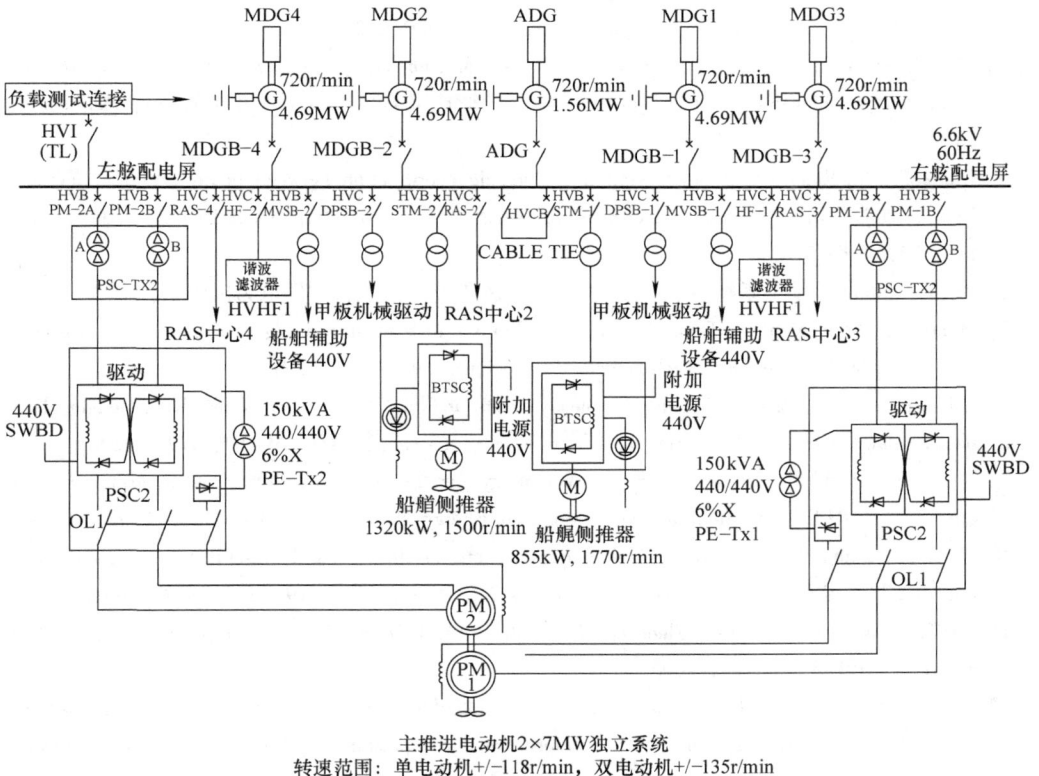

图 3-47　电力推进型船舶中压电力系统结构图（图片来源：Alstom 公司）

Alstom 公司为某电力推进军用船舶设计的电力系统结构图，采用了 4 台 4.69MW/6.6kV/60Hz 柴油发电机组和 1 台 1.56MW/6.6kV/60Hz 发电机组，总发电量的额定值为 20.32MW。在该船舶的 6.6kV 中压电力系统中，电网的主要电能用于电力推进。在图中，发电机主要通过 4 台 4266kVA/6.6kV/1460V 变压器对 2×7MW 的独立双单元主推进器电动机供电，通过两台 1366kVA/6.6kV/820V 变压器分别对 1320kW（船艏侧推器）和两个 855kW（船艉侧推器）侧推器进行供电。根据 Wartsila 公司制造的侧推器，最大的船舶侧推器的功率已超过了 3550kW（CT/FT300M 型），侧推器的直径为 3m。与中压电力推进船舶的甲板机械和机舱泵的供电通过变压器进行供电相类似，低压电力设备由于使用与维护方便仍然可以得到运用。电力系统中接近 80% 的容量用于电力推进，由于电力推进中大量地使用了大功率可控硅器件，因此电网中配置了两套谐波滤波器装置。

参 考 文 献

[1] Mukund R. Patel. Shipboard electrical power systems [M]. U.S.: CRC Press, 2012.

[2] 马伟明. 舰船动力发展的方向—综合电力系统 [J]. 上海海事大学学报, 2004, 25 (1): 1-11.

[3] Norbert Doerry. Next generation integrated power systems (NGIPS) for the future fleet [C]. IEEE Electric Ship Technologies Symposium, Baltimore MD. 2009 (4).

[4] Khersonsky Y, Islam M, Peterson K. Challenges of connecting shipboard marine systems to medium voltage shoreside electrical power [J]. IEEE Transactions on Industry Applications. 2007, 43 (3): 838-844.

[5] Quaia S. All ElectricShip power stations: Dynamic coordination between controls and protections [C]. Universities Power Engineering Conference 2008, 43rd International Digital Object Identifier. 2008: 1-5.

[6] Prabha Kundur. 电力系统稳定与控制 [M]. 影印版. 北京: 中国电力出版社, 2002.

[7] Monti A, Boroyevich D, Cartes D, et al. Ship power system control: a technology assessment [C]. IEEE Electric Ship Technologies Symposium, 2005: 292-297.

[8] Echavarren F M, Lobato E, Rouco L. Steady-state analysis of the effect of reactive generation limits in voltage stability [J]. Electric Power Systems Research, 2009, 79 (9): 1292-1299.

[9] Najafi S, Abedi M, Hosseinian S H. A strategy for frequency stability of islanded power systems [C]. IEEE 2nd International Power and Energy Conference, 2008: 112-116.

[10] PrabhaKundur, John Paserba, VenkatAjjarapu, etc. Definition and classification of power system stability [J]. IEEE Transactions on Power Systems, 2004, 19 (2): 1387-1401.

[11] AlfKåreÅdnanes. Maritime Electrical Installations And Diesel Electric Propulsion [R]. The report of ABB AS Marine, 2003.

[12] Arcidiacono V, Castellan S, Menis R, et al. Integrated voltage and reactive power control for all electric ship power systems [C]. International Symposium on Power Electronics, Electrical Drives, Automation and Motion 2006, 2006: 878-882.

[13] Meer J V, Bendre A, Krstic S, et al. Improved ship power system—generation, distribution,

and fault control for electric propulsion and ship service [C]. IEEE Electric Ship Technologies Symposium 2005, 2005: 284 – 291.

[14] Dysko A, Leithead W E, O'Reilly J. Enhanced power system stability by coordinated PSS design [J]. IEEE Transactions on Power Systems, 2010, 25 (1): 413 – 422.

[15] A Colbia – Vega, J de León – Morales, L Fridman, et al. Robust excitation control design using sliding – mode technique for multimachine power systems [J]. Electric Power Systems Research, 2008, 78 (9): 1627 – 1634.

[16] Juan Fernández – Vargas, Tadeusz Niewierowicz. Excitation control for multimachine power systems [J]. Electric Power Systems Research, 2006, 76 (6 – 7): 476 – 484.

[17] Singh B, Saha R, Chandra A, et al. Static synchronous compensators (STATCOM): a review [J]. IET Power Electronics, 2009, 2 (4): 297 – 324.

[18] 汤天浩. 电机及拖动基础 [M]. 北京: 机械工业出版社, 2008.

[19] 庞科旺. 船舶电力系统设计 [M]. 北京: 机械工业出版社, 2010.

[20] 中国船级社. 钢质海船入级规范第4分册 [S]. 北京: 人民交通出版社, 2009.

[21] 中国船级社. 船舶电力系统过电流选择性保护指南 [S]. 上海: 上海规范所, 2007.

本章的研究受上海市教委科研创新重点项目 (12ZZ155)、高等学校博士学科点专项科研基金 (20123121110003) 资助。

第4章　船舶电力推进系统组成与装置

本章将根据船舶电力推进系统的组成，主要介绍其硬件装置的构成，工作原理和技术方案。了解和掌握其核心技术是设计研发、制造与应用选型的关键所在，因而本章是本书的核心内容之一，也是研发电力推进系统的重要基础。

船舶电力推进系统的推进装置主要由变压器、电源变换器、电动机和推进器组成，是系统的核心部件，也是实现和应用船舶电力推进的关键技术。为此，分成推进器、电源变换器、电动机、变压器来详细介绍其基本结构、原理方法、技术方案及其技术关键，并根据船用性能要求讨论其设计选型和应用特点。

4.1　船舶推进器及其特性

推进器是驱动船舶运行的主要装置。目前，现代船舶普遍采用螺旋桨作为主要推进方式，也有一些船舶采用喷水式等其他推进方式。

在螺旋桨推进方式中，根据调速方法的不同，又分为

1）定速电动机驱动变距螺旋桨（CPP）的调速方法；

2）变速电动机驱动定距螺旋桨（FPP）的调速方法。

现代船舶电力推进器一般都采用变速电动机驱动 FPP 调速方式。本书也主要讨论这类电力推进器。

4.1.1　轴驱式电力推进器

轴驱式电力推进器沿袭了传统的机械推进器的驱动模式，采用电动机取代柴油机、燃气轮机等热机，通过传动轴驱动螺旋桨旋转。所不同的是：

1）电力推进器的传动轴一般较短，可节省空间和减少损耗；

2）变速齿轮箱设置与否视需要而定；

3）通常采用 FPP 调速方法。

更为重要的是轴驱式电力推进器中电动机的配置比较灵活，可以有多种组合方式。图 4-1 给出了几种典型的轴驱式推进器的电动机配置方案[1]，其中：

方案 1 是单变流器与电动机驱动模式，比较简单。

方案 2 为双绕组电动机驱动模式，其电动机有两套绕组，分别由两套变流器供电，该方案既可提高单台电动机的功率密度和容量，也可减少单个变流器的容量，还具有故障冗余和容错能力。该方案还可将电动机扩展为多相绕组电动机，分别由多个变流器供电，这部分内容将在本章的电动机中详细论述。

方案 3 为双电动机同轴串联驱动模式，在第 2 章中已有论述，由于配置了双电动机和相

应的两个变流器，因而除了可增加推进功率外，还具有故障冗余和容错能力。

方案 4 为双电动机并联驱动模式，在第 2 章中也有论述，由于配置了双电动机和相应的两个变流器，因而除了可增加推进功率外，也具有故障冗余和容错能力。

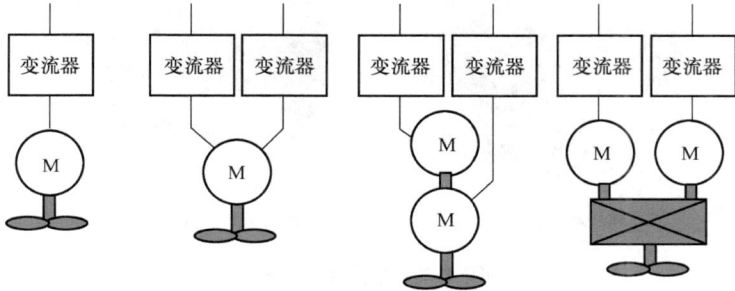

a)单电动机驱动   b) 双绕组电动机驱动   c) 双电动机串联驱动   d) 双电动机并联驱动

图 4-1   几种典型的轴驱式推进器的电动机配置方案

4.1.2   回转式推进器

回转式（Azimuth）推进器是将螺旋桨置于水下，但其方向角度可以转向，用以代替方向舵的作用；而电动机放置在船舱，通过传动轴驱动螺旋桨。回转式推进器既可以驱动船舶运行，也可通过控制螺旋桨的方向角改变船的运动方向。根据电动机的放置和传动形式，有 Z 型与 L 型两种回转式推进器：

1）Z 型回转式推进器，如图 4-2a 所示，电动机水平放置在船舱，传动轴通过两级转向齿轮驱动螺旋桨运行，其优点是电动机放置简单，但传动轴和齿轮箱多，机械结构较为复杂。

2）L 型回转式推进器，如图 4-2b 所示，

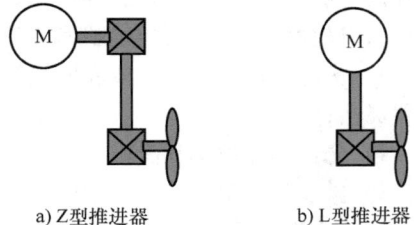

a)Z型推进器   b)L型推进器

图 4-2   两种回转式推进器

电动机垂直放置，传动轴仅需通过一级转向齿轮来驱动螺旋桨运行。与 Z 型相比，因去掉一级转向齿轮，其机械结构简单，且机械损耗也相应减少，但需直立式电动机。

4.1.3   导管式推进器

导管式推进器（Tunnel Propeller）是将螺旋桨放置在导流罩或管道中，图 4-3 给出了两种导管式推进器的结构图，图 4-3a 为机械传动的导管式推进器，它的传动方式如同 Z 型和 L 型回转式推进器，驱动装置放在机舱内，由机械传动轴和齿轮驱动螺旋桨旋转；图 4-3b 为电力传动的导管式推进器，将电动机内置于导管中，定子固定在导管壁上，转子直接与桨叶连接，直接驱动螺旋桨旋转。这类推进器常用作为艏推和侧推等辅助推进场合。

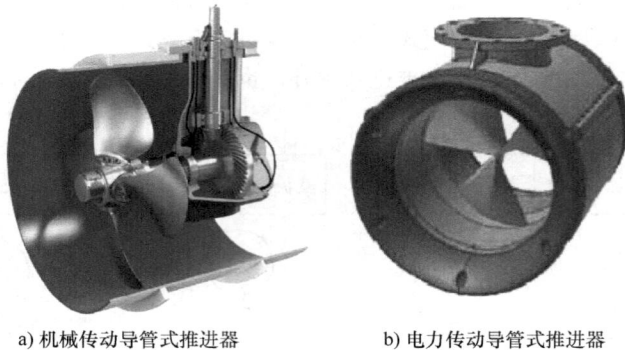

a) 机械传动导管式推进器　　　　　　b) 电力传动导管式推进器

图 4-3　导管式推进器

4.1.4　吊舱式推进器

吊舱式推进器是近年来推出的新型船舶电力推进装置，其基本结构如图 4-4 所示，电动机被放置在水下的吊舱中，不需要传动齿轮，直接驱动螺旋桨。吊舱式推进器的优点：

1）推进器 360°旋转，可以在任何需要的方向产生推力，不需要舵和侧推器，极大地提高了船舶的操纵性和机动性；

2）减少驱动系统（电动机和变流器）的单机容量；

3）去除了尾轴、减速器和舵机等，简化安装和节省船舱空间，使船体设计和空间布置灵活；

4）降低船舶振动和噪声；

5）减少船体阻力 5%～10%。

吊舱式推进器自发明以来，由于其优越的性能，得到了快速发展，设计和研发了不同类型的吊舱式推进器及其推进方式。

吊舱式推进器根据螺旋桨叶的设置和电动机旋转方向，可以有正向推进和反向推进两种方式，如图 4-5 所示。

正向推进方式是将螺旋桨放置在吊舱尾部，如图 4-5a 所示，电动机驱动螺旋桨产生推力；反向推进方式是将螺旋桨放置在吊舱的头部，如图 4-5b 所示，由电动机驱动螺旋桨产生拉力。

双螺旋桨吊舱式推进器如图 4-6 所示，设计成两个螺旋桨同轴放置在吊舱两边，通过两边叶片的不同角度，在后端产生推力，在前端产生拉力，使船舶在推力和拉力的共同作用下运动。比如：SIEMENS/SCHOTTEL 公司的双子星推进器（SSP）就是这种推进器。

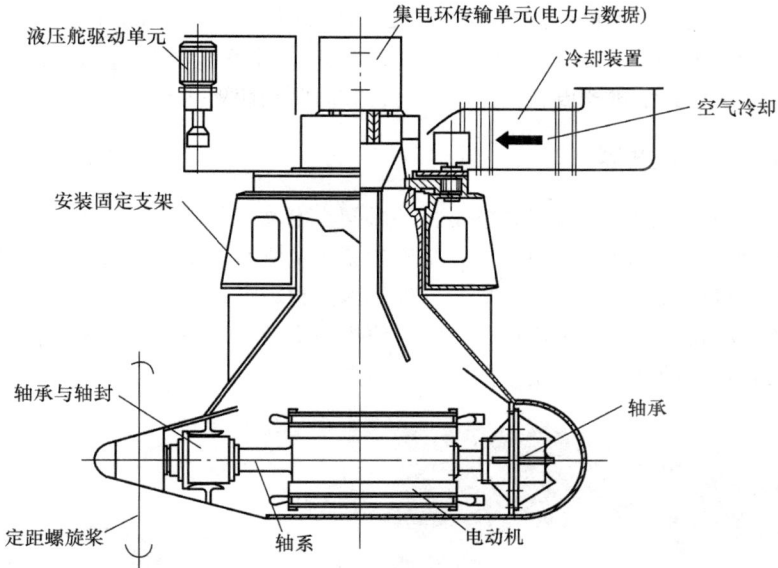

图 4-4　吊舱式推进器基本结构（图片来源：ABB 公司资料）

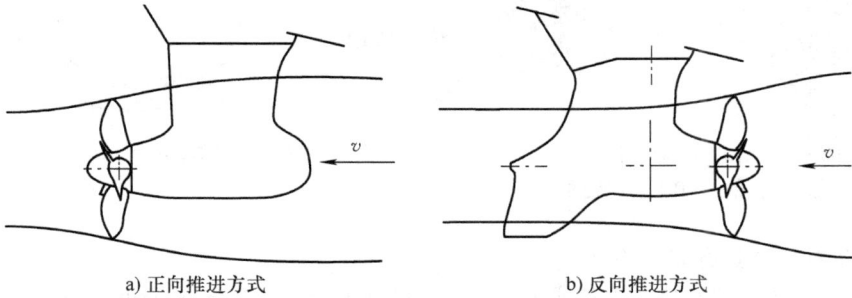

a) 正向推进方式　　　　　　　　　　　　b) 反向推进方式

图 4-5　两种吊舱式推进器工作模式（图片来源：ABB 公司资料）

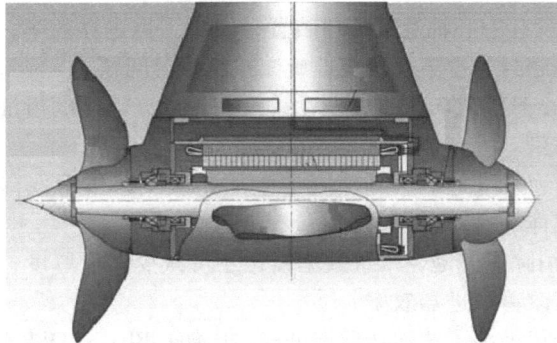

图 4-6　双螺旋桨吊舱式推进器（图片来源：SIEMENS 公司资料）

此外，吊舱式推进器也可以与固定轴推进器对面放置，如图4-7所示为ABB公司的CRP推进器（Contra-Rotating Propulsion，CRP），由固定轴推进器正向旋转，产生推力；反置的吊舱式推进器倒转，产生拉力，共同驱动船舶运动。

4.1.5 轮毂式推进器

最近，一种新的推进器设计方案是将环形同步电动机与导管式推进器组成轮毂式推进器（Rim Driven Thruster，RDT），其结构如图4-8所示。RDT推进器采用环形永磁同步电动机，其转子为圆环形，在环形四周设置永磁材料形成转子磁场，螺旋桨叶片也设计成特殊形状放置在环形转子内侧，在定子绕组通交流电之后，产生旋转磁场，驱动转子按同步速旋转，带动桨叶产生推力。

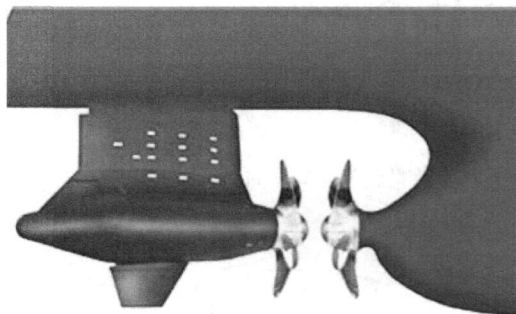

图4-7 正反对置式推进方式
（图片来源：ABB公司资料）

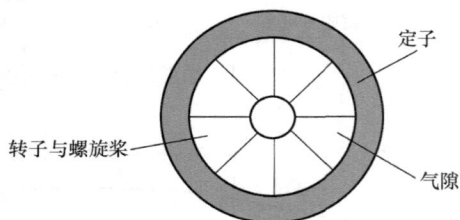

图4-8 RDT推进器的结构

RDT推进器具有如下特点：

1）由于电动机与推进器集成为一体，可设计成全回转吊舱式推进器或导管式推进器，灵活方便地放置在船舶任意部位。

2）采用环形永磁同步电动机，可以通过改变电动机极对数设计电动机转速等级，比如：增加极对数来实现低速直驱，而不需要齿轮箱，电动机效率高。

3）RDT推进器没有中心轴及其支撑装置，提高了推进器效率，降低了推进噪声和振动；而且无须动态密封，也不会出现螺旋桨被缠绕等问题。

4）RDT推进器由悬浮式转子直接驱动，没有轴承，无须润滑油和动态密封，因而减少维修，没有油污染。

5）如果RDT作为主推进器，其喷嘴产生加速或减速作用，有利于增加推力和舵效，同时减少内部流体的噪声和振动。

6）径向螺旋桨消除了气泡，推进效率高；还可减少桨叶厚度，以减少桨叶径向厚度扰动和负载扰动，改善推进器效率。

目前，有一些公司推出了这种新型推进器，比如：BRUNVOLL公司的RDT推进器，如图4-9a所示；VOITH公司开发了碳纤维复合材料桨叶的VIT/VIP推进器，如图4-9b

所示，将环形同步电动机与推进器一体化，无中间轴和轴承，采用海水直接润滑和冷却，无须密封件、润滑和冷却装置。

a) BRUNVOLL公司的RDT推进器   b) VOITH公司的VIT/VIP推进器

图 4-9 典型的 RDT 推进器（图片来源：Brunvoll 和 Voith 公司产品样本）

4.1.6 螺旋桨推进器的运行特性

螺旋桨的推力与转矩特性与螺旋桨的转速、直径、螺距、桨叶的形状、水密度以及船速等因素有关，比较复杂。

（1）螺旋桨的敞水特性

为简单起见，先不考虑船舶因数，假设推进器在无限的静止流体中以速度 v_0 前进，此时螺旋桨的转速为 n_p，其旋转一圈在轴向所前进的距离称为进程 h_p，表示为

$$h_p = \frac{v_0}{n_p} \tag{4-1}$$

定义进程 h_p 与螺旋桨直径 D_p 的比值为螺旋桨的进速系数，即有

$$J_P = \frac{h_p}{D_p} = \frac{v_0}{n_p D_p} \tag{4-2}$$

根据水动力学理论，螺旋桨的推力系数

$$K_{pT} = \frac{T_p}{\rho n_p^2 D_p^4} \tag{4-3}$$

式中 ρ——水的密度；

T_p——螺旋桨的推力。

设螺旋桨的转矩为 Q_p，则转矩系数为

$$K_{pQ} = \frac{Q_p}{\rho n_p^2 D_p^5} \tag{4-4}$$

螺旋桨在静水中的效率为

$$\eta_0 = \frac{v_0 T_p}{2\pi n_p Q_p} = \frac{J_p K_{pT}}{2\pi K_{pQ}} \tag{4-5}$$

可见，对于几何形状一定的螺旋桨，其效率与进速系数、推力系数和转矩系数有关，其特性曲线称为性征曲线，如图 4-10 所示。因为上述分析仅限于单独的螺旋桨，未考虑船体的影响，又称为敞水性征曲线。

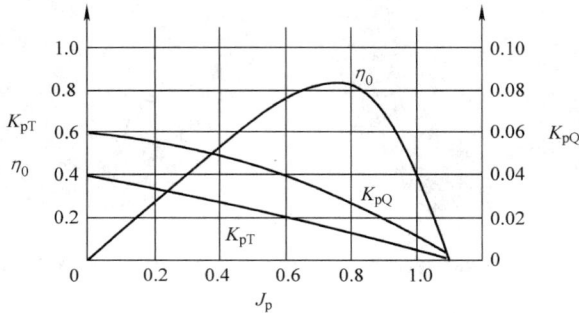

图 4-10　螺旋桨的敞水性征曲线

由于敞水特性仅表示了螺旋桨的水动力性能，其实际性能应考虑船体、流速等因数的影响。不过，图 4-10 所示的螺旋桨敞水特性还是表征了其基本特性，对于推进器的设计和选型提供了基本依据。

例如：对于导管式螺旋桨，除了螺旋桨推力外，还有导管推力 T_N，因此，其推力系数为

$$K_{pT} = \frac{T_p + T_N}{\rho n_p^2 D_p^4} \tag{4-6}$$

由此，根据式（4-5），导管式螺旋桨的效率应有所增加，其敞水性征曲线图形状与图 4-10 相似，但参数有差异，需要通过敞水试验获得。

同理，对于吊舱式推进器，需要考虑螺旋桨与吊舱的相互作用与影响，其推力系数与转矩系数分别为

$$K_{pT} = \frac{\sum T_{x,y,z}}{\rho n_p^2 D_p^4} \tag{4-7a}$$

$$K_{pQ} = \frac{\sum Q_{x,y,z}}{\rho n_p^2 D_p^5} \tag{4-7b}$$

式中　$T_{x,y,z}$——向量，表示在各个方向上力的分量；

$Q_{x,y,z}$——向量，表示在各个方向上转矩的分量；

并用 $\sum$ 表示螺旋桨、吊舱等部分的合成作用。一般来说，吊舱式推进器的推进效率

有所提高，但能否提高与吊舱的形状、流线型、安装等有关。具体数据需要通过敞水试验获得。图4-11给出了一个螺旋桨在不同螺距比P/D_p情况下，敞水试验数据曲线的例子[2]。

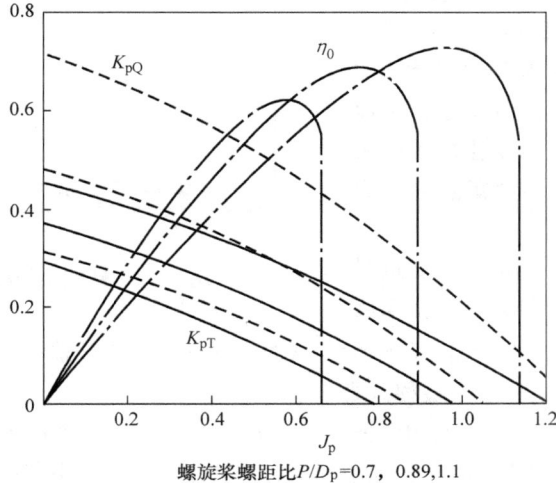

螺旋桨螺距比P/D_p=0.7，0.89,1.1

图4-11　敞水试验数据曲线[2]

对于对转螺旋桨和双反转螺旋桨，因其前后螺旋桨尾流的旋转方向相反，减小了尾流的旋转损失，如果前后桨配合得当，可使尾流中几乎没有周向诱导速度，故可提高螺旋桨效率。

必须指出：式（4-5）给出的推进器的敞水效率仅为螺旋桨在静水中的效率，实际中还需考虑螺旋桨的空泡性能、推进器与船体之间的相互影响，因此，如果考虑船体效率η_H和相对旋转效率η_R，总的推进效率η_D为

$$\eta_D = \eta_0\eta_H\eta_R \tag{4-8}$$

（2）螺旋桨的运行特性

由式（4-4）得螺旋桨的转矩Q_p为

$$Q_p = K_{pQ}\rho n_p^2 D^5 \tag{4-9}$$

当螺旋桨的直径、水密度等参数一定时，即有螺旋桨的转矩Q_p与转速n_p的平方成正比。

此外，随着船速的增加和螺旋桨在水下深度的增加，转速n_p的指数要增加。比如：AUV的推进器阻力矩与其转速的3次方成正比。

螺旋桨的功率P_p与转速n_p的3次方成正比，即有

$$P_p = K_{pp}n_p^3 \tag{4-10}$$

式中　K_{pp}——螺旋桨的功率系数。

根据式（4-9）和（4-10）可以计算出螺旋桨的转矩特性和功率特性，在不同航行

条件下，螺旋桨的特性曲线如图 4-12 所示。图中：曲线①为满载船舶在静水航行状态的螺旋桨特性，又称自由航行特性；曲线②为船舶轻载航行（吃水浅）状态；曲线③为拖拽状态或破冰状态；曲线④为系泊状态；曲线⑤为船舶在碎冰中航行状态；可以看出，随着航行状态的变化，螺旋桨特性也发生变化，其阻力矩随着阻力的增加而增大。

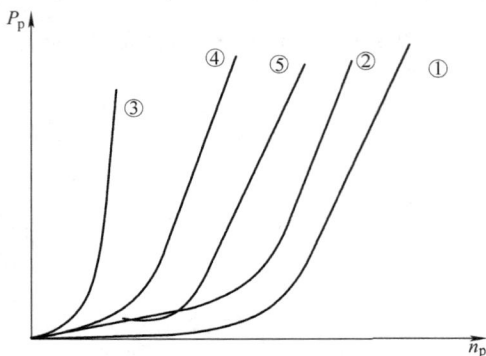

图 4-12　螺旋桨的特性曲线

图 4-12 仅给出了船舶正向前进时的螺旋桨特性。当船舶倒退时，螺旋桨将反向旋转。但是，由于船舶的惯性，从原先的前进变为倒退时，螺旋桨的转矩与转速变化有一个过渡过程。这个过程分为 3 个阶段：

1）停车减速阶段，假设船舶原先以速度 v_F 正向航行时，当接到倒退指令后，停止给推进电动机供电，螺旋桨的转速逐渐降低，在转矩为 0 时，由于船舶惯性，继续向前航行，此时螺旋桨在水流作用下仍然正向旋转，其过程在图 4-13 中的第一象限。

2）制动减速阶段，让推进电动机反转，使螺旋桨产生制动转矩，加快船舶减速，然后使螺旋桨停止旋转，这一过程如图 4-13 中第四象限曲线所示。

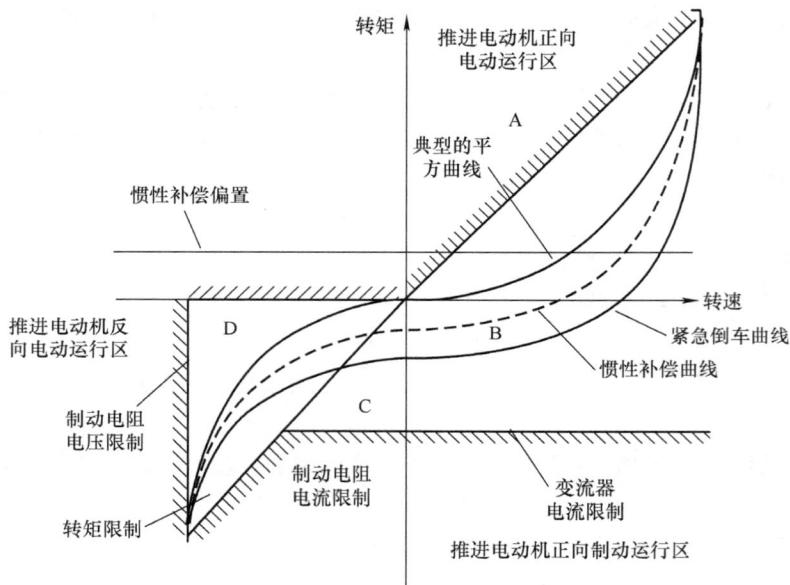

图 4-13　螺旋桨的四象限运行特性[3]

3）反向运行阶段，当船速过 0 以后，由螺旋桨的反向旋转产生转矩，推动船舶倒退运行，其运行特性如图 4-13 中第三象限曲线所示。

螺旋桨的四象限运行特性如图 4-13 所示，该特性曲线又称为罗宾逊曲线[3]。

推进器是电力推进系统的重要组成部分，分析和了解螺旋桨特性可为电力推进船舶的总体设计、船舶电站的容量估算、推进电动机的功率匹配和选型，以及系统控制策略及其实施方案的确定奠定基础。

4.2　电力变压器

变压器在船舶电力系统中普遍用在电力输送环节，其主要目的：电源隔离、电压变换和电能分配等。一般根据需求采用三相变压器或单相变压器，其设计和构造除了需要满足船用技术要求（例如：IEC 标准）外，并无其他特殊性。

4.2.1　变压器的结构与类型

变压器一般分为单相和三相两种类型：

（1）单相变压器。

典型的船用变压器结构如图 4-14 所示，由铁心构成闭合磁路，一次绕组和二次绕组分层绕制，低压线圈（二次绕组）在内层；高压线圈（一次绕组）在外层。一次与二次绕组的电压之比等于其匝数之比，即为变压器的电压比，且有

$$\frac{U_1}{U_2} = \frac{N_1}{N_2} \tag{4-11}$$

如果忽略铁心损耗，变压器两端的功率平衡，其一次绕组电流与二次绕组电流之比等于变压器的电压比的倒数，即

$$\frac{I_1}{I_2} = \frac{N_2}{N_1} \tag{4-12}$$

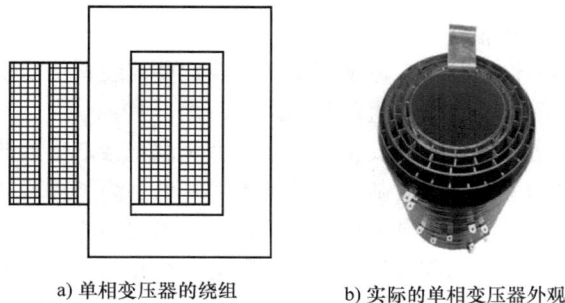

a) 单相变压器的绕组　　　　　b) 实际的单相变压器外观

图 4-14　单相电力变压器结构

（2）三相变压器

三相变压器的结构如图 4-15 所示，其三组一次绕组和二次绕组分别绕制在 3 个铁心上，也是低压线圈（二次绕组）在内层；高压线圈（一次绕组）在外层。可以分别采用不同的连接方式。这样不仅可以改变电压的大小，也可以改变一次绕组与二次绕组之间的相位。

4.2.2 整流变压器

整流变压器是整流器的输入变压器，目前几乎大部分的直流电都是由交流电网通过整流而得到的。通常采用三相变压器给三相桥式或双反星带平衡电抗器的整流电路供电。但这些接线方式的脉波数 m 只能达到 6，而对于大功率整流设备，为了提高功率

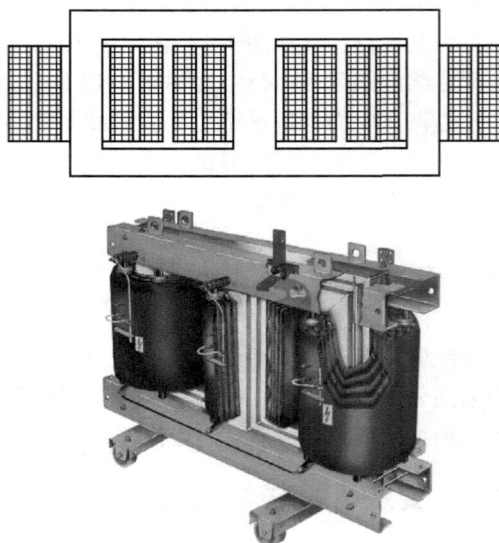

图 4-15　船舶三相电力变压器
结构（图片来源：ABB 公司资料）

因数，减少网侧谐波电流，必须提高整流设备的脉波数，一般可采用多相整流变压器或移相整流变压器的方案。

4.2.2.1 多绕组变压器和多相变压器

多绕组变压器是在同一铁心上绕制多个绕组，通常为一个一次绕组，多个二次绕组，作为电源分配，提供不同的电压给相应的设备。

另外，由于多相电动机越来越多地用于船舶推进，这就相应地需要采用多相变压器，提供多相交流电。目前，在船舶应用的多相变压器大都为 3 的倍数相，比如：6 相、12 相、15 相等。

4.2.2.2 移相整流变压器

移相整流变压器的作用是将交流电网电压变换成整流装置所需的电压，并通过相数和相位角的变换，改善交流侧和直流侧的运行特性。

由于船舶电力推进系统的电源变换器为非线性负载，会产生谐波电流，特别是对于相控整流器，其网侧功率因数也会随调压比增大而降低。为了提高功率因数，减少网侧谐波电流，必须提高整流设备的脉波数。为此，可以采用移相的方法来实现。移相的目的是使整流变压器二次绕组的同名端线电压之间有一个相位移，从而可以提高整流设备的脉波数。移相方式分为：Y/Δ 绕组移相、移相绕组移相和移相自耦变压器移相等 3 种。

（1）Y/Δ 移相的变压器

Y/Δ 移相的变压器又分为二次侧移相和一次侧移相两种：

1）二次侧移相。仅采用一台整流变压器，一次侧有一个联结成 Y 或 D 的三相绕组，二次侧有两个分别联结成 y 和 d 的二次绕组。这两个二次绕组的同名端线电压之间的相位移为 30°。二次侧采用星角联结的两个绕组，可以使整流电路的脉波数提高一倍，如果采用桥式整流电路，则脉波数可达 12。Y/Δ 联结的两个二次绕组的匝数之比，在理论上应为 $1:\sqrt{3}$。这在实际上是很难做到的。当容量较大、二次电压较低时，二次绕组的匝数只有 1~2 匝，要使 Y/Δ 绕组的匝比接近 $1:\sqrt{3}$ 是不可能的。只有在容量较小二次电压较高时，星角绕组的匝比才有可能接近 $1:\sqrt{3}$。

由于 Y/Δ 绕组线电压之间存在差别，必然在两组整流器之间产生环流。为此可采用相控调压的方法（晶闸管相控或自饱和电抗器相控）使两组整流器的输出电压相等，从而消除两组整流器之间的环流。也可以在输出线电压较高的 Y 形或 Δ 形绕组至整流器之间的母线上套装铁心以增加母线电抗，来改善两组整流器之间的电流分配，但这些措施都将降低整流设备的功率因数。

2）一次侧移相。为了克服二次侧移相所存在的缺点，可以采用一次侧移相。一次侧移相需要两台整流变压器并联工作，这两台整流变压器的一次绕组分别联结成 Y 和 D，而二次绕组均联结成 y 或 d。这两台整流变压器二次绕组同名端线电压之间的相位移也是 30°，所以整流的脉波数也提高一倍。

（2）移相绕组移相

对于大功率整流设备来说，脉波数 12 已不能满足要求，必须采用脉波数更大的整流机组。在这种情况下，必须采用移相绕组进行移相。移相绕组设置在整流变压器的一次侧。随着所需脉波数的不同，所需并联工作的整流变压器的台数及各台变压器的移相角度也不同。单台整流变压器脉波数为 6 时，机组脉波数 m 与各台整流变压器移相角度 φ 的组合关系见表 4-1。

表 4-1　脉波数与各台整流变压器移相角度的组合关系

脉波数 m	并联台数	一次绕组移相角度 φ	移相角度种类	最大移相角度
18	3	+20°、0°、-20°	2	20°
24	4	+22.5°、+7.5°、-7.5°、-22.5°	2	22.5°
30	5	+24°、+12°、0°、-12°、-24°	3	24°
36	6	+25°、+15°、+5°、-5°、-15°、-25°	3	25°

一个 18 脉波的移相整流变压器的结构如图 4-16 所示，由 3 个并联的三相变压器组成，其一次侧 3 个绕组各移相 20°，共有 9 个二次绕组，每个二次绕组之间相位相差 40°，共有正负 18 个电压峰值（图 4-16 中用向量表示），整流后产生 18 脉波直流。

一次侧移相绕组与主绕组联结方式有曲折形、六边形和外延三角形 3 种。

上述移相变压器也可采用延边三角形方式。例如：某 6kV 变压器，有 15 个副边，采用延边三角形接法，分为 5 个不同的相位组，互差 12° 电角度，形成 30 脉冲的二极管整流电路结构，所以理论上 29 次以下的谐波都可以消除，输入电流波形接近正弦波，总的谐波电流失真可低于 1%[4]。即使对于每相 3 个功率单元串联的结构（2300V 电压等级），整流电路是 18脉冲结构，输入谐波电流失真也在 3% 以下。

在变压器二次侧分配时，组成同一相位组的每 3 个二次侧，分别给分属于电动机三相的功率单元供电，这样，即使在电动机电流出现不平衡的情况下，也能保证各相位组的电流基本相同，达到理想的谐波抵消效果。这种变压器不加任何谐波滤波器就可以满足供电部门对电压和电流谐波失真的要求。由于采用二极管整流的电压源型结构，电动机所需的无功功率可由滤波电容提供，所以输入功率因数较高，基本可保持在 0.95 以上，不必采用功率因数补偿装置。

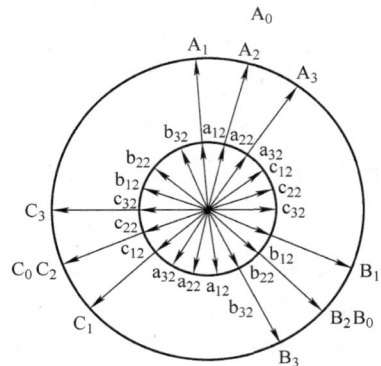

图 4-16 移相变压器的结构

（3）自耦移相变压器移相

在整流变压器一次侧设置移相绕组来移相时，各台整流变压器的结构不完全相同，阻抗也不相同，在各并联变压器之间要产生环流。

整流设备的移相，还可以采用单独的自耦移相变压器来实现。在这种情况下，各台整流变压器的结构就基本相同了，阻抗也完全相同。为了减少有效材料，各台整流变压器的一次绕组可以分别采用 D 和 Y 联结。表 4-2 列出了与机组脉波数 m 相对应的各自耦移相变压器移相角度 φ 及其相配合的整流变压器一次绕组的联结方式。

表 4-2 自耦移相变压器联结方式

脉波数 P	并联台数	整流变压器一次绕组联结方式及其相配合的自耦移相变压器的移相角度	移相角度种类	最大移相角度
18	3	D（+10°）、D（-10°）、Y（0°）或 D（0°）、Y（-10°）、Y（+10°）	2	10°
24	4	D（+7.5°）、D（-7.5°）、Y（+7.5°）、Y（-7.5°）	1	7.5°
30	5	D（+12°）、D（0°）、D（-12°）、Y（+6°）、Y（-6°）	3	12°
36	6	D（+10°）、D（10°）、Y（0°）、D（0°）、Y（10°）、Y（+10°）	2	10°

可以明显看出，整流变压器一次绕组采用星角配合之后，移相自耦变压器的移相角度可以大大降低。

自耦移相变压器移相可以分 3 种形式：叉形联结、六边形联结的自耦移相变压器和自耦调压移相变压器。

4.2.3 变压器的绝缘与冷却

与普通变压器相似，通常可根据需求设计成空气绝缘干式变压器、树脂绝缘变压器或油浸式变压器。

（1）干式变压器

采用空气作为绝缘和冷却的媒介。由于空气的绝缘性较差，作为冷却介质效果也低于液体，因此干式变压器体积大、成本高。但是，其安全性要高于其他形式的变压器，因而广泛应用于室内和船上。

（2）油浸式变压器

采用电气等级的矿物油作为绝缘和冷却媒介。这种变压器虽然在户外电网及电力传输中广泛应用，但在船上很少使用，其原因是一旦发生油溅出事故，易引起火灾。如果采用不可燃的油，则可用于需要防爆的场合。

（3）树脂绝缘变压器

采用树脂或压缩气体，比如：SF$_6$或氮气作为绝缘和冷却介质。由于这类压缩气体比空气具有较好的绝缘性和冷却效果，可以减小变压器的体积，适用于船舱空间小的场合。

变压器的绝缘等级根据其铁心和绕组的冷却方式划分，船用变压器大都采用空气式变压器，应选择绝缘材料的耐热等级能满足允许温升180℃的要求。

表4-3给出了几种变压器的性能比较，如何选用变压器的类型、结构和材料应根据相关规定、环境条件以及用户需求来决定。

表4-3 变压器结构类型与性能[5]

性能特点	干式变压器	油浸式变压器	压缩气体变压器
结构	线圈用漆浸或环氧	浸泡在矿物油	压缩的SF$_6$或氮气
火灾风险	低	高	低
冷却方式	自然空气冷却或风扇强迫冷却	内部油循环热交换，外部空冷或强迫空冷	内部压缩气体循环热交换，外部空冷或强迫空冷
平均温升（>40℃）	80～150℃	55℃	80～150℃
体积和重量	大	小	中
价格	高	低	高
安装应用	室内接近负载	室外	城市变电站

4.2.4 变压器的容量选择

变压器的容量用视在功率 S 表示，定义为：变压器的电压与电流的乘积，单位为VA或kVA。对于单相变压器，其额定容量表示为

$$S_N = U_{2N}I_{2N} = U_{1N}I_{1N} \tag{4-13}$$

式中 U_{2N}——一次绕组的额定电压；

I_{1N}——一次绕组的额定电流；

U_{2N}——二次绕组的额定电压；

I_{2N}——二次绕组的额定电流。

对于三相变压器，其额定容量表示为

$$S_N = \sqrt{3}U_{2N}I_{2N} = \sqrt{3}U_{1N}I_{1N} \tag{4-14}$$

其中，电压和电流均为三相绕组的线电压和线电流的额定值。

变压器容量的选择应遵循如下规则：

1）根据给定的负载情况计算峰值负载。对于若干小负载间断工作，需按照 NEC 负载系数计算负载；对于大负载，需单独按其运行时间计算负载。

2）由于船舶电力推进系统的谐波会引起变压器的附加谐波发热，因此需要考虑对其负载系数进行校正。

3）对于未来负载的增长，需考虑留有一定的容量裕度。例如：通常对于配电变压器，一般考虑留有 30% 的负载裕量。

此外，变压器的容量、电压和频率还必须满足 IEEE – C57.12.01 标准，其短路时的机械和发热应满足 IEEE – 45.12.01 标准，以及各国的相应标准。

4.2.5 变压器的接法

三相变压器的三相绕组可采用三角形接法（Δ 型线圈绕组，又称为 D 型绕组）或星型接法（Y 型线圈绕组），其一次绕组和二次绕组可以分别采用不同的连接方式。这样不仅可以改变电压的大小，也可以改变一次绕组与二次绕组之间的相位。图 4-17 给出了几种典型的三相变压器连接方式。

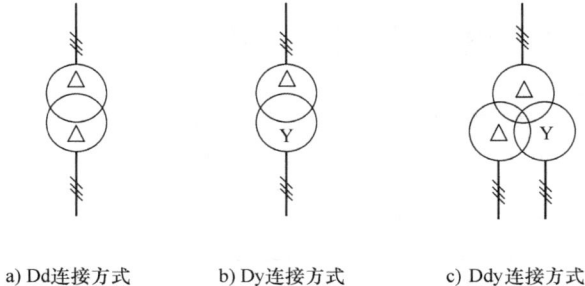

a) Dd连接方式　　　　b) Dy连接方式　　　　c) Ddy连接方式

图 4-17　典型的三相变压器的连接方式

（1）配电变压器的连接

在船舶电力系统中，一般用于配电的三相变压器都采用 Δ/Δ 型接法，即其一次和二次绕组都连接成三角形，如图 4-17a 所示，称为 Dd 型变压器。这种接法的优点是：一次侧和二次侧都无须中线，两端都不受一次性短路电流的影响；电压传输没有相位差；特别是变压器两端的零序电流和三次谐波电流，因其三相之间无相位差，比如：三次谐波电流为 3 ×120° = 360° = 0°，仅在 Δ 型连接电路中流通，而不会出现在变压器一次和二次线路中。

（2）变流变压器的连接

在电力推进系统中，变压器的功能除了通常的电源隔离和电压匹配外，还大量用于电力推进装置中作为电源变换器的输入变压器，除了满足一般电源变压器的要求外，相位偏移是其重要的应用要求。

由于现代船舶电力推进系统的电动机调速主要是利用电源变换器改变电压或频率来实现的，其电力电子器件的换流作用，使网侧电流谐波注入可以通过变压器的一次线圈与二次线圈的相位偏移来减少。一般设计三相变压器的一次侧为 Δ 型绕组，二次侧为 Y 型绕组，如图 4-17b 所示，称为 Dy 型变压器。因一次绕组与二次绕组的相位相差 30°，可消除由变频电源产生的 3 次谐波注入电网。

如果需要设计变压器有多个二次绕组，通过不同绕组串联和并联产生相应的相位偏移，使多个整流器的输出可以叠加，以改善输出波形。图 4-17c 给出了一种典型的船用变流变压器设计结构，由一组三相一次绕组，两组三相二次绕组构成，其一次绕组可采用 Δ 型绕组，两组二次绕组分别采用 Δ 型绕组和 Y 型绕组。因两组二次绕组的输出电压之间有 30° 相位差，因此其分别供电的整流电路输出的波形也相差 30°。

对于 Dyd 联结的两个二次绕组的匝数之比，在理论上应为 $1:\sqrt{3}$。在实际上却受其变压比的限制，如果其线电压有差，还会产生环流。为了克服二次侧移相的缺点，可以采用一次侧移相。即用两台整流变压器并联工作，其一次绕组分别联结成 Y 和 D，而二次绕组均联结成 y 或 d。因这两台整流变压器二次绕组同名端线电压之间的相位移也是 30°，所以整机的脉波数也提高一倍。电压相位偏移也可采用 Z 型绕组连接来实现，通过改变 Z 型绕组分段线圈的匝数来调节其相位偏移的角度。

在变压器的一次绕组与二次绕组之间应采取接地屏蔽措施，比如：采用 Dyn 变压器，还可对高频射频干扰产生阻尼效应，具有较好的电磁兼容（EMI）性。

船舶变压器的设计应遵循 IEC 和 IEEE 相关标准的要求，其材料选择和制造工艺应满足船舶电气的相关规范。

4.3　船舶推进电动机

电动机是船舶的主要负载之一，大量用于各种泵、通风机、起货机、锚机、搅缆机、舵机等设备的驱动。本节主要介绍船舶推进电动机。

4.3.1　船舶推进电动机的一般分类

船舶推进电动机主要是指直接或经齿轮传动机构为船舶提供主推进动力的电动机或侧推及动力定位用的推进电动机，目前常用的推进电动机分为直流电动机与交流电动机两大类。

1）直流电动机调速和控制性能良好，通常用于破冰船、拖船、渡船、考察船等机动性要求较高的船舶电力推进。直流电动机的主要缺点是换向器和电刷的结构，除噪声外，运行时所形成的机械摩擦严重影响了电动机的精度和可靠性，因摩擦而产生的火花还会引起无线电干扰，需要经常维护。这种机械换向还限制了直流电动机的极限功率，当容量较大时电动机的体积很庞大，并且电刷也容易出故障，其输出功率一般不超过4MW。所以，直流电力推进只能局限在较小的舰船，对中型以上的船舶则不适用。

2）交流电动机结构简单，但调速性能稍差，可用于大型客船、补给船和潜艇等电力推进系统。随着电力电子技术、计算机技术和控制技术的发展，新型交流电动机已具备很好的调速性能，在船舶电力推进系统中得到了广泛的应用。表4-4列出了当前交流调速与直流调速的技术性能比较。

表4-4　交流调速与直流调速的技术性能比较

	直流调速	交流调速
电动机电压/V	1200	1500～6000
功率因数	0.7	0.6～1.0
变换器效率	0.98	0.96～0.97
调速范围（%）	0.1～100	0～100
调速精度（%）	±0.01	±0.01
速度响应/（rad/s）	15～30	40～100

交流推进电动机又可分为异步电动机和同步电动机推进两种形式。同步电动机与异步电动机各有其特点，对于大功率交流调速系统，世界各国已基本趋向于同步电动机。从同步电动机与异步电动机在以下几个方面的比较，可见其端倪：

1）可靠性与维护量。异步电动机的转子结构非常简单，它没有集电环和励磁绕组，因此，对于笼形异步电动机的维护只限于轴承。而同步电动机则在其集电环上有少量的维护量，但与直流电动机换向器相比，它的维护量要少得多。现代同步电动机电刷的寿命在1.5万h左右。尤其是近年来轧机主传动普遍采用隐极式同步电动机，其转子坚固性与笼型异步电动机相近。因此，同步电动机的维护量与异步电动机基本相同。

2）功率因数。同步电动机由于独立的转子励磁调节控制，可使其定子功率因数保持为1，即 $\cos\varphi=1$。而异步电动机则完全不同，电动机的励磁功率必须通过定子侧获得，因此，定子电流始终是滞后的，其功率因数一般在0.8左右。为了改善电动机的功率因数，可以降低电动机的磁通密度，但要受到电动机材料设计的限制；另一种提高功率因数的方法是降低漏抗，但这样又增加了电流的谐波，因而又会进一步恶化功率因数。显然，异步电动机功率因数低是一个很难克服的缺陷。

3）变频器容量。由于异步电动机的励磁能量是从定子侧供给的，同时异步电动机功率因数低于同步电动机，视在功率高于同步电动机，故异步电动机变频调速时变换器容量比同步电动机大30%左右。

4）电动机尺寸和转动惯量。由于异步电动机的定子电流由磁化电流和有功电流两部分组成，定子方必须具有较大的视在功率。为了提高其功率因数，异步电动机尽可能将电动机气隙减少，但减少气隙有电动机制造工艺的限度，而细长结构的挠度也限制了气隙的减少，使大功率变频调速异步电动机的设计和制造更加困难。所以，异步电动机的定、转子铁心常常设计成较大的直径，电动机结构粗短。而同步电动机励磁由转子提供，其气隙可以较大，制造相对容易。同步电动机可以设计成细长结构，由体积计算的基本关系式 D^2L（直径平方与长度的乘积）可知，同步电动机的体积要比异步电动机小得多，转动惯量也要小很多。

5）控制精度。在异步电动机的磁场定向控制系统中，磁通控制取决于转子电阻参数，而该电阻随温度变化。为了消除这一影响，必须进行转子参数辨识控制，该课题一直是国内外学者科研攻关的难题。而同步电动机励磁电流是单独控制的，电动机磁通不随温度变化，故转矩控制精度高。

表 4-5 列出了 6MW 同步电动机与异步电动机有关数据的比较。

表 4-5　同步电动机与异步电动机的比较

	异步电动机	同步电动机
转速范围/(r/min)	60～120	60～120
功率因数	0.89	1.0
额定效率	0.939	0.955
相对转动惯量（%）	134	100
相对定子重量（%）	116	100
相对转子重量（%）	109	100
磁通变化时间常数/ms	3.05	0.355
相对变频器容量（%）	354	258
相对励磁功率	0	10
电网输入功率因数	0.67	0.85

4.3.2　推进电动机的基本结构与原理

除必须满足船舶环境条件要求外，推进电动机的基本结构和工作原理与一般电动机相同。

4.3.2.1　交流同步电动机

交流同步电动机的基本结构已在第 3 章作为发电动机有所介绍，同步发电机也可以用作电动机。同步电动机的转子一般做成凸极式，如图 4-18 所示。

在磁极上装有励磁绕组，其中通入直流电流，使磁极产生极性。另外，为了能够自起动，在转子磁极的极靴上还应装设起动绕组。

（1）工作原理与基本方程

电动运行的工作原理与发电运行相反，

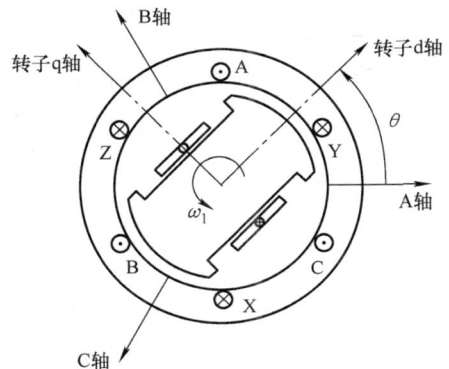

图 4-18　同步电动机的基本结构

三相同步电动机的定子绕组接三相交流电源后，定、转子之间的气隙中将产生圆形旋转磁场，该磁场与转子励磁绕组所产生的恒定磁场相互作用，产生与旋转磁场同方向的电磁转矩 T_e，并带动转子沿旋转磁场的方向旋转，最后达到稳定运行的状态，此时转子转速 n 与旋转磁场的转速 n_s 相等，即有

$$n = n_s = \frac{60 f_s}{N_p} \tag{4-15}$$

式中　f_s——同步电动机三相定子输入电源的频率；

　　　N_p——磁极对数。

根据电磁转矩由定子与转子合成磁动势产生的原理，可推导出电磁转矩的通用公式[6]

$$T_e = \frac{\pi}{2} N_p^2 \Phi_{sr} F_s \sin \varphi_s \tag{4-16}$$

或：

$$T_e = \frac{\pi}{2} N_p^2 \Phi_{sr} F_r \sin \varphi_r \tag{4-17}$$

式中　Φ_{sr}——气隙每极合成磁通；

　　F_s、F_r——定子和转子磁动势幅值；

　　φ_s、φ_r——定子和转子磁动势与合成磁动势之间的夹角。

假定气隙每极磁通按正弦分布，即

$$\Phi = \Phi_m \sin \omega_s t \tag{4-18}$$

若定子每相绕组的匝数为 N_s，并考虑其绕组因数的修正系数为 k_{ws}，则有

$$F_s = \frac{\sqrt{2}}{\pi} \cdot \frac{3 N_s k_{ws}}{N_p} I_s \tag{4-19}$$

代入式（4-16）可得同步电动机的电磁转矩公式

$$T_e = C_T \Phi_m I_s \sin \varphi_s \tag{4-20}$$

式中　C_T——同步电动机的转矩系数，$C_T = \frac{3}{\sqrt{2}} N_p N_s k_{ws}$；

　　　I_s——定子电流的有效值。

其主磁通在定子绕组中产生的感应电动势为

$$e_s = - N_s k_{ws} \frac{\mathrm{d} \Phi}{\mathrm{d} t} = - \omega_s N_s k_{ws} \Phi_m \cos \omega_s t \tag{4-21}$$

其有效值为

$$E_s = \frac{\omega_s N_s k_{ws} \Phi_m}{\sqrt{2}} = \frac{2 \pi f_s N_s k_{ws} \Phi_m}{\sqrt{2}} = 4.44 f_s N_s k_{ws} \Phi_m \tag{4-22}$$

（2）调速方式

由式（4-15）可见，同步电动机的转速与其电源频率成正比，变频调速是其唯一的改变转速的办法。同步电动机在变频调速控制系统上可分为两大类：

1）他控式变频调速系统。如图 4-19a 所示，系统中所用的变频装置是独立的，其

输出频率直接由转速给定信号决定，属于转速开环控制系统。

2）自控式变频调速系统。如图4-19b所示，主要由电动机、变频器、转子位置检测器及控制装置构成，属于转速闭环控制系统。其变频电源的频率不是独立调节的，而是受控于位置传感器的检测信号，其频率始终与转子转速保持同步，故不存在振荡和失步问题，目前应用较多。

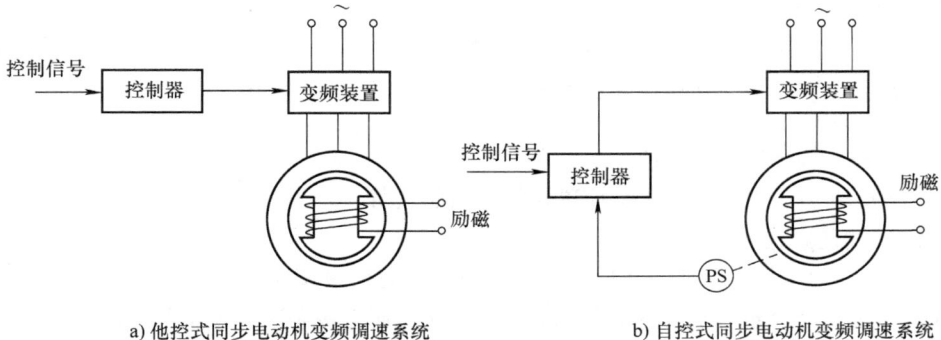

a) 他控式同步电动机变频调速系统   b) 自控式同步电动机变频调速系统

图 4-19　自控式变频调速系统

自控式同步电动机用于船舶电力推进，具有如下优越性：

1）体积小、重量轻、比功率高。

2）低速转矩大，推进效率高。

3）调速范围宽，航行机动性好。

4）振动和噪声小，能满足特定船舶的隐蔽性要求。

5）可维护性好，使用寿命长。

4.3.2.2　交流异步电动机

交流异步电动机（又称感应电动机）的定子结构与同步电动机相同，其转子结构型式有绕线型与笼型两种绕组。笼型转子异步电动机的转子采用直接闭合的多相短路绕组，不需要电源供电，因而结构简单，坚固耐用，运行可靠。

（1）工作原理与基本公式

三相异步电动机的三相交流绕组对称，当通入对称的三相交流电流时，在定、转子间的气隙中就会产生圆形旋转磁场，并在自行闭合的转子绕组中产生感应电动势 e_r 和感应电流 i_r。转子感应电流 i_r 在旋转磁场的作用下产生电磁转矩 T_e，从而带动转子沿旋转磁场的方向旋转。只要转子的转速 n 低于旋转磁场的同步转速 n_s，转子绕组与旋转磁场之间就会有相对运动，从而使转子连续旋转并稳定运行。

异步电动机稳定运行时转子转速 n 为

$$n = \frac{60f_s}{N_p}(1 - s) \qquad (4\text{-}23)$$

式中　s——转差率，表示同步转速 n_s 和转子转速 n 两者之差与同步转速 n_s 的比值，即

$$s = \frac{n_s - n}{n_s} \tag{4-24}$$

因转速 n 总是与旋转磁场的同步转速不相等，"异步"的名称由此而来。另外因为异步电动机是由电磁感应而产生电磁转矩的，所以异步电动机又称为感应电动机。

假定异步电动机的气隙磁通按正弦分布，根据电动机的电磁关系，可以推出其电磁转矩的物理表达式

$$T_e = C_T \Phi_m I_r \cos\theta_r \tag{4-25}$$

式中　C_T——异步电动机的电磁转矩系数，$C_T = \frac{3}{\sqrt{2}} p_n N_r k_{wr}$ ；

$\quad\quad I_r$——转子电流的幅值；

$\quad\quad \theta_r$——转子电流与转子感应磁动势之间的夹角。

（2）调速方式

根据式（4-23），笼型异步电动机的调速方式有变极调速、变频调速和调压调速等方式。由于变极调速需要改变电动机的极对数 p_n，属有级调速，调压调速是一种改变转差率 s 的调速方式，调速范围窄且转子转差损耗大，因此，变频调速是现代笼型异步电动机的主流调速方式。目前，变频调速异步电动机已广泛应用于各种新型船舶电力推进系统。

4.3.2.3　直流电动机

直流电动机可以看作是一种双电枢绕组的同步电动机，其基本结构如图4-20所示，在定子和转子上各有电枢绕组，分别通以直流电流。

（1）工作原理与基本方程

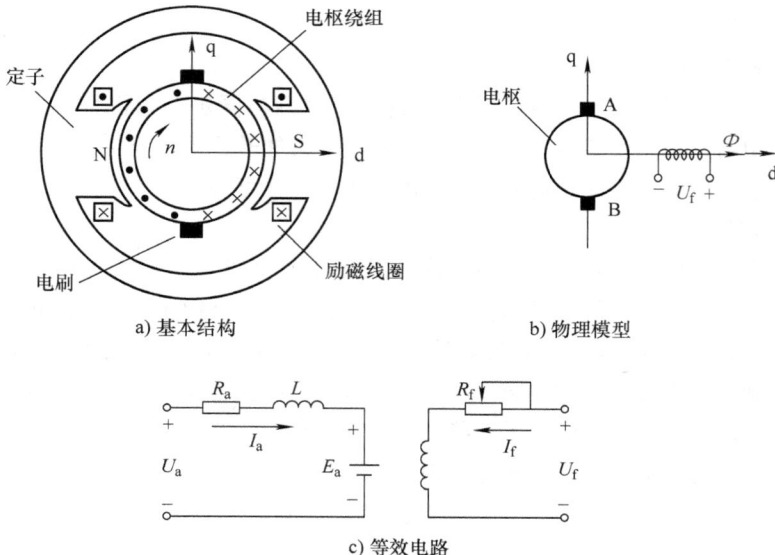

a) 基本结构　　　　　　　　　　　b) 物理模型

c) 等效电路

图 4-20　直流电动机的基本结构与模型

他励直流电动机的定子为励磁绕组，通入直流电流后产生直轴（d 轴）方向的主极磁通 Φ。交轴（q 轴）方向上的一对电刷将电枢线圈分为左右两部分，电枢线圈按照一定的联接方式组成电枢绕组。当直流电源通过电刷和换向器向电枢绕组供电时，电枢表面的左半部分导体（即 N 极下）可以流过相同方向的电流，根据左手定则导体将受到顺时针方向的力矩作用；电枢表面的右半部分导体（即 S 极下）也流过相同方向的电流，同样根据左手定则导体也将受到顺时针方向的力矩作用。这样，整个电枢绕组即转子将按顺时针旋转，输入的直流电能就转换成转子轴上输出的机械能。

他励直流电动机的励磁线圈采用单独电源供电，一般保持主磁通 Φ 不变，如果转子电枢电源电压为 U_a，根据图 4-20c，其电枢回路的电压平衡方程为

$$U_a = E_a + R_a I_a \tag{4-26}$$

式中　R_a——包括电枢绕组电阻和电刷接触电阻在内的电枢回路总电阻；

　　　E_a——电枢绕组的感应电动势，其方向与电枢电压 U_a 相反，大小与转速成正比，即

$$E_a = C_e \Phi n \tag{4-27}$$

式中　C_e——电动势常数。

由式（4-24）和式（4-25），可推导出他励直流电动机的转速方程

$$n = \frac{U_a - R_a I_a}{C_e \Phi} \tag{4-28}$$

当直流电动机稳态运行时，如果忽略电枢反应的影响，主磁通 Φ 保持不变，直流电动机的电磁转矩为

$$T_e = C_T \Phi I_a \tag{4-29}$$

式中　C_T——转矩常数。

（2）调速方式

根据式（4-28），直流电动机的调速方式有：调压调速、弱磁调速和变阻调速 3 种。其中：变阻调速需要在转子电枢回路串接电阻，其调速特性软，且转子损耗高，已不再使用；弱磁调速通过减小磁通 Φ 使转速 n 升高，其调速范围小，通常用于配合控制。因此，目前直流电动机主要采用调压调速。

4.3.3　永磁电动机

船舶推进螺旋桨的特性决定了推进轴的转速在 200r/min 以下，并且要求推进电动机具有低速大转矩的特点。以往主要采用异步电动机 + 减速机的驱动模式，一方面，由于减速机齿轮等机械原因会降低系统的整体驱动效率；另一方面，由于减速机的存在使驱动系统的整体体积较大，或者说系统的传输功率密度较低。显然，这种间接驱动的模式已经无法适应现代驱动控制系统的要求。

同步电动机用于船舶低速传动，可以和螺旋桨直接相连，不需要减速齿轮箱等传动机构，因此非常适合作为船用推进电动机。然而，常规的同步电动机的转子需要设置励磁绕组及直流励磁电源，为实现免维护，一般采用无刷励磁方式，这就需要安装大量的

旋转励磁系统部件，从而增加体积和重量，特别是吊舱式推进器受到空间限制。

直流电动机面临同样的问题，限制了其电压提升和功率增加。

随着稀土永磁材料的发展，永磁电动机的研发工作得到了世界各国的广泛重视。这种电动机可直接驱动负载运行，不需要机械减速机构，使得驱动系统的机械结构变得非常简单，同时也就没有了相应的机械损耗，可以提高系统的机械效率。此外，永磁电动机无须再由直流电源提供励磁电流，不仅无励磁损耗以及与集电环、电刷有关的损耗，而且系统的可靠性也大为提高。

目前，永磁电动机主要有：永磁同步电动机、无刷直流电动机等。

4.3.3.1 永磁电动机的基本结构与原理

永磁电动机是采用永磁材料作为部分结构的电动机，其技术关键在于：永磁材料、电动机构造与性能优化等。

（1）永磁材料与特性

具有永久磁性的材料称为永磁体。永磁体的磁通密度有两部分组成，一部分是固有磁性，其产生的磁通密度称为内禀磁通密度 B_i；另一部分是由其自身的磁场强度产生的励磁分量 B_h，由此，永磁体的磁通密度为

$$B_m = B_i + B_h \tag{4-30}$$

由于其励磁分量 B_h 正比于磁场强度 H，即有

$$B_h = \mu_0 H \tag{4-31}$$

代入式（4-30），永磁体的磁通密度为

$$B_m = B_i + \mu_0 H \tag{4-32}$$

式（4-32）说明，通过改变外加磁场强度 H，可以改变永磁体的磁通密度。这可用来使永磁体退磁，典型的退磁曲线如图 4-21 所示[7]。

由图 4-21 可知，永磁体内禀磁通密度 B_i 在第二象限是常值，表示其能保持永久磁性。但是如果外加反向的励磁磁场，可以使其退磁，由此可写出永磁体的磁通密度一般表达式

$$B_m = B_r + \mu_0 \mu_{rm} H \tag{4-33}$$

式中 μ_{rm}——永磁材料的相对磁导率；

B_r——剩余磁通密度。

图 4-21 典型的永磁体退磁曲线[7]

人们在稀土材料，比如：钴、铁、镍中发现了维持永久磁性的能力，又通过金属合成，比如：铝镍钴、钐钴、钕铁硼等制成了永磁材料，用于电动机。

（2）永磁电动机的基本结构

永磁同步电动机转子永磁体的结构和布置形式灵活多样，按照气隙磁通的不同方向，适用于船舶电力推进的低速直驱永磁同步电动机可分为 3 类：径向磁通永磁电动

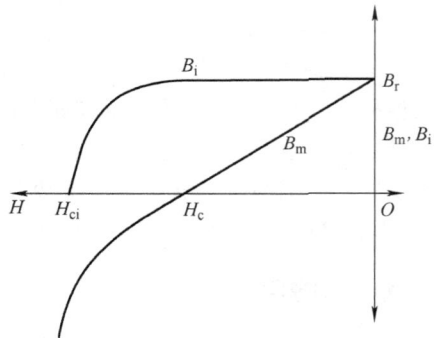

机、轴向磁通永磁电动机和横
向磁通永磁电动机。

1）径向磁通永磁同步电
动机（RFPM synchronous ma-
chine）。通常，永磁同步电动
机大都采用径向磁通结构，如
图 4-22 所示，在定子或转子侧
设置永磁体来代替电励磁绕组。
根据转子与定子的相对位置，

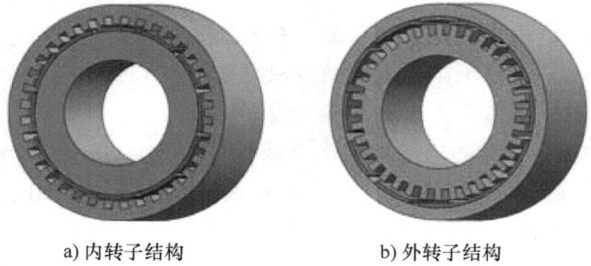

a) 内转子结构   b) 外转子结构

图 4-22　径向磁通永磁同步电动机基本结构[8]

又可划分为内转子式和外转子式[8]。图 4-22a 为内转子结构，其转子为圆柱形，外贴永
磁体，在定子侧开槽放置线圈绕组；图 4-22b 为外转子结构，转子侧开槽，在定子内侧
放置永磁体。一般以内转子结构较为常见。

按照永磁体布置方式的不同，主要分为表面式和内嵌式两种[8]，如图 4-23 所示。
内嵌式结构将永磁体埋在转子中，如图 4-23a 所示，每极磁通由两块永磁体联合提供，
可产生较大的气隙磁密；表面式结构是将永磁体贴在转子表面，如图 4-23b 所示，极间
漏磁较少，可采用导磁转轴，不需要隔磁衬套，因而转子零件较少，工艺也较简单，但
须解决永磁体的粘贴问题。

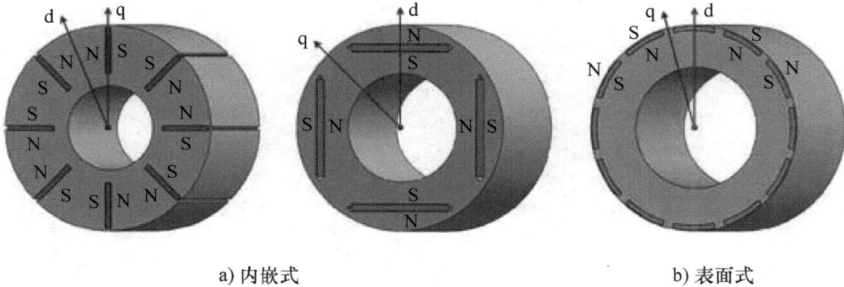

a) 内嵌式   b) 表面式

图 4-23　永磁体的布置方式[8]

永磁体的相对磁导率 μ_{rm} 与空气的相对磁导率相近（≈ 1），所以，表面式永磁同步
电动机的工作原理与隐极式同步电动机相似，而内嵌式永磁同步电动机的工作原理与凸
极式同步电动机相似。

径向磁通永磁推进电动机的代表是德国 Siemens 公司研制的 PERMASYN 永磁推进电
动机，这是世界上第一台成功应用于常规潜艇推进系统的新型高功率密度电动机，其输
出功率等级从 1.7～5MW 不等，可以适应各类常规潜艇的具体要求。PERMASYN 永磁
推进电动机的主要特点是：

① 体积小，重量轻，比功率高；

② 效率高，特别在部分负载范围内；

③ 转速级别低，调速范围宽，运行全过程可任意调速；

④ 由于有冗余和降级，有效利用率高；

⑤ 电磁噪声、机械噪声和空气噪声水平低；

⑥ 漏磁少，电磁兼容性能好。

2）轴向磁通永磁同步电动机（AFPM synchronous machine）。轴向磁通永磁同步电动机由于外形扁平，又称为盘式永磁电动机，其轴向尺寸较短，气隙呈平面形，特别适用于安装空间有严格限制的场合。实际上，1831 年法拉第发明的世界上第一台电动机便是轴向磁通电动机（又称盘式电动机）。然而，局限于当时的材料与技术水平，以及该类型电动机本身存在的缺点，使得轴向磁通电动机的发展远远落后于径向磁通电动机。

近年来，由于高磁能积材料的出现以及轴向磁通电动机的盘式形状，该类型电动机又重新受到了重视。根据电动机定子与转子的数量、相对位置的不同，轴向磁通电动机可以被设计成很多种不同的结构，如图 4-24 所示。图 4-24a 是最简单的单转单定结构，不难看出，可以通过增大转子的尺寸来提高永磁体的极对数，这样的设计结构非常适用于低速的应用设备；图 4-24 b 是外转子的双层结构，又称为"TORUS"结构[9]；而图 4-24c 是内转子的双层结构。A. Parviainen[14] 就曾介绍和对比了不同结构的 AFPM 电动机。

a) 单转单定结构   b) 外转子双层结构   c) 内转子双层结构

图 4-24　3 种常见的轴向磁通永磁电动机结构[9]

AFPM 电动机具有诸多优点，由于盘式的特殊形状，AFPM 电动机适用于在轴向长度上有特殊要求与限制的装置上。不仅如此，AFPM 电动机可以设计成多层的结构，从而非常简单地就能实现输出功率的增大，获得更高的转矩。与 RFPM 电动机相比，AFPM 电动机具有更高的转矩密度，电动机半径与长度的比值更大等特点[13,15]。但是，由于 AFPM 电动机的轴向长度较短、半径与长度的比值较大，所以电动机表面的机械强度较差，容易发生扭曲变形，在电动机设计阶段需要充分考虑电机在机械强度方面的限制。

1990 年，美国的 Kaman 公司与 Newport News 船厂共同研制了 18MW 的轴向磁通永磁推进电动机，该电动机采用双定子和单转子的结构，中间转子结构可使电动机获得最小的转动惯量，而双气隙可使电动机获得较优的散热条件。每个定子上有多个线圈，每个线圈由单独的逆变器供电。转子上设置钕铁硼永磁体，磁场方向为轴向。环形转子由径向轴承和推力轴承支撑，并在转子的中空部分安装减振联轴器，使电动机结构紧凑。定子采用水冷方式，转子通过轴承润滑油冷却。逆变器放在电动机外部两侧的控制柜中。两个定子相互错开一定的角度，以避免起动死区，并减小电磁转矩的脉动。

轴向磁通永磁推进电动机的主要特点是：

① 轴向尺寸短，可适用于安装空间较小的场合，并且冷却方便。

② 转动部分只有中间永磁体，转动惯量小，具有快速的响应能力，可以用于频繁起、制动和正、反转的场合。

③ 定子绕组两端面直接与气隙接触，有利于绕组的散热，并可取较大的电磁负载，减小电动机的体积。

④ 定、转子间的气隙较大，电枢反应较小，对永磁体的去磁作用较小。

⑤ 定子采用环形铁心结构，可大大提高硅钢片的利用率。

⑥ 定子可采用无槽铁心结构，消除因齿槽效应而产生的转矩脉动和转速波动，并消除因磁通脉振而引起的损耗和噪声。

（3）永磁同步电动机的工作原理

永磁同步电动机目前通常采用径向磁通结构，其定子与普通的电励磁同步电动机的定子相同，定子铁心通常由带有齿和槽的冲片叠成，在槽中嵌入交流绕组，在转子表面或内部嵌入永磁体来代替直流励磁绕组。因此，永磁同步电动机的工作原理与普通同步电动机相似，当交流电流通入交流绕组时，在气隙中产生圆形旋转磁场，带动转子同步旋转，并产生电磁转矩驱动负载运行。

由于永磁电动机的转子磁通是由永磁体产生，因此，电动机的主要参数将取决于永磁体的结构和参数。图 4-25 给出了表贴式永磁同步电动机的永磁体结构与磁通密度的关系[7]。

如图 4-25 所示，如果永磁体的宽度（又称极弧）为 2β，其产生的磁通密度是一个幅值为 $\pm B_m$ 的交替方波。经傅里叶分解，可以得到其基波分量的幅值为

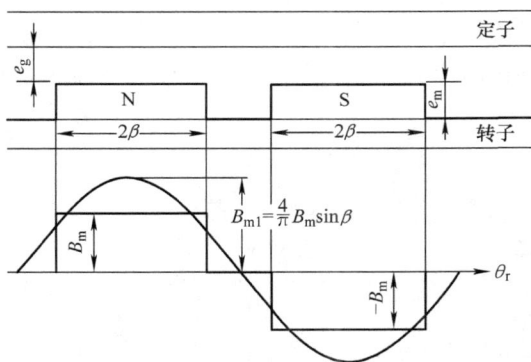

图 4-25 永磁体的气隙磁通密度[7]

$$B_{m1} = \frac{4}{\pi} B_m \sin \beta \qquad (4-34)$$

假设电动机的主磁通由永磁体产生，则其正弦基波分量的幅值为

$$\Phi_{m1} = \frac{B_{m1} D l}{N_p} \qquad (4-35)$$

式中　D——定子叠片的内径；

l——定子叠片的有效长度。

将式（4-35）和式（4-34）代入式（4-22），永磁电动机的感应电动势的有效值为

$$E_s = \frac{\omega_s N_s k_{ws} \Phi_{m1}}{\sqrt{2}} = \frac{2\sqrt{2}}{\pi} N_s k_{ws} DlB_m \omega_m \sin \beta \tag{4-36}$$

为简化起见，假设定子磁动势为正弦波，则其幅值为

$$F_s = \frac{3}{2} \cdot \frac{N_s k_{ws}}{2N_p} I_{sm} \tag{4-37}$$

式中　I_{sm}——定子电流幅值。

并考虑气隙磁通主要由永磁体产生，将式（4-35）和式（4-37）代入式（4-16），可得永磁电动机的电磁转矩为

$$T_e = \frac{\pi}{2} N_p^2 \Phi_{sr} F_s \sin \varphi_s = \frac{\pi}{2} N_p^2 \frac{4Dl}{\pi N_p} B_m \sin \beta \frac{3N_s k_{ws}}{4N_p} I_{sm} \sin \varphi_s$$

即

$$T_e = \frac{3}{2} N_s k_{ws} DlB_m \sin \beta_m I_{sm} \sin \varphi_s \tag{4-38}$$

按照气隙磁通和感应电动势的波形，径向磁通永磁同步电动机又可分为正弦波永磁电动机和梯形波永磁电动机（又称为方波永磁电动机或无刷直流电动机）。

永磁同步电动机由于不需要设置转子励磁绕组，其结构简单，体积和功率密度提高，特别是永磁体的布置灵活，方便构造多磁极电动机，从而可采用低速永磁同步电动机直接驱动螺旋桨。

4.3.3.2　永磁同步电动机

如果定子采用分布绕组结构，由对称正弦波电源供电，产生旋转磁场，永磁体的布置及磁化方式按平行预充磁进行，可使其气隙磁通按正弦分布。如图4-26所示，永磁电动机的转子永磁体按平行充磁方式，获得正弦的气隙磁通密度[7]。

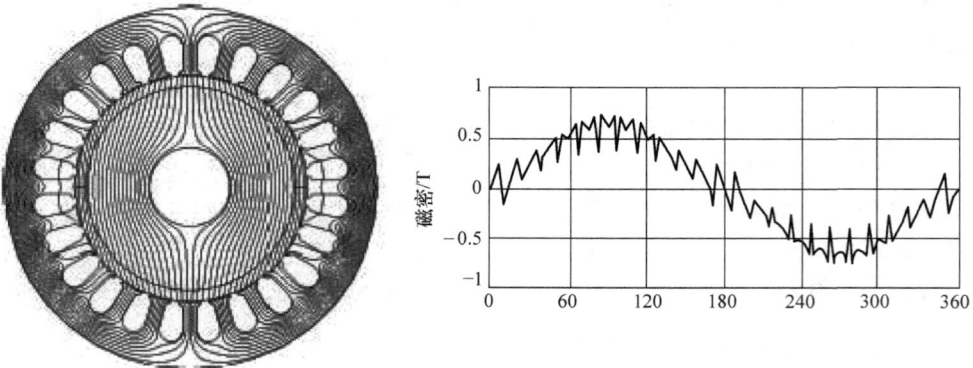

图4-26　平行充磁的永磁电动机的气隙磁通分布[7]

由此构造的永磁电动机称为正弦波永磁电动机，通常又称为永磁同步电动机。4.3.3.1 节介绍永磁同步电动机的原理，都是以定子与气隙磁通为正弦来分析的，因此，电动机的基本结构与公式都适用于正弦波永磁电动机。这里不再重复。

4.3.3.3　永磁无刷直流电动机

永磁直流无刷电动机是一种特殊的永磁同步电动机，其独特的绕组分布及磁化方式使得永磁铁产生的气隙磁场及感应电动势呈梯形波分布，而非正弦分布。如图 4-27 所示为一个采用径向预充磁的永磁电动机的气隙磁通密度分布[7]。

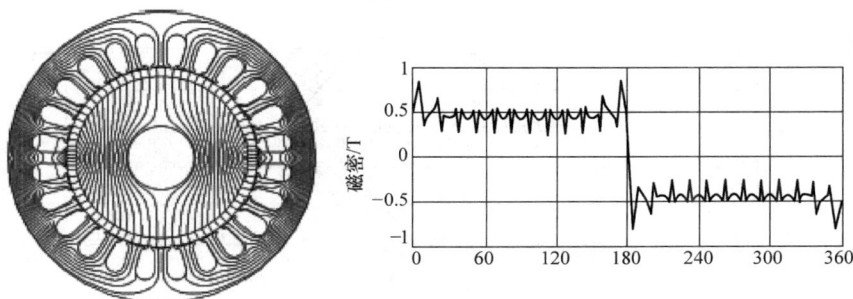

图 4-27　永磁电动机径向预充磁的气隙磁通密度分布[7]

永磁直流无刷电动机的基本结构与气隙磁通密度分布如图 4-28 所示，其电动机本体与正弦波永磁同步电动机相似，定子是电动机的电枢，定子铁心中安放着对称的多相绕组，可接成星形或三角形，转子是由具有一定极数的永磁体构成，并通过径向预充磁使气隙磁通密度按梯形波分布。

电动机的定子各相绕组分别与电子开关线路中的相应开关元件相连接，因此，从电源的直流母线端看，永磁同步电动机就像一台直流电动机，且因转子采用永磁体而无须电刷，无刷直流电动机由此得名。

因此，驱动直流无刷同步电动机的逆变器是 6 阶梯波运行而不是正弦 PWM 运行模式。逆变器的开关由转子位置直接决定，因而位置传感器是无刷直流电动机的重要部分，其作用是检测转子磁场相对于定子绕组的位置。它有多种结构形式，常见的有电磁式、光电式和霍尔元件。

由于永磁无刷直流电动机磁通密度的有效值与幅值之比较高，因而其功率密度大。设正弦同步电动机和无刷直流电动机的定子电流的幅值分别为 I_{sm} 和 I_{dm}，则其有效值分别为

$$I_s = \frac{1}{\sqrt{2}} I_{sm} \tag{4-39}$$

$$I_d = \sqrt{\frac{2}{3}} I_{dm} \tag{4-40}$$

假定两种永磁电动机的定子铜损相等，则有

a) 无刷直流电动机的基本结构

电动势

b) 气隙磁通的梯形波分布

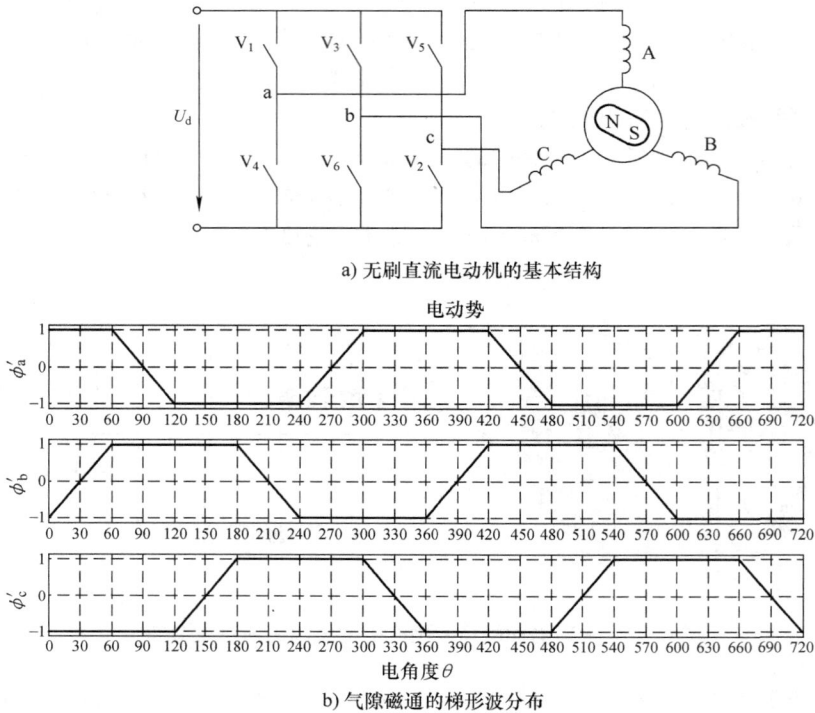

图 4-28 无刷直流电动机的基本结构与气隙磁通分布

$$3R_s I_s^2 = 3R_s I_d^2 \tag{4-41}$$

将式（4-39）和（4-40）代入式（4-41），可得

$$3R_s \left(\frac{1}{\sqrt{2}}I_{sm}\right)^2 = 3R_s \left(\sqrt{\frac{2}{3}}I_{dm}\right)^2 \tag{4-42}$$

由此可得永磁同步电动机与无刷直流电动机的定子电流幅值之比为

$$I_{dm} = \frac{\sqrt{3}}{2}I_{sm} \tag{4-43}$$

如果两种电动机的感应电动势的幅值 E_m 相等，设无刷直流电动机任意时刻只有两相电流流过，其输出功率为

$$P_d = 2E_m I_{dm} = 2E_m \frac{\sqrt{3}}{2}I_{sm} = \sqrt{3}E_m I_{sm} \tag{4-44}$$

而因正弦永磁同步电动机的输出功率是由三相绕组产生，即

$$P_{sy} = 3\frac{E_m}{\sqrt{2}} \cdot \frac{I_{sm}}{\sqrt{2}} = \frac{3}{2}E_m I_{sm} \tag{4-45}$$

比较式（4-44）与式（4-45），可得

$$\frac{P_\mathrm{d}}{P_\mathrm{sy}} = \frac{\sqrt{3}E_\mathrm{m}I_\mathrm{sm}}{3/2E_\mathrm{m}I_\mathrm{sm}} = \frac{2}{\sqrt{3}} = 1.1547 \qquad (4\text{-}46)$$

由此可知：永磁无刷直流电动机的功率密度比正弦永磁同步电动机大15%。这是永磁无刷电动机的重要优势。又因无刷直流电动机仅要求输入三相对称方波电流，即通过调节直流端的电压来控制转速，故控制简单。因此，无刷直流电动机可以替代传统的直流电动机用于船舶电力推进系统。

4.3.3.4 永磁同步电动机用于船舶推进装置

由于永磁同步电动机的永磁体布置灵活，功率密度高，适用于各种推进器的构建。一种采用永磁同步电动机的轮毂式推进器如图4-29所示[10]。

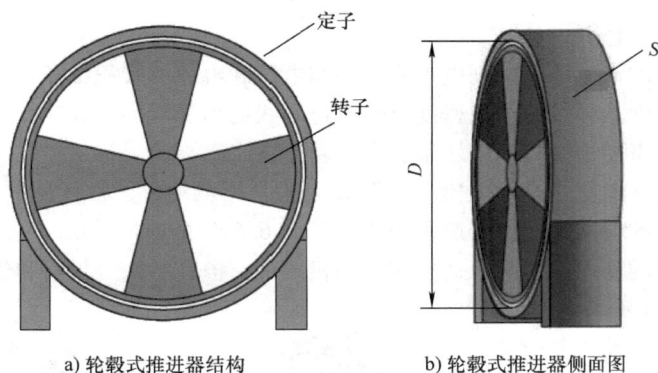

a) 轮毂式推进器结构   b) 轮毂式推进器侧面图

图4-29　轮毂式推进器结构与尺寸[10]

这种推进器的输出转矩 T_p 为

$$T_\mathrm{p} = \frac{1}{2}\sigma_\mathrm{T}D_\mathrm{g}A_\mathrm{g} \qquad (4\text{-}47)$$

式中　σ_T——推进器切向力密度，单位为 $\mathrm{N/m^2}$；

D_g——推进电动机气隙直径；

A_g——推进电动机气隙表面积。

其中：气隙表面积与永磁材料成正比，如果推进器所需的输出转矩设定，增加轮毂的直径（即气隙直径），则能减少用材。

图4-30所示为一个低速永磁同步电动机的轮毂式推进器[11]，其采用多磁极定子绕组，转子采用内嵌式

图4-30　低速直驱永磁同步电动机轮毂式推进器[11]

永磁体，实现低速直接驱动螺旋桨，整个推进装置安装在导管内。可安装在船舶任何部位，用于主推、侧推或动力定位。

该推进器设计直径600mm，功率为100kW，永磁同步电动机的额定电压400V，额定电流150A，额定转速700r/min，频率128Hz，磁极数为22。根据上述条件设计的定子采用0.5mm厚度的硅钢片构成，转子永磁体采用NdFeB材料，剩磁B_r为1.2T。具体设计过程与参数请参阅文献。

4.3.4 超大功率电动机

随着船舶电力推进功率的不断增加，要求驱动电动机的功率越来越大。为了提高电动机的单机功率，一种方法是提高电动机的电源电压；另一种做法是采用多相电动机。

4.3.4.1 中压电动机

中压电动机的产生是考虑到电动机功率与电压和电流的乘积成正比，低压电动机功率增大到一定程度，导线的电流密度就会超过导线的承受能力，导线就会因电流过大而发热严重，因此需要通过提高电压来实现大功率输出。

中压电动机一般是指额定电压在1kV以上的交流电动机，常使用的是6kV和10kV电压，由于国外的电网不同，一般采用3.3kV和6.6kV的电压等级。

中压电动机的基本原理与普通交流电动机相似，但其结构、材料和绝缘、制造工艺和冷却等均需特殊考虑与设计，而且大功率电动机制造的技术关键在于高压绝缘材料、制造工艺与冷却方式等。

（1）电动机的结构形式

为了增加电动机的功率密度，可采用双定子、双转子或多定子和转子的结构，如图4-31所示[12]。

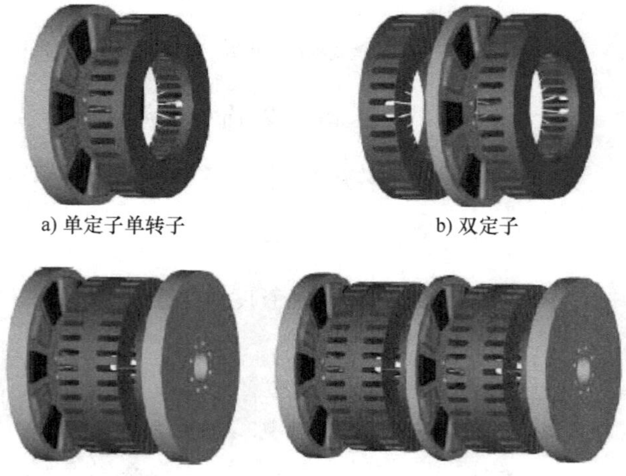

（2）定子绕组及制造工艺

中压感应电动机的定子与转子结构如图4-32a所示[13]，定子的设计与制造要点是：坚固的结构，定子绕组采用全真空压力浸漆（VPI）工艺来强化绝缘，定子表面冷却面积大，散热效果好。

a) 单定子单转子　　b) 双定子
c) 双转子　　d) 多定子多转子
图4-31 大功率电动机的定子和转子结构[12]

定子绕组的制造工艺与绝缘材料如图4-32b所示，在绕组中有内部绝缘，外部有主绝缘，上下层之间有填充材料，在绕组与接线之间缠绕含云母的绝缘带。然后将整个定子放置在密闭容器进行VPI工艺处理。

（3）转子绕组及制造工艺

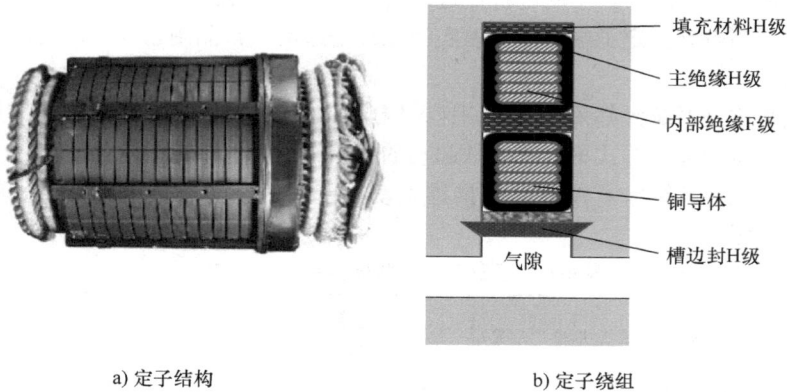

填充材料H级

主绝缘H级

内部绝缘F级

铜导体

槽边封H级

气隙

a) 定子结构   b) 定子绕组

图 4-32 船用中压感应电动机定子结构[12]

船用中压感应电动机转子结构如图 4-33 所示[12]，其设计和制造要点是：笼型结构坚固，绕组采用高耐热材料，需要时采用内部设置风道或水槽，且在表面适当部位开孔，以便采用风冷或水冷散热。

（4）轴承与端盖

由于转子电流可通过转轴传导到外部，因此必须在轴承中采用绝缘措施，图 4-34 给出了一种在轴承端盖处采用的绝缘圈的结构[12]。

（5）起动方式

中压电动机起动时将引起电压波动，往往会影响到电网上正在使用其他的电气设备。根据电网容量的大小和实际工作情况，可采用减压起动。

图 4-33 船用中压感应
电动机转子结构[12]

图 4-34 轴承绝缘[12]

为了防止冲击电流过大，对于大电动机必须采用减小起动电流的减压起动方式。减压起动可分为有级和无级两类，前者的调节是分档的，即根据不同的电压抽头，选择满足起动要求的减压等级，如串联电抗器起动和自耦变压器起动；后者的调节是连续的，即通过平滑升高电动机定子端电压，以实现无冲击起动，如晶闸管变流软起动和变频器减压起动等。

船舶电力推进系统大都采用变频调速，因此可利用变频器进行减压起动，达到平稳起动的目的。这种起动方式不仅具有软起动的特点，还具有调速的功能。

表 4-6 和表 4-7 给出了 ABB 公司推进电动机产品的性能参数，可为相关单位研发及使用提供参考。

表 4-6　感应电动机和同步电动机参数

	单推进器	单推进器（AFE）	单推进器（有变压器）	前后推进器	单推进器（双进/出）	全冗余推进器
电动机	≤1000kW 感应式 ≥1120kW 同步式	感应式	≤1000kW 感应式 ≥1120kW 同步式	感应式	同步式	同步式
定子绕组	1	1	1	1	2	2
功率/MW	0.5 ~ 6.3	0.5 ~ 5.1	0.8 ~ 11.5	3.4 ~ 9.6	12.8 ~ 20	11 ~ 20
转速 r/min	100 ~ 250	100 ~ 200	80 ~ 250	80 ~ 250	75 ~ 175	75 ~ 200

表 4-7　ABB 公司永磁电动机参数

	单推进器	单推进器（AFE）	单推进器（有变压器）
电动机	永磁式	永磁式	永磁式
电动机定子绕组	1	1	1
150 ~ 350r/min	1.5 ~ 3.5MW	1.5 ~ 3.5MW	1.5 ~ 3.5MW
100 ~ 250r/min	1.9 ~ 4.75MW	1.9 ~ 4.75MW	1.9 ~ 4.75MW

4.3.4.2　多相电动机

多相电动机这里指的是定子绕组相数多于三相的交流电动机，可以是多相异步电动机、多相同步电动机或多相永磁同步电动机。

多相电动机定子绕组的结构可以分为两大类，一类是绕组均布型，即多相绕组沿定子铁心内表面均匀分布，其相数一般为奇数，如五相、七相、十一相等，这实质上是三相对称交流绕组的多维推广；另一类是绕组非均布型，即多相绕组由若干套对称的三相交流绕组构成，各套绕组之间移开一定的角度，如图 4-35 所示的六相双 Y 移 30°绕组和十二相四 Y 移 15°绕组。

电动机的总输出转矩可以看成是各套 Y 绕组单独产生的电磁转矩之和，因此可以以每套三相 Y 绕组为单元对电动机进行设计和控制。研究表明，这种非均布、非对称的绕组结构可以提高电动机气隙磁场高次谐波的最低次数，并减小相应的谐波幅值，从而更为有效地消除谐波，减小转矩脉动。

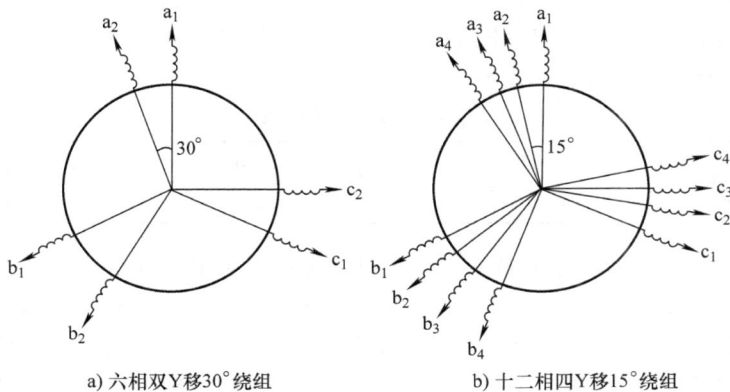

a) 六相双Y移30°绕组　　　b) 十二相四Y移15°绕组

图 4-35　多相交流电动机的定子绕组结构

相对于普通三相系统，多相交流变频调速系统有许多突出的特点：

1）低压大功率。从交流电动机功率计算的基本公式 $P = mUI\cos\varphi$ 容易看出，在电压、电流受限的情况下，提高电动机相数可以提高输出功率。就是说可以用低压器件实现大功率的输出，特别适合无法得到高电压但又需要输出大功率的场合，如航空航天和船舶电力推进系统等。

2）转矩脉动小。在三相交流电动机中，因为气隙磁场高次谐波与基波相互作用而产生谐波转矩，引起转速波动，破坏了系统的稳定性。随着电动机相数的提高，气隙磁场高次谐波的最低次数提高，而其幅值减小，相应的高次谐波转矩减小，这样转矩脉动将大幅度下降，系统稳态和动态性能都得到改善。

3）可靠性提高。多相电动机采用相冗余的结构，当系统有一相或几相因故不能正常工作时，系统只需降额运行而不必停车。这种缺相运行的特点非常适用于某些重要的不允许中途停车的场合，如核反应堆的供水装置。

4）系统效率高。随着气隙谐波磁场的减小，转子谐波电流和谐波损耗都会减小，逆变器直流母线上的电流谐波也会减小，系统效率将得到较大的提高。

多相船舶推进电动机中最成功的范例当属法国 Alstom 公司研制的先进感应电机（Advanced Induction Motor，AIM）[12]。AIM 最初是 Alstom 公司结合 1995 年美国海军综合全电力推进系统的合同研制的，是异步推进电动机方案中更加先进的机型。1997 年研制的机型额定功率为 19MW，额定转速为 150r/min。2002 年研制的新机型在转速为 180r/min 时具有 20MW 的输出功率，并且功率密度高，振动小，噪声低，特别适合战舰使用。在改进功率密度方面，AIM 比 20MW、514r/min 的民用感应电动机结构尺寸更小，后者需要有 3 倍以上的体积，才能在 180r/min 时产生等值的转矩。

2004 年 Alstom 研制了一台由 H 桥 PWM 变频器供电的 15 相 AIM 推进电动机，其额定功率因数大于 0.8，额定力密度为 100kN/m²，总重 70t，外径 2.8m，全长 3.0m[12]。由于绝缘质量的提高，AIM 能承受高等级的电压变化。经过改进的专利产品"针孔"

冷却技术被引入润滑系统，提高了 AIM 的功率密度。AIM 和 PWM 变频器一起使用，确保了电力变换的高效能，并可在操作中自动调整 PWM 模式和频率，从而在整个转速范围内使电动机的效率较高，见表 4-8。

表 4-8 AIM 的效率

转速（额定百分比）	100%	80%	60%	40%	20%
效率	97%	97.1%	95.5%	93%	80%

AIM 在英国海军 45 型驱逐舰的综合全电力推进系统中最先使用，它包括 2 台感应电动机和 PWM 变频器。总推进功率为 36.5MW，每台推进电动机额定功率为 18.25MW，额定转速为 127r/min。每台 PWM 变频器分成 3 个通道，每个通道 5 相，以代替 15 相单通道，可产生 20MW 的输出功率。与现有船上设备需要淡水不同，PWM 变频器通道的冷却系统可以采用包括海水在内的任何形式的水源。螺旋桨采用直接驱动方式，取消了庞大的传动设备（齿轮箱、轴系等），节省了空间，降低了燃油消耗率，提高了灵活性。整个综合电力推进系统还包括高压配电板、船用变压器、动态制动电阻器和 HV/LV 谐波过滤器等。

几种交流电动机的功率密度比较见表 4-9，由此可见：AIM 的气隙剪应力已接近永磁同步电动机[12]。

表 4-9 几种交流电动机的气隙剪应力

电动机类型	气隙剪应力/（kN/m^2）
普通感应电动机	13
高性能感应电动机（1500r/min）	35
AIM（19MW，150r/min）	76
AIM（20MW，180r/min）	100
永磁同步电动机	120

4.4 船用电源变换器

目前，船舶电力推进系统一般采用可变速电动机拖动 FPP 的驱动模式，这样，船速的控制就取决于电动机的调速，即需要通过改变电动机的电源电压或频率实现转速调节。在早期是采用旋转变流器（G-M）系统，通过调节发电机的电压或频率来控制电动机的转速。随着电力电子器件与变流技术的发展，各种电力电子变换器广泛应用于船舶电力推进，成为目前船舶电动机调速的主要方法。本节主要讨论各种船用电源变换器的拓扑结构、换流模式及其在电力推进中的应用。

4.4.1 电源变换器的技术发展

自 1956 年晶闸管问世以来，电力电子器件发展迅速，目前，复合型（IGBT、

IGCT）器件广泛应用，晶闸管在高压大功率领域还有应用。

采用电力电子器件构成的各类电能变换器也不断涌现，通过现代电力电子变流装置，可以在交流与直流之间实现各种形式的电能转换，现有的各类变流器如下：

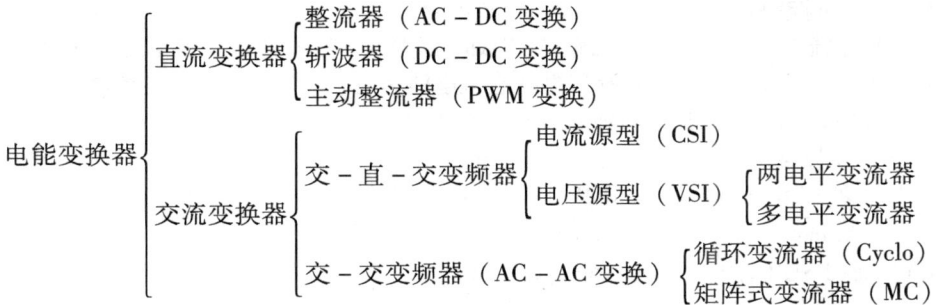

$$
\text{电能变换器}\begin{cases}
\text{直流变换器}\begin{cases}
\text{整流器（AC – DC 变换）}\\
\text{斩波器（DC – DC 变换）}\\
\text{主动整流器（PWM 变换）}
\end{cases}\\[2em]
\text{交流变换器}\begin{cases}
\text{交 – 直 – 交变频器}\begin{cases}
\text{电流源型（CSI）}\\
\text{电压源型（VSI）}\begin{cases}\text{两电平变流器}\\\text{多电平变流器}\end{cases}
\end{cases}\\
\text{交 – 交变频器（AC – AC 变换）}\begin{cases}\text{循环变流器（Cyclo）}\\\text{矩阵式变流器（MC）}\end{cases}
\end{cases}
\end{cases}
$$

4.4.2 船用电源变换器的一般分类

由于船用电动机分为直流电动机和交流电动机两大类，交流电动机又分为异步电动机和同步电动机，其各自的调速原理也不相同。根据电动机的调速要求，可以分为直流电源变换器和交流电源变换器两大类：

1）直流电源变换器主要是将输入的恒定交流电变换为输出可调的直流电，因此又称为可调整流器，用于直流电动机调速系统，通过改变电枢电压实现恒转矩调速，减弱励磁实现恒功率调速。

2）交流电源变换器，主要是将输入的恒压恒频交流电转换为电压和频率可调的交流输出，因此又称为变频器。根据电力电子换流模式，变频器又可分为交 – 直 – 交变频器和交 – 交变频器，而在交 – 直 – 交变频器中，按其直流环节的储能元件的不同有恒压源（VSI）和恒流源（CSI）两种变频器。

常用的船舶电力推进系统的调速方法有 4 种[13]，如图 4-36 所示。

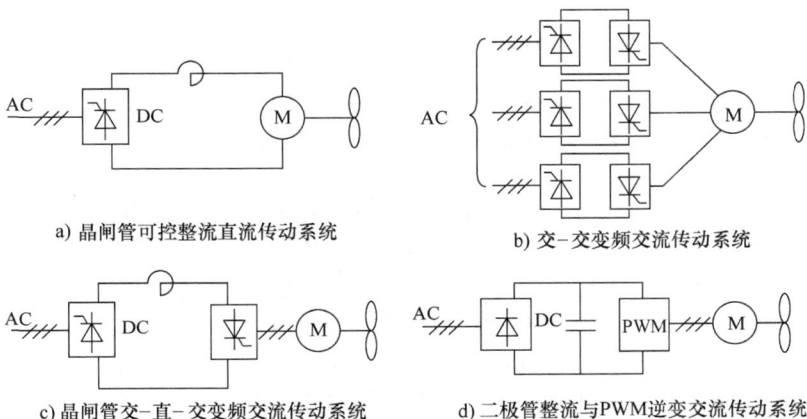

a) 晶闸管可控整流直流传动系统

b) 交–交变频交流传动系统

c) 晶闸管交–直–交变频交流传动系统

d) 二极管整流与PWM逆变交流传动系统

图 4-36　几种船舶电力推进调速方法

4.4.3 直流整流器

目前，电力电子直流变换器主要有可控整流器和直流斩波器两种。

4.4.3.1 可控整流器

可控整流器（Rectifier），又称（AC/DC 变换器）是一种将交流电变为可调直流电的变换器。可控整流器的路拓扑以桥式整流电路为主，一般采用三相整流电路，其换流模式有相控整流和斩控整流两种。

（1）相控整流器

在早期采用晶闸管构成相控型整流器（Silicon Controlled Rectifier, SCR），通过 SCR 输出电压的调节，来控制直流电动机转速，其主电路拓扑如图 4-37 所示。

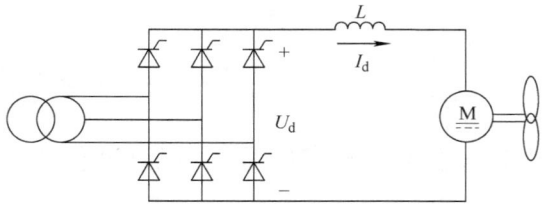

图 4-37　SCR 直流传动系统的结构示意图

在图 4-37 中，输入为三相交流电，通过改变晶闸管的触发脉冲相位角 α 控制其输出直流电压 U_d，当电流波形连续时，U_d 与 α 的关系可表示为

$$U_d = 1.35 U_s \cos \alpha \tag{4-48}$$

式中　α——从自然换相点算起的触发脉冲控制角；

　　　U_s——输入交流电压的有效值。

由于晶闸管的单向导电性，不允许电流反向，无法实现直流电动机的可逆运行。如果要可逆运行，需增加一组 SCR，组成两组晶闸管反并联可逆电路。SCR 可逆直流传动系统的结构如图 4-38 所示，其工作原理是两组整流器分别控制：

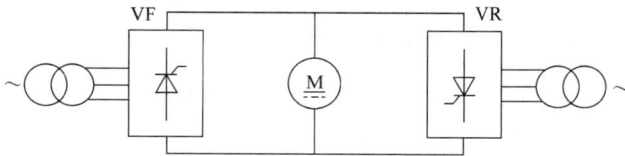

图 4-38　SCR 可逆直流传动系统的结构与特性

1）当直流电动机正向电动运行时，由正组整流器 VF 供电，控制 $\alpha_F \leq 90°$，使 VF 工作于整流状态，此时，电动机的机械特性在第Ⅰ象限；

2）当直流电动机反向电动运行时，由反组整流器 VR 供电，控制 $\alpha_R \leq 90°$，使 VR 工作于整流状态，此时，电动机的机械特性在第Ⅲ象限；

3）当直流电动机正向再生制动时，控制 $\alpha_R \geq 90°$，使 VR 工作于有源逆变状态，通过 VR 将直流电逆变回馈给电网，此时，电动机的机械特性在第Ⅱ象限；

4）当直流电动机反向再生制动时，控制 $\alpha_F \geq 90°$，使 VF 工作于有源逆变状态，通过 VF 将直流电逆变回馈给电网，此时，电动机的机械特性在第Ⅳ象限。

为了避免正反两组 SCR 出现逆变颠覆，通常将 SCR 的触发控制角限制在 $\alpha > 15°$ ~ $30°$ 和 $\alpha < 150°$ 范围内，因而三相桥式 SCR 输出直流电压的范围为 $U_d = \pm 1.35 \cos 30° U_s$。

采用 SCR 的直流推进系统曾在 20 世纪 60 ~ 80 年代得到广泛应用，但是，由于 SCR 是采用相位控制方式，因此还存在如下问题：

1）整流器输出电流波形的脉动。由于整流电路的脉波数 m 是有限的，使其输出的直流电流是脉动的，可能出现电流连续和断续两种情况：当 SCR 系统主电路有足够大的电感量，而且电动机的负载也足够大时，其输出直流电流便具有连续的脉动波形，会引起转矩脉动；当电感量较小或负载较轻时，会出现电流波形断续情况[14]，会引起机械特性的非线性，影响系统的运行性能。因此，实际应用中为了避免或减轻这种影响，须采用抑制电流脉动的措施，主要是：

① 设置平波电抗器，如图 4-41 中的电感 L；

② 增加整流电路相数；

③ 采用多重化技术，通过多组整流器输出波形的叠加，使其直流输出更加平滑。

2）整流器网侧的功率因数（Power Factor，PF）的降低。由于 PF 等于位移因数（displacement factor，DF）与电流畸变因数的乘积，而在输出电流连续并忽略换流过程影响的条件下，SCR 的功率因数可按下式计算[15]，

$$PF_{SCR} = \frac{3}{\pi} \cos \alpha \qquad (4-49)$$

可见式（4-49）中的 $DF = \cos \alpha$ 随着相控角的增加而减小，如果考虑直流电力推进系统的调速范围是：0 ~ 100% 额定转速，所对应的 SCR 的最小触发角限制为 $\alpha > 15°$，则其 PF 变化为 0 ~ 0.92。由此，SCR 网侧 PF 的减小会造成电网的无功损耗增加和电压波动。

3）整流器输入电流总谐波畸变率（Total Harmonic Distortion，THD）对电网和其他用电设备的不利影响。由于谐波电流大，将增加电网的谐波损耗和引起传导和射频干扰。

（2）PWM 整流器

为解决 SCR 网侧 PF 和 THD 问题，近年来开发了一种 PWM（Pulse Width Modulation）整流器，其主电路拓扑与图 4-37 的 SCR 电路相同，只是用全控型电力电子开关器件代替晶闸管，比如：IGBT 或 IGCT 等，采用 PWM 调制的方法来控制输出电压，并同时改善功率因数和抑制电流谐波[15]。与晶闸管整流器和直流斩波器相比，PWM 整流器的优点在于：

1）通过 SPWM 控制，保持网侧功率因数为 1；

2）输入电流为按正弦脉动的近似正弦波，使电流谐波含量有明显减少；

3）对于电动机一类有源负载，可以将负载储能在减速或停车时返回电网，起到节能作用。

由于 PWM 整流器能实现电能的双向传递，因而又称为主动整流器，还可应用于交流传动系统，将交流电动机制动产生的电能逆变回电网。

4.4.3.2　直流斩波器

对于仅有直流电源的船舶，比如：AUV、太阳能电池和燃料电池等船舶，如果采用

直流调速，就需要 DC/DC 变换器又称为直流斩波器（DC Chopper），将固定直流电源变换为可调的直流电源。直流斩波器有多种类型，其中：降压斩波电路（Buck 电路）和升压斩波电路（Boost 电路）是最基本的斩波电路。

由 Buck 电路构成的直流斩波器 – 电动机系统的原理如图 4-39a 所示，其中用开关符号 S 表示任何一种电力电子开关器件，VD 表示续流二极管。

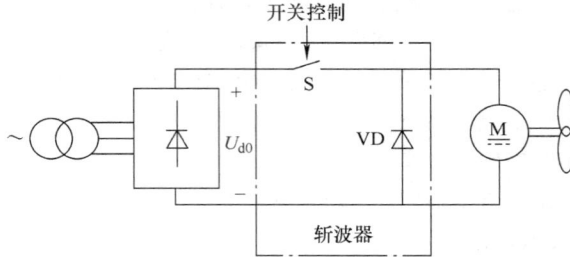

a) 基本的 Buck 斩波电路原理

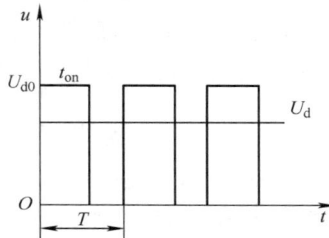

b) Buck 电路的输出波形

图 4-39 直流斩波器 – 电动机系统结构与波形

Buck 电路当 S 导通时，直流电源电压 U_{d0} 加到电动机上；当 S 关断时，直流电源与电动机脱开，电动机电枢经 VD 续流，两端电压接近于零。如此反复，得电枢端电压波形 $u = f(t)$，如图 4-39b 所示，好像是电源电压 U_{d0} 在 t_{on} 时间内被接上，又在（$T - t_{on}$）时间内被斩断，故称"斩波"。Buck 斩波器输出的直流平均电压为

$$U_d = \frac{t_{on}}{T} U_{d0} = D U_{d0} \tag{4-50}$$

式中　T——功率开关器件的开关周期；

　　　t_{on}——开通时间；

　　　D——占空比，$D = t_{on}/T$。

可见在 Buck 电路中，通过调节即可得到连续可调的直流输出。但是，采用基本 Buck 电路只能实现直流电动机的正向电动运行，故极少直接用于船舶直流电力推进系统，而是常用于交流交 – 直 – 交变频器，作为向制动电阻放电的控制器。

为实现直流电动机正反向运行，常采用 H 型可逆 PWM 变换器。图 4-40a 绘出了 H 型可逆脉宽调速系统的基本原理图。

现以双极式控制为例，说明 H 型可逆 PWM 变换器的工作原理是：

（1）正向运行（在此期间 S_2 和 S_3 始终保持断开）

第 1 阶段，在 $0 \leqslant t \leqslant t_{on}$ 期间，S_1 和 S_4 同时导通，电动机 M 的电枢两端承受电压 $+U_{d0}$，电流 i_d 正向上升。

第 2 阶段，在 $t_{on} \leqslant t \leqslant T$ 期间，S_1 和 S_4 断开，VD_2 和 VD_3 续流，电动机 M 的电枢两端承受电压 $-U_{d0}$，电流 i_d 下降；但由于平均电压 U_d 高于电动机的反电动势 E，电动机正向电动运行，其波形如图 4-40b 所示。

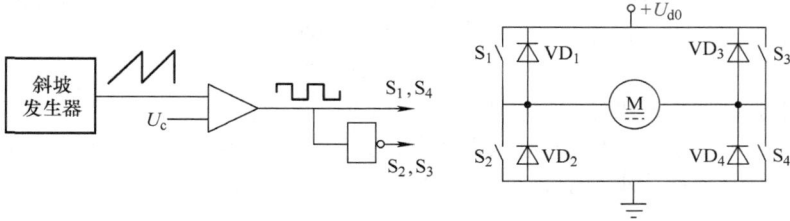

a) 基本原理图

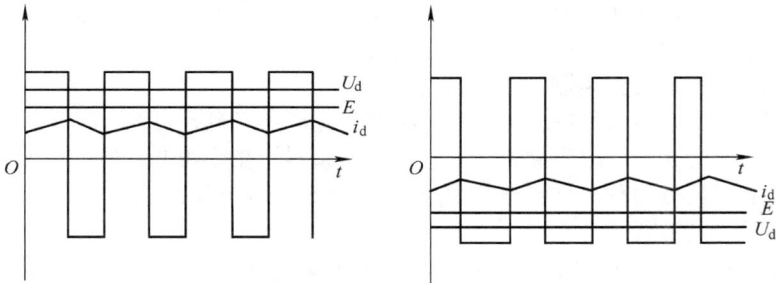

b) 正向运行电压波形   c) 反向运行电压波形

图 4-40 H 型可逆脉宽调速系统基本原理图和电压波形

（2）反向运行（在此期间 S_1 和 S_4 始终保持断开）

第 1 阶段，在 $0 \leqslant t \leqslant t_{on}$ 期间，S_2 和 S_3 断开，通过 VD_1 和 VD_4 续流，电动机 M 的电枢两端承受电压 $+U_{d0}$，电流 $-i_d$ 沿反方向下降；

第 2 阶段，在 $t_{on} \leqslant t \leqslant T$ 期间，S_2 和 S_3 同时导通，电动机 M 的电枢两端承受电压 $-U_{d0}$，电流 $-i_d$ 沿反方向上升；由于平均电压 $-U_d$ 高于电动机的反电动势 $-E$，电动机反向电动运行，其波形如图 4-40c 所示。

改变两组开关器件导通的时间，也就改变了电压脉冲的宽度。如果用 t_{on} 表示 S_1 和 S_4 导通的时间，开关周期 T 和占空比 D 的定义和上面相同，则电动机电枢端电压平均值为

$$U_d = \frac{t_{on}}{T}U_{d0} - \frac{T - t_{on}}{T}U_{d0} = \left(\frac{2t_{on}}{T} - 1\right)U_{d0} = (2D - 1)U_{d0} \qquad (4\text{-}51)$$

调速时，D 的可调范围为 $0 \sim 1$，输出连续可调的直流电压，以控制电动机转速。

1）当 $D > 0.5$ 时，U_d 为正，电动机正转；

2）当 $D < 0.5$ 时，U_d 为负，电动机反转；

3）当 $D=0.5$ 时，$U_d=0$，电动机停止。

由此，H 型可逆 PWM 直流调速系统可四象限运行。双极式控制的 H 型可逆 PWM 变换器有下列优点：

1）电流一定连续，低速平稳性好，系统的调速范围高；

2）电动机在四象限运行，控制方便、灵活；

3）电动机停止时有微振电流，能消除静摩擦死区，动态响应快。

对于交流电网，可先采用二极管整流器进行不控的 AC/DC 变换，然后再用 DC/DC 变换器调节直流输出。这样，因二极管整流器的网侧功率因数为

$$PF_{DR}=3/\pi=0.955 \tag{4-52}$$

并保持不变，谐波电流也较小，其性能优于 SCR。

但是，这种 H 桥型 DC/DC 变换器因器件容量有限，目前仅可用于中小功率的船舶电力推进系统，比如：小型游艇、AUV 等。

4.4.4 交流变频器

由于直流电动机的换向限制，目前，船舶电力推进主要采用交流电动机进行变频调速。因此，船用变频器需要根据船舶特性进行设计。

4.4.4.1 交 – 直 – 交变频器

交 – 直 – 交变频器的基本原理是：先将交流整流成直流，再通过逆变变成交流。由于中间直流环节的存在，故而称为交 – 直 – 交变频器。在船舶电力推进系统中，常用的交 – 直 – 交变频器有两种类型：电流源逆变器（CSI）和电压源逆变器（VSI）。

（1）电流源逆变器

其基本结构如图 4-41 所示，采用 SCR 进行调压整流，再采用晶闸管的 CSI 输出频率可调的交流，其直流回路采用电感器作为储能元件。

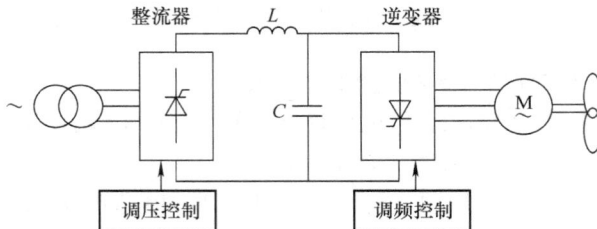

图 4-41　晶闸管交 – 直 – 交变频器

交 – 直 – 交变频器中 SCR 的调压原理已在 4.4.3 节介绍，CSI 一般也用三相桥式电路，图 4-42 为 6 个晶闸管 $VT_1 \sim VT_6$ 组成的三相 CSI 主电路拓扑，控制各开关器件轮流导通和关断，可使输出端得到三相交流电压。

图 4-42 中 FC 为频率控制器，根据输入的频率控制信号 U_{fr}^*，产生一定频率的脉冲，并分配去触发相应的晶闸管。在某一瞬间，控制一个开关器件关断，同时使另一个器件导通，就实现了两个器件之间的换流。在三相桥式逆变器中，有 180°导通型和 120°导通型两种换流方式：

1）180°导通型换流模式。在一个交流电源周期里，每个60°触发一个晶闸管，在同一桥臂上、下两管之间互相换流。

2）120°导通型换流模式。在一个交流电源周期里，每个60°触发一个晶闸管，但是在同一排不同桥臂的左、右两管之间进行换流。

由此，CSI 的交流输出波形是矩形波或阶梯波。由于系统在网侧和负载侧都采用晶闸管自然换向的变流方式，又称为 LCI（Load Commutated Inventer），因此通

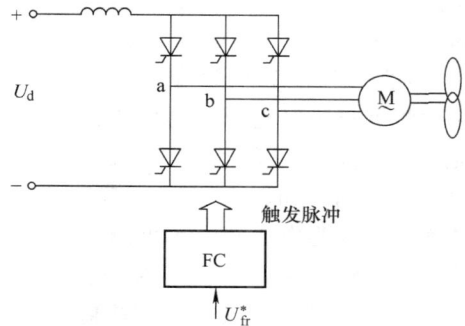

图 4-42　三相桥式逆变器主电路

常选择同步电动机作为推进电动机，逆变器中的晶闸管按同步电动机的感应电动势（EMF）变化进行换流，由同步电动机提供换向电动势，故又称为同步变流器（Synchro Converter）。这时，同步电动机运行于电容模式，具有超前的功率因数。

如果需要可逆运行或制动，由于 CSI 在功率交换时电流方向不变，容易实现电动机能量的回馈，从而便于四象限运行，并具有快速的动态响应。虽然 CSI 变频器可以通过 SCR 的有源逆变将电动机的再生制动产生的电能回馈给电网，由于电动机快速回馈制动时，有大量动能转化为电能，需要快速释放，往往在直流环节设置动态制动电阻，通过制动开关或直流斩波器的控制，将直流回路上的电能转化为制动电阻上的热能消耗掉，以避免 DC 回路的泵升电压。

当电动机低速运行时，一般为5%～10%额定转速，因电动机中的 EMF 很小，不能形成自然换流。此时，CSI 的换流将改为脉冲模式，即通过直流回路的电流为 0 时进行换流。在此模式下，将控制网侧的 SCR 间歇性地工作在有源逆变状态，使直流回路电流下降到 0，然后在 0 电流间隔时间内，让 CSI 的相应桥臂上的晶闸管换流。由于在脉冲模式时，电流脉动和转矩脉动都很大，将增大推进器的振动和噪声，特别是对于带齿轮箱传动的推进器将更为不利。因此，在电力推进器设计和选型时，需要考虑 CSI 变频器在低频应用的问题，特别是对于低速推进应用的场合，比如：海洋工程船及海洋平台的动力定位（DP）。

这种同步变流器与同步电动机组合的电力推进方式，由于其简单可靠，输出转矩大，动态响应快，成为除破冰船之外，所有船舶都适用的选择方案。通常其应用技术参数：调速范围为60%～100%额定转速，具有带全负载转矩能力，可以在起动时工作于直流脉冲电流模式，达到170%额定转矩的起动转矩，而且能在1～2s内从30%额定转速加速到全速状态[3]。

由于这种变频器的整流环节采用 SCR，因而，其网侧 PF 和 THD 都会随晶闸管触发角的移相而变化，其分析与晶闸管整流器相同。

（2）电压源逆变器

通常采用二极管整流器和电压源逆变器（VSI）构成交－直－交变频器，其典型的

主电路拓扑如图 4-43 所示，都为三相桥式电路。

VSI 变频器的工作原理是由二极管整流器将固定电压和频率的交流输入变成固定电压的直流输出，再由 VSI 的调压和调频控制，将其直流输入逆变为电压和频率可调的

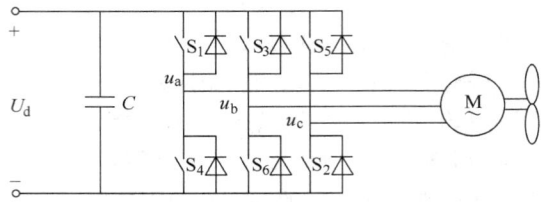

图 4-43   VSI 变频器的主电路拓扑

交流输出。现在的 VSI 大都采用可关断器件（比如：IGBT 或 IGCT）作为功率开关，通过交流 PWM 换流实现变压变频控制。

交流 PWM 调制的基本原则是：

① 能同时变压变频调制；

② 使输出交流波形尽量接近正弦波。

为此，开发了多种 PWM 调制方法，目前常用的有：

1）正弦波脉宽调制（SPWM）方法。

该方法以正弦波作为逆变器输出的期望波形，以频率比期望波高得多的等腰三角波作为载波（Carrier wave），并用频率和期望波相同的正弦波作为调制波（Modulation wave），当调制波与载波相交时，由它们的交点确定逆变器开关器件的通断时刻，从而

获得在正弦调制波的半个周期内呈两边窄中间宽的一系列等幅不等宽的矩形波，这个序列的矩形波与期望的正弦波等效。这种调制方法称作正弦波脉宽调制（Sinusoidal Pulse Width Modulation，SPWM），这种序列的矩形波称作 SPWM 波。

采用模拟电路的正弦 PWM 调制器的原理框图如图 4-44 所示，由三角波发生器产生高频等幅的三角波信号 u_T，正弦波发生器按其输入的控制信号 U_c 产

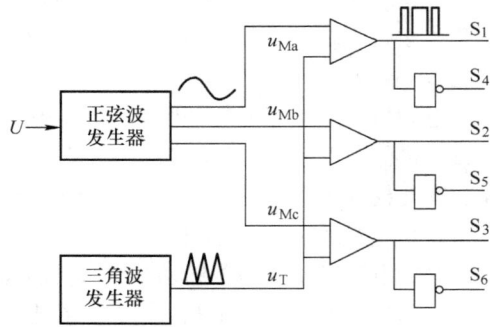

图 4-44   SPWM 调制电路原理框图

生频率和幅值可变的正弦调制信号 u_M，两者经比较器比较后产生 SPWM 脉冲信号，再由驱动电路将 SPWM 脉冲分配到主电路去触发相应的开关器件，使其导通或关断，从而在逆变器输出近似正弦的电压或电流波形。

图 4-45 给出了采用双极性控制方式的 SPWM 电压型逆变器的输出波形，其中：u_{Ma}、u_{Mb}、u_{Mc} 为 a，b，c 三相的正弦调制波；u_T 为双极性三角载波；u_{a0}、u_{b0}、u_{c0} 分别为三相输出与电源中性点之间的相电压矩形波形；u_{ab} 为输出线电压矩形波形，其脉冲幅值为 $\pm U_d$；u_a 为 a 相输出的相电压。

PWM 控制电路也可采用数字控制来实现，并有多种方法可供选择。比如：自然采样法、规则采样法等[7]。由于 PWM 变压变频器的应用非常广泛，已制成多种专用集成

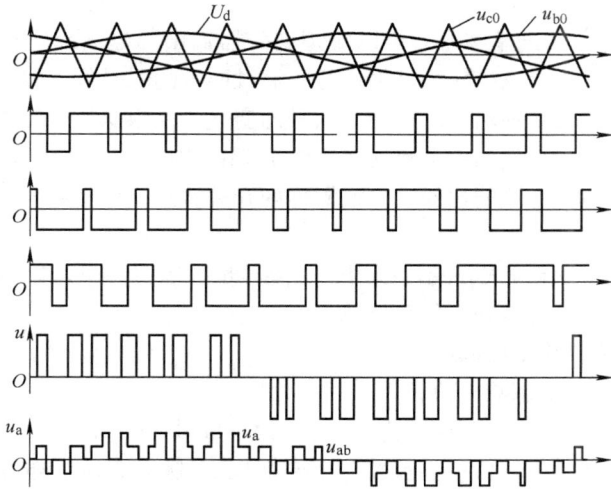

图 4-45 双极性控制的 SPWM 电压型三相逆变器的输出波形

电路芯片作为 SPWM 信号的发生器[4]，后来更进一步把它做在微机芯片里面，生产出多种带 PWM 信号输出口的电动机控制用的 8 位、16 位微机和 DSP 芯片。

2）电压空间矢量 PWM 调制方法。

电压空间矢量（Space Vector PWM，SVPWM）调制法与载波调制等方法不同，它是从电动机的角度出发，着眼于如何使电动机获得幅值恒定的圆形旋转磁场，即以三相对称正弦波电压供电时交流电动机的理想圆形磁通为基准，用逆变器不同的开关模式所产生的实际磁通去逼近基准圆磁通，由比较的结果决定逆变器的开关，形成 PWM 波形。

SVPWM 控制的基本思想是：根据电压型六拍逆变器的换流过程，其电压空间矢量为一个正六边形，如图 4-46a 所示，将六边形的 6 个扇区进一步细分，在每个扇区中再插入一些中间矢量，这些中间矢量由 8 个基本电压矢量的线性组合产生，构成一个多边形来逼近圆形，如图 4-46b 所示。

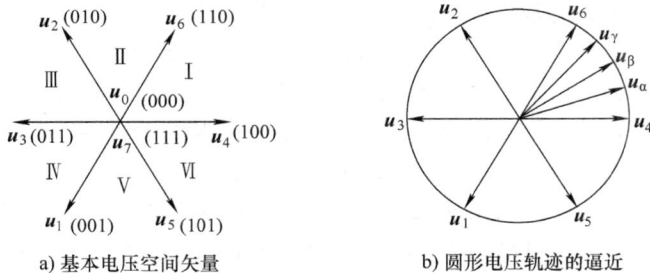

a) 基本电压空间矢量   b) 圆形电压轨迹的逼近

图 4-46 电压空间矢量图

3）PWM 跟踪控制方法。

PWM 跟踪控制方法的基本思想是以希望逆变器输出的电压或电流波形作为指令信号，将检测的实际电压或电流作为反馈信号，通过两者的瞬时值比较来决定逆变电路各开关器件的通断，使实际的输出跟踪指令信号的变化。在跟踪控制法中常用滞环比较方式或三角波比较方式[2]。例如：电流滞环跟踪 PWM 控制方法采用滞环比较器，通过正弦给定电流与实际检测电流的比较，决定器件的开关状态，使实际输出的电流跟踪给定的正弦电流的变化。

VSI 因采用强迫换流方式，既可以用于交流异步电动机，也可以用于同步电动机组成的交流调速系统。并具有如下优良性能：

1）变频范围宽，输出频率高；

2）输出波形好，动态响应快；

3）网侧电流谐波小，主要谐波为 5 次、7 次、11 次和 13 次谐波，如果采用双二次线圈的 Ddy 型变压器供电，两组整流器输出叠加成 12 脉波直流，还可消除 5 次和 7 次谐波，进一步减低谐波；

4）功率因数较 CSI 变频器高，这是因为 VSI 变频器采用二极管整流，则其网侧功率因数为：$PF_{DR} = 3/\pi = 0.955$，并在整个 VSI 调节过程中保持不变，相应的谐波电流也较小，优于 CSI 变频器。

但其不足之处在于：由于采用二极管整流器无法有源逆变，且在直流回路用电容滤波和缓冲无功功率，钳制着电压的极性，不能迅速反向，其再生制动的能量不易回馈到电网，会在直流母线产生泵升电压。为了抑制泵升电压，释放制动电能，需要设置动态制动电阻及其控制单元。

虽然，VSI 变频器被公认为无论是系统性能还是经济指标都很好的电力传动控制方式，但是，由于 PWM 变频器需要采用可关断器件 IGBT、IGCT 等，而与晶闸管相比，这类器件的电流容量和电压等级较低，目前大约能提供 3MW 容量。

4.4.4.2 交 - 交变频器

交 - 直 - 交变频器由于存在直流环节，带来转换损耗和时滞效应。而交 - 交直接变频器可省去直流环节，提高一次功率变换效率和加快响应速度。交 - 交变频器有两种构造方法：一是采用 SCR 反并联组成交 - 交变频器；二是矩阵式交 - 交变频器。船舶电力推进系统因功率大，通常采用普通交 - 交变频器。

普通交 - 交变频器由正、反两组晶闸管 SCR 反并联组成，其基本原理是控制两组 SCR 轮流工作，将输入 SCR 的恒压恒频交流电变换为变压变频的交流输出。由于在变换电路中没有直流环节，是不同交流的直接变换，又因是两组 SCR 的轮流工作，所以又被称为循环变流器（Cycloconverter）或周波变换器。

图 4-47a 给出了一个单相循环变流器结构，由两组 SCR 反并联组成，当正组整流时，VF 输出直流电压，在负载上流过正向电流 $+I_d$；当反组整流时，VR 输出极性相反的直流电压，在负载上流过反向电流 $-I_d$。这样，正、反两组按一定周期相互切换，在负载上就获得交变的输出电压 u_o，u_o 的幅值决定于各组 SCR 的控制角 α，u_o 的频率决定

于正、反两组 SCR 的切换频率。

为了获得正弦波输出，常用的方法是采用 α 调制控制方式[15]，在 SCR 导通的正反两个半个周期中，使触发角 α 由 π/2（对应于平均电压 $u_o = 0$）逐渐减小到 0（对应于 u_o 最大），然后再逐渐增加到 π/2（u_o 再变为 0）。当 α 角按正弦规律变化时，其输出电压和电流波形如图 4-47b 所示，平均输出电压即为图中虚线所示的正弦波，其一个周期的波形分为 6 个阶段：

1）第一阶段：$u_o > 0$，$i_o < 0$，VR 逆变，变流器工作于第二象限；
2）第二阶段：电流过零，VF 和 VR 封锁，为无环流死区；
3）第三阶段：$u_o > 0$，$i_o > 0$，VF 整流，变流器工作于第一象限；
4）第四阶段：$u_o < 0$，$i_o > 0$，VF 逆变，变流器工作于第四象限；
5）第五阶段：电流过零，VF 和 VR 封锁，为无环流死区；
6）第六阶段：$u_o < 0$，$i_o < 0$，VR 整流，变流器工作于第三象限。

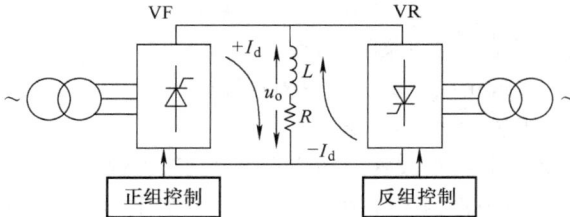

a) 单相交-交变频电路结构

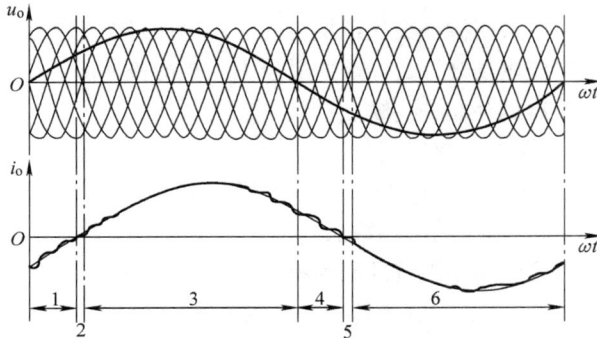

b) 单相交-交变频电路输出波形

图 4-47 单相交-交变频器

三相交-交变频器可以由 3 个单相交-交变频电路组成，如图 4-48 所示，只需要控制每个单相交-交变频器输出的交流电压的相位相互差 120°。如果每组 SCR 都用桥式电路，含 6 个晶闸管（当每一桥臂都是单管时），则三相可逆线路共需 36 个晶闸管，即使采用零式电路也须 18 个晶闸管。

三相交-交变频器的主电路接线方式有两种：

（1）公共交流母线方式

采用一个电源变压器向公共交流母线供电，三组单相交－交变频器通过进线电抗器连接在公共交流母线上，分别向电动机的3个绕组供电，电动机的三相绕组必须独立，相互隔离。

（2）独立交流电源方式

采用三个电源变压器分别向三组单相交－交变频器供电，三组变频器中点相互连接，三相电动机绕组按 Y 型连接，其主电路结构如图所示。由于变频器中点不与负载中点相连接，因而使三组变频器输出的 3 倍频的谐波相互抵消，减低了谐波对负载的影响。

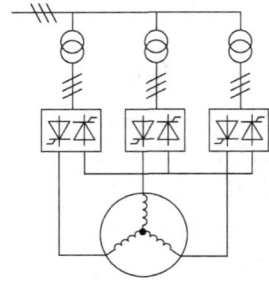

图 4-48　三相交－交变频器

与交－直－交变频器相比，交－交变频器的优点是：

1）采用电网自然换流，由一次换流即可实现变压变频，换流效率高；

2）能量回馈方便，容易实现四象限运行；

3）低频时输出波形接近正弦，电压谐波相对较小；

4）过载能力强，可提供 250% 的过载。

而且采用晶闸管 SCR，其技术成熟，功率大（大于 30MW），适用于大功率低速电力传动系统，因此在船舶电力推进系统中应用较多。一般主要选择同步电动机作为驱动电动机。这是因为同步电动机的气隙较大且具有较高的鲁棒性，加上发电的同步发电动机与拖动的同步电动机的结构相同，在大功率的应用场合更易匹配。此外，循环变流器的低频大功率特性，使采用循环变流器供电的同步电动机调速系统更适合于需要低速大转矩的船舶电力推进应用场合，比如需要零速大力矩的破冰船。

但是，循环变流器也存在一些缺点：

1）使用晶闸管数量多，接线复杂；

2）输出频率范围窄，只能在 $1/2 \sim 1/3$ 电网频率以下调频，最高频率仅为 20Hz；

3）由于采用相控整流，功率因数低。

影响循环变流器网侧功率因数的原因有 3 个：

1）电流的畸变因子，其网侧的畸变因子取决于输入电源频率与负载频率之比：f_s / f_d，约为 0.76；

2）相位因 α 调制而变化；

3）与负载电动机功率因数有关。

4.4.5　中压变频器

对于大容量（功率等级在数百千瓦以上）的船舶电力推进系统，为了节省铜材，减小设备体积和重量，降低线路损耗，需采用中压（电压等级为 3kV、6kV 或 10kV）变频器。目前中压变频器的技术方案和产品有 3 种。

4.4.5.1 串联两电平变频器

在上述两电平变频器中采用主电路开关器件串联的方法，提高器件的耐压。这需要将多个耐压高的大功率开关器件串联使用，并要解决串联开关器件同时导通和关断问题，增加了控制难度；还需要采取均压措施，防止串联器件上电压分配不均，致使线路复杂，可靠性降低。另外，由于存在很高的 du/dt 和共模电压，这对电动机绕组绝缘构成了威胁。为了解决上述问题，自 20 世纪 80 年代以来，研究和发展了多电平技术，构造了各种多电平变换器[16]。

4.4.5.2 多电平变频器

多电平变频器主要有二极管箝位式、电容箝位式和级联式等电路拓扑结构。目前，在中压系统中常用三电平变频器，图 4-49 给出了一个典型的采用二极管中点箝位式的三电平变频器的拓扑结构。该逆变电路每一相有 4 个开关元器件、4 个续流二极管和两个箝位二极管来构成，其换流模式有 3 种形式：

（1）当 S_{a1}、S_{a2} 导通，S_{a3}、S_{a4} 关断时，$u_{ao} = U_d/2$；

（2）当 S_{a2}、S_{a3} 导通，S_{a1}、S_{a4} 关断时，$u_{ao} = 0$；

（3）当 S_{a3}、S_{a4} 导通，S_{a1}、S_{a2} 关断时，$u_{ao} = -U_d/2$。

可见其每相能够输出 3 个电平，箝位二极管在负载电流反向时可起到箝位和续流的作用。

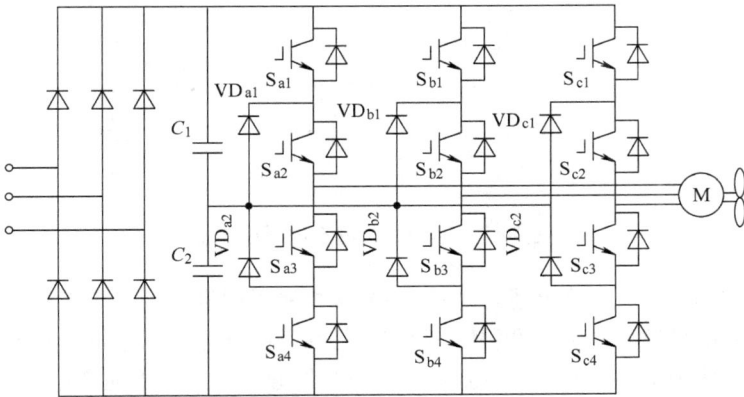

图 4-49 二极管中点箝位式三电平变频器的拓扑结构

由于箝位二极管的作用，每个处于关断状态的器件仅承受一半的直流母线电压。因此，与两电平逆变器相比，若选择耐压相同的器件，三电平逆变器的输出电压提高一倍。

该拓扑的优点主要有：

1）三电平 NPC 逆变电路对器件的耐压要求不高。开关元器件所承受的关断电压为直流回路电压的一半。

2）三电平逆变器输出的负载相电压为 9 电平，相对于两电平拓扑输出 5 电平，各电平幅值变化降低，这就使得它对外围电路的干扰小，对电动机的冲击小，在开关频率附近的谐波幅值也小。

3）三电平逆变电路输出为三电平的阶梯波，其形状更接近于正弦。在开关频率相同的条件下，谐波比两电平电路要小得多。

为了提高直流母线电压和减少纹波，整流电路可以采用由 Ddy 变压器供电的双二极管整流器串联型拓扑结构（见第 6 章）。如果需要功率的双向传输，可采用两个多电平变换器背靠背连接方式，组成双多电平 PWM 变流器。

如果需要进一步提高变频器的输出电压，可将箝位型三电平变频器的思想推广到更多电平，比如：五电平、七电平、九电平等。其逆变电路可按图 4-50 的通用箝位型多电平构造方式，设计和开发所需的多电平变频器[16]。

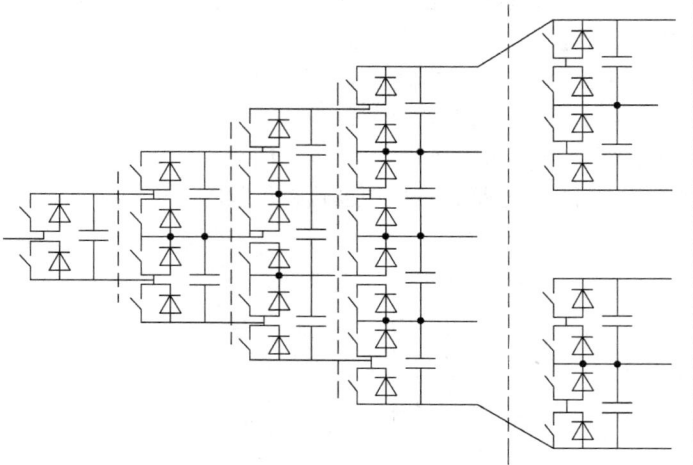

图 4-50　通用箝位型多电平变频器

多电平的调制方法可将上述两电平的 PWM 控制思想推广到多电平逆变电路的控制中。但由于多电平逆变电路的 PWM 控制方法是和其拓扑紧密联系的，不同的拓扑有不同的特点，从而也就具有不同的控制要求。但归纳起来，多电平逆变电路的 PWM 控制技术主要对两方面目标进行控制：第一，输出电压的控制，即变换器输出的脉冲序列在伏秒意义上与目标参考波形等效；第二，针对变换器本身正常运行的控制，包括直流电容的均压控制、输出谐波控制、所有功率开关的输出功率平衡控制以及器件的开关损耗控制等。

目前，多电平逆变电路的 PWM 控制方法主要分为两大类：载波调制法和电压空间矢量（SVPWM）法[10]。载波调制法又有载波移相法（Phase Shifted Carrier PWM）和载波层叠法（Carrier Disposition PWM）之分；多电平空间矢量调制法也有不同的实现途径。

4.4.5.3 级联式多电平变频器

级联式是构成多电平变频器的另一种方式。一个单相电压型 H 桥级联变频器的电路拓扑如图 4-51 所示[17]，它由多个单相 H 桥式变频器串联而成，每个 H 桥式变频器采用 4 个开关器件，并由彼此独立的直流电源供电，其输出为 3 个电平 U_d，0，$-U_d$ 的交流电压。将 n 个 H 桥变频器作为标准的功率单元，串联后其输出波形叠加而成的相电压是每个单元的 n 倍，从而实现中压变频输出。电压型 H 桥级联变频器输出相电压的电平数为 $2(n-1)+3$，例如：如图 4-51 所示的变频器因 $n=4$，其输出相电压为 9 电平。

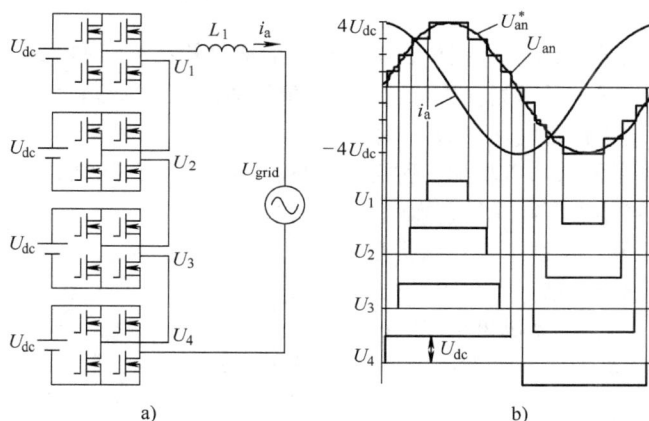

图 4-51 级联式多电平变频器[17]

由于每个功率单元都由独立的直流电源供电，H 桥中每个开关器件仅承受其独立直流电源的电压 U_d，从而降低了对器件耐压的要求。例如：选用 1700V 的 IGBT 作为开关器件，用 3 个 H 桥串联，可输出 3kV 中压；依次类推，若需要输出 6kV 中压，可以用 6 个 H 桥串联。而且，因每个直流电源独立，其开关器件不需要采取均压措施。

级联式变频器也可采用 PWM 调制，每相中各串联桥的开关周期 T 的起点顺序均匀错开 T/n 时间，这样其合成脉冲波形的开关频率是单个桥的 n 倍，即可用较低的开关频率获得高频的开关输出，进一步降低电压畸变。例如：如果 $n=3$，若每个功率单元的开关频率为 800Hz，其输出相电压波形的开关频率为 2.4kHz。

而且，级联式变频器还可以对各功率单元提供不同的直流电压并采用不同的 PWM 调制方式，使其合成的输出波形更接近正弦波，如图 4-52 所示[17]。

由 3 个单相 H 型级联式变频器可以组成三相级联式变频器，如图 4-53 所示。

级联式变频器具有如下优点：

1）使用低压开关器件级联实现中、高压输出，且不需要器件均压；

2）输出电压电平数多，电压畸变小，且 du/dt 小；

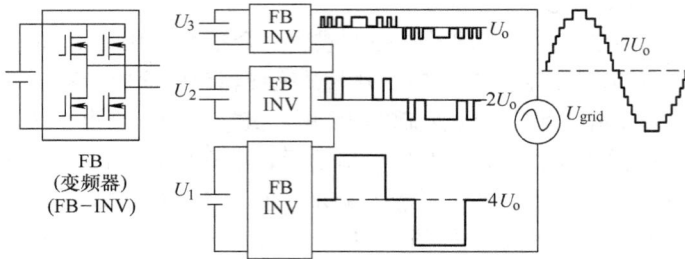

图 4-52　级联式变频器的 PWM 调制方式[17]

3）直流电源由输入整流器提供，多个整流器通过输入变压器二次绕组移相，其等效整流脉波数多，减小了网侧电流谐波，且功率因数高达 0.95 以上。

但是，级联式变频器也存在如下缺陷：

1）随着功率单元级联数增加，所需开关器件多，主电路复杂，特别是电路中使用了大量的电解电容作为储能元件，影响其可靠性；

2）输入变压器二次绕组多，且相互之间还要移相，制造困难；

3）整流电源多，电动机再生制动的能量吸收和回馈不易。

4.4.6　多相变频器

多相变频器是为多相电动机供电的专用变频器，其构建方式可采用两种方式：一是按照目前单相或三相变频器的构建方法，通过增加逆变器的桥臂来增加输出相数，例如：一个 5 相的两电平

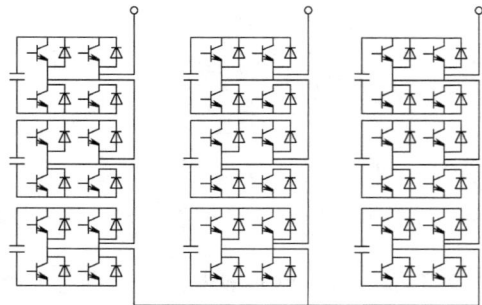

图 4-53　三相 H 型级联式变频器

变频器，其逆变器侧由 5 个两电平的桥臂组成；另一种方式是，采用多个单相变频器组成多相变频器，例如：5 相变频器由 5 个单相变频器组成，每个单相变频器分别连接相应的电动机绕组。例如：Alstom 公司为 AIM 推进电动机研制的 15 相变频器如图 4-54 所示，由 3 个独立的 5 相变频器组成[18]。

4.5　典型的船舶电力推进装置

ABB 公司针对 6kV 中压船舶电力推进系统应用，推出了 ACS6000 系列变频器[19]。该装置采用模块化结构（PEBB），由电源变压器、整流模块、直流母线（DC Link）模块和逆变模块 3 部分组成，如图 4-55 所示。

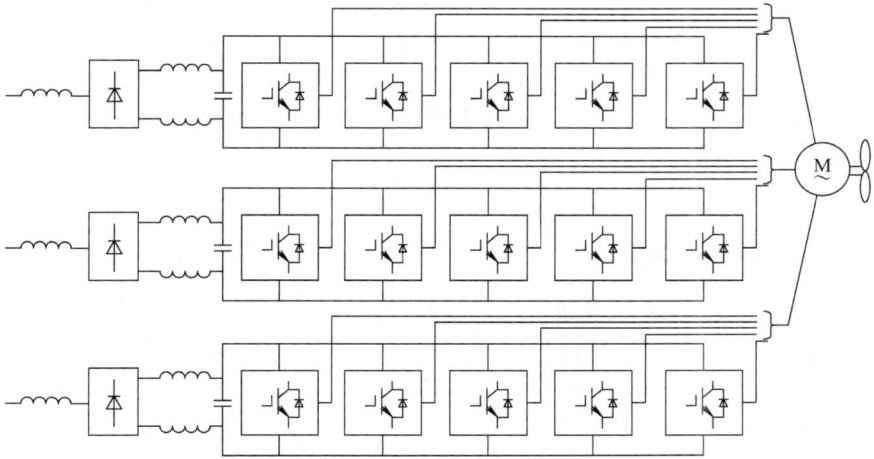

图 4-54　Alstom 公司的 15 相变频器

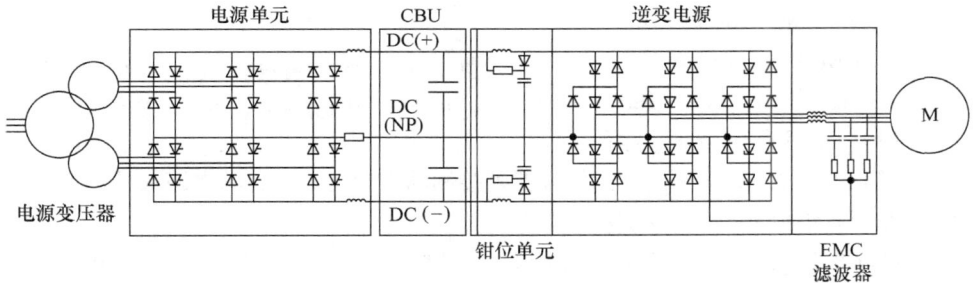

图 4-55　ABB 公司 ACS6000 系列变频器（资料来源：ABB 公司）

4.5.1　整流模块

整流模块主要分为电源输入单元与整流单元两部分：

1）电源输入单元主要作用是连接电网与变频器，可根据整流器的主电路拓扑与输出要求选用单二次绕组 Dyn 型变压器或双二次绕组 Ddyn 变压器；如果不用电源变压器，也可选用进线电感单元限制线路电流和发热。

2）整流单元可选用输入电源单元（Line Supply Unit，LSU），LSU 采用二极管三相桥式整流电路产生 6 脉波直流输出；或采用两个二极管三相桥式整流电路串联产生 12 脉波的直流输出。也可选用主动整流器（Active Rectifier Unit，ARU），采用晶闸管三相桥式整流电路，既可以工作于整流状态，产生 6 脉波直流输出；也可工作在有源逆变状态，向电网回馈能量。为了抑制 ARU 对电网的谐波电流，还配备了输入滤波器（Input Filter Unit，IFU）供选用。LSU 的主要技术参数：

1）输入电压　2×1725VAC（12-Pulse Industry）；2×1650VAC（12-Pulse Marine）；1×3300VAC（6-Pulse）。

2）输入频率：50/60（1±5%）Hz。

3）最大不平衡电压：±2%（Uneg/Upos according to IEC 61000-2-4）。

4）基本功率因数：PF>0.95。

5）电缆最大长度：300m。

4.5.2　直流母线模块

直流母线（DC Link）模块由电压限制单元（Voltage Limit Unit，VLU）、电容储能单元（Capacitor Bank Unit，CBU）等组成，如图4-56所示。

1）VLU 的主要作用是限制动态直流电压，可以采用两种方案：电阻制动单元（Resistor Braking Unit，RBU）或制动斩波单元（Braking Chopper Unit，BCU）。RBU 采用直流斩波器内

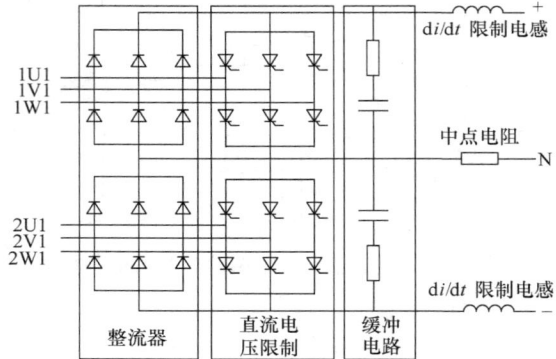

图4-56　12相二极管整流器与晶闸管 Crowbar 保护电路（图片来源：ABB 公司资料）

置制动电阻的方案；BCU 采用直流斩波器外接制动电阻的方案，其电路如图4-56所示，由12个晶闸管组成 Crowbar 保护电路。

Crowbar 保护电路将在变频器短路时触发晶闸管，使整流器短接，以避免逆变器的进一步损坏。当保护系统检测到短路时，将产生触发脉冲信号，触发晶闸管导通。

每个 RBU 能够制动的功率约为0.5~0.8MW，在一个制动周期内可以制动的总能量为10MW·s。如果需要制动更大的功率，可以增加 RBU 装置。

接在后面的两个 RC 分别从直流母线的正、负极连接到中点 N，组成 Snubber 电路。主要用来抑制整流器中二极管与 Crowbar 电路中晶闸管的 du/dt 和 di/dt，以及整流二极管关断时产生的过电压。直流母线的正、负输出端分别接了两个限流电感 LCL1 和 LCL2，用来抑制直流母线的 di/dt，并能在短路时承受大电流冲击。

2）CBU 主要由滤波电容构成，作为直流回路的能量缓冲和滤波。CBU 模块如图4-57所示，由电容器、充电单元、接地开关、放电单元（DIU）、冷却单元、温度监测、辅助电源等组成。

对于快速负载变化的场合，必须设置能量缓冲单元，以稳定直流母线电压。直流母线电容量取决于电容器组的大小，例如：6个电容器组可用于9MVA。每个水冷电容器组安装了两个大电容（2×1.6mF/2700V/260A），每个电容器承受50%的直流母线电压。如果需要采用两路 CBU 增加系统的故障冗余，需要配备隔离单元（Isolator Unit，ISU），切换两个 CBU 的使用。

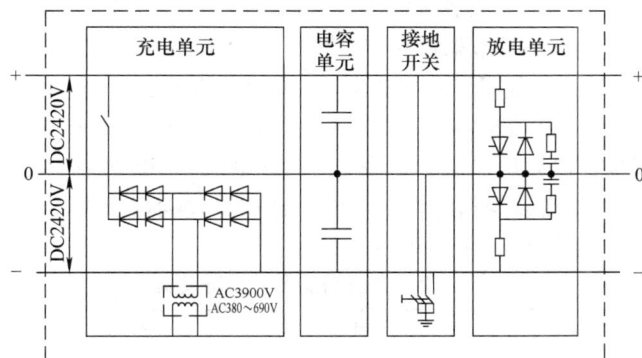

图 4-57　CBU 电路结构图（图片来源：ABB 公司）

3）充电单元（CIU）用来在主电源开关合闸前，对电容进行预充电，以避免变频器的过电压。电容预充电过程通常约需 40s 时间。

4）放电单元（DIU）主要用来给电容放电，通常安装在电容模块中。DIU 模块虽然可以通过电阻放电，其功能与 Crowbar 电路类似，但因其放电能量有限，制动能力较差，通常与 ARU 配合用于负载变化不大的场合。如果变频器采用 LSU，且没有电压限制单元（VLU）、制动电阻单元（RBU）或制动斩波器单元（BCU），也可采用 DIU 来防止直流母线过电压，不过其制动能力不足。

4.5.3　逆变模块（INU）

逆变模块主要由 6 拍自换流电压源的逆变单元（Inverter Unit，INU）组成，如图 4-58 所示，主电路拓扑采用二极管中点钳位三电平逆变器结构，主开关器件选用 IGCT。对于额定容量 3～5MVA 的输出，仅需要一个逆变单元；对于额定容量 7～9MVA 的逆变单元，需要两个逆变单元并联使用。

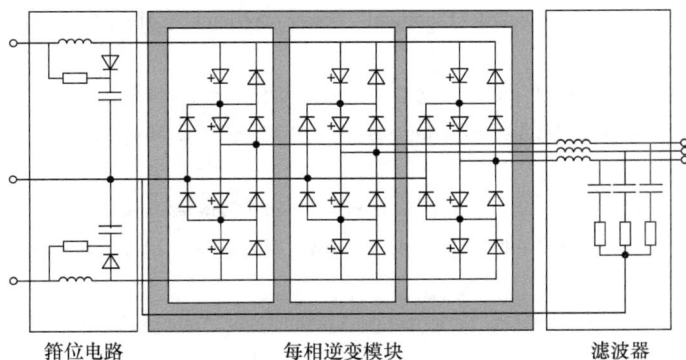

图 4-58　INU 单元及其滤波与保护电路（图片来源：ABB 公司）

在 INU 中 IGCT 和续流二极管也需要设置保护电路，上述限流电感 LCL1 和 LCL2 也能抑制逆变单元的 di/dt；还需采用由 RC 和二极管组成的箝位电路来释放限流电感、IGCT 与续流二极管的存储能量，并保护 IGCT 关断时的过电压。

每个 INU 的交流输出端连接了一个 3 相的 *LRC* 滤波器，用来减少输出电压的谐波和抑制 du/dt，以保护电动机避免逆变器输出脉冲电压尖峰的冲击。

电力推进装置中，变频器和电动机需配套选用，以满足推进器的需求。表 4-10 给出了一些典型的电力推进装置的类型。

表 4-10　典型船舶电力推进装置

	PWM 逆变器	同步变流器	交—直—交逆变器	循环变流器
开关器件	IGBT	晶闸管	GTO	晶闸管
驱动电动机	感应电动机	同步电动机	感应电动机	同步电动机 感应电动机
电压定级/V	400/1100	1100/4000	2400/3600	2000/6000
电动机功率/MW	0.5/8	4/16	0.3/10	16/20
调速范围（%）	5~100	10~100	1~100	1~100
转矩脉动（%）	1	5~7	1~2	1~2

参 考 文 献

[1] Ådnanes A K Maritime Electrical Installations Lecture Slides, Marine Control Systems, Marine Cybernetics, Department of Marine Technology, NTNU, Trondheim, Norway, 2004.

[2] 王国强，董世汤，等. 船舶螺旋桨理论与应用 [M]. 哈尔滨：哈尔滨工程大学出版社，2005.

[3] Alf Kåre Ådnanes. Maritime Electrical Installations And Diesel Electric Propulsion [R]. The report of ABB AS Marine, 2003.

[4] 竺伟，等. 通用变频器 [M]. 2 版. 北京：机械工业出版社，2000.

[5] Mukund R Patel. Shipboard Electrical Power Systems [M]. England：Taylor Francis Inc，2011.

[6] 汤天浩. 电机及拖动基础 [M]. 北京：机械工业出版社，2008.

[7] R Krishnan. Permanent Maghet Synchronous and Brushless DC Motor Drives [M]. U.S.；CRC Press，2010.

[8] A Parviainen. Design of Axial – Flux Permanent – Magnet Low – Speed Machines and Performance Comparison between Radial – Flux and Axial – Flux Machines [J]. Lappeenranta University of Technology, 2005 (4).

[9] A Chen, R Nilssen A Nysveen. Performance Comparisons Among Radial – Flux , Transverse – Flux PM Machines for Downhole Applications [J]. IEEE Transactions on Industry Applications, 2010, 46 (2)：779 – 789.

[10] JF Charpentier. Modeling, Design and Tests of "Rim – driven" marine current turbine genera-

tors and marine propellers ［D］. PhDWorks of L Drouen, collaboration with L2EP/AM, 2011.

［11］O Krovel, et al. Design of an Integrated 100kW Permanent Magnet Synchronous Machine in a Prototype Thruster for Ship Propulsion ［C］. Proceedings of ICEM'2004, 2004.

［12］Clive L, The Advanced Induction Motor ［J］. IEEE Power Engineering Society Summer Meeting ［C］, 2002, 1: 250 –253.

［13］汤天浩. 电力电子与传动控制在船舶电力推进中的新发展和应用 ［J］. 电气传动自动化: 增刊, 2001 (4).

［14］陈伯时. 电力拖动自动控制系统 ［M］. 北京: 机械工业出版社, 2002.

［15］林渭勋. 现代电力电子技术 ［M］. 北京: 机械工业出版社, 2006.

［16］李永东, 等. 大容量多电平变换器 ［M］. 北京: 科学出版社, 2005.

［17］Jin – Sheng Lai. Power conditioning circuit topologies. IEEE Industrial Electronics, 2009, 3 (2): 24 –34.

［18］Terry Ericsen, Narain Hingorani, Yuri Khersonsky. Power Electronics and Future Marine Electrical Systems ［J］. IEEE TRANSACTIONS ON INDUSTRY APPLICATIONS, 2006, 42 (1): 155 –163.

［19］Sophia Liu. ACS6000 AD/SD MV AC Drive introduction general. ABB, 2011.

第 5 章　船舶电力推进自动控制系统

本章在前几章的基础上，论述船舶电力推进系统的控制。着重从系统结构、数学模型和控制方法等方面分析和讨论船舶电力推进系统的建模、控制，以及状态监测、故障诊断等问题。

5.1　船舶电力推进系统的基本结构与控制要求

5.1.1　船舶电力推进控制系统的基本结构

船舶电力推进系统的基本结构如图 5-1 所示，主要由推进电动机、变流器和控制系统构成。控制系统接收控制中心或上位机的控制指令，根据测量的变流器的输出与电动机的运行信号向变流器给出适当的控制信号，来调节电动机的转速和转矩等，从而控制螺旋桨的推力和船速。同时，检测的信号除了反馈给控制系统外，还传送给监控系统，进行系统状态显示、故障报警和安全保护等。因此，控制策略的选择和控制系统的设计对于提高系统性能至关重要。

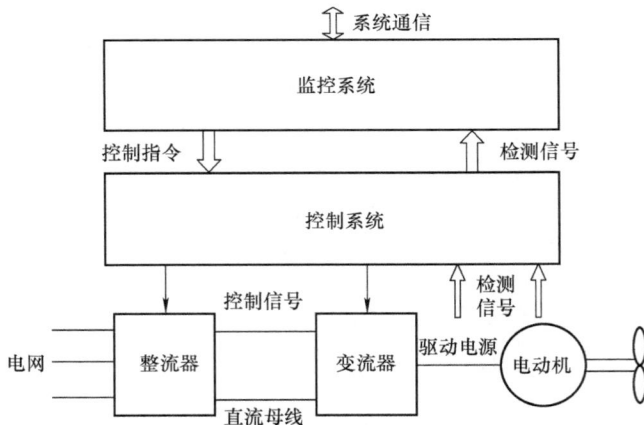

图 5-1　船舶电力推进系统基本结构

5.1.2　船舶电力推进系统的控制原理与方法

船舶电力推进的原理是由电动机驱动螺旋桨，由螺旋桨旋转产生推力驱动船体的运动。船、桨与电动机的相互作用关系如图 5-2 所示，电动机输出电磁转矩 T_e 驱动螺旋桨旋转使水流产生推力 T_P，船舶运动速度为 v_{sp}；根据力学原理，螺旋桨对电动机产生阻力矩 Q_P，即为电动机的负载转矩 T_L，且有 $T_L = Q_P$。

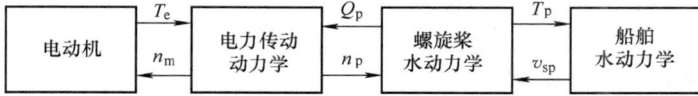

图 5-2　船舶推进系统的力学关系

由此分析，电动机传动控制应采用转矩控制方法，使螺旋桨按一定的转速旋转，以产生所需的船舶推力，保持船舶的航速。这样，船舶运动系统的反馈闭环控制结构应如图 5-3 所示，船速作为系统的指令，控制器根据给定船速 v_{sp}^* 与实际船速 v_{sp} 比较产生电动机的转速指令 ω_m^*；而电力推进控制系统则根据给定转速与实际转速 ω_m 的误差产生转矩控制信号 T_e^*，使电动机输出所需的电磁转矩 T_e，驱动螺旋桨产生推力使船舶以速度 v_{sp} 前进，而螺旋桨的转矩 T_L 为电动机的负载转矩反馈回来，其系统结构如图中点画框中所示。

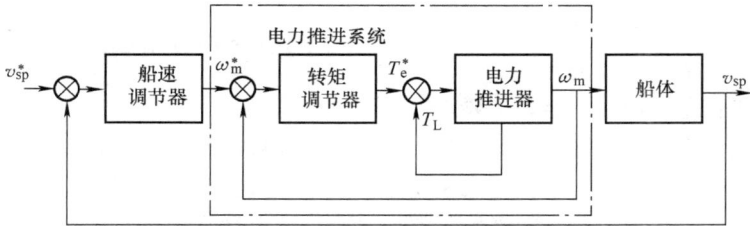

图 5-3　船舶运动控制系统基本结构

在图 5-3 中，船速及其位置控制属于船舶运动控制系统范畴，其控制策略与控制系统设计等需要船舶模型与水动力学知识，将在第 8 章有所涉及。本章重点论述电力推进系统的控制方法和设计。

5.1.3　船舶电力推进控制系统的要求

由于船舶运动惯量大，速度慢，其状态变化的时间是数分钟，而推进电动机的电磁过程变化快，其变化时间是几秒钟，因此，在分析船舶电力推进系统运动过程时，可以仅考虑电动机与螺旋桨的相互作用。

对于电力推进系统，其技术要求主要有稳态性能和动态性能两方面的要求。

（1）系统稳态性能要求

所谓稳态性能是指系统稳定工作时的状态，这就要求推进电动机的转矩特性与螺旋桨的运行特性相匹配。螺旋桨的运行特性已在 4.1.6 节中给出，如图 5-4 所示，概括起来有如下特点：

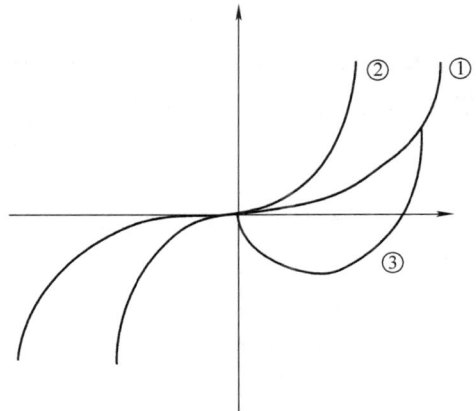

图 5-4　螺旋桨运行特性

1) 在自由航行（曲线①）与系泊（曲线②）时，螺旋桨运行于第1和第3象限；

2) 在倒车（曲线③）时，螺旋桨运行从第1象限经过第4象限至第3象限。

因此，船舶电力推进系统一般要求电动机具有4个象限的运行模式：在第1象限和第3象限，电动转矩 T_e 与转速 n 方向相同，电动机输出功率 $P \geqslant 0$，电动机为电动运行状态；在第2象限和第4象限，电动转矩 T_e 与转速 n 方向相反，电动机输出功率 $P \leqslant 0$，电动机为制动状态；其4个象限的运行特性如图5-5所示。

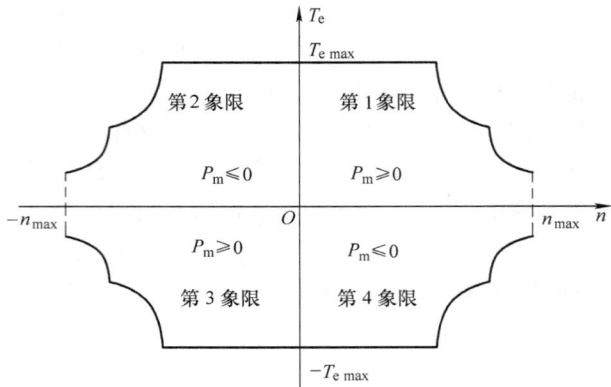

图5-5　电动机的四象限运行特性

对于电动机的功率、转速和转矩，其工作范围应能满足如下要求：

1) 最高转速 n_{max} 限制在额定转速 n_N 的120%～140%范围内，当 $n \leqslant n_N$ 时，电动机按恒转矩模式控制；当 $n \geqslant n_N$ 时，电动机按恒功率模式控制；并具有超速自动保护功能，以防船舶在大风浪中颠簸时螺旋桨浮出水面造成电动机超速。

2) 最大转矩 $T_{e\,max}$ 限制在额定转矩 T_{eN} 的1.5～2.5倍的范围内，即使电动机具有一定的堵转能力，也保护电动机不能长期超载及过热。

3) 当负载变化时，保持电动机的输出功率恒定，即 $P_m = P_{max}$ 以充分利用电动机的功率。

按照上述要求，电动机的输出特性应控制在图5-5所示的由最高转速 n_{max}、最大转矩 $T_{e\,max}$ 和最大功率围成的工作区间内，其最大值的限制为

$$n_{max} = (1.2 \sim 1.4) n_N \tag{5-1}$$

$$T_{e\,max} = (1.5 \sim 2.5) T_{eN} \tag{5-2}$$

$$P_{max} = P_e \tag{5-3}$$

要获得如图5-5所示的电动机特性，需要对电动机进行适当的控制。如果要改变螺旋桨的转速，则还需调节和控制电动机的转速。

（2）系统动态要求

通常的控制系统响应曲线如图5-6所示。

对于船舶电力推进系统，其控制系统动态要求与船舶用途有关，比如：运输船、破冰船、拖船等对

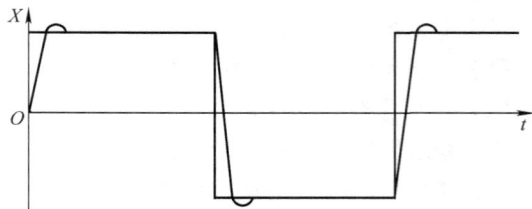

图5-6　船舶系统的Z型动态响应曲线

动态要求各不相同。一般而言，船舶的动态控制是以效率优先来考量的。即定义船舶的最优控制为：船舶在随机的风浪中，以最小的能耗优先来考量的，即定义船舶的最优控制为船舶在随机的风浪中，以最小的能耗在时间 t 内通过了距离 x。由此，船舶电力推进系统的动态性能一般要求是：

1）加速度：当船舶满载时，在给定时间内，以最小的消耗达到最高航速。

2）抗扰动：当船舶受到风浪影响或在冰中航行，其螺旋桨的阻力矩变化时，保持运行且消耗最小。

5.1.4 船舶电力推进系统的控制方法

根据船舶电力推进系统的基本原理，应该对推进电动机进行转矩或功率控制。即采用恒转矩控制或恒功率控制方法。

（1）恒转矩控制方法

按照电动机理论，无论何种电动机，其电磁转矩的方程都可表达为如下形式

$$T_e = K_T I_s I_r \tag{5-4}$$

式中 K_T——转矩系数，说明电动机的电磁转矩与定子或转子电流成正比。

也就是说：通过控制电动机定子或转子电流即可控制电磁转矩。

对于直流电动机，其定子为励磁绕组，定子电流为励磁电流；转子为电枢，转子电流为电枢电流。因而，控制电枢电流或励磁电流可以控制转矩。

对于交流异步电动机，其定子电流产生旋转磁场，其转子电流为感应电流，因而只能通过控制定子电流来控制转矩。

对于交流同步电动机，其定子与异步电动机相同，由定子电流产生旋转磁场，而转子为励磁绕组，转子电流也可控制。因而，与直流电动机相仿，也可通过控制定子电流或转子电流来控制转矩。

（2）恒功率控制方法

由于电动机的功率与转矩及转速的关系为

$$P_m = \frac{n T_e}{975} \tag{5-5}$$

式中 P_m——电动机输出功率，单位为 kW；

T_e——电动机的电磁转矩，单位为 kg·m；

n——电动机转速，单位为 r/min。

若要保持恒功率控制，需要对转速和转矩进行控制，即转速上升时，减小转矩；而转矩增大时，则降低转速。

为了扩大调速范围和提高控制性能，在实际应用中往往将恒转矩控制与恒功率控制两种方法相结合，采取配合控制的策略。

5.2 船舶电力推进系统的数学模型

如前所述，船舶电力推进系统主要由变流器、电动机和控制器组成，其中：变流器

和电动机是被控对象。按照控制理论，系统性能分析，以及控制器的选择和设计，都需要建立系统的数学模型。从控制系统的角度看，变流器的数学模型相对简单，一般作为带放大的一阶惯性环节，而电动机的数学模型则是系统建模与控制的关键。

一般而言，电动机的数学模型分为稳态模型和动态模型两类，稳态模型是根据电动机的稳态等效电路建立的数学模型，仅能描述系统的稳态特性；而动态模型则是由电动机的状态方程来表示，可描述其动态过程和特性。

5.2.1 直流推进电动机的模型

5.2.1.1 直流电动机的等效电路

他励直流电动机如图 5-7 所示，其定子上有励磁绕组 F，转子上有电枢绕组 A，分别通以直流电源 U_a 和 U_f，由励磁电流 I_f 产生主磁通 Φ；在电枢电流 I_a 的作用下产生电磁转矩 T_e，使电动机以角转速 ω_m 旋转，并产生旋转电动势 E_a。为简便起见，先不考虑补偿绕组，他励直流电动机可分为如图 5-7b 所示的电枢回路和励磁回路两个独立回路。

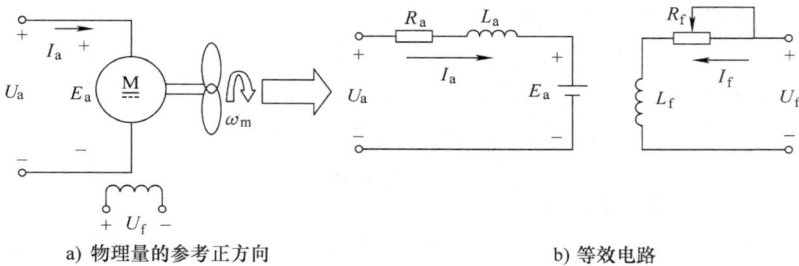

a) 物理量的参考正方向   b) 等效电路

图 5-7 他励直流电动机模型

5.2.1.2 直流电动机的数学模型

假定主电路电流连续，则电枢回路的动态电压方程为

$$U_a = R_a + L_a p I_a + E_a \tag{5-6}$$

式中 R_a——电枢回路电阻；

        L_a——电枢电感；

        p——微分算子 $p = \mathrm{d}/\mathrm{d}t$；

        E_a——电枢感应电动势。

且有

$$E_a = K_{aF} \omega_m I_F \tag{5-7}$$

同理，励磁回路的动态电压方程为

$$U_F = R_F I_F + L_F p I_F \tag{5-8}$$

若忽略粘性摩擦及弹性转矩，电机轴上的动力学方程为

$$T_e - T_L = J p \omega_m + D_\omega \omega_m \tag{5-9}$$

式中 T_L——包括电动机空载转矩在内的负载转矩；

  J——旋转部分的转动惯量；

  D_ω——机械阻尼系数；

  K_{aF}——直流电动机的感应电动势系数；

  T_e——电磁转矩。

且有

$$T_e = G_{aF} i_F i_a \tag{5-10}$$

如果式（5-6）和（5-8）的电压方程用矩阵形式表示，则为

$$\begin{bmatrix} U_a \\ U_F \end{bmatrix} = \begin{bmatrix} R_a & 0 \\ 0 & R_F \end{bmatrix} \begin{bmatrix} L_a \\ I_F \end{bmatrix} + p \begin{bmatrix} \psi_a \\ \psi_F \end{bmatrix} + \begin{bmatrix} E_a \\ 0 \end{bmatrix} \tag{5-11}$$

式中 ψ_a——电枢绕组磁链，$\psi_a = L_a i_a$；

  ψ_F——励磁绕组磁链，$\psi_F = L_F i_F$。

这样，由式（5-9）～（5-10）就构成了他励直流电动机的动态数学模型。

  当直流电动机稳态运行时，其电流为直流并保持恒定不变，可得直流电动机的稳态模型，即

$$\begin{cases} U_a = R_a I_a + E_a \\ E_a = C_e \Phi n \\ U_F = R_F I_F \\ T_e = C_T \Phi I_a = T_L \end{cases} \tag{5-12}$$

式中 C_e——直流电动机的电动势系数；

  C_T——直流电动机的转矩系数；

  Φ——磁通。

  式（5-12）说明，稳态时电动机磁通保持不变，转速也保持恒定，电磁转矩等于负载转矩。

5.2.2 交流异步电动机的模型

  交流电动机无论是异步电动机还是同步电动机，其定子都由多相对称绕组构成，所不同的是转子的形式。异步电动机又称为感应电动机，按转子结构可分为绕线转子和笼型转子两大类，一般都可看作是与定子相数相同的多相对称绕组。

  由于交流电动机的变量多且关系复杂，可采用矩阵分析方法，用电压、电流和磁链矩阵来描述电动机变量关系。在研究异步电动机的多变量非线性数学模型时，常作如下的假设：

  1）设 N 相绕组对称，忽略空间谐波，在空间中互差 $2\pi/N$ 电角度，所产生的磁动势沿气隙圆周按正弦规律分布；

  2）忽略磁路饱和，认为各绕组的自感和互感都是恒定的；

  3）忽略铁心损耗；

  4）不考虑频率变化和温度变化对绕组电阻的影响。

5.2.2.1 异步电动机的通用数学模型

交流异步电动机的通用数学模型由电压方程、磁链方程、转矩方程及运动方程组成。

（1）电压方程

$$\begin{bmatrix} \boldsymbol{u}_s \\ \boldsymbol{u}_r \end{bmatrix} = \begin{bmatrix} \boldsymbol{R}_s & 0 \\ 0 & \boldsymbol{R}_r \end{bmatrix} \begin{bmatrix} \boldsymbol{i}_s \\ \boldsymbol{i}_r \end{bmatrix} + p \begin{bmatrix} \boldsymbol{\varPsi}_s \\ \boldsymbol{\varPsi}_r \end{bmatrix} \tag{5-13}$$

式中 $\boldsymbol{u}_s$——定子电压向量，$\boldsymbol{u}_s = [u_{s1}, u_{s2} \cdots u_{sN}]$；

$\boldsymbol{i}_s$——定子电流向量，$\boldsymbol{i}_s = [i_{s1}, i_{s2} \cdots i_{sN}]$。

$\boldsymbol{R}_s$ 为定子电阻矩阵，表示如下：

$$\boldsymbol{R}_s = \begin{bmatrix} R_{s1} & 0 & 0 \\ 0 & \ddots & 0 \\ 0 & 0 & R_{sN} \end{bmatrix} \tag{5-14}$$

$\boldsymbol{u}_r = [u_{r1}, u_{r2}, \cdots, u_{rN}]$ 和 $\boldsymbol{i}_r = [i_{r1}, i_{r2}, \cdots, i_{rN}]$ 为转子电压和电流向量；

$\boldsymbol{R}_r$ 为转子电阻矩阵，表示如下

$$\boldsymbol{R}_r = \begin{bmatrix} R_{r1} & 0 & 0 \\ 0 & \ddots & 0 \\ 0 & 0 & R_{rN} \end{bmatrix} \tag{5-15}$$

$\boldsymbol{\varPsi}_s = [\psi_{s1}, \psi_{s2}, \cdots, \psi_{sN}]$ 和 $\boldsymbol{\varPsi}_r = [\psi_{r1}, \psi_{r2}, \cdots, \psi_{rN}]$ 为定子和转子磁链向量；

（2）磁链方程

$$\begin{bmatrix} \boldsymbol{\varPsi}_s \\ \boldsymbol{\varPsi}_r \end{bmatrix} = \begin{bmatrix} \boldsymbol{L}_{ss} & \boldsymbol{L}_{sr} \\ \boldsymbol{L}_{rs} & \boldsymbol{L}_{rr} \end{bmatrix} \begin{bmatrix} \boldsymbol{i}_s \\ \boldsymbol{i}_r \end{bmatrix} \tag{5-16}$$

式中 $\boldsymbol{L}_{ss}$——定子电感矩阵。

即

$$\boldsymbol{L}_{ss} = \begin{bmatrix} L_{s11} & L_{s12} & \cdots & L_{s1N} \\ L_{s21} & L_{s22} & \cdots & L_{s2N} \\ \vdots & & & \vdots \\ L_{sN1} & L_{sN2} & \cdots & L_{sNN} \end{bmatrix} \tag{5-17}$$

其中：定子各绕组的自感相等，即 $L_{s11} = L_{s22} = \cdots = L_{sNN} = L_{sm} + L_{sl} = L_s$，$L_{sm}$ 为定子主磁通电感，L_{sl} 为定子漏磁通电感；定子绕组间的互感为

$$L_{sij} = L_{sm} \cos \left[(j - i) \frac{2\pi}{N} \right] \tag{5-18}$$

$\boldsymbol{L}_{rr}$ 为转子电感矩阵，即

$$\boldsymbol{L}_{\text{rr}} = \begin{bmatrix} L_{\text{r}11} & L_{\text{r}12} & \cdots & L_{\text{r}1N} \\ L_{\text{r}21} & L_{\text{r}22} & \cdots & L_{\text{r}2N} \\ \vdots & & & \vdots \\ L_{\text{r}N1} & L_{\text{r}N2} & \cdots & L_{\text{r}NN} \end{bmatrix} \qquad (5\text{-}19)$$

其中：转子各绕组的自感相等，即 $L_{\text{r}11} = L_{\text{r}22} = \cdots = L_{\text{r}NN} = L_{\text{rm}} + L_{\text{rl}} = L_{\text{r}}$，$L_{\text{rm}}$ 为转子主磁通电感，L_{rl} 为转子漏磁通电感；转子绕组间的互感为

$$L_{\text{r}ij} = L_{\text{rm}} \cos \left[(j - i) \frac{2\pi}{N} \right] \qquad (5\text{-}20)$$

$\boldsymbol{L}_{\text{sr}}$ 和 $\boldsymbol{L}_{\text{rs}}$ 为定子与转子间的互感矩阵，且互为转置矩阵，即

$$\boldsymbol{L}_{\text{sr}} = \boldsymbol{L}_{\text{rs}}^{\text{T}} = \begin{bmatrix} L_{\text{s}1\text{r}1} & L_{\text{s}1\text{r}2} & \cdots & L_{\text{s}1\text{r}N} \\ L_{\text{s}2\text{r}1} & L_{\text{s}2\text{r}2} & \cdots & L_{\text{s}2\text{r}N} \\ \vdots & & & \vdots \\ L_{\text{s}N\text{r}1} & L_{\text{s}N\text{r}2} & \cdots & L_{\text{s}N\text{r}N} \end{bmatrix} \qquad (5\text{-}21)$$

因 $L_{\text{sm}} = L_{\text{rm}} = L_{\text{m}}$，各绕组的互感为

$$L_{\text{s}i\text{r}j} = L_{\text{r}i\text{s}j} = L_{\text{m}} \cos \left[\theta + (i + j - 2) \frac{2\pi}{N} \right] \qquad (5\text{-}22)$$

这里，θ 为定子与转子的相位差，等于转速的积分，即有

$$\theta = \int \omega \mathrm{d}t \qquad (5\text{-}23)$$

（3）转矩方程及运动方程

根据机电能量转换原理，多相绕组电动机在线性电感的条件下磁场储能为[2]

$$W_{\text{m}} = \frac{1}{2} \boldsymbol{i}^{\text{T}} \boldsymbol{\psi} = \frac{1}{2} \boldsymbol{i}^{\text{T}} \boldsymbol{L} \boldsymbol{i} \qquad (5\text{-}24)$$

而电磁转矩等于机械角位移变化时磁场储能的变化率 $\dfrac{\partial W_{\text{m}}}{\partial \theta_{\text{m}}}$（电流约束为常值），且机械角位移 $\theta_{\text{m}} = \theta/N_{\text{p}}$，于是

$$T_{\text{e}} = \left. \frac{\partial W_{\text{m}}}{\partial \theta_{\text{m}}} \right|_{i = \text{const.}} = \left. N_{\text{p}} \frac{\partial W_{\text{m}}}{\partial \theta} \right|_{i = \text{const.}} \qquad (5\text{-}25)$$

考虑到电感的分块矩阵中仅有 $\boldsymbol{L}_{\text{sr}}$ 和 $\boldsymbol{L}_{\text{rs}}$ 是 θ 的函数，可得

$$T_{\text{e}} = \frac{1}{2} n_{\text{p}} \boldsymbol{i}^{\text{T}} \frac{\partial \boldsymbol{L}}{\partial \theta} \boldsymbol{i} = \frac{1}{2} N_{\text{p}} \boldsymbol{i}^{\text{T}} \begin{bmatrix} 0 & \dfrac{\partial \boldsymbol{L}_{\text{sr}}}{\partial \theta} \\ \dfrac{\partial \boldsymbol{L}_{\text{rs}}}{\partial \theta} & 0 \end{bmatrix} \boldsymbol{i} \qquad (5\text{-}26\text{a})$$

再将电流向量代入式（5-26a）得

$$T_{\text{e}} = \frac{1}{2} N_{\text{p}} \left[\boldsymbol{i}_{\text{r}}^{\text{T}} \cdot \frac{\partial \boldsymbol{L}_{\text{rs}}}{\partial \theta} \boldsymbol{i}_{\text{s}} + \boldsymbol{i}_{\text{s}}^{\text{T}} \cdot \frac{\partial \boldsymbol{L}_{\text{sr}}}{\partial \theta} \boldsymbol{i}_{\text{r}} \right] \qquad (5\text{-}26\text{b})$$

交流电动机的运动方程与直流电动机相同，即由式（5-9）表示，考虑到机械角速度 ω_{m} 与转子电角速度 ω_{r} 之间的如下关系

$$\omega_{\text{r}} = N_{\text{p}} \omega_{\text{m}} \qquad (5\text{-}27)$$

交流电动机的运动方程可写成

$$T_e - T_L = \frac{J}{N_p}\frac{\mathrm{d}\omega_r}{\mathrm{d}t} + \frac{D_\omega}{N_p}\omega_r \quad (5\text{-}28)$$

5.2.2.2 三相异步电动机的数学模型

设三相异步电动机的定子与转子各有三相对称绕组，其分布如图 5-8 所示，定子三相绕组分别用 A、B、C 表示，转子三相绕组分别用 a、b、c 表示，定子 A 相与转子 a 相绕组轴线间的夹角为 θ，转子以机械角速度 ω_m 逆时针旋转。规定各绕组电压、电流、磁链的正方向符合电动机惯例和右手螺旋定则，异步电动机的数学模型由下述电压方程、磁链方程、转矩方程和运动方程组成。

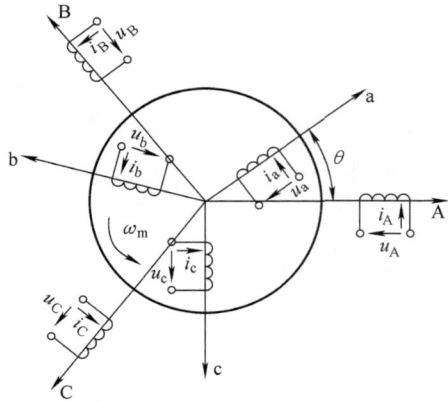

图 5-8 三相异步电动机的基本模型

（1）电压方程

$$\begin{bmatrix} u_A \\ u_B \\ u_C \\ u_a \\ u_b \\ u_c \end{bmatrix} = \begin{bmatrix} R_s & 0 & 0 & 0 & 0 & 0 \\ 0 & R_s & 0 & 0 & 0 & 0 \\ 0 & 0 & R_s & 0 & 0 & 0 \\ 0 & 0 & 0 & R_r & 0 & 0 \\ 0 & 0 & 0 & 0 & R_r & 0 \\ 0 & 0 & 0 & 0 & 0 & R_r \end{bmatrix} \begin{bmatrix} i_A \\ i_B \\ i_C \\ i_a \\ i_b \\ i_c \end{bmatrix} + p \begin{bmatrix} \psi_A \\ \psi_B \\ \psi_C \\ \psi_a \\ \psi_b \\ \psi_c \end{bmatrix} \quad (5\text{-}29)$$

（2）磁链方程

$$\begin{bmatrix} \Psi_s \\ \Psi_r \end{bmatrix} = \begin{bmatrix} L_{ss} & L_{sr} \\ L_{rs} & L_{rr} \end{bmatrix} \begin{bmatrix} i_s \\ i_r \end{bmatrix} \quad (5\text{-}30)$$

式中

$$L_{ss} = \begin{bmatrix} L_s & -\frac{1}{2}L_m & -\frac{1}{2}L_m \\ -\frac{1}{2}L_m & L_s & -\frac{1}{2}L_m \\ -\frac{1}{2}L_m & -\frac{1}{2}L_m & L_s \end{bmatrix} \quad (5\text{-}31)$$

$$L_{rr} = \begin{bmatrix} L_r & -\frac{1}{2}L_m & -\frac{1}{2}L_m \\ -\frac{1}{2}L_m & L_r & -\frac{1}{2}L_m \\ -\frac{1}{2}L_m & -\frac{1}{2}L_m & L_r \end{bmatrix} \quad (5\text{-}32)$$

$$L_{rs} = L_{sr}^{T} = L_m \begin{bmatrix} \cos\theta & \cos(\theta-120°) & \cos(\theta+120°) \\ \cos(\theta+120°) & \cos\theta & \cos(\theta-120°) \\ \cos(\theta-120°) & \cos(\theta+120°) & \cos\theta \end{bmatrix} \tag{5-33}$$

（3）转矩方程

将电流向量 $i^T = \begin{bmatrix} i_s^T & i_r^T \end{bmatrix} = \begin{bmatrix} i_A & i_B & i_C & i_a & i_b & i_c \end{bmatrix}$，代入式（5-29），并将各矩阵展开后，舍去负号，意即电磁转矩的正方向为使 θ 减小的方向，则有

$$\begin{aligned} T_e = N_p L_{ms} \big[&(i_A i_a + i_B i_b + i_C i_c)\sin\theta + (i_A i_b + i_B i_c + i_C i_a)\sin(\theta+120°) \\ &+ (i_A i_c + i_B i_a + i_C i_b)\sin(\theta-120°) \big] \end{aligned} \tag{5-34}$$

由于异步电动机定、转子各有 3 个绕组，而电压、电流、频率、磁通和转速之间又互有影响，因此，在三相静止坐标系上的数学模型是一个高阶、非线性、强耦合的多变量系统。

5.2.2.3 坐标变换

为了控制方便，需要进行模型简化。通常是将三相静止坐标系上的异步电动机模型转换成两相静止坐标系的 α - β 模型和两相同步旋转坐标系的 d - q 模型，其转换方法就是坐标变换。

（1）坐标变换的原则及约束

在电动机的系统分析中，通常采用两种原则作为坐标变换的约束条件[2]：

① 功率不变原则，即变换前后电动机的功率保持不变；

② 合成磁动势不变约束，即变换前后电动机的合成磁动势保持不变。

设在某坐标系统中各绕组的电压和电流向量分别为 $u = [u_1, u_2, \cdots, u_n]^T$ 和 $i = [i_1, i_2, \cdots, i_n]^T$，在新坐标系统中电压和电流向量变为 $u' = [u_1', u_2', \cdots, u_n']^T$ 和 $i' = [i_1', i_2', \cdots, i_n']^T$。新向量与原向量的坐标变换关系为

$$\begin{cases} u = C_u u' \\ i = C_i i' \end{cases} \tag{5-35}$$

式中 C_u——电压变换阵；

C_i——电流变换阵。

当变换前后功率不变时，应有

$$i^T u = i'^T u' \tag{5-36}$$

而 $i^T u = (C_i i')^T (C_u u') = i'^T C_i^T C_u u'$，比较式（5-35）和（5-36）可知

$$C_i^T C_u = E \tag{5-37}$$

式中 E——单位矩阵。

在一般情况下，电压变换阵与电流变换阵可以取为同一矩阵，即令 $C_u = C_i = C$，则式（5-37）成为

$$C^T C = E \tag{5-38}$$

148

或
$$C^{\mathrm{T}} = C^{-1} \tag{5-39}$$

由此可知，在功率不变约束下，当电压向量和电流向量选取相同的变换阵时，变换阵的转置与其逆矩阵相等，这样的坐标变换属于正交变换。

（2）Park 变换

电动机的坐标变换可分为静止坐标变换和旋转坐标变换两大类：

1）静止坐标变换 α－β－0 坐标系统是一种静止的坐标系统，两个坐标轴 α 和 β 轴相互垂直，如图 5-9 所示。

为了简单起见，先以三相交流电动机为例，说明如何将 A－B－C 三相坐标系统变换到两相静止 α－β－0 坐标系统。其变换方法是将 α 轴与 A 轴重合，设三相绕组每相匝数为 N_3，两相绕组每相匝数为 N_2，各相磁动势为有效匝数和电流的乘积，其空间矢量均位于有关相的坐标轴上。当三相总磁动势和两相总磁动势相等时，两相绕组瞬时磁动势在 α 和 β 轴上的投影相等，因此

$$N_2 i_\alpha = N_3 i_A - N_3 i_B \cos 60° - N_3 i_C \cos 60° = N_3 \left(i_A - \frac{1}{2} i_B - \frac{1}{2} i_C \right) \tag{5-40}$$

$$N_2 i_\beta = N_3 i_B \sin 60° - N_3 i_C \sin 60° = \frac{\sqrt{3}}{2} N_3 (i_B - i_C) \tag{5-41}$$

α－β－0 坐标系统中的 0 轴是为了便于求逆变换而人为设置的，其绕组电流 i_0 等于三相绕组的中点电流，即

$$i_0 = \frac{1}{\sqrt{3}} (i_A + i_B + i_C) \tag{5-42}$$

再考虑变换前后总功率不变，在此前提下，可以证明匝数比应为[2]

$$\frac{N_3}{N_2} = \sqrt{\frac{2}{3}} \tag{5-43}$$

将上述方程写成矩阵形式，可得从 A－B－C 三相坐标系统变换到两相静止 α－β－0 坐标系统的 Park 变换方程

$$\begin{bmatrix} i_\alpha \\ i_\beta \\ i_0 \end{bmatrix} = \sqrt{\frac{2}{3}} \begin{bmatrix} 1 & -\frac{1}{2} & -\frac{1}{2} \\ 0 & \frac{\sqrt{3}}{2} & -\frac{\sqrt{3}}{2} \\ \frac{1}{\sqrt{2}} & \frac{1}{\sqrt{2}} & \frac{1}{\sqrt{2}} \end{bmatrix} \begin{bmatrix} i_A \\ i_B \\ i_C \end{bmatrix} \tag{5-44}$$

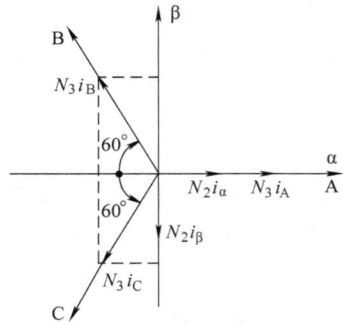

图 5-9　α－β－0 坐标系与 A－B－C 坐标系

相应的 Park 变换矩阵可表示为

$$C_{3/2} = \sqrt{\frac{2}{3}} \begin{bmatrix} 1 & -\frac{1}{2} & -\frac{1}{2} \\ 0 & \frac{\sqrt{3}}{2} & -\frac{\sqrt{3}}{2} \\ \frac{1}{\sqrt{2}} & \frac{1}{\sqrt{2}} & \frac{1}{\sqrt{2}} \end{bmatrix} \tag{5-45}$$

考虑到上述变换矩阵为正交变换，根据式（5-39）可得其反变换为

$$C_{2/3} = \sqrt{\frac{2}{3}} \begin{bmatrix} 1 & 0 & \frac{1}{\sqrt{2}} \\ -\frac{1}{2} & \frac{\sqrt{3}}{2} & \frac{1}{\sqrt{2}} \\ -\frac{1}{2} & -\frac{\sqrt{3}}{2} & \frac{1}{\sqrt{2}} \end{bmatrix} \tag{5-46}$$

2）旋转坐标变换如果从两相静止坐标系 α - β 到两相旋转坐标系 d - q 之间进行变换，称作两相 - 两相旋转变换，简称 2s/2r 变换，其中 s 表示静止，r 表示旋转。设 d - q 坐标系统有两条轴线，一条是和磁极轴线方向一致的轴线，称为直轴 d；另一条是与直轴正交，称为交轴 q。将两个坐标系画在一起，可得图 5-10。

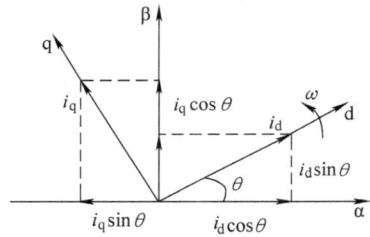

图 5-10　α - β 坐标系与 d - q 坐标系

根据向量的投影关系，可以得到 α - β 坐标系与 d - q 坐标系的变换关系式，即

$$\begin{bmatrix} i_\alpha \\ i_\beta \end{bmatrix} = \begin{bmatrix} \cos\theta & -\sin\theta \\ \sin\theta & \cos\theta \end{bmatrix} \begin{bmatrix} i_d \\ i_q \end{bmatrix} \tag{5-47}$$

则有从 d - q 坐标系变换到 α - β 坐标系的变换矩阵 $C_{2r/2s}$ 为

$$C_{2r/2s} = \begin{bmatrix} \cos\theta & -\sin\theta \\ \sin\theta & \cos\theta \end{bmatrix} \tag{5-48}$$

再根据功率不变的约束条件，得到其逆变换矩阵

$$C_{2s/2r} = \begin{bmatrix} \cos\theta & \sin\theta \\ -\sin\theta & \cos\theta \end{bmatrix} \tag{5-49}$$

这样，上述变换实际上可以完成静止三相坐标系与静止两相坐标系、以及静止两相坐标系与旋转两相坐标系之间的坐标变换。

Park 变换可以推广到任意相电动机与 d - q 坐标的变换。设 N 相绕组的电动机，其 Park 变换矩阵为

$$\boldsymbol{C}_{Ns/2r} = \frac{\sqrt{2}}{\sqrt{N}} \begin{bmatrix} \cos\left(-\theta\right) & \cos\left(\dfrac{2\pi}{N}-\theta\right) & \cdots & \cos\left(\dfrac{2\pi(N-1)}{N}-\theta\right) \\ \sin\left(-\theta\right) & \sin\left(\dfrac{2\pi}{N}-\theta\right) & \cdots & \sin\left(\dfrac{2\pi(N-1)}{N}-\theta\right) \end{bmatrix} \tag{5-50}$$

$$\boldsymbol{C}_{Nr/2r} = \frac{\sqrt{2}}{\sqrt{N}} \begin{bmatrix} 1 & \cos\dfrac{2\pi}{N} & \cos\dfrac{4\pi}{N} & \cdots & \cos\dfrac{2\pi(N-1)}{N} \\ 0 & \sin\dfrac{2\pi}{N} & \sin\dfrac{4\pi}{N} & \cdots & \sin\dfrac{2\pi(N-1)}{N} \end{bmatrix} \tag{5-51}$$

5. 2. 2. 4　异步电动机的模型变换

由于多相异步电动机在其静止坐标系上的数学模型是一个高阶、非线性、强耦合的多变量系统，为了控制方便，需要将上述系统通过坐标变换，进行模型简化。现将多相静止坐标系上的异步电动机模型转换成两相静止坐标系的 α–β 模型和两相旋转坐标系的 d–q 模型。

（1）两相静止坐标系的 α–β 模型

通过上述变换矩阵的变换，可将多相异步电动机转换为两相静止 α–β 坐标系的模型

$$\begin{bmatrix} u_{s\alpha} \\ u_{s\beta} \\ u_{r\alpha} \\ u_{r\beta} \end{bmatrix} = \begin{bmatrix} R_s + L_s p & 0 & L_m p & 0 \\ 0 & R_s + L_s p & 0 & L_m p \\ L_m p & \omega L_m & R_r + L_r p & \omega L_r \\ -\omega L_m & L_m p & -\omega L_r & R_r + L_r p \end{bmatrix} \begin{bmatrix} i_{s\alpha} \\ i_{s\beta} \\ i_{r\alpha} \\ i_{r\beta} \end{bmatrix} \tag{5-52}$$

式中　$\omega = N_p \omega_m$ ⊖电角速度。

电磁转矩 T_e 为

$$T_e = \boldsymbol{i}^{\mathrm{T}} \boldsymbol{G} i = n_p L_m (i_{s\beta} i_{r\alpha} - i_{s\alpha} i_{r\beta}) \tag{5-53}$$

上述异步电动机在两相静止坐标系上的数学模型，又称为 Kron 模型。

（2）任意旋转的 d–q 模型

为具一般性，通过旋转变换，可以将两相静止坐标系的模型转换到两相任意旋转坐标系。为此，将 α–β 坐标系变换到以任意速度旋转的 d–q 坐标系，设 d–q 坐标轴相对于定子的角速度为 ω_{dqs}，相对于转子的角速度为 ω_{dqr}，由此可推出异步电动机在两相任意旋转坐标系上的电压平衡方程为

$$\begin{bmatrix} u_{sd} \\ u_{sq} \\ u_{rd} \\ u_{rq} \end{bmatrix} = \begin{bmatrix} R_s + L_s p & -L_s \omega_{dqs} & L_m p & -L_m \omega_{dqs} \\ L_s \omega_{dqs} & R_s + L_s p & L_m \omega_{dqs} & L_m p \\ L_m p & -L_m \omega_{dqr} & R_r + L_r p & -L_r \omega_{dqr} \\ L_m \omega_{dqr} & L_m p & L_r \omega_{dqr} & R_r + L_r p \end{bmatrix} \begin{bmatrix} i_{sd} \\ i_{sq} \\ i_{rd} \\ i_{rq} \end{bmatrix} \tag{5-54}$$

如果令 $\omega_{dqs} = 0$，则式（5-54）就变成与式（5-52）相同，也就是说两相静止坐标系可以看作是两相旋转坐标系的特例。

异步电动机在任意旋转 d–q 坐标系上的动态等效电路如图 5-11 所示。

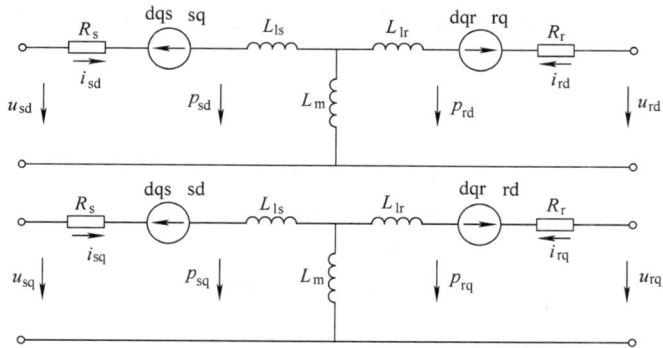

图 5-11　异步电动机在任意旋转速度的 d - q 坐标系上的动态等效电路

由此可见，任意多相异步电动机通过坐标变换可以转换成两相旋转坐标系，其方程的维数大大减低，模型得到简化。为进一步模型变换及采用矢量控制奠定了基础。

5.2.3　交流同步电动机的模型

通用的三相同步电动机定子有三相绕组，转子带励磁绕组和 3 套阻尼绕组，各类同步电动机都能通过对它做不同程度的简化或变动获得。

5.2.3.1　同步电动机的动态等效电路

与同步发电机相似，同步电动机在 d - q 坐标系的等效电路如图 5-12 所示，定子绕组电路基本与异步电动机相同，L_{ls} 为定子漏感，L_{md} 为 d 轴互感，L_{mq} 为 q 轴互感。设励磁绕组放在转子磁轴（d 轴），有 N_{df} 匝等效线圈，电阻为 R_{df}，L_{ldf} 为漏感；沿励磁绕组 d 轴方向上还设有阻尼绕组，其等效线圈为 N_{dk} 匝，电阻为 R_{dk}，L_{ldk} 为漏感。在交轴（q 轴）上设有两套阻尼绕组，其等效线圈匝数和电阻分别为 N_{qk1}，N_{qk2} 和 R_{qk1}，R_{qk2}，L_{lqk1} 和 L_{lqk2} 分别是 q 轴两套阻尼绕组的漏感。

5.2.3.2　同步电动机的动态模型

由于同步电动机转子结构的不对称性，电动机的动态方程只有在按转子位置定向的同步旋转坐标系上才能消去电感矩阵中所有与转子位置有关的表达式，因此我们只研究在此坐标系上同步电动机的动态方程。

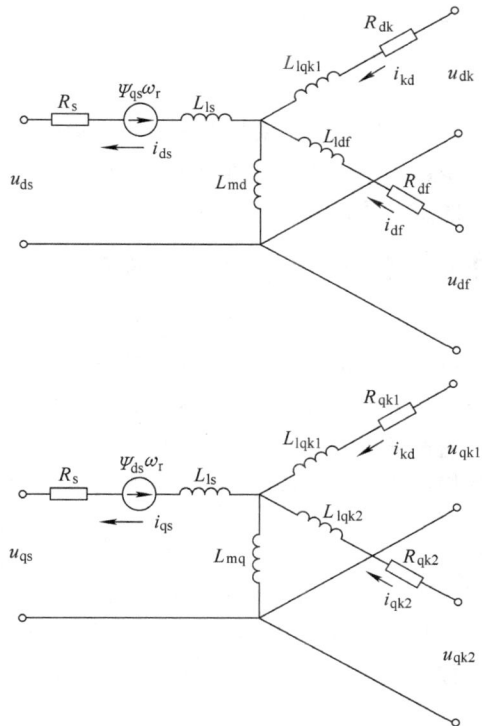

图 5-12　同步电动机在 d - q 轴上的等效电路

设定子电流以流入方向为正，所有量都折合到定子侧，同步电动机的模型为

（1）电压方程

$$u_{ds} = R_s i_{ds} - \omega_r \psi_{qs} + p\psi_{ds} \tag{5-55}$$

$$u_{df} = R_{df} i_{df} + p\psi_{df} \tag{5-56}$$

$$u_{dk} = R_{dk} i_{dk} + p\psi_{dk} \tag{5-57}$$

$$u_{qs} = R_s i_{qs} + \omega_r \psi_{ds} + p\psi_{qs} \tag{5-58}$$

$$u_{qk1} = R_{qk1} i_{qk1} + p\psi_{qk1} \tag{5-59}$$

$$u_{qk2} = R_{qk2} i_{qk2} + p\psi_{qk2} \tag{5-60}$$

（2）磁链方程

$$\psi_{ds} = L_{ls} i_{ds} + L_{md}(i_{ds} + i_{df} + i_{dk}) \tag{5-61}$$

$$\psi_{df} = L_{ldf} i_{df} + L_{md}(i_{ds} + i_{df} + i_{dk}) \tag{5-62}$$

$$\psi_{dk} = L_{ldk} i_{dk} + L_{md}(i_{ds} + i_{df} + i_{dk}) \tag{5-63}$$

$$\psi_{qs} = L_{ls} i_{qs} + L_{mq}(i_{qs} + i_{qk1} + i_{qk2}) \tag{5-64}$$

$$\psi_{qk1} = L_{lqk1} i_{qk1} + L_{mq}(i_{qs} + i_{qk1} + i_{qk2}) \tag{5-65}$$

$$\psi_{qk2} = L_{lqk2} i_{qk2} + L_{mq}(i_{qs} + i_{qk1} + i_{qk2}) \tag{5-66}$$

（3）转矩方程

$$T_e = \frac{3}{2} N_p (\psi_{ds} i_{qs} - \psi_{qs} i_{ds}) \tag{5-67}$$

（4）运动方程

$$T_e - T_L = \frac{J}{N_p} \frac{d\omega_r}{dt} \tag{5-68}$$

可见，同步电动机的转矩方程和运动方程与异步电动机的具有相同的形式。值得注意的是这一表达式不仅适用于按转子位置定向的同步旋转坐标系，也适用于按任意速度旋转的坐标系，包括静止坐标系。

5.2.4 交流电动机的稳态模型

交流电动机的数学模型仍然比较复杂，主要用于高性能的电力传动控制系统中，采用先进的控制策略，比如：矢量控制、直接转矩控制等。对于动态性能要求不高的调速系统，并不需要采用复杂的多变量非线性数学模型，可以进一步简化模型。通常的做法是：通过异步电动机机械特性稳态工作点 A 附近微偏线性化，得到异步电动机的稳态数学模型[2]，其用拉氏变换表示的传递函数公式为

$$G_{MA}(s) = \frac{\Delta\omega(s)}{\Delta u_s(s)} = \frac{K_{MA}}{1 + T_{MA}s} \tag{5-69}$$

式中　K_{MA}——异步电动机的传递系数；

T_{MA}——异步电动机拖动系统的机电时间常数。

如果采用转矩控制，可利用式（5-28），为简化起见，令 $D = 0$，即有

$$T_e - T_L = \frac{J}{N_p} \frac{d\omega_r}{dt} \tag{5-70a}$$

上式两边进行拉斯变换，可得

$$T_e(s) - T_L(s) = \frac{J}{N_p} s \omega_r(s) \tag{5-70b}$$

即

$$\frac{\omega_r(s)}{T_e(s) - T_L(s)} = \frac{N_p}{Js} \tag{5-70c}$$

这样，交流电动机近似为一个积分环节，其模型结构如图 5-13 所示。

异步电动机稳态模型虽然简单，仅适用于系统近似的稳态分析。

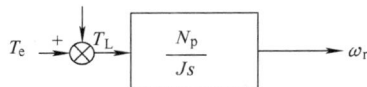

图 5-13　异步电动机的稳态模型

5.2.5　变流器的稳态模型

由于电力电子器件是非线性元件，再加上变流器电路拓扑结构、开关状态和换流模式的复杂性，难以用数学模型来描述。目前，一般采用小信号扰动线性化方法，建立电力电子变流器的状态空间平均模型、平均开关模型等[3]。但是，不论用何种方法建立的动态模型也都是近似的，且较为复杂。再加上电动机模型，对于传动控制系统而言很难进行系统分析、设计和控制。

电力电子变换器的稳态模型则仅从其输入输出特性出发，通常可用实验方法测出该环节的输入 – 输出特性，然后再建立数学表达式来拟合该特性曲线。这样，可将变换器统一看作是一个有放大作用的滞后环节[2]。考虑到其滞后时间 T_s 很小，则可近似等效为一阶惯性环节，其传递函数为

$$G_s(s) \approx \frac{K_s}{1 + T_s s} \tag{5-71}$$

由此，一般而言电力电子变流器的数学模型可用式（5-68）来描述，但其参数则应视具体的电路拓扑和所采用的器件而定，通过实验来测取。

5.2.6　推进器的稳态模型

螺旋桨推进器的模型也是根据其转矩与转速的特性方程来建立其模型，由于其四象限运行的罗宾逊曲线特性是非线性的，且因各种工况而异，建模复杂。

如果仅考虑在自由航行工况，根据式（4-9），将其他常数都包括在 K_{PQ}，有 $Q_P = K_{PQ} n^2$，求拉氏变换，并考虑螺旋桨的转矩即为电动机的负载转矩，有 $Q_P = T_L$，可得其稳态数学模型

$$G_P(s) = \frac{T_L(s)}{n(s)} = \frac{6K_{PQ}}{s^3} \tag{5-72}$$

5.2.7　控制器模型

为了满足船舶电力推进系统的性能指标，通常需要采用闭环反馈控制，而控制器成为实现系统自动调节的关键，其中最为经典的控制方法仍是采用 PID 控制器。而在工程

实际中常用的则是 PI 调节器，其输入是系统误差 e，输出是控制信号 u，PI 调节器由比例和积分两部分相加而成，其输入与输出关系为

$$u(t) = k_{\mathrm{p}}e(t) + k_{\mathrm{I}}\int e(t)\,\mathrm{d}t \tag{5-73}$$

假定初始条件为零，PI 调节器的传递函数为

$$G_{\mathrm{PI}}(s) = \frac{U(s)}{E(s)} = k_{\mathrm{p}}\frac{1 + T_{\mathrm{I}}s}{T_{\mathrm{I}}s} \tag{5-74}$$

式中　k_{p}——比例系数；

　　　T_{I}——积分时间常数。

5.3　船舶直流推进控制系统

当前，虽然交流电动机是船舶推进的主流形式，但直流电动机在潜艇、小型游船和渡轮等仍有应用。

5.3.1　直流电动机推进的控制方法

根据他励直流电动机的转速方程

$$n = \frac{U_{\mathrm{a}} - RI_{\mathrm{a}}}{C_{\mathrm{e}}\varPhi} \tag{5-75}$$

可采用调压调速或弱磁调速方法。调压调速通常是减小电枢电压，使电动机从额定转速 n_{N} 向下调速；而弱磁调速是减小励磁电流，通过磁通降低使转速上升。对于不同的调速方式，其转矩和功率特性也不一样。

1）在调压调速范围内，如果保持励磁磁通不变，即 $\varPhi = \varPhi_{\mathrm{N}}$，可知当负载电流不变时，$T_{\mathrm{e}}$ 为常数，故称作恒转矩调速方式。此时，$P = T_{\mathrm{e}}\omega$，当转速上升时，输出功率也上升。

2）在弱磁调速范围内，若 $\varPhi$ 减小，则转速上升，同时转矩减小，而转矩与转速的乘积不变，即 $P = T_{\mathrm{e}}\omega$ 为常数，故称为恒功率调速方式。

3）电压和磁场配合控制策略，其调速特性如图 5-14 所示，分为恒转矩调速与恒功率调速两个区域；纵坐标同时表示电压 U_{d}、磁通 $\varPhi$、转矩 T_{e} 和功率 P，在恒转矩调速区，磁通 $\varPhi = \varPhi_{\mathrm{N}}$，随电压增大，转速也

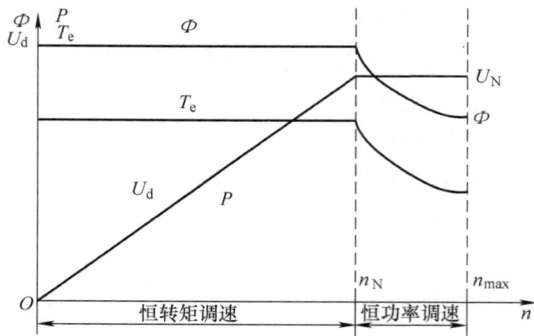

图 5-14　调压与弱磁配合控制特性

升高，但转矩不变，功率与电压成正比；在恒功率调速区，电压 $U_{\mathrm{d}} = U_{\mathrm{N}}$ 保持不变，随

磁通 Φ 减小，转速进一步增大，但转矩却随磁通一起减小，而功率保持不变。

为了满足船舶电力推进系统恒功率调速的需要，往往采用电枢调压与弱磁调速协调配合的方案。一般将螺旋桨的系泊特性（曲线①）设置为与恒转矩特性的交点作为两个调速区的分界点，此时电动机的输出转矩最大，并受到最大转矩的限制，使螺旋桨的起动转矩和电流都限制在安全范围内。螺旋桨的自由航行特性（曲线②）则设置在恒功率区，与最高转速限制线相交，以保证螺旋桨不会超速。配合调速控制特性与螺旋桨特性的匹配如图 5-15 所示。

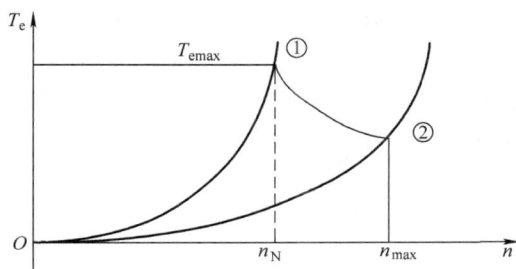

图 5-15　电动机与螺旋桨的配合特性

同理，如果改变电枢或励磁电压的极性，则可改变转速的方向，从而获得反转的调速特性，其形状与图 5-14 相同，但位于第 3 象限。也就是采用可逆调速系统，可使直流电动机四象限运行。

对于大功率的直流电动机的电枢电压调节，需要大容量的变流装置，如果需要可逆运行，还需要配备两套同样容量的变流装置反并联，来获得正、反转的控制与调速。因此，如果采用励磁控制，将两套变流器反并联给磁场供电，同样可以实现可逆运行，但变流装置的容量则大大减小。不过因励磁电流变化较慢，其动态响应不如电枢控制，因而仅适用于不需要频繁正、反向运行的系统。

5.3.2　船舶直流推进系统的组成

船舶直流推进系统主要由直流电动机、螺旋桨、直流可调电源与控制器组成，其主要不同在于直流可调电源的选取。

（1）G-M 推进系统

这是一种早期的直流调速系统，其主要结构如图 5-16 所示，采用专门的发电机系统给直流电动机供电，可以通过控制发电机的励磁改变其输出电压，以实现调压调速；通过控制电动机的励磁进行弱磁调速，实现恒功率控制。

G-M 系统过去有广泛的应用，现在已被电力电子静止整流器所取代，仅在一些特殊领域还有应用。

（2）由蓄电池供电的直流推进系统

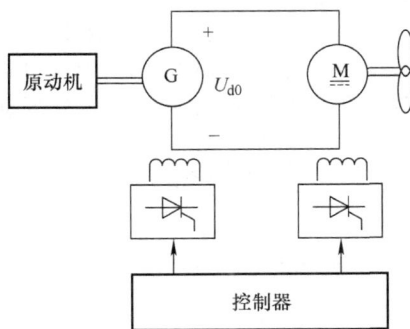

图 5-16　G-M 直流推进系统

该系统采用蓄电池作为主要供电电源，通过直流斩波器进行调压调速控制，其结构如图 5-17 所示。一般应用于小船的电力推进，电压等级较低，功率也不大，因而不需采用励磁控制。如果需要四象限运行，则采用 H 型直流 PWM 斩波器。

这种系统在潜艇中往往与 G – M 系统同时使用，在上浮状态，主要由发电机给电动机供电，同时给蓄电池充电；在下潜状态，则有蓄电池供电。

（3） V – M 推进系统

其结构如图 5-18 所示，采用晶闸管可控直流器供电，既可作为主电源，在电动机电枢回路改变电压，进行调压调速；也作为励磁电源，改变电动机磁场，进行弱磁调速。对于大功率应用场合，往往在电动机的电枢和励磁均采用晶闸管可控整流器供电，以实现恒转矩与恒功率配合控制。

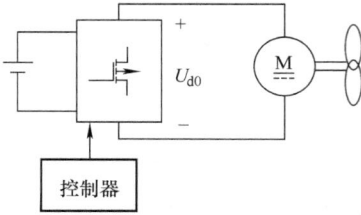

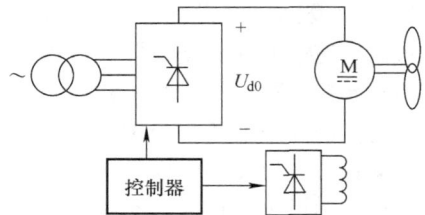

图 5-17 蓄电池供电的直流推进系统   图 5-18 V – M 直流推进系统

5.3.3 船舶直流推进系统的闭环控制

为了提高船舶直流推进系统的动静态性能，需要采用闭环控制。应根据系统的需要和性能指标选用不同的控制结构和策略。

5.3.3.1 恒转矩闭环控制系统

调压调速的目的是控制系统转矩，以实现恒转矩调速。根据直流传动控制系统的研究和分析[1]，需要采用转速、电流双闭环控制。

（1）系统结构

转速、电流双闭环的直流推进系统结构如图 5-19 所示，转速调节器 SR 用来控制电动机的转速，其输入为来自船舶驾驶台的转速指令 n^*，输出作为电流调节器 CR 的输入，即转矩控制信号 I_d^*（因直流电动机的转矩与电枢电流成正比）；再由 CR 的输出 U_c 去控制可控整流器 UCR（包括如前所述的各种可调直流电源）。由测速装置 TG 和电流传感器 TA 检测转速和电流并形成反馈信号 n 和 I_d。

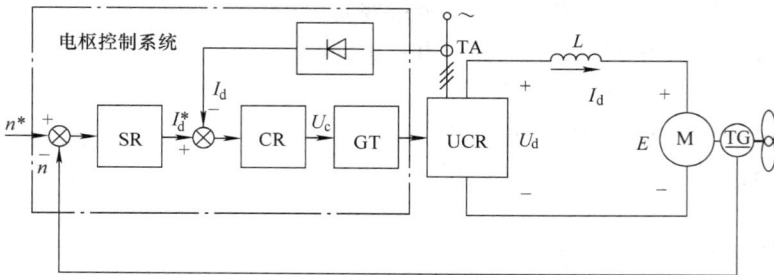

图 5-19 转速、电流双闭环直流调速系统结构

为了获得良好的静、动态性能，转速和电流两个调节器一般都采用 PI 调节器，两个调节器可以用模拟运算放大器构成，也可以采用计算机实现数字 PI 控制。无论采用

何种控制方式，两个调节器的输出都设有限幅，SR 的输出限幅电压限制了电流最大值 I_{dmax}，即电动机最大输出转矩 T_{emax}；CR 的输出限幅电压限制了可控直流电源的最大输出电压 U_{dmax}。

（2）静态特性分析

根据转速调节器饱和与不饱和两种情况：

1）转速调节器不饱和。这时，两个 PI 调节器都不饱和，稳态时，它们的输入偏差电压都是零，即 $n^* = n$，即有 $n = n_0$。这说明，系统稳态时的静特性是与理想空载转速 n_0 相等的垂直线，其静特性曲线如图 5-20 中 AB 段。改变转速给定指令可得到不同的转速运行静特性，如图 5-20 中的一组平行线，与螺旋桨负载特性的交点则为稳定转速点。

2）转速调节器饱和。这时，SR 输出达到限幅值，转速外环呈开环状态，转速的变化对系统不再产生影响，成为电流闭环调节系统。稳态时 $I_d = I_{dmax}$，这里最大电流 I_{dmax} 取决于电动机允许最大转矩和过载能力，由 $T_e = C_T \Phi I_d$，以及由式（5-2）给出的系统最大转矩限制要求，即

图 5-20 双闭环直流调速系统的静特性

$$T_{emax} = (1.5 \sim 2.5)T_{eN} = (1.5 \sim 2.5)C_T \Phi I_N \qquad (5\text{-}76)$$

由式（5-76）描述的静特性是图 5-20 中的 AC 段。

综上分析，双闭环调速系统的静特性分为两段：当负载转矩小于 T_{emax} 时，表现为转速无静差，转速负反馈起主要调节作用；当负载转矩达到 T_{emax} 时，转速调节器输出饱和，这时，电流调节器起主要调节作用，限制电流过流，自动实现过载保护。

（3）动态分析

根据直流电动机、可控整流器和螺旋桨稳态模型关系式（5-12）、（5-71）和（5-72）以及转矩与电流的关系式 $T_{dL} = C_T \Phi I_{dL}$ 可绘出双闭环直流调速系统的动态结构图，如图 5-21 所示。图中 $G_{SR}(s)$ 和 $G_{CR}(s)$ 分别表示转速调节器和电流调节器的传递函数，式（5-74）给出了 PI 调节器传递函数。从该闭环系统结构图可以分析系统动态性能和设计调节器参数。

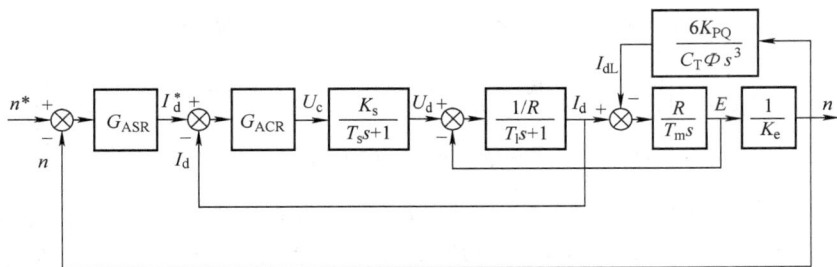

图 5-21 双闭环直流调速系统的动态结构图

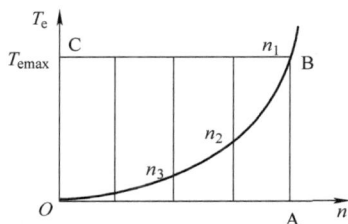

1）系统起动过程。由于设置了双闭环控制器，其转速和电流的动态过程如图 5-22 所示，在起动过程中转速调节器 SR 经历了不饱和、饱和、退饱和 3 种情况，因而整个动态过程就分成了 3 个阶段：第 I 阶段（$0 \sim t_1$）是电流上升阶段；第 II 阶段（$t_1 \sim t_2$）为恒流升速阶段；第 III 阶段（t_2 以后）是转速调节阶段，经过转速超调后，SR 退出饱和，开始进行转速调节，系统进入稳态。

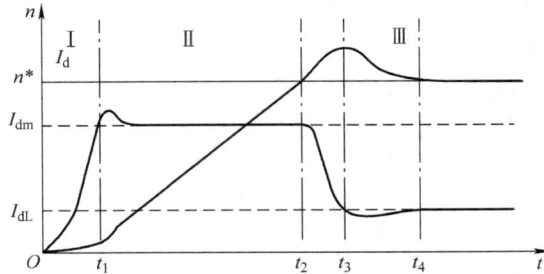

图 5-22 双闭环直流调速系统起动过程的转速和电流波形

2）系统抗干扰能力。根据自控原理，闭环控制系统对于其前向通道内的一切扰动，可通过系统反馈进行自动调节。该系统的负载扰动由转速反馈自动调节；电压波动可以通过电流反馈得到及时的调节，抗干扰性能大有改善。

由此可见，采用电流调节器 CR，可以通过控制转矩获得很好的动态性能和抗干扰性，适用于船舶推进系统需要快速动态响应的要求。

5.3.3.2　恒功率闭环控制系统

恒功率控制主要是通过调节磁场来达到调速的目的。同样可以采用双闭环控制结构，如图 5-23 所示，其电枢电源不需要调节，而励磁采用可调电源，比如：晶闸管整流器，采用磁通调节器 FR 和励磁电流调节器 CR 控制励磁电源输出。

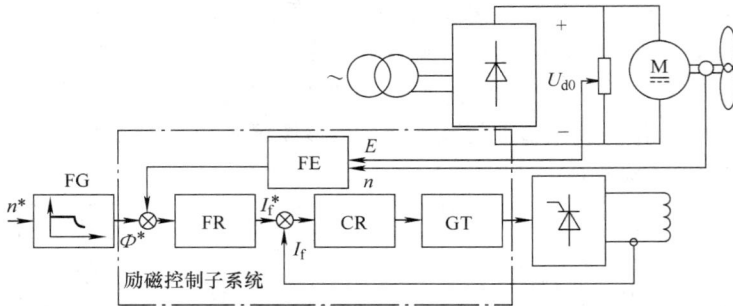

图 5-23 采用励磁双闭环的恒功率控制系统

系统输入的转速指令 n^* 经函数发生器 FG，输出磁通给定信号 Φ^* 在恒转矩控制区保持额定磁通不变，即 $\Phi^* = \Phi_N$；在恒功率控制区，Φ^* 按函数曲线减小，使电动机进行弱磁调速。

由于磁通检测比较困难，采用磁通估计器 FE，通过检测电动机的转速 n 和反电动势 E，可以根据公式

$$E = C_e \Phi n \tag{5-77}$$

式中　C_e——电动机电势系数。

计算出磁通估计值

$$\hat{\Phi} = \frac{E}{C_e n} \tag{5-78}$$

但是，往往直接检测电动势不准确，因此，采用间接检测的方法。从电枢回路检测电压 U_d 和电流 I_d，再根据直流电动机电枢电压回路方程

$$E = U_d - RI_d - L\frac{\mathrm{d}I_d}{\mathrm{d}t} \tag{5-79}$$

计算出电动势 E。这样，磁通估计器 FE 的算法框图如图 5-24 所示。

根据式（5-12）的直流电动机模型，以及螺旋桨模型式（5-72），并考虑到转速 n 与角转速 ω_m 的关系，励磁控制系统的传递函数如图 5-25 所示。

由上述系统结构图，可以进行系统动态性能分析，并根据系统动态性能指标要求，设计和选择相应的调节器 G_{FR} 和 G_{CR} 的参数。

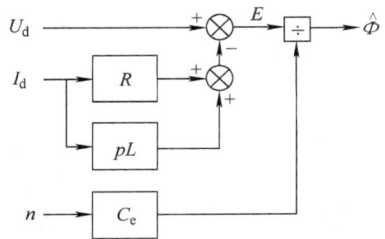

图 5-24　磁通估计器 FE 的算法框图

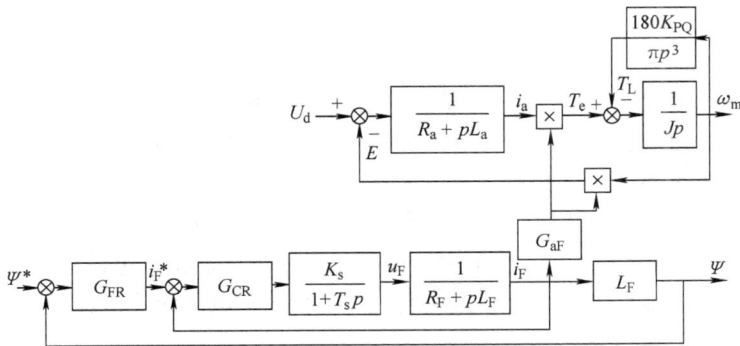

图 5-25　励磁闭环控制系统动态结构图

上述分析可知，无论是电枢控制还是励磁控制环节，通常都采用双闭环控制结构，由 PI 调节器进行反馈控制。因此，可以开发或利用标准的控制模块，应用时，仅需根据系统需要进行构建及参数设置，并通过试验和调试获得所需的性能指标。

5.3.3.3　调压与励磁配合控制

可以将上述两个控制系统相结合，其关键在于如何实现调压与励磁两个子系统的协调控制。

（1）系统组成

一种电压与磁场协调控制的调速系统结构如图 5-26 所示，系统分为电枢电压与磁场控制两个子系统：电枢电压控制子系统由转速、电流双闭环组成；磁场控制子系统由磁通调节器 FR 和励磁电流调节器 FCR，通过改变磁场电压调节他励直流电动机的磁通，构成电动势与励磁电流双闭环系统。

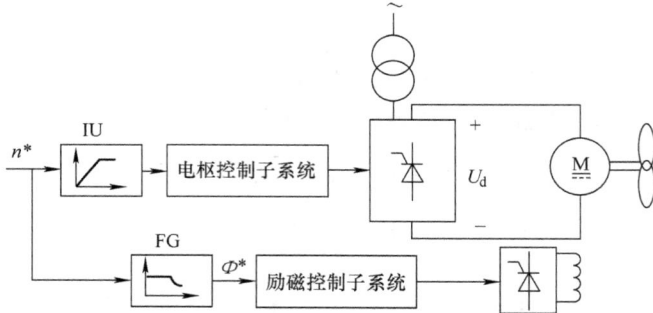

图 5-26　电枢与励磁配合控制的调速系统

（2）调压与励磁协调控制

电枢电压控制子系统采用转速、电流双闭环控制，而励磁控制子系统也有两个控制环，都采用 PI 调节器，因而可以利用标准的控制模块来构建。无论是变压调速还是弱磁调速，都由给定转速 n^* 按转速的高低连续调节。电枢电压控制和励磁控制模块通过表示转速与磁通关系的函数发生器 FG 联系在一起，从变压调速转入弱磁调速是依靠 FG 自动进行的。

（3）控制过程

在变压调速范围内，$\Phi^* = \Phi_N$，加到励磁控制子系统保持磁通为额定值；此时，由转速给定 U_n^* 输入电枢电压子系统，转速、电流双闭环系统起控制作用，转速的调节范围为 $n = 0 \sim n_N$，实现恒转矩控制。

在电枢控制模块的输入增设了给定积分器 IU，限制输出电压保持 $U_d = U_N$；而 FU 输出的磁通给定值 Φ^* 开始减少，通过励磁控制子系统减弱励磁电流，自动进入弱磁调速范围，实现恒功率控制。IU 还可避免转速快速变化对电网的冲击。

5.3.4　船舶直流推进系统的可逆运行

船舶因船体的惯性大以及水流的阻力，其可逆运行一直是比较困难。但有些船舶需要能可逆运行，以提高其机动性。比如：渡船的靠泊，破冰船需要反复的前进和后退来冲撞和碾压冰层。

船舶可逆运行需要推进系统的电动机驱动螺旋桨能正反旋转，但其受到螺旋桨的回转特性、船体惯性及水流阻力等因素影响。因而需要仔细分析研究，才能设计和寻求合适的控制方案。

（1）推进电动机的反转过程

假设船舶在前向航行时需要倒车，则原先正向旋转的直流电动机先停止电枢和磁场供电，电动机的电磁转矩减小，螺旋桨转速下降，直到 $T_e = 0$，$n = n_0$，工作在由水流驱动的水轮机状态。如果此时接通反向电源，电动机的电磁转矩反向，而螺旋桨在船舶的惯性运动和流经螺旋桨的水流的作用下产生的阻转矩与电磁转矩相反，进入制动状态，其转速继续下降而反向转矩则增大，直到最大值 $T_p = T_e$，工作于第四象限。随着船速的降低，螺旋桨的转矩开始减小，其转速进一步下降，直到转速为零。此后，在电动机电磁转矩的驱动下，螺旋桨开始反向起动过程，使船舶进入反向运行状态，工作于第三象限。

（2）控制系统结构

根据推进电动机的反转过程，直流电动机的电枢或磁场需要设置可逆直流可调电源，一种采用励磁可逆控制的直流推进系统结构如图 5-27 所示。

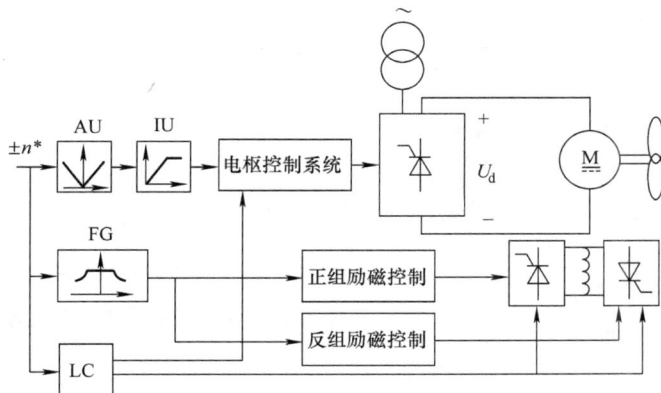

图 5-27 船舶直流推进系统的可逆控制

该系统的电动机电枢由单向直流可调电源供电励磁，由两组反并联的晶闸管整流器供电，正组电源提供正向励磁电流，使电动机正向运行，反组电源提供反向励磁电流，使电动机反向运行。这是因为由于船舶的推进功率较大，且动态响应较慢，在励磁回路设置可逆直流电源，可以减小电源容量和降低成本。

系统中，无论电动机是正转还是反转，其电枢电压方向不变，因此在其控制环节设置了一个绝对值变换单元，使其输入的转速指令都转换成正值，以保证电枢电压的正方向。

系统的控制过程需要按照螺旋桨反转过程的要求进行，故设置逻辑控制器 LC，通过预设程序实现正反转控制，并保证励磁绕组的反并联整流器不会产生环流和短路。而且确保电枢与励磁电源的切换顺序，避免因电动机失磁造成事故和损坏。

5.4 船舶交流推进系统

随着交流调速技术的日益成熟，目前成为船舶电力推进的主流方式，得到广泛应

162

用，也是当前研究和开发的重点和热点。

5.4.1　交流电动机的调速特性

由三相异步电动机定子每相电动势的关系式

$$E_g = 4.44 f_s N_s k_{ws} \Phi_m \tag{5-80}$$

式中　E_g——气隙磁通在定子每相中感应电动势的有效值，单位为 V；

　　　f_s——定子频率，单位为 Hz；

　　　N_s——定子每相绕组串联匝数；

　　　k_{ws}——定子基波绕组系数；

　　　Φ_m——每极气隙磁通量，单位为 Wb。

交流异步电动机调速分为基频（额定频率）以下和基频以上两种情况。

（1）基频以下的恒磁通调速

在基频以下调速时，根据式
(5-80)，要保持磁通 Φ_m 不变，当
定子频率 f_s 从额定值 f_{sN} 向下调节
时，必须同时降低 E_g，使二者同
比例下降，即应采用电动势频率
比为恒值的控制方式。

笼型转子异步电动机因三相
绕组对称，其每相的等效电路如
图 5-28 所示。

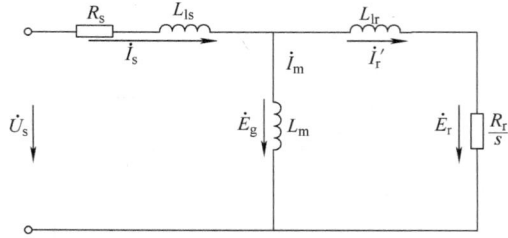

图 5-28　笼型转子异步电动机等效电路

从图中的电路关系中可得转子电流的表达式

$$I_r = \frac{E_g}{\sqrt{\left(\dfrac{R_r}{s}\right)^2 + \omega_s^2 L_{lr}^2}} \tag{5-81}$$

而其电磁转矩可用电磁功率与转速的关系计算，即

$$T_e = \frac{P_{em}}{\omega_m} = \frac{3n_p}{\omega_s} I_r^2 \frac{R_r}{s} = \frac{3n_p U_s^2 R_r / s}{\omega_s \left[\left(R_s + \dfrac{R_r}{s} \right)^2 + \omega_s^2 (L_{ls} + L_{lr})^2 \right]} \tag{5-82}$$

将转子电流表达式（5-81）代入式（5-82），可得

$$T_e = \frac{3n_p}{\omega_s} I_r^2 \frac{R_r}{s} = 3n_p \left(\frac{E_g}{\omega_s} \right)^2 \frac{s\omega_s R_r}{R_r^2 + s^2 \omega_s^2 L_{lr}^2} \tag{5-83}$$

在式（5-83）中对 s 求导，并令 $dT_e/ds = 0$，可得最大转矩及对应的最大转差率

$$s_{max} = \frac{R_r}{\omega_s L_{lr}} \tag{5-84}$$

$$T_{emax} = \frac{3}{2} n_p \left(\frac{E_g}{\omega_s} \right)^2 \frac{1}{L_{lr}} \tag{5-85}$$

由式（5-84）可见 s_{max} 与定子角频率 ω_s 成反比，即随着 ω_s 降低，s_{max} 将增大，而式（5-85）表示最大转矩因 E_g/ω_s 保持恒值而不变，这说明特性曲线应从额定曲线平行下移，由此画出的机械特性如图 5-29a 所示。

（2）基频以上的恒压变频调速

在基频 f_{sN} 以上变频调速时，由于定子电压不宜超过其额定电压长期运行，因此一般需采取 $U_s = U_{sN}$ 不变的控制策略。这时，机械特性方程式及最大转矩方程式应写成

$$T_e = 3n_p U_s^2 \frac{sR_r}{\omega_s \left[(sR_s + R_r)^2 + s^2\omega_s^2 (L_{ls} + L_{lr})^2 \right]} \tag{5-86}$$

$$T_{emax} = \frac{3}{2} n_p U_s^2 \frac{1}{\omega_s \left[R_s + \sqrt{R_s^2 + \omega_s^2 (L_{ls} + L_{lr})^2} \right]} \tag{5-87}$$

由式（5-86）和（5-87）可知，T_e 及 T_{emax} 近似与定子角频率 ω_s 成反比。当 ω_s 提高时，同步转速随之提高，最大转矩减小，机械特性上移，而形状基本不变，如图 5-29b 所示。由于频率提高而电压不变，气隙磁通势必减弱，导致转矩的减小，但转速却升高了，可以认为输出功率基本不变。所以基频以上变频调速属于弱磁恒功率调速。

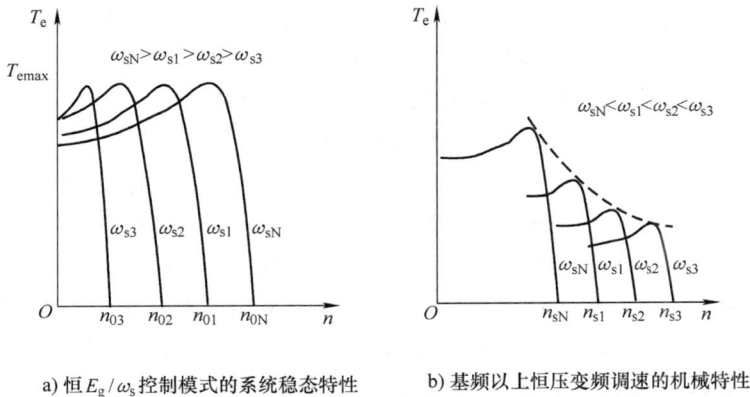

a) 恒 E_g/ω_s 控制模式的系统稳态特性   b) 基频以上恒压变频调速的机械特性

图 5-29   交流电动机调速特性

如上分析，采用交流电动机驱动螺旋桨，需要在基频以下和基频以上进行配合控制，其控制策略是：

1）在基频以下，以保持磁通恒定为目标，采用变压变频协调控制；

2）在基频以上，以保持定子电压恒定为目标，采用恒压变频控制。

配合控制的系统稳态特性如图 5-30 所示，基频以下变压变频控制时，属于恒转矩调速性质；基频以上恒压变频控制

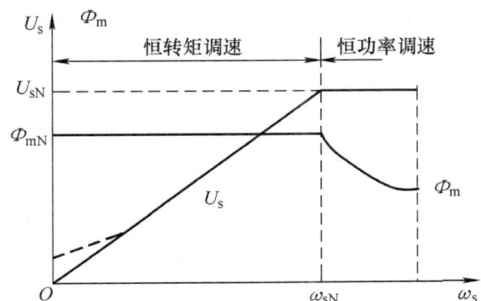

图 5-30   异步电动机变频调速控制特性

时，其磁通减小，转矩也减小，但功率保持不变，属于弱磁恒功率调速性质。这与他励

直流电动机的配合控制相似。

综上所述，要使推进电动机与螺旋桨的特性很好的匹配，都需要采用弱磁调速模式作为配合控制的策略。

5.4.2 船舶交流推进的控制方法

目前，船舶交流电力推进系统主要采用 3 种控制方法：标量控制、矢量控制和直接转矩控制[4]。

5.4.2.1 标量控制

所谓标量控制就是采用上节分析的变压变频控制方法。由于控制依据是电压与频率的协调控制，而电压和频率仅考虑其幅值，故而称为标量控制。

由于交流电动机定子的感应电动势 E_g 在实际中难以控制，而在定子电压 U_s 较高时，因 $E_g \approx U_s$，其基本控制算法采用定子电压 U_s 与角频率 ω_s 按比例控制，即有

$$\frac{U_s}{\omega_s} = 常数 \tag{5-88}$$

但是，按照上述算法控制，当定子电压较低时，其在定子电阻与漏感的压降较大，由此造成交流电动机电磁转矩下降，需要在低压时进行电压补偿。即在低速调节时，人为地增加一个补偿电压 U_{co} 来提高定子电压，使定子电压变为

$$\Delta U_s = U_s + U_{co} \tag{5-89}$$

一个转速开环的交流调速系统[4]如图 5-31 所示，该系统由电压型 PWM 变频器作为供电电源，采用恒 U_s/ω_s 控制模式。系统的控制原理是：转速给定信号 ω_s^* 一路经函数发生器 FG 产生由恒 U_s/ω_s 控制曲线决定的定子电压给定信号 U_s^*，该信号与定子压降补偿电压 U_{co} 相加形成定子电压有效值 U_s；另一路通过积分器产生定子电压相位给定信号 θ_s，再将所得的定子电压的幅值和相位信号传送给电压发生器 VG，算出三相电压给定信号 u_A^*、u_B^*、u_C^* 作为通用变频器的控制信号。电压型 PWM 变频器根据电压控制信号输出电压和频率可调的交流电，驱动异步电动机运行。由此，只要改变转速指令 ω_s^*，异步电动机就会按恒 U_s/ω_s 控制模式调速。

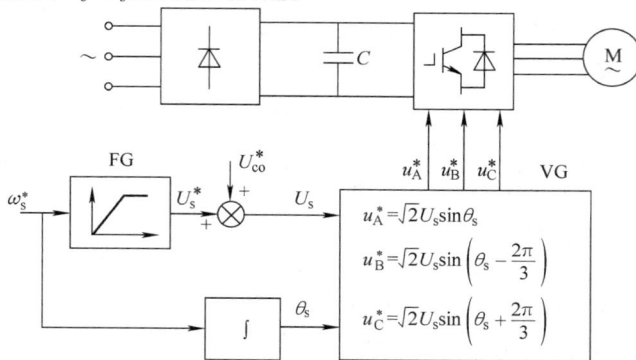

图 5-31 转速开环的恒压频比控制调速系统结构

5.4.2.2　矢量控制方式

在 20 世纪 70 年代初提出了矢量控制（VC）概念，其后经过不断发展，基于矢量控制的变频调速系统成为今天高性能交流电动机转速控制的主流方案之一。

VC 控制的基本思路是：针对交流电动机的动态数学模型是一个高阶、非线性、强耦合的多变量系统的特点，通过坐标变换将三相电动机的模型转换到两相直角旋转坐标系（d–q 坐标系），并通过磁场定向进一步简化系统模型，使之易于控制并提高性能。

（1）矢量控制系统的解耦模型

根据交流电动机建模理论，当两相旋转 d–q 坐标系的旋转速度等于定子供电频率且取 d 轴沿着转子磁链 ψ_r 的方向时，就称为按转子磁链定向的旋转坐标系，按转子磁场定向的异步电动机数学模型如图 5-32 所示。

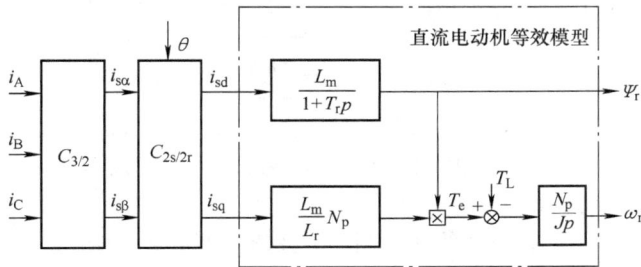

图 5-32　异步电动机的矢量变换与电流解耦模型

图中异步电动机模型通过矢量变换，将定子电流解耦成 i_{sd} 和 i_{sq} 两个分量，如果转子磁链 ψ_r 保持恒定，则系统被分成 T_e（ω_r）和 ψ_r 两个子系统，就像直流电动机分为励磁和电枢两个子系统一样，因而又称为等效直流电动机模型。

从模型中可导出其磁链、转矩和转差方程式如下

$$\psi_r = \frac{L_m}{1 + T_r p} i_{sd} \tag{5-90}$$

$$T_e = \frac{L_m}{L_r} N_p \psi_r i_{sq} \tag{5-91}$$

式（5-90）表明，转子磁链 ψ_r 仅由定子电流励磁分量 i_{sd} 产生，与转矩分量 i_{sq} 无关，即定子电流的励磁分量与转矩分量是解耦的；式（5-91）说明，如果能保持转子磁链 ψ_r 恒定，则电磁转矩就由定子电流转矩分量 i_{sq} 控制，这与直流电动机的转矩由电枢电流控制相仿。由式（5-90）和式（5-91）构成按转子磁场定向的矢量控制基本方程式。

（2）VC 控制系统的基本思想和解决方案

由图 5-32 的交流电动机的电流解耦模型可见，通过坐标变换、主磁链按转子磁链定向等计算处理，一个异步电动机在模型上被等效为直流电动机。而且该等效直流电动机的磁通和转矩是分离的，可以分别进行单独控制。这样，就可以按直流电动机的控制思路来控制交流电动机，并实现磁通和转矩（转速）的解耦控制，这就是矢量控制的基本思想。

按照矢量控制的基本思想，异步电动机的矢量控制系统的实现方案大致有两类：采用电流型 PWM 变频器来直接构建矢量控制系统；采用电压型 PWM 变频器来实现矢量控制系统。

采用电流型 PWM 变频器的矢量控制的系统方案根据图 5-32 的异步电动机的电流解耦模型；采用电流型 PWM 变频器直接构建的矢量控制的系统如图 5-33 所示，该系统设置了转速调节器 SR 和磁链调节器 FR 来对转速和磁通进行分别控制。

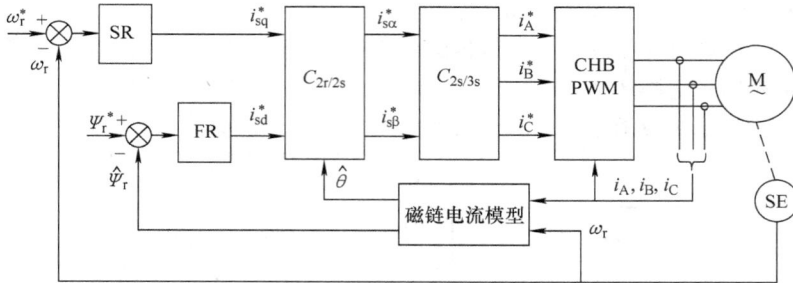

图 5-33 采用电流型 PWM 变频器的矢量控制的系统方案

5.4.2.3 DTC 控制方式

为了解决大惯量运动控制系统在起制动时要求快速的转矩响应，特别是在弱磁调速范围的转矩问题，提出了直接转矩控制（DTC）方式，它是继矢量控制系统之后发展起来的另一种高动态性能的交流电动机变压变频调速系统。

（1）DTC 的基本思想与控制原理

与 VC 系统主要控制转子磁链和转矩不同，DTC 系统的基本思想是在静止两相坐标系上控制定子磁链和转矩，这样省略了旋转坐标变换，并采用 Bang - Bang 控制器取代转矩和磁链调节器，以加速系统的转矩动态响应。

由于定子磁链模型中不含转子参数，因此定子磁链的计算不受转子参数影响。再通过定子磁链与定子电流的控制，可以达到控制异步电动机的电磁转矩，这就是 DTC 控制的基本原理。

由于 DTC 系统采用了定子磁链控制，那就无法进行模型简化并实现解耦，因而也就不能简单地模仿直流调速系统进行线性控制，所以采用非线性的 Bang - Bang 控制方式来实现系统解耦。

（2）DTC 的控制策略

由静止坐标系上计算定子磁链的公式

$$p\psi_s = U_s - R_s i_s \tag{5-92}$$

可知：除了极低转速外，定子磁链主要由定子电压决定，由此，可以根据定子磁链所在的位置选择不同的电压矢量使定子磁链前进、后退或原地不动以实现磁链幅值及转矩角的调节。

经典的 DTC 控制将定子磁链位置分为 6 个扇区，如图 5-34 所示，任意定子磁链位置以获得最优电压矢量选择。

转矩控制器与磁链控制器都采用滞环比较器（THB），如图 5-35 所示，THB 的输入输出关系为

$$\begin{cases} U_{cT} = +1 & \Delta T_e \geqslant + HB_T \\ U_{cT} = 0 & - HB_T < \Delta T_e < + HB_T \\ U_{cT} = -1 & \Delta T_e \leqslant - HB_T \end{cases} \tag{5-93}$$

ψHB 的输入输出关系为

$$\begin{cases} U_{c\psi} = +1 & \Delta\psi \geqslant + HB_{\psi} \\ U_{c\psi} = -1 & \Delta\psi \leqslant - HB_{\psi} \end{cases} \tag{5-94}$$

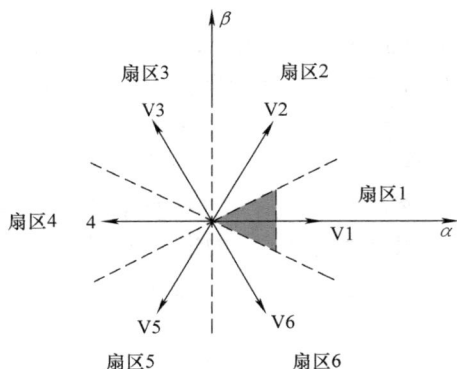

图 5-34　定子磁链的 6 个扇区定义　　　　　图 5-35　DTC 的控制器

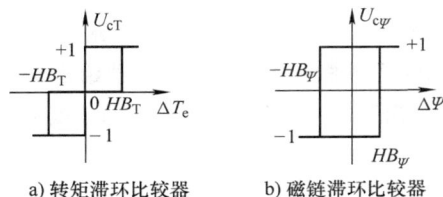

根据转矩控制器输出 U_{cT}，磁链控制器输出 $U_{c\psi}$ 以及定子磁链所在的位置可以选择最优的开关状态组合。

DTC 系统在转速环内设置了转矩控制环，它可以抑制磁链变化对转速子系统的影响，从而使转速和磁链子系统实现近似解耦；由于采用转矩和磁链的 Bang – Bang 控制，简化控制结构，避免了调节器设计；而且 Bang – Bang 控制本身属于 P 调节器控制，可以获得比 PI 调节器更快的系统动态响应；又因 DTC 仅控制定子磁链而非转子磁链，不会受到转子参数变化的影响。但是，由于 Bang – Bang 控制会产生转矩脉动，特别是低速时的转矩脉动会带来系统的调速精度变差，限制其调速范围。

5.4.2.4　3 种控制方式的比较

标量控制较为简单，但性能差。VC 与 DTC 主要特点的比较见表 5-1。

表 5-1　矢量控制系统与直接转矩控制系统的对比

性能与特点	矢量控制系统	直接转矩控制系统
磁链控制	转子磁链	定子磁链
转矩控制	连续控制，比较平滑	Bang – Bang 控制，有转矩脉动
坐标变换	旋转坐标变换，较复杂	静止坐标变换，较简单
转子参数变化影响	有	无
调速范围	比较宽	不够宽

168

因此，从总体控制结构和性能上来看，DTC 系统与 VC 系统都能获得较高的静、动态性能。

5.4.3 交流异步电动机船舶推进系统

采用异步电动机是船舶交流推进系统的方案之一，可采用标量控制方式或矢量控制方式。

5.4.3.1 基于标量控制的异步电动机推进系统

按照图 5-31 给出的标量控制方法，采用异步电动机构造船舶电力推进系统。

（1）系统组成

一种采用转速闭环的标量控制的异步电动机推进系统如图 5-36 所示，该系统选用电压型 PWM 变频器作为异步电动机的供电电源，并引入了转速反馈，由转速编码器 SE 检测电动机的角转速 ω_r 一路与转速给定信号相比较 ω_r^*，转速误差经转速调节器 SR 产生转矩给定信号 T_e^*，再经过转速限幅器 ST 转换为转差角频率信号 ω_{sl}^*；另一路转速检测信号 ω_r 与 ω_{sl}^* 相加后形成定子给定频率 ω_s^*，然后通过函数发生器 FG，按恒 E_g/ω_s 控制曲线产生相应的定子电压幅值给定信号 U_s^*，最终由同时输出的定子电压幅值 U_s^* 和频率 ω_s^* 指令，去控制 PWM 变频器改变其输出的电源电压和频率，达到调速的目的。

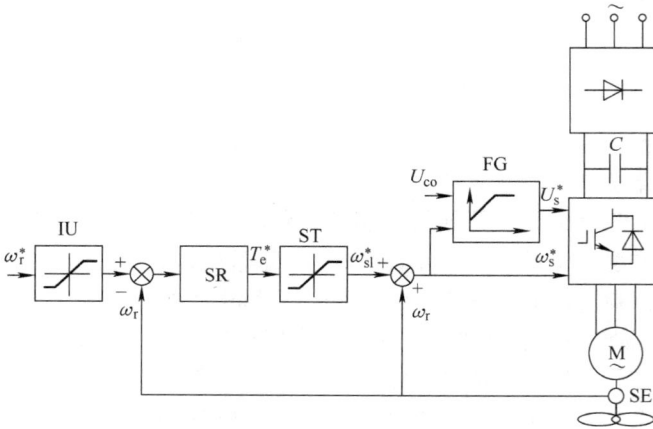

图 5-36 转速闭环的恒压频比控制船舶推进系统结构

（2）控制策略

由于调速系统的动态性能取决于对转矩控制的能力，类似于直流电动机利用控制电枢电流来控制电磁转矩的思路，采用恒 E_g/ω_s^* 控制模式，即有

$$\frac{E_g}{\omega_s} = 常数 \qquad (5-95)$$

系统中利用函数发生器 FG 来实现恒 E_g/ω_s 控制算法，以保持异步电动机定子气隙磁通 Φ_m 恒定。

这时，由式（5-83）计算的电磁转矩为

$$T_e = 3N_p \left(\frac{E_g}{\omega_s}\right)^2 \frac{s\omega_s R_r}{R_r^2 + s^2\omega_s^2 L_{lr}^2} \tag{5-96a}$$

再将 $E_g = 4.44 f_s N_s k_{Ns} \Phi_m = 4.44 \dfrac{\omega_s}{2\pi} N_s k_{Ns} \Phi_m = \dfrac{1}{\sqrt{2}} \omega_s N_s k_{Ns} \Phi_m$ 代入式（5-96a），得

$$T_e = \frac{3}{2} N_p N_s^2 k_{Ns}^2 \Phi_m^2 \frac{s\omega_s R_r}{R_r^2 + s^2\omega_s^2 L_{lr}^2} \tag{5-96b}$$

其中：$s\omega_s = \omega_{sl}$ 为转差角频率，如果令 $K_m = \dfrac{3}{2} N_p N_s^2 k_{Ns}^2$ 为电动机结构常数，则有

$$T_e = K_m \Phi_m^2 \frac{\omega_{sl} R_r}{R_r^2 + \omega_{sl}^2 L_{lr}^2} \tag{5-97}$$

当电动机稳态运行时，因 s 值很小，ω_{sl} 也很小，可以认为 $\omega_{sl} L_{lr} \ll R_r$，则转矩公式可以近似为

$$T_e = K_m \Phi_m^2 \frac{\omega_{sl}}{R_r} \tag{5-98}$$

式（5-98）表明，当异步电动机在 s 值很小的稳态运行范围内，如果能够保持定子气隙磁通 Φ_m 不变，其电磁转矩 T_e 与转差角频率 ω_{sl} 成正比。这意味着在异步电动机中控制 ω_{sl}，就像在直流电动机中控制电枢电流一样，能够达到间接控制转矩的目的。

为此在系统中设置了转速调节器 SR，其输出为转矩给定信号 T_e^*，由于电磁转矩在一定范围内与转差 ω_{sl} 成正比[2]，设置了饱和限幅器 ST，其输出为转差给定信号 ω_{sl}^*。

为限制异步电动机在稳态范围内运行，对式（5-98）求极值，令 $\mathrm{d}T_e / \mathrm{d}\omega_{sl} = 0$，求取最大转差 ω_{slmax} 作为限幅值，即有

$$\omega_{slmax} = \frac{R_r}{L_{lr}} \tag{5-99}$$

系统中逆变器的频率控制环节，其定子频率由转子和转差频率合成，即

$$\omega_s^* = \omega_r + \omega_{sl}^* \tag{5-100}$$

电压幅值由带定子压降补偿 U_{co}^* 的 FG 输出，使电动机的最大转矩在调速过程中保持不变，具有低频带负载的能力，扩大了调速范围。

（3）系统模型与性能分析

由于标量控制是基于稳态模型的控制方法，根据异步电动机的稳态模型式（5-67b）和螺旋桨模型式（5-72），并考虑变频电源的滞后等因素，将转矩环节等效为一个带放大的一阶惯性环节[4]，所建立的转速闭环系统如图 5-37 所示。该系统还可采用转矩控制，如虚线所示。

可以利用自控原理的方法分析系统的性能，并根据系统性能指标设计和选择转速调节器的 PI 参数。

由于系统中 SR 采用 PI 调节器，可以实现无静差调速。标量控制因其结构简单和控制方便，具有良好的稳定性和静态精度。但是，其不足之处在于：

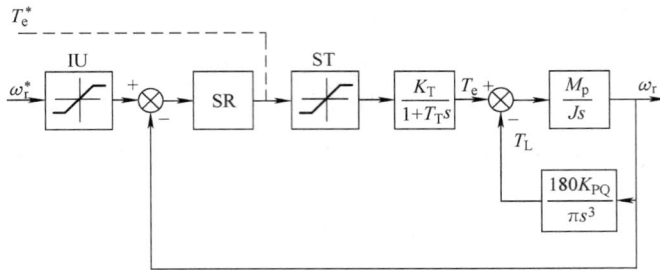

图 5-37 基于异步电动机驱动的船舶推进系统结构图

1）采用实现恒 E_g/ω_s 控制算法依赖于 FG，但其大小与定子电流有关，因此固定的 U_{co}^* 设置会带来补偿误差；

2）转差频率控制的系统分析和设计是基于稳态模型的，因此保持 Φ_m 恒定只有在系统稳态时成立，在动态过程中的变化会影响系统的实际动态性能；

3）由于转速检测的误差会造成频率控制信号的误差。

因此，标量控制仅适用于对控制动态性能要求并不太高的船舶推进系统。

5.4.3.2 基于矢量控制的交流推进系统

矢量控制是一种基于转子磁链定向控制的方法。船舶电力推进系统采用交流异步电动机，大都选用笼型转子，因其结构简单，无须附加励磁绕组。变频器则选配电压源型逆变器，因而其矢量控制系统结构如图 5-38 所示。

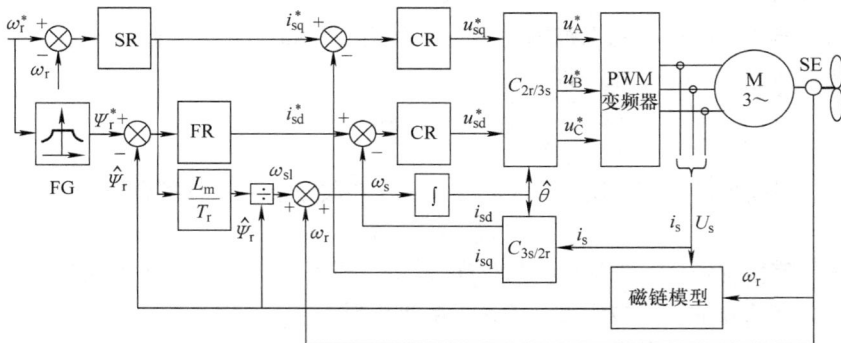

图 5-38 间接转子磁场定向的矢量控制系统

该系统的控制原理与图 4-28 中的直接转子磁场定向的矢量控制系统基本相同，采用转速调节器 SR 和磁场调节器 FR 分别输出电流给定信号 i_{sq}^* 和 i_{sd}^*，经两个电流调节器 CR 输出电压给定信号 u_{sq}^* 和 u_{sd}^*，通过 VC 变换形成电压型 PWM 变频器的调控信号，来调节电动机的转速。由此可见，上述系统分成了两个子系统：上半部为转速和电流双闭环系统，以控制电动机转矩；下半部为磁场和电流双闭环系统，以控制电动机励磁。

转速控制环的设计需满足船舶对转矩控制的要求，实际的转速控制的结构如图5-39

所示，由功率程序选择器 PPC、给定积分器 IU 和转速调节器 SR 构成。

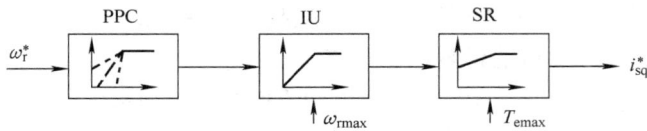

图 5-39　转速控制单元结构

其中：功率程序选择单元可根据功率增加或减小选择不同的转速上升曲线，并设有最大功率限制；给定积分器 IU 的主要功能如前所述，一是减缓转速的变化率，二是限制最高转速；SR 可以采用 PI 调节器，也可采用其他控制算法，其输出应设置最大转矩限幅。

磁场调节器的输入来源于函数发生器 FG，根据转速给定的大小分为：在恒转矩控制区，磁链给定保持不变，使电动机磁通保持恒定，进行变压变频调速；在恒功率区，磁链给定开始减小，进入弱磁调速阶段。

磁链的反馈采用转子磁链模型进行估算。磁链模型估算方法有多种，这里为了简化起见，采用稳态模型建立电压型转子磁链模型。由异步电动机的稳态等效电路图 5-28，导出的磁链方程为

$$p\psi_{\rm s} = U_{\rm s} - R_{\rm s}i_{\rm s} + {\rm j}\omega\psi_{\rm s} \tag{5-101}$$

$$\psi_{\rm r} = \frac{L_{\rm r}}{L_{\rm m}}(\psi_{\rm s} - \sigma L_{\rm s}i_{\rm s}) \tag{5-102}$$

由式（5-101）和（5-102）构建的转子磁链电压模型如图 5-40 所示。由图可见，基于稳态电压模型的转子磁链算法只需要检测电压和电流的幅值，比较易于实际检测，且不需要转速信号。特别是该方法与转子电阻 $R_{\rm r}$ 无关，只与定子电阻 $R_{\rm s}$ 有关。

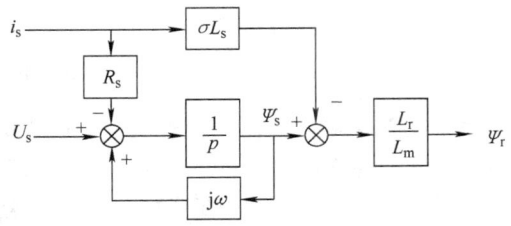

图 5-40　计算转子磁链的电压模型

VC 变换需要的转子磁链定向角也可由转子磁链模型获得，这里是直接构造一个估算模块，由式（5-91）计算转差频率 $\omega_{\rm sl}$ 为

$$\omega_{\rm sl} = \frac{L_{\rm m}i_{\rm sq}}{T_{\rm r}\Psi_{\rm r}} \tag{5-103}$$

再与转速 $\omega_{\rm r}$ 求和得到定子角频率 $\omega_{\rm s}$，然后通过积分 $\hat{\theta} = \int\omega_{\rm s}{\rm d}t$ 得到 $\hat{\theta}$。

5.4.4　交流同步电动机船舶推进系统

交流同步电动机在船舶电力推进中大量使用。同步电动机分为直流励磁和永磁两

类，其控制与用途不同。大功率船舶主要选用转子励磁的同步电动机，配置电流源型交－直－交变频器，或交－交变频器。永磁同步电动机通常采用电压源型变频器，用于中、小功率的船舶电力推进，或用作为大功率船舶的侧推系统。

5.4.4.1　交流同步电动机的标量控制系统

大功率船舶常采用凸极转子励磁的交流同步电动机驱动主推进器，因推进功率大，故采用由晶闸管整流器 SCR 和逆变器 CSI 组成的电流型变频器，通过负载换流模式实现逆变，又称 LCI 变流器。一种基于 V/F 控制的同步电动机船舶推进控制系统如图5-41所示。

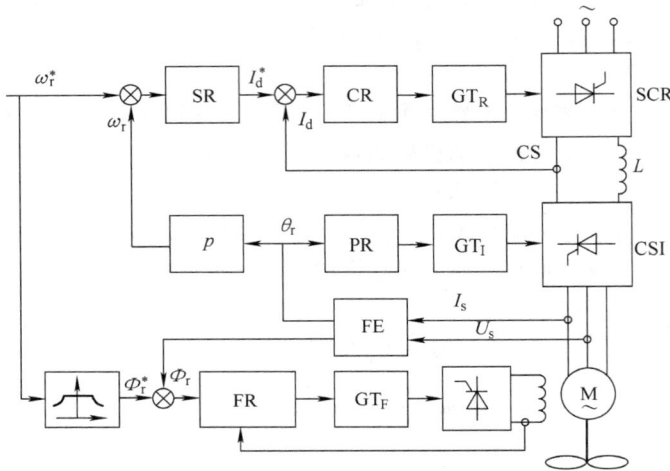

图 5-41　一种基于 V/F 控制的同步电动机船舶推进控制系统

系统的 V/F 控制策略是：对晶闸管整流器通过转速和电流双闭环，进行电流控制，实现调压；对逆变器通过相位调节器 PR 实现 LCI 换流。其控制原理是：LCI 换流需要检测转子的位置，即转子与定子的相位 θ_r，这里采用磁场状态估计器，通过检测定子电压和电流，再计算出转子磁通和相位。

对于凸极同步电动机，其转子电动势为

$$E_r = U_s - Ri_s - L\frac{\mathrm{d}i_s}{\mathrm{d}t} \tag{5-104}$$

根据电动势与磁通的关系 $E = -\mathrm{d}\Phi/\mathrm{d}t$，可得

$$\Phi_r = \int E_r \mathrm{d}t \tag{5-105}$$

由此可计算出转子磁通的估算值 $\hat{\Phi}_r$，作为转子励磁的反馈值与来自于函数发生器的转子励磁给定值比较，经励磁控制单元，调节励磁电源的输出，在转子绕组上产生所需直流励磁。

由 FE 输出的转子磁场的相位 θ_r，一路经微分环节输出转速估算值 $\omega_r = p\theta_r$，作为转速

反馈信号与转速给定信号比较后，经转速调节器 SR 和电流调节器 CR 控制整流器 SCR 调压，并由电感 L 储能，为逆变器提供恒流源。

另一路 θ_r 作为相位调节器 PR 的输入，经 PR 合成计算出 LCI 换流所需的控制角 α_1，触发逆变器 CSI 相应的晶闸管导通，为同步电动机定子提供交流输出。控制角 α_1 的计算有多种方法，详见参考文献 [5]。

5.4.4.2　交流同步电动机的矢量控制系统

交 - 交变频器采用晶闸管整流器反并联组成，具有低频大功率的特点，适用于作为船舶电力推进系统的变频电源。一种采用交 - 交变频器的同步电动机调速系统如图5-42所示，同步电动机的凸极转子采用晶闸管可控整流器励磁。

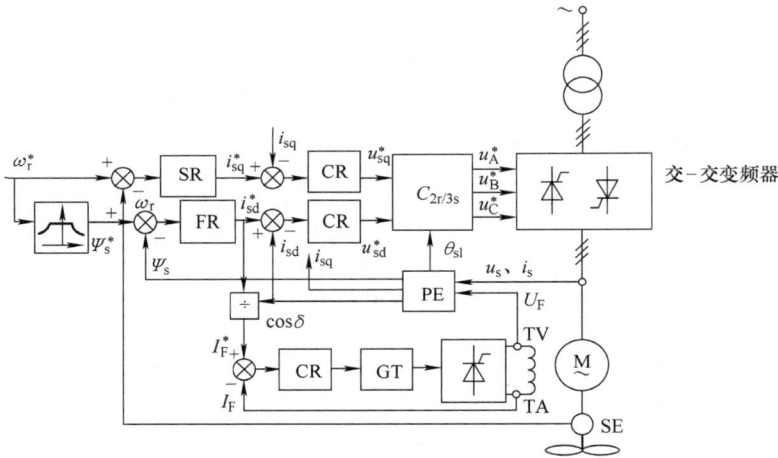

图 5-42　采用交 - 交变频器的同步电动机 VC 控制系统

系统采用定子磁链定向的 VC 控制策略，设置其定子磁链 Ψ_s 与定子 d 轴重合，则 $\psi_{sq}=0$ 且 $|\vec{\psi}_s|=\psi_{sd}$，同步电动机的转矩方程变成

$$T_e = \frac{3}{2}n_p\psi_s i_{sq} \tag{5-106}$$

式（5-106）说明：通过控制定子磁链的幅值和电流的 q 轴分量就能达到控制转矩的目的。为此，由磁链调节器 FR 输出的定子电流的 d 轴分量 i_{sd}^* 控制定子磁场；由转速调节器 SR 输出的定子电流的 q 轴分量 i_{sq}^* 控制转矩。两路电流控制信号经各自的电流调节器输出电压给定信号 u_{sd}^* 和 u_{sq}^*，经矢量变换环节产生三相电压的给定信号，控制交 - 交变频器为同步电动机的定子提供变压和变频电源。

同步电动机的转子由晶闸管整流器提供可调直流电源，采用励磁电流闭环控制，因转子直流励磁电流 I_F 与定子励磁电流相差角 δ，即

$$I_{sd} = I_F\cos\delta \tag{5-107}$$

因此，转子励磁电流的给定信号 I_F^* 为

$$I_F^* = \frac{i_{sd}^*}{\cos \delta} \tag{5-108}$$

其中：cosδ 即为同步电动机的转矩角，由同步电动机的定转子关系，有

$$\cos \delta = \frac{U_F + X_{ds} I_{ds}}{U_s} \tag{5-109}$$

系统中所需的参数都通过参数模型 PE 进行估算。定子磁链的计算由同步电动机的定子电压和磁链方程式在静止坐标系上完成。为了表示两种坐标系的差别，静止坐标系上的 d、q 分量用 α、β 表示，定子磁链现写成

$$\psi_{s\alpha} = \int (u_{s\alpha} - R_s i_{s\alpha}) \, dt \tag{5-110}$$

$$\psi_{s\beta} = \int (u_{s\beta} - R_s i_{s\beta}) \, dt \tag{5-111}$$

这种计算方法包含纯积分环节，具有和异步电动机电压模型磁链观测方法相同的特点。定子磁链的幅值与相位可计算为

$$|\boldsymbol{\psi}_s| = \sqrt{\psi_{s\alpha}^2 + \psi_{s\beta}^2} \tag{5-112}$$

$$\theta_s = \tan \left(\frac{\psi_{s\beta}}{\psi_{s\alpha}} \right) \tag{5-113}$$

建立的异步电动机定子磁链模型结构如图 5-43 所示。

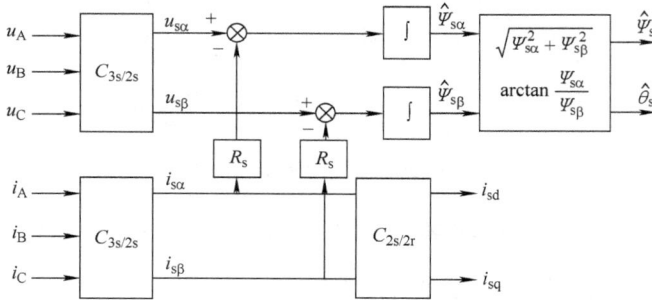

图 5-43　同步电动机定子磁链模型结构

通过式（5-112）和（5-113）计算，$|\vec{\psi}_s|$ 用于进行定子磁链幅值的闭环控制，θ_s 用于定向即坐标变换。

5.4.4.3　交流同步电动机的 DTC 控制系统

DTC 控制是继 VC 控制后发展起来的又一种交流调速控制方法，因其采用滞环控制器进行 Bang – Bang 控制，简化了诸多 PI 调节器的参数设计和计算，易于系统分析和现场调试，适用于船舶电力推进这类大惯量的被控对象的运动控制。一种基于 DTC 控制的船舶同步电动机电力推进系统如图 5-44 所示。

该系统也是按照定子磁场定向，即 $|\vec{\psi}_s| = \psi_{sd}$。其定子磁链给定信号由转速指令经函数发生器产生，再经过一个磁场优化环节 OU，作为 DTC 的磁场控制信号 Ψ_s^*。

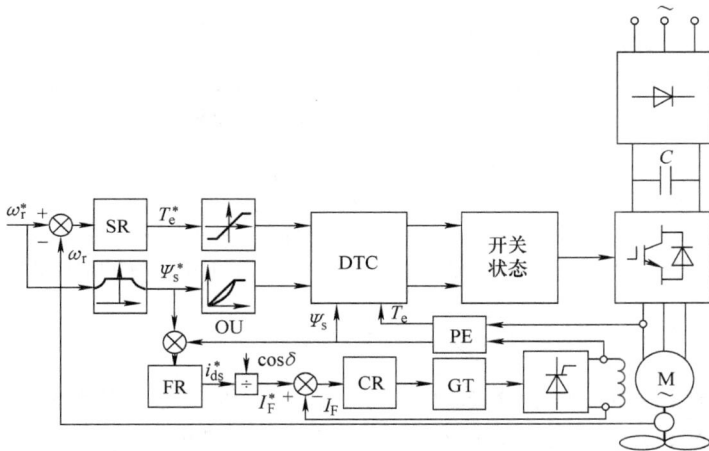

图 5-44　一种基于 DTC 控制的船舶同步电动机电力推进系统

转速指令 ω_r^* 与转速反馈信号 ω_r 经转速调节器进行闭环控制，输出的转矩给定信号 T_e^* 经限幅器限制最大转矩，作为 DTC 的转矩控制信号。

DTC 中设有两个滞环比较器，分别对转矩和定子磁链进行 Bang - Bang 控制，其控制算法由式（5-93）和（5-94）给出。由 DTC 产生的转矩控制器输出 U_{cT}，磁链控制器输出 $U_{c\psi}$ 以及定子磁链所在的位置可以选择最优的开关状态组合。

磁场优化环节 OU 的主要作用是按预设的磁场优化曲线给出定子励磁信号，这样能提高系统效率[3]。

同步电动机转子励磁环节与前述 VC 控制系统相似，只是在转子励磁电流环外加了一个磁链闭环，由定子磁链给定信号 Ψ_s^* 经磁链调节器产生定子 d 轴分量电流 i_{sd}^*，再除以转矩角 $\cos\delta$，获得转子励磁电流给定信号 I_F^*。

同样采用参数估计器根据检测的电压和电流值来计算所需的各种反馈信号。

5.4.4.4　交流永磁电动机的船舶推进系统

永磁电动机的应用日益广泛。它的特点是转子由永久磁钢组成，无励磁绕组。这种电动机的优点是没有励磁铜耗，效率高，功率密度高及转子转动惯量小；缺点是无法对磁链进行灵活控制。按转子位置定向的矢量控制系统是常用的永磁同步电动机的调速方案。

（1）永磁同步电动机按转子位置定向的矢量控制系统

由于永磁同步电动机的转子上无励磁绕组，其矢量控制系统通常都没有励磁控制环节，而只有转矩控制/电流控制[6]，其控制框图如图 5-45 所示。

对于永磁同步电动机，其转子由永磁材料制成，因而不需要外加励磁。定子侧因按转子位置定向，即磁链与转子位置重合，即与转矩方向相同，故设 $i_{sd}^* = 0$；转矩给定信号由转速给定信号经转速调节器 SR 闭环控制输出 T_e^*，因按转子位置定向，同步电动机的转矩与 q 轴电流的关系如下：

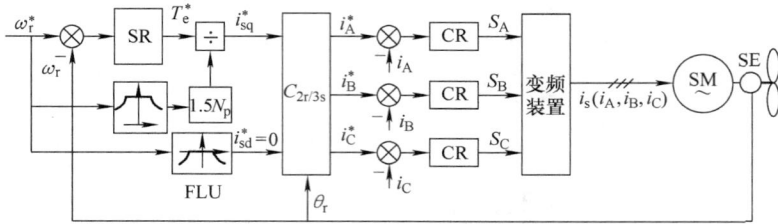

图 5-45 永磁同步电动机按转子位置定向的矢量控制系统框图

$$T_e = \frac{2N_p}{3}\Psi_r i_{sq} \tag{5-114}$$

由此，可计算 q 轴的电流分量给定信号 i_{sq}^*，再经 VC 转换环节产生三相定子电流给定信号，控制变频器改变电压和频率，使电动机调速。但在弱磁控制阶段，经弱磁设定环节 FLU，使 $i_{ds}^* < 0$，对永磁电动机注入负的励磁电流[7]。

采用了转速编码器 SE 检测转速与转子相位，作为转速反馈信号和 VC 转换中旋转变换的转角 θ_r。

（2）直流无刷同步电动机控制系统

直流无刷同步电动机是一种特殊的永磁同步电动机，其独特的绕组分布方式使得永磁铁产生的气隙磁场及反电动势呈梯形波分布，而非正弦分布，如图 5-46 所示。因此驱动直流无刷同步电动机的逆变器是 6 阶梯波运行而不是 PWM 运行模式。逆变器的开关由转子位置直接决定。

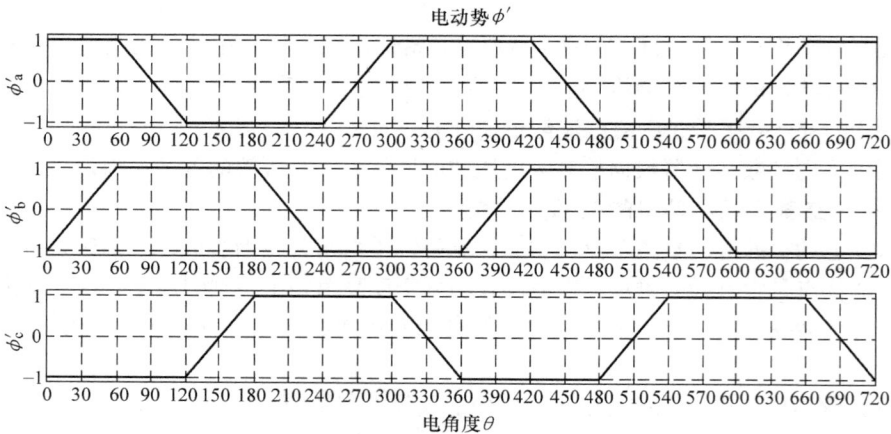

图 5-46 直流无刷同步电动机的气隙呈梯形波分布

直流无刷同步电动机感应反电动势/气隙磁场的位置可以通过 3 只在空间彼此间隔 120°的霍尔传感器测得。图 5-47 给出霍尔传感器输出与反电动势的关系，表 5-2 给出了其位置关系。

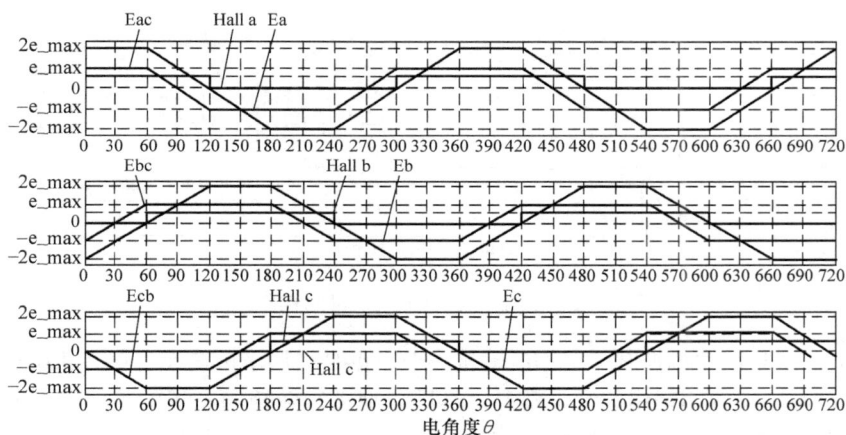

图 5-47　霍尔传感器输出与反电动势的关系

表 5-2　霍尔传感器与反电动势的位置

Hall a	Hall b	Hall c	EMF_ a	EMF_ b	EMF_ c
0	0	0	0	0	0
0	0	1	0	−1	1
0	1	0	−1	1	0
0	1	1	−1	0	+1
1	0	0	1	0	−1
1	0	1	1	−1	0
1	1	0	0	1	−1
1	1	1	0	0	0

一种直流无刷同步电动机的控制结构如图 5-48 所示，其控制策略与图 5-45 给出的控制系统类似。不同之处在于直流无刷同步电动机的控制是在三相静止坐标系上进行的，由转速指令信号 ω_r^* 通过转速调节器 SR 闭环控制，产生转矩命令 T_e^*，由公式

$$T_e = 2N_p \Psi_r i_s \tag{5-115}$$

计算出定子电流的幅值 i_s^*，再根据霍尔信号生成三相静止坐标系上的定子电流给定值 i_A^*，i_B^* 及 i_C^*，与三相定子电流的实际值 i_A，i_B 及 i_C 比较，经电流调节器 CR 得到变频装置的开关控制指令。

5.4.5　多相电动机的推进控制系统

多相电动机具有低速大转矩的特点，且有故障冗余，适用于作为船舶电力推进的驱动电动机。例如：Alstom 的 AIM 电动机就是典型的高性能船用推进电动机。为此，需要研究和开发多相电动机的控制系统。

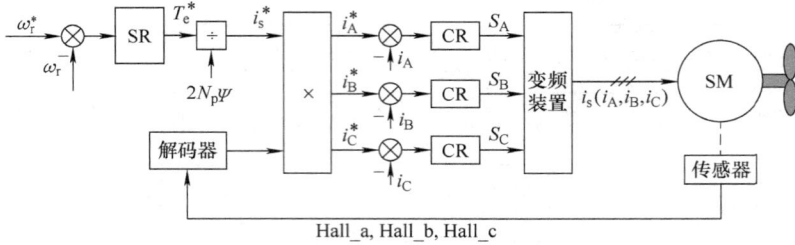

图 5-48 直流无刷同步电动机的控制框图

目前，多相电动机控制与三相电动机类似，也是采用坐标变换，将多相绕组的数学模型转换为 d、q 两相绕组的数学模型，然后分别进行转矩和磁场的控制。一种转子磁链定向的多相电动机矢量控制结构如图 5-49 所示，多相感应电动机由多相变频器供电，其开关器件由 PWM 调制器输出的开关状态信号控制；系统采用矢量控制，由转速调节器 SR 控制转矩，由磁链调节器控制转子磁链，两个调节器通过函数发生器 FG 协调转矩与磁链的关系，分别实现满磁恒转矩控制与弱磁恒功率控制。多相静止坐标系与两相旋转坐标系之间的转换矩阵 $C_{Ns/2r}$ 由式（5-50）给出，其反变换为 $C_{Ns/2r}$。由磁链模型计算出磁链反馈信号及转子相位。

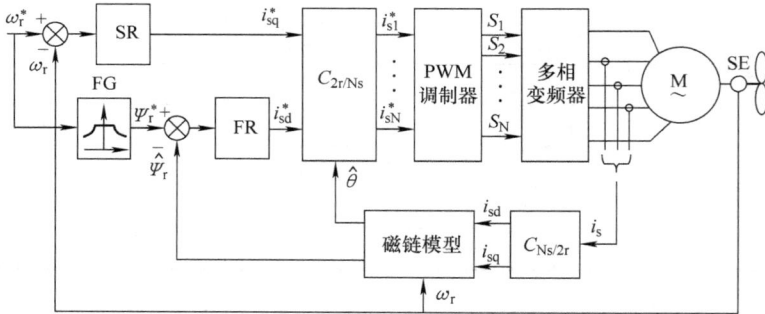

图 5-49 转子磁链定向的多相电动机矢量控制结构

5.5 船舶系统自动监控

现代船舶设备众多，为保障安全，通常设置监控系统。监控系统的主要功能为状态监测、数据采集、故障报警和趋势分析。但近年来，随着计算机的普及和信息技术的发展，系统监控技术正朝着网络化和智能化方向发展。

5.5.1 船舶监控系统的结构和组成

船舶监控技术与工业过程的自动监测与控制的技术进步密切相关，在系统结构方面，系统监控经历了从计算机集中检测系统、分布式控制系统（DCS）到现场总线控制系统（FCS）的演变；在控制模式方面，经历了从单回路 PID 控制、多回路多模态 PID 控制到自适应控制的进化；在处理功能方面，经历了从实时控制、巡回检测和越限报警到数据存储、趋势分析、故障诊断和容错控制的扩展。

近年来随着自动化技术、计算机技术与网络通信技术的广泛应用，船舶自动化与信息化技术进入了新的发展阶段[8]：在船舶控制方面，进一步发展了一人驾驶系统（OM-BO）和无人机舱（UMS）。一个典型的现代船舶监控系统如图 5-50 所示[5]，分为三层网络结构，底层为系统控制级，对船舶各个子系统进行实时控制；中间为监控层，对船舶运行过程进行监控；上层为管理层，进行船舶任务规划、航线设计、事务管理等。

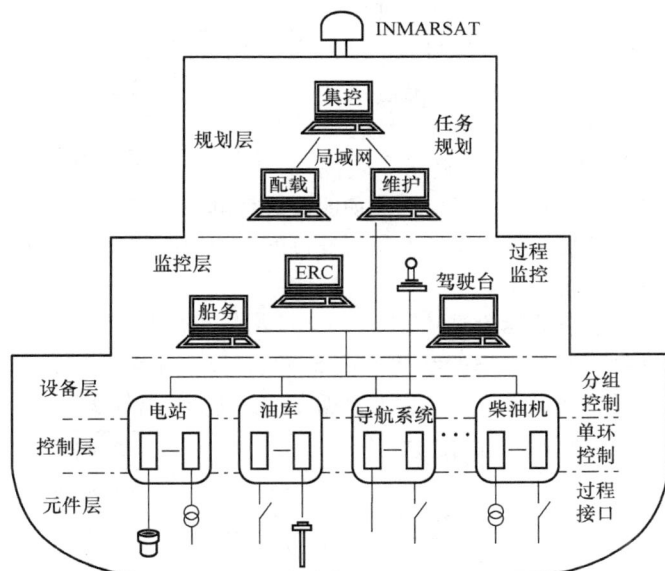

图 5-50　船舶自动化系统结构

在一些先进船舶上已形成现场总线（Fieldbus Network，FN）、控制局域网（Control Network，CN）与办公自动化网络的三层计算机网络结构，并配置了国际海事卫星通信系统（INMARSAT）标准船站，用于船岸数据通信。

5.5.2　船舶监控系统的设计

现代化电力推进船舶或大型海洋船舶通常配置监控装置，以实现对船舶系统的集中监视与控制，完成故障报警功能。船舶监控系统的组成方案通常有两种：一种是采用 PLC 作为中间环节，连接底层控制设备，进行数据采集，并传送到上位计算机进行数据显示和报警等；另一种是采用工业现场总线，底层控制设备的数据通过现场总线传输到监控计算机。

5.5.2.1　船舶监控系统的硬件配置

目前，在船舶系统监视装置设计中广泛采用现场总线技术，所构成的监控系统结构如图 5-51 所示，其硬件系统主要包括上位工控计算机、触摸屏、PLC、设备控制单元（Paralleling and Protection Unit，PPU）和传感器等。

例如：某监控装置采用施耐德 Modicon M340 等中型 PLC 进行船舶电力系统的控制与管理，集中监视人机界面采用工业触摸屏进行支持；PPU 作为执行单元，完成的功能有：发电机与电网的自动并车控制功能，功率与频率控制功能，逆功率保护、过电流保护等保护功能，监测电网电压/电流功能。PPU 接口适合用于 PLC 控制系统，由触摸屏、PLC 与 PPU 配合，组成一种船舶电力系统监控硬件配置。监控人机界面设计，运用实时动画、状态显示开关及数字和模拟表头显示，监控

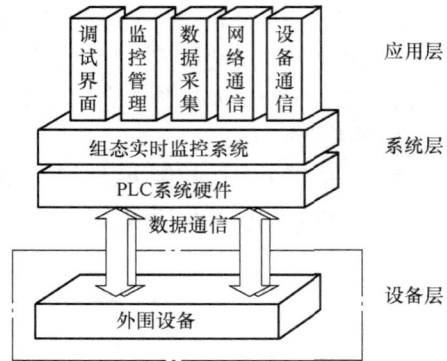

图 5-51　船舶系统监视装置结构框图

船舶电力系统的各种运行状态，运用界面功能键进行电力系统的操作。形成的船舶电力监控系统，方便船舶轮机人员在工控上位机通过网络调用触摸屏监控软件，轮机人员也可以直接操作触摸屏实现控制。

5.5.2.2　船舶监控系统软件设计

船舶监控软件系统的基本框架结构如图 5-52 所示，由各子系统采用模块化结构，各系统的数据采集通过网络通信接口送入数据库，并进行数据处理。

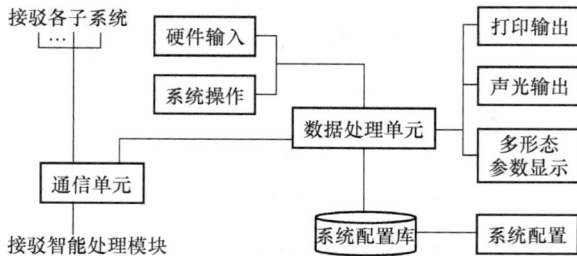

图 5-52　船舶监控系统软件的基本框架结构

监控软件的主要功能是实时检测船舶系统参数，通过数据采集和信息存储，并进行实时显示和越限报警。监控软件实现的系统主要功能如下：

1）系统控制参数与运行状态的监测与显示功能。采集系统的基本参数与运行状态，集中地显示于触摸屏监控界面，有效地实施集中监督。

2）故障的监测、报警与处理功能。对实时监测到的电力系统参数及运行状态进行故障判断，确定是否发生故障以及故障类型，当发生故障时及时发出声光报警。故障处理人机界面设有消声与消闪按钮界面，用于轮机人员进行故障应答。

3）信息的显示、存储与打印功能。数据集中显示于数据界面，便于工作人员观察和处理。监控界面设有故障信息显示界面，显示系统当前故障信息及历史故障信息，具

体涉及故障类型、发生时间、持续时间等。全部信息存储到专用数据库。数据采集的信息用于系统工作状态分析与报警处理，同时通过外接打印设备进行信息打印，便于轮机与电气人员的分析与存档。

4）船舶自动化控制功能。常用 3 种控制方式：机旁手动、自动和遥控控制。机旁手动控制是工作人员在设备旁的控制柜进行就地手动操作的工作方式；自动控制是由 PLC 与控制单元 PPU 对系统进行自动控制与管理；遥控是操作人员根据界面显示的各种信息，通过指令发信按钮与开关等进行远程控制。

5）系统安全功能。监视系统可以提供多种操作模式以及远程监控功能，为防止人为误操作干扰系统的运行导致系统故障而造成不必要的损失，必须设置系统安全功能。例如，用户权限功能：防止人为误操作的发生；优先级功能：对于手动操作、遥控操作与自动运行 3 种工作模式按照顺序与监控地点进行优先级设置，避免 3 种工作模式的干扰。

5.5.2.3 船舶监控系统通信方式

船舶监控系统中 PC 上位机、触摸屏与 PLC 的通信方式可以采用工业以太网 Modbus TCP/IP 方式；具有协议开放、与不同厂商设备兼容、能实现远程访问等功能；网络速度快，实时性强，系统安全性高。PLC 和 PPU 主要是以硬件接线与串口通信完成控制功能，通信信号连接如图 5-53 所示。

PLC 与 PPU 的通信通过软件设置，可确定为 RS－485 方式，传输速率为 9600bit/s，数据长度为 8 位、停止位 1 位、偶校验；PPU 将常用数据存放在其内部指定寄存器中，建立通信后 PLC 执行 READ_ VAR

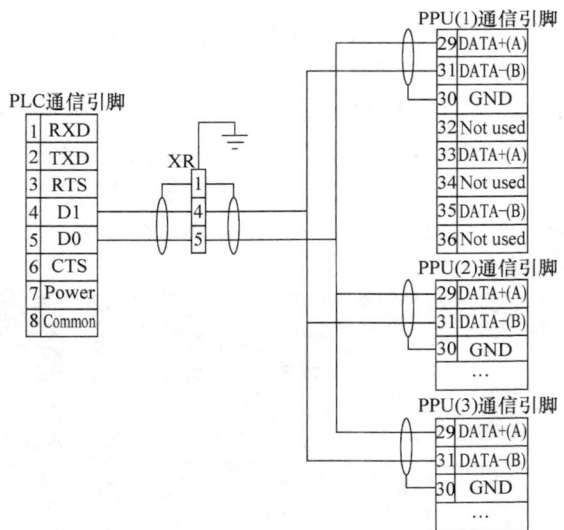

图 5-53　PLC 与 PPU 串口通信信号连接图

和 WRITE_ VAR 通信指令实现与 PPU 的数据交换。

5.5.2.4 船舶电力系统监控

船舶电力系统是电力推进船的主要动力来源，其可靠性和安全性至关重要。因而是船舶监控系统的最重要的环节之一。

船舶电力系统监控软件组成结构如图 5-54 所示，该系统分为 PLC 控制软件和触摸屏人机界面软件两部分。PLC 程序实现数据处理、控制逻辑判断与执行等功能。触摸屏程序通过网络直接访问和修改 PLC 变量，实现控制、数据与状态的输出、显示和存储功能，实现船舶电力系统故障报警功能。

1）PLC 控制程序。对采集数据进行逻辑判断，当出现设备故障等情况，采取安全保护等控制措施。例如：船舶电力系统对供电的可靠性要求非常高，任何断电事故都将危及船舶航行的安全。在无人值守的自动化机舱，要求有完善的防范措施，当出现发电机设备故障或可能导致全船断电时，自动起动备用发电机组替换故障机组，以保持供电的连续性。在出现断电时，尽力保证断电时间最短，尽快恢复供电。

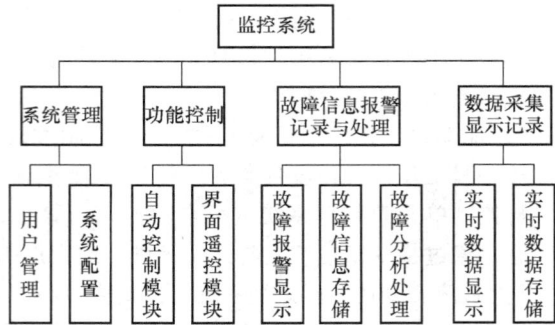

图 5-54　船舶电力系统监控装置软件结构框图

2）船舶电力系统监控人机界面。船舶电力系统监控人机界面通常包括如下内容。

① 主监控界面。主界面直观地显示整个船舶电力系统的工作状态与汇流排的电气工况。主界面上有分界面的索引控件，以查看更详细的数据；点击主界面上相应的图标或者按键，可以进入各个监控界面。

② 柴油发电机组监控界面。柴油发电机组运行监控界面由集中监视界面、控制屏界面、发电机组起动状态界面和机旁控制界面等组成；界面将柴油发电机组的工作状态集中显示于发电机组监控界面，便于操作人员直接全面地掌握发电机组工况。通过界面能够监控柴油发电机组的自动起停与自动分/合闸等操作，发电机组控制的一些人机界面如图 5-55 所示。

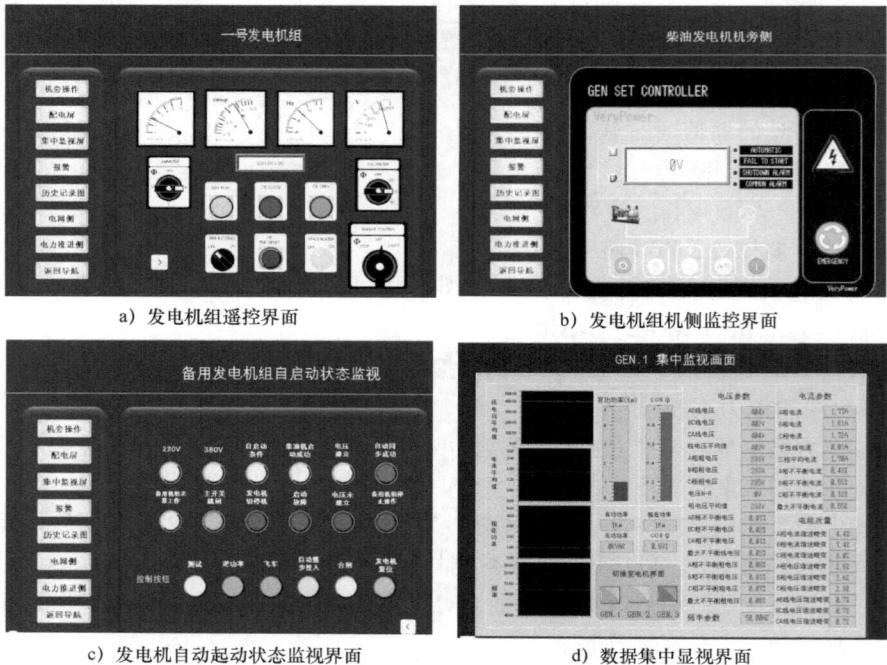

a）发电机组遥控界面

b）发电机组机侧监控界面

c）发电机自动起动状态监视界面

d）数据集中显视界面

图 5-55　柴油发电机组监控界面

③ 发电机并网监控界面。实时显示发电机手动和自动并网过程，显示发电机与电网同步相关的参数。由于发电机并网过程同步条件要求较高，且网络通信存在延时，所以界面遥控并网通过调用系统自动准同步并网程序，自动完成并网。

④ 报警界面。集中显示发电机组、汇流排、电气开关及设备供电等相关故障信息。一旦系统发生故障，会弹出报警对话框，显示故障类型；该界面由报警指示灯、复位按钮等组成，设置有消声和消闪按钮，可以在线查看和复位报警。

⑤ 故障记录界面。自动记录电力系统历史故障信息并进行存储，显示故障发生的时间、日期、类型与恢复时间等，便于对故障进行记录与分析。

⑥ 数据趋势图。按船舶机舱值班、数据分析要求定时记录（时间周期可调）船舶电力系统参数数据，形成数据趋势曲线图。数据包括发电机电流、电压、功率、频率，汇流排电压、电流、功率电气参数和柴油发电机组热工参数等。

⑦ 岸电管理界面。显示岸电供电时系统的参数和相关操作。

⑧ 系统设置界面。用于船舶电力系统监视装置的系统参数设置，如运用语言、时间、本地 IP 地址、显示屏对比度等。

5.5.3 船舶电能管理系统

电能管理系统（PMS）是现代电力系统对发电、输配电和用电进行能量综合管理和优化的重要环节。在船舶中采用 PMS 能根据船舶的运行模式提高所需的电力，优化电能的使用，提高船舶电力系统的效率和降低消耗，特别对于电力推进船舶，因其电能消耗大而尤显重要。

船舶 PMS 是在船舶电力监控系统的基础上，设置专门的 PMS 模块。因此，其硬件结构与船舶电力监控系统相同，可采用 PLC 或计算机构成，通信方式为控制网络或现场总线等。

一个典型的船舶 PMS 控制结构如图 5-56 所示，其柴油发电机组系统与配电系统采用实时控制方式，PMS 作为系统监督和管理模块实现电能管理与优化。

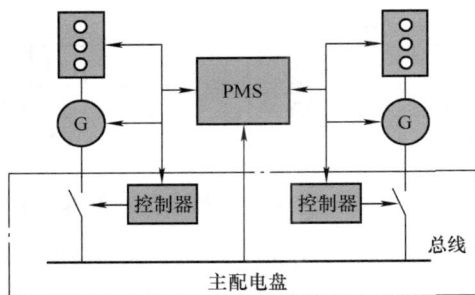

图 5-56 船舶 PMS 控制结构

船舶 PMS 的主要功能为：

1）船舶电网监控；

2）根据用电负载需求自动控制发电机组的起动或停止；

3）根据故障状况自动控制发电机组的起动或停止；

4）根据用电量自动或手动停止发电机组运行；

5）选择备用发电机组的序列；

6）自动脱卸负载；

7）重载用户处理；

8）故障报警，包括：

① 高压/低压；

② 高频/低频；

③ 发电机断路器动作、过电流、逆功率；

④ 差分保护；

⑤ 开关柜熔断器故障；

⑥ 柴油机停机；

⑦ 通信故障、PLC 内部错误等。

传统的船舶 PMS 是独立子系统或作为信息采集系统的一部分，与船舶电力系统和推进系统分别供货。随着计算机硬件功能的日益增强和网络通信的广泛应用，可以将这些子系统集成为一个船舶综合自动化系统，包括：发电机组、中压配电盘、输配电变压器、电力推进系统和 PMS 等。一种嵌入式综合自动化系统结构如图 5-57 所示[10]，系统直接控制单元（DCU）与 PMS 和综合自动化系统（IAS）通过通信网络组成一个全船综合自动化系统，使原先各自独立运行的子系统通过信息交互进行协调控制，提高了系统的自动化程度和整体性能，也提高了系统效率和可靠性，并为全船自动化、信息化和智能化提供了发展空间。

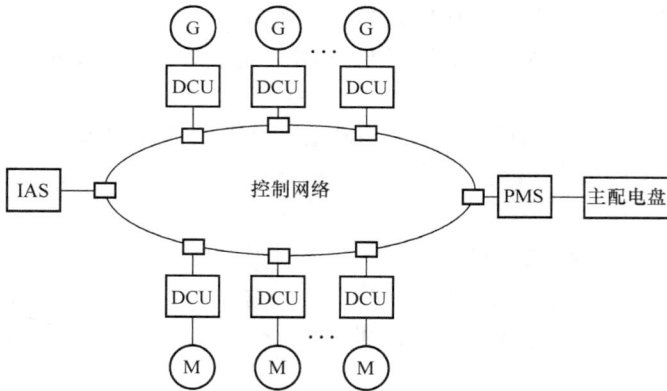

图 5-57　嵌入式综合自动化系统结构[10]

例如：ABB 公司研发了标准的 DCU 控制器，采用 AC800M 系列硬件平台和可编程环境，嵌入在 PMS、IAS、DGMS 和 Azipod 控制系统中，保证了系统的兼容性。在 DCU 与驱动系统之间采用 DriveBus 现场总线，以保证系统的可靠性。这种嵌入式方式使各系统之间的数据传输更为简便、可靠和快速。也使用户可以方便地将各个单一的系统集成起来，还可扩展状态监控和故障诊断系统等。

为了增强系统可靠性和适用性，提高系统效率，可以开发和扩展先进的功能，比如：断电快速恢复、柴油发电机组的能效管理等。

其中：PMS 提供的主要功能为船舶电站的自动或手动控制及状态监控，包括：根据负载起动或停止发电机；当柴油机发生故障或停车时，备用发电机起动；电力系统报警处理和状态显示；工作模式选择；断电和局部断电处理；发电机同步运行；负载分配控制；频率控制；推进系统负载控制；负载脱卸等。

通过 PMS 操作站，操作员能根据工作模式和负载情况，控制并联运行发电机的数量；操作员依据系统接收的信息以及配电盘中汇流排断路器的连接状态，做出操作决定；当柴油机或发电机维修时，也允许操作员设置单独发电机为手动控制。

PMS 的功能必须与测量仪表、保护装置和主配电盘的功能集成，可以采用新型保护继电器，这种装置具有可编程逻辑和接口，提供给系统设计者来增强系统集成能力和改善性能。

例如：ABB 公司新一代的保护继电器 Relion® 系列提供了更多功能，易于整个电力和保护系统的设计与构建。采用 Relion® 系列继电器能将继电保护与主控网络集成，同时船舶电站的信息也能通过网络传输给操作员，大大减少了电缆和安装空间。

5.5.4 船舶监控技术的发展

虽然由于计算机的应用，使大量现场数据的采集、存储、显示和报警等功能的实现变得极为便利，但是，数据的分析、解释与决策则成为新的亟待解决的主要问题。特别是对于复杂过程和大系统的应用场合，计算机局域网的使用一方面极大地扩展了监测范围，提高了数据采集的实时性；但另一方面大量数据的涌现，也使操作者感到眼花缭乱，影响及时正确地作出判断和决策。而且，上述问题又难以用传统的信息处理与控制技术来解决。为此，采用智能信息处理技术和构建智能监控系统成为新的发展方向[11]。

智能监控系统基本结构如图 5-58 所示，分为 3 个子系统：

1）数据采集系统。可采用 DCS 与数据库结合的方案，主要任务是数据采集和存储；

2）数据处理系统。主要通过数据分析，从大量原始数据中提取有价值的状态信息；

3）智能信息系统。利用智能方法进行特征提取、知识处理和决策支持。

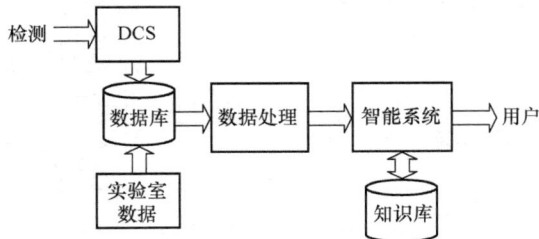

图 5-58　智能监控系统基本结构

其中：智能信息处理是实现系统智能化的核心与关键。智能信息加工过程如图 5-59 所示。

图 5-59　智能信息处理基本过程

智能信息处理关键技术在于：数据预处理（包括：趋势分析和特征提取）、数据挖掘（Data Mining，DM）和知识发现（Knowledge Discovery in Database，KDD）等。

同样，当前船舶数字化或信息化的关键在于引入智能信息技术，来解决数据分析、特征提取、现象解释、故障诊断、控制决策等问题。

笔者所带领的研究团队在这方面开展了长期的研究，探讨了一种船舶智能信息管理系统的框架结构和组成方法。该智能系统在目前全船综合自动化系统（Total Ship Automation System，TSAS）基础上，进一步引入智能化方法，构造一个智能信息处理子系统[12]，其系统结构如图 5-60 所示。

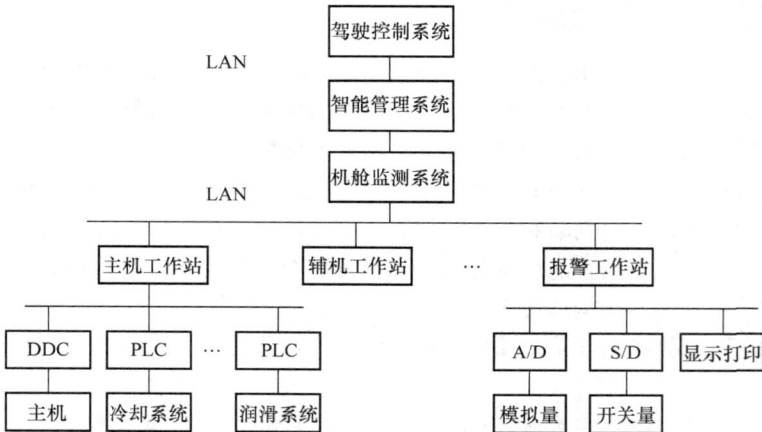

图 5-60　船舶机舱智能监控系统

其中智能子系统的基本结构如图 5-61 所示。

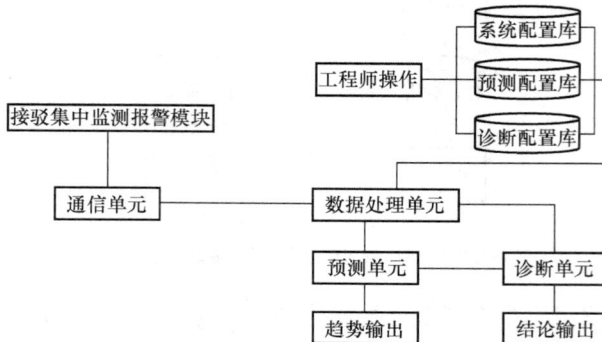

图 5-61　智能子系统的基本结构

智能信息处理部分实现的主要功能包括：参数预测、故障诊断、容错控制等。开发智能系统的关键技术在于：

（1）数据融合

多传感器数据融合是一项近几年发展起来的新技术，适应于测量控制、状态估计、故障诊断等领域。目前的数据融合技术是针对一个系统中使用多种传感器（多个或多类）这一特定问题而进行的新的信息处理方法，因此，数据融合又称作多传感器数据（或信息）融合。比较确切的定义可概括为：数据融合是对来自多个传感器的数据进行多级别、多方面、多层次的处理，即充分利用不同时间和空间的多传感器信息资源，采用计算机技术对按时序获得的多传感器观测信息在一定准则下加以自动分析、综合、支配和利用，获得对被测对象的一致性解释与描述，以完成所需的决策和估计任务，使系统获得比它的各组成部分更优越的性能。数据融合系统主要由多传感器、校准、相关、识别、估计等部分组成，因而其主要方法是采用估计理论，比如：最小二乘算法、Wiener 滤波、Kalman 滤波等。有关基于 Kalman 滤波器的多源信息融合算法将在第 8 章介绍。

（2）数据挖掘与知识发现

DM 就是从大量数据中抽取挖掘出未知的、有价值的模式或规律等知识的复杂过程。因此，DM 是一门范围广泛的交叉学科，它汇聚了数据库、人工智能、数理统计、可视化、并行计算等方面的技术。目前，数据挖掘的主要理论与方法包括：聚类分析方法，统计分析方法以及神经网络方法等。

聚类是将一个数据集划分为若干类（class）或簇（cluster）的过程并使得同一组内对象具有较高的相似度，而不同组中的数据对象则互不相似。聚类分析方法有：划分法、分层法、密度法和基于神经网络方法等。

统计分析方法有：线性回归分析法、最小二乘法、主元分析（Principle Component Analysis，PCA）等。

人工神经网络方法（Artificial Neural Networks，ANN）是一种模拟大脑并行处理的算法结构，可以通过学习构建任意的非线性映射，也可用于数据挖掘。

然而，如何利用 DM 技术实现船舶信息的数据挖掘与知识发现是值得研究的课题。我校中法联合伽利略系统与海上安全智能交通研究所通过中法合作，开展了深入的研究，构建了基于智能融合数据挖掘方法的基本框架结构，研究与提出一系列智能融合的数据挖掘方法[13]。

所构建的基于智能融合数据挖掘方法的基本框架结构图如图 5-62 所示，其各个模块的及其主要功能如下：

1）数据库：所要处理的海量数据。历史数据库：智能融合数据挖掘方法所需要的系统的历史数据；实时数据库：系统运行时从传感器采集到的实时数据。

2）基于聚类分析方法的数据预处理模块：数据选择，数据挖掘通常并不需要使用所拥有的所有数据，有些数据对象和数据属性对建立模型获得模式是没有影响的，这些数据的加入会大大影响数据挖掘效率，甚至还可能导致数据挖掘结果的偏差。因此，有效地选择数据是很有必要的。经过基于聚类分析方法的数据预处理模块，可以有效地去除虚假数据，选出有代表性的点作为特征数据。

3）基于 RPCA 模型的数据归约模块：数据归约将辨别出需要挖掘的数据集合，缩小处理范围，是在数据选择的基础上对挖掘数据进一步约简，使所得的主元更有代表性，用来降低数据降维，对系统进行特征提取。

4）ANN 趋势预测模块：预测性模式在从已知条件中确定的模式基础上，预测动态数据的未来变化趋势。

5）解释评价模块：决策者与数据挖掘系统进行交互的接口，属于用户界面。它包括学习内容呈现和学习结果评价与验证两大部分。

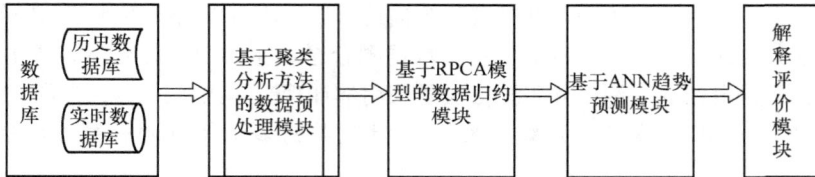

图 5-62　基于智能融合数据挖掘方法的基本框架

在聚类分析方法研究中，针对动态数据过程，王天真博士研究并提出了基于动态数据窗口的自组织竞争神经网络的聚类算法和融合聚类分析方法等，并用于故障检测，以滤除虚警信息。

在 PCA 的研究方面，参考文献［14］提出的一种相对主元分析（RPCA）方法，来克服传统 PCA 方法在数据降维和故障检测方面的一些不足；参考文献［15］进一步提出了指定主元分析（DCA）。

在基于 ANN 的趋势预测方面，研究了基于递归神经网络（RANN）的时序预测模型，然后进一步提出了基于 PDRNN 的多维时序并行预测模型，有效地对多维信号进行并行预测和趋势分析[16]。

（3）故障诊断与容错控制

故障诊断本身也成为了一门涉及信息检测技术、信号处理技术、计算机应用技术、自动控制理论、模式识别理论、机械工程学和人工智能等多学科综合的新兴边缘学科。20 世纪 80 年代中期提出的容错控制，作为提高控制系统可靠性和安全性的重要手段越来越得到广泛的重视和研究，并在理论与方法上取得了丰富的研究成果。最为成熟的，当属以稳定性为目标，以控制系统的测量、执行机构故障为对象的容错控制策略，它们大大拓展了原有控制系统的鲁棒性、完整性、可靠镇定等概念，形成了不少有新意的控制系统设计与综合方法。

笔者与研究团队在船舶故障诊断与容错控制方面开展了研究和探索，取得了一些进展和成果。设计了基于集成智能的船舶机舱故障预测与诊断系统[17]，其框架结构如图 5-63 所示，系统由数据采集子系统、实时监测子系统和智能故障诊断与预测子系统组成。

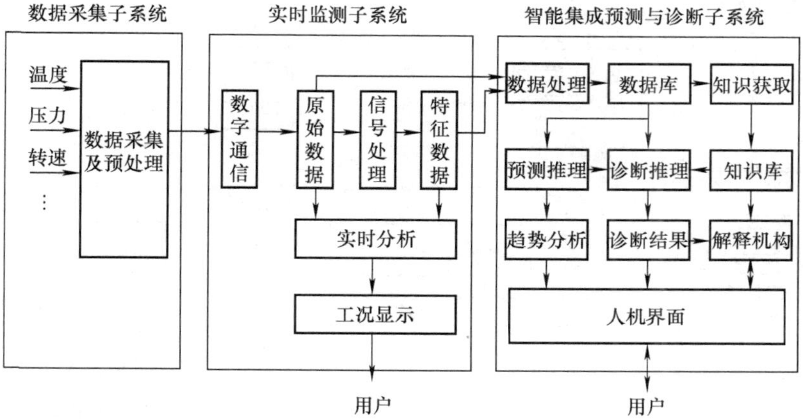

图 5-63　基于集成智能的船舶机舱故障预测与诊断系统框架结构

智能故障诊断与预测子系统中，研究和提出了基于人工神经网络（ANN）算法的信号预测方法，可进行系统状态的趋势分析和故障预测；研究和提出了基于模糊神经网络（FNN）的故障诊断方法，其智能信息处理过程如图 5-64 所示。

在故障诊断和容错控制方面，先后研究并提出了基于 OANN 多传感器故障检测方法[16]和提出了基于 FANN 的故障容错控制方法[14]。

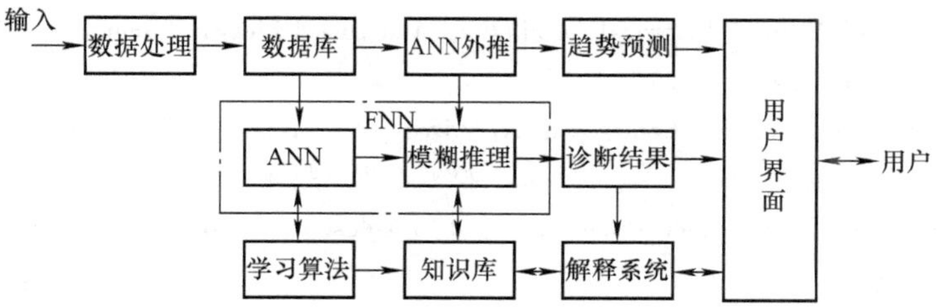

图 5-64　集成智能信息处理过程

船舶电力推进的状态监控系统还可通过卫星通信与陆地连接实现远程故障诊断。图 5-65 所示的是 ABB 公司开发的船舶电力推进远程诊断系统的结构，该系统中采用无线传感器和无线网络对 Azipod 推进器进行状态监测，再与变频器的测量信号通过网络通信传送到监控计算机 PCMS，再通过卫星通信将状态信息传输到陆地的监控中心进行远程诊断。

综上所述，在现有的船舶自动监测系统的基础上，建立以诊断知识为基础，以集成智能为核心的具有故障自动发现、辅助诊断、趋势预报功能的信息集成系统，使目前相互独立的系统集成为一个统一管理、集中监测、智能决策和分散控制的综合监控管理系统，对于提高系统的可靠性和安全性具有重要的理论意义和应用前景。

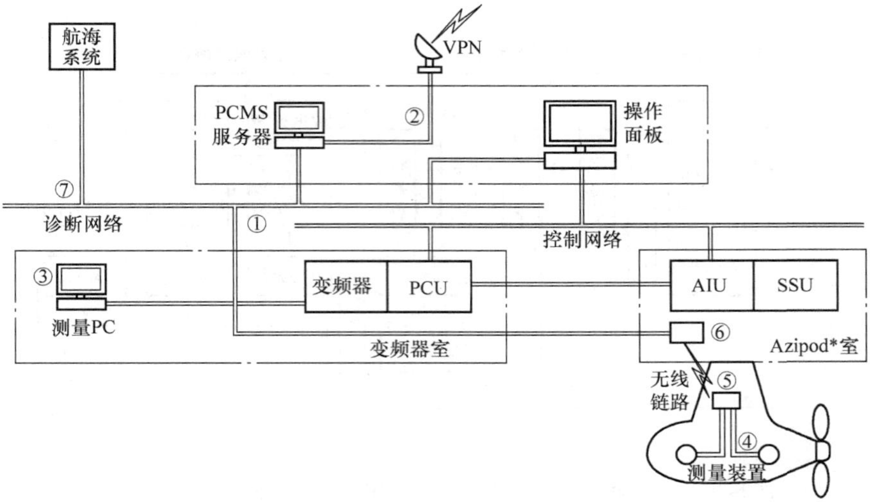

图 5-65　船舶电力推进的远程故障诊断系统（图片来源：ABB 公司）

参 考 文 献

［1］Thor I Fossen. Marine Control Systems ［M］. Norway：Marine Cybernetics，2002.

［2］陈伯时. 电力拖动自动控制系统 ［M］. 2 版. 北京：机械工业出版社，2005.

［3］徐德鸿. 电力电子系统建模及控制 ［M］. 北京：机械工业出版社，2005.

［4］Alf KåreÅdnanes. Maritine Electrical Installations And Diesel Electric Propulsion ［R］. The report of ABB AS Marine，2003.

［5］Bose B K. Modern Power Electronics and AC Drives ［M］. England：Prentise Hall，Inc. ，2002.

［6］汤天浩. 电力传动控制系统 ［M］. 北京：机械工业出版社，2010.

［7］R Krishnan. Permanent Maghet Synchronous and Brushless DC Motor Drives ［M］. ［S. L］：CRC Press，2010.

［8］汤天浩. 船舶智能信息系统的探讨 ［J］. 上海造船，2007 （3）：29 – 31.

［9］Zoran Vukic，Bruno Borovic. Guidance and Control Systems for Marine Vehicles ［M］. New York：CRC Press，2001.

［10］Louis Kennedy，Egil Johansen. 将电站管理功能集成到电站 ［J］. 动力时代，ABB 公司. 2010 （1）：78 – 82.

［11］汤天浩. 智能监控系统：新的理论、方法与进展 ［J］. 上海海运学院学报，2001，22 （3）：17 – 21.

［12］Tang Tianhao. A Data Fusion and Data Mining Method for Ship Supervision and Fault Detection ［C］. Proceedings of the 8th IASTED International Conference on Artificial Intelligence and Soft Computing. Marbella，Spain. 1 – 3，2004 （9）：204 – 208.

［13］Tianzhen Wang，Tianhao Tang. A New Data Mining Method based on Fusion Clustering Algorithm ［C］. The second International Conference on Neural Networks and Brain. Beijing，2005.

［14］王天真，汤天浩，文成林．相对主元分析方法及其在故障检测中的应用［J］．系统仿真学报，2007，19（13）：2889 - 2894.

［15］周福娜，文成林，汤天浩，等．基于 DCA 的多故障诊断方法［J］，自动化学报，2009，35（7）：971 - 982.

［16］Tianhao Tang, Tianzhen Wang, Dou Jinsheng. ANN - BASED MULTIPLE DIMENSION PREDICTOR FOR SHIP ROUTE PREDICTION. INFORMATICS IN CONTROL AUTOMATION AND ROBOTICS［C］. Published by Springer, 2007：207 - 212.

［17］Tang Tianhao, et al. A new intelligent system based on hybrid neural networks for process monitoring［C］. Proceedings of the 2003 IEEE International Symposium on Intelligent Control, Houston, Texas. Oct. 5 - 8 2003：941 - 946.

第6章 船舶电能质量控制

由于连接在电网上的非线性负载越来越多，电力系统的电能质量越来越受到关注和挑战。对于电网的非线性负载，其产生的非正弦电流会引起谐波畸变等问题，而船舶电力推进系统因电力电子变流器的应用致使谐波现象更为严重，需要特别关注并进行电能质量控制。

6.1 船舶电能质量要求

电能质量一般被定义为描述电能传输过程特性的一套参数，用以描述供电的连续性（或供电的间断性）以及电压的特性。例如，多相交流电路中的电能质量参数一般包括与额定值相比的电压偏差、电压突降，与额定值相比的电流波形的偏差；有功功率、无功功率和视在功率的畸变；电压、电流不平衡。电力系统中电能质量一般取决于：合适的电压值和频率，波形未畸变的供电电压，以及供电电压的平衡性。总而言之，电能质量主要取决于电力系统的三相电压及其负载的性质，即电能质量同时取决于电力系统中供电电压参数以及负载特性的合理性。

对于船舶电力系统，电能质量可定义为描述在船舶各种工况下（操纵工况下，海上航行时，停靠港口时等）电能的产生、分配以及使用的一组参数。

6.1.1 船舶供电质量与用电质量

船舶电力系统主要分为供电和用电两部分，其电能质量也取决于这两部分的设备及其特性。

（1）供电质量

船舶电力系统的供电质量主要取决于发电机驱动设备类型、发电机电压控制设备的特性及其驱动单元速度调节器的特性。具体要求以我国船级社《钢质海船入级规范》为例，发电机组的频率控制系统、电压控制系统必须确保如下几点[1]：

① 当负载在 0 ~ 100% 额定负载范围内变化时，保持转速与额定值的差值在 ±5% 范围内；

② 突然卸载额定负载或者突加一半额定负载时，速度变化不应超出发动机额定转速 10%，且在 5s 之内必须恢复到原转速；

③ 当负载在 0 ~ 100% 额定负载以及额定功率因数范围内变化时，保持电压在额定值的 ±2.5% 差值范围内。

④ 运行在额定转速以及额定电压的发电机，负载的三相平衡性发生突变时，引起的电压降不能低于额定值的 15%，电压升不超过额定值的 15%，且发电机电压在 1.5s

内应该恢复。

在应急工况下，电压允许的变化范围要比主发电机稍微宽些。表6-1 中列出了 2009 年出版的中国船级社的验船规范[1]。

表 6-1　船舶电网中电压和频率在额定值附近变化时的允许范围

参数	额定电压偏差		
	长持续时间	短持续时间	
	值（%）	值（%）	时间/s
电压	+6 -10	±20	1.5
频率	±5	±10	5

另外，电网的电压降会引起船舶电网电压其他方面的变化。根据船级社的要求[1]，电压降不应超出如下规范值（占额定电压的百分比）：

① 对于连接发电机和主配电板或应急配电板的电缆来说不应超出 1%；

② 对于连接主配电板或应急配电板和正常工作的负载电缆来说不应超出 6%。而对于信号灯以及航海灯来说，在保证所需照明的条件下，其允许的电压降更低。对于短周期负载，如起动电动机的过程中，只要对安装的负载的允许不产生有害的影响，可允许更高一些的电压降；

③ 对于直接起动的 AC 电动机电缆来说不应超出 25%。

通常，船舶交流发电机产生的几乎是三相正弦的平衡电压，因此对于这样的发电机来说，所产生电压波形瞬时值与基波相应值之间的差别，不应超过基波峰值的 5%，如图 6-1 所示，逆序分量和零序分量的值不应超过正序分量值的 2%。

各船级社都对船舶并联发电机组的有功功率及无功功率的分配进行了规定[1~4]，一般要求每套发电机组的有功负载在 20% ~ 100% 额定负载范围内，其下限也可以是发电机最大额定有功输

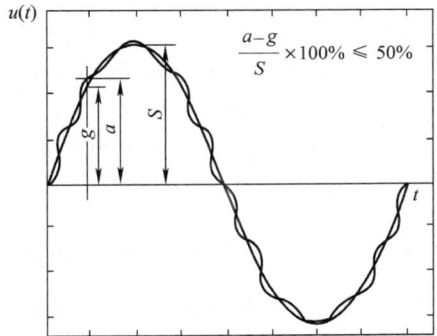

图 6-1　非正弦电压波形图

出的 15%，或者是最小额定有功输出的 25%。另外，在 20% ~ 100% 额定输出范围内变化时，允许的电流变化被限制在发电机最大输出电流的 ±15% 范围内。

（2）用电质量

用电质量是指负载消耗电能的性质，即对由同一电网供电的其他负载而言，无论是静态还是动态时都没有干扰。每个大功率负载对电网的参数有较大影响，负载对电能质量的影响主要表现在：开关大负载引起的过渡过程；负载误操作引起的过渡过程；由非线性负载引起电网中的高次谐波；负载不平衡。

船舶电网电压和频率的变化基本源于大负载。通常都是一些直接起动的电动机。例

如：起动空气压缩机或者起动锚机的驱动电动机，其额定输出功率可能达到单台发电机组的30%以上；推进电动机的额定功率也是这样，起动时吸收的大电流，除了引起发电机输出端的电压降，还会引起电缆连接处电阻的电压降。船舶电缆由于长度较短，且船舶电网的电压较低，其电抗可忽略。

船舶电网中的电压畸变，过去主要是由配电设备和负载的投切过程，以及熔断器熔断时的过电压引起的，现在则是由使用电力电子变流装置引起的。大多数船级社要求，电压畸变系数不应大于10%，如图6-2所示。

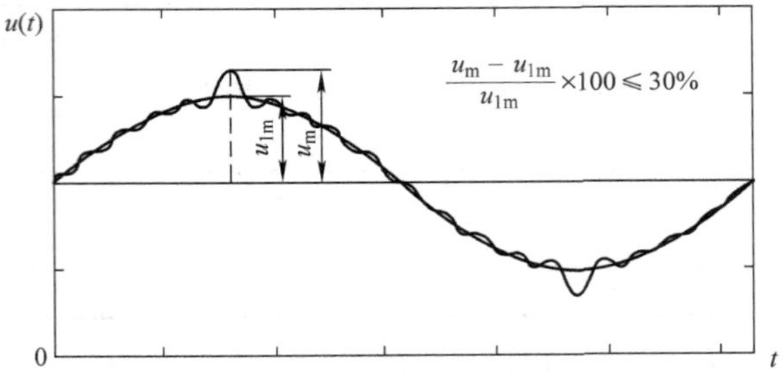

对于船舶电网的无线电干扰，应确保电力电子设备能够抵御电力系统中出现的下列常规干扰：

图 6-2　$u_m = 30\%$ 和 $K_u = 9.95\%$ 时的信号波形图

① 供电电路以及接地电路中，振幅2kV的脉冲，纳秒级脉冲干扰；控制电路和信号电路中1kV的脉冲；在每种脉冲极性下的5min的测试周期（其中，所采用的脉冲为：上升时间/脉冲宽度 = 5/50 [ns/ns]）；

② 供电电路以及接地电路中，1kV脉冲振幅的高能脉冲干扰；控制电路和信号电路中0.5kV的脉冲；对于每种脉冲极性5min的测试周期（其中，所采用的脉冲为：上升时间/脉冲宽度 = 1.2/50 [μs/μs]）；

③ 频带宽度在150kHz到80MHz之间的馈电线高频干扰，信号的振幅有效值为3V；

④ 实施频带宽度在0.05 ~ 10kHz之间的馈电线低频干扰，其相应的测试电压水平为：到15次谐波为止，采用额定供电电压有效值的10%，从100次谐波 ~ 200次谐波，采用额定供电电压有效值的1%。

6.1.2　船舶电力系统电能质量的评估

电能质量是不能进行直接测量的，但是可通过描述电压和频率的变化，电压和电流的畸变，相间电压的不平衡，有功功率和无功功率的分配比例等，间接得到评估。若适当定义这些指标并长期跟踪测量便可评估电能质量。电能质量指标可分为应用于陆上电力系统的基础量，以及有船舶电力系统特色的补充量。

对于这些指标，除了那些在陆上电力行业已经被广泛采用并进行控制的指标外，需要特殊的测量仪器来测定。例如经过合理设计，有编程功能的电能质量分析仪等。在不少文献中，有这种仪器的介绍及其解决问题的实例。国际海事组织（IMO）收集的海船运行故障的记录表明[5]，对船舶电网的电能质量问题应当采用新的方法解决，以及开发电能质量方面的适当的测量设备。对许多船舶故障运行的调查表明故障通常由电能质量短期或长期的恶化引起，因而必须重视电能质量的分析和评估，进而采取相应的措施改善船舶电能质量。

6.1.3 船舶电力系统电能质量指标

为了电力系统安全、高效地运行，借助可测量的，且能用于评估的特性指标，来描述电能质量特征是有必要的。理想的电网是正弦波传输，实际上存在着一定的偏差值[6]，比如：电压、电流波形不平衡、畸变，电压、电流的有效值和频率发生变化，供电不连续，噪声以及无功电流增大等。值得一提的是，提到供电质量时不能和负载质量割裂开来考虑，反之亦然。

这些问题发生在船舶电力系统中要远比在陆上电力系统中更为严重，一些船级社颁布的远洋船舶入级与建造规范中已给出相关规定。然而，这些法律文件只能解决问题的一小部分，因此，必须针对船舶电网选择合适的电能质量指标，并开发相应的测量方法与采取补偿措施。

（1）电能质量分析的理论基础[7]

通常认为，多相交流电网向负载提供较高电能质量的条件之一是各相平衡的正弦电压，有效值和频率适当且恒定。一般而言，描述电能特征与性质的参数，即电压、电流、功率因数等，决定了电能质量的好坏。电能质量分析的理论基础是傅里叶级数，因为任意一个波形可用傅里叶变换描述为

$$x(t) = \frac{a_0}{2} + \sum_{h=1}^{\infty} \left[a_h \cos ht + b_h \sin ht \right] \tag{6-1}$$

其中：$h = 1, \cdots, \infty$ 为波形次数；a_h 和 b_h 为第 h 次波形的系数，分别表示为

$$a_h = \frac{1}{\pi} \int_{-\pi}^{+\pi} x(t) \cos(ht) \, dt \tag{6-2}$$

$$b_h = \frac{1}{\pi} \int_{-\pi}^{+\pi} x(t) \sin(ht) \, dt \tag{6-3}$$

当 $h = 1$ 时，$x_1(t)$ 称为基波，其幅值为

$$X_1 = \sqrt{a_1^2 + b_1^2} \tag{6-4}$$

以此类推，可计算出其他各次波形的幅值。由此可见，一个任意波形可以看作是由不同频率的正弦波组合而成。这样，一个任意波形也可通过傅里叶变换分解为各次谐波。

由此，可以定义电压波形的总畸变率（Total Harmonic Distortion，THD）为

$$THD_u = \frac{\sqrt{\sum_{h=2}^{\infty} U_h^2}}{U_1} \times 100\% \tag{6-5}$$

式中　　U_1——电压的基波分量的幅值；
U_h（当 $h > 1$）——电压的谐波的幅值。

同理，定义电流波形的总畸变率为

$$THD_i = \frac{\sqrt{\sum_{h=2}^{\infty} I_h^2}}{I_1} \times 100\% \tag{6-6}$$

式中　　　I_1——电流的基波分量的幅值；

I_h（当 $h > 1$）——电流的谐波的幅值。

这样，电压与电流的有效值可表示为

$$U_{rms} = \sqrt{\sum_{h=1}^{\infty} U_h^2} = U_{1rms} \sqrt{1 + THD_u^2} \tag{6-7}$$

$$I_{rms} = \sqrt{\sum_{h=1}^{\infty} I_h^2} = I_{1rms} \sqrt{1 + THD_i^2} \tag{6-8}$$

对于含有谐波的系统，其视在功率、有功功率和无功功率分别表示为

$$S = U_{rms} I_{rms} = U_{1rms} \sqrt{1 + THD_u^2} \cdot I_{1rms} \sqrt{1 + THD_i^2}$$
$$= S_1 \sqrt{1 + THD_u^2} \sqrt{1 + THD_i^2} \tag{6-9}$$

$$P = \sum_{h=1}^{\infty} U_{hrms} I_{hrms} \cos(\theta_h - \varphi_h) \tag{6-10}$$

$$Q = \sum_{h=1}^{\infty} U_{hrms} I_{hrms} \sin(\theta_h - \varphi_h) \tag{6-11}$$

式中　θ_h——第 h 次谐波电压的相位；

φ_h——第 h 次谐波电压的相位。

因存在谐波，视在功率与有功功率和无功功率的功率三角关系发生畸变，定义畸变功率 D 为

$$D^2 = S^2 - (P^2 + Q^2) \tag{6-12}$$

此时，功率因数也发生畸变，根据有功功率与视在功率之比的关系，功率因数 PF 为

$$PF = \frac{P}{S} = \frac{P}{S_1 \sqrt{1 + THD_u^2} \sqrt{1 + THD_i^2}} = PF_{dp} PF_{dt} \tag{6-13}$$

式中　PF_{dp}——位移功率因数；

PF_{dt}——畸变功率因数。

上式说明，电网的谐波将造成功率和功率因数的畸变。

（2）船舶电力系统电能质量指标

在船舶电网中，许多描述电能质量的指标[1~3]，不仅体现了船舶电网的特殊性，而且体现了电能质量概念的复杂性，特别是涉及了船舶系统的安全运行，如：导航系统、推进系统、无线电通信系统等，是选择电能质量指标时首先要考虑的，在船级社的相关规范规定中有相应说明。另外，所选用指标的应用简便性、经济性等因素，包括对船舶电力系统在故障状态时的诊断性均应被考虑。

在选择船舶电网的电能质量指标体系时，必须考虑电力系统中有关电能的生产和使用均运用了当前的新型技术方案。另外，所选的指标应能明确地指出电压、电流波形畸变情况；电压、频率在静态和动态时，相比额定值的偏差；还应考虑相电压不平衡时的情况，以及并联运行的发电机组之间的负载分配。

1）描述电压、电流波形畸变的系数：由式（6-5）表示的电压畸变因子 THD_u 和式

（6-6）表示的电流畸变因子 THD_i 可作为船舶电力系统中波形畸变的指标。但是，因为电动机、变压器、仪器或者用来改善功率因数的电容器所产生的谐波电流会导致额外的能量损失，有必要在相对较长时间内测量 THD 的平均值。

因为在船舶条件下电磁干扰主要通过电网传输，其各次谐波含量 U_h 或 I_h 也需要测量。根据所采用的测量方法，可以测得整个电压、电流信号的频谱，或者根据安装在给定系统中的设备数量和种类，可测得所选择的谐波的频谱。例如，在含有电力电子变流器的电力系统中，式（6-14）所描述的供电电流谐波占据了主要地位。

$$h = kp \pm 1 \tag{6-14}$$

式中　h——谐波次数；

　　　k——自然数，$k = 1$，2，3…；

　　　p——变流器的脉冲数。

例如：对于单相桥式整流器，其脉冲数为 $p = 2$，则谐波含量为 $h = 2k \pm 1$，有 3、5、7 等；而三相桥式整流器，因 $p = 6$，则 $h = 6k \pm 1$，即有 5、7、11、13 等次谐波。

当变流器将畸变的电流传输给电网时，会使得船舶电网电压发生畸变。实际上，直到 25 次的奇次谐波中，3 的倍数的谐波是关键的。

2）描述电压、电流与额定值的偏差，以及相间电压不平衡的系数。船舶电网中，描述静态和动态时电压与额定值偏差的指标有：电压偏差 $\Delta u\%$，定义为

$$\Delta u\% = \frac{u - u_N}{u_N} \times 100\% \tag{6-15}$$

式中　u_N——电压额定值。

频率偏差 $\Delta f\%$ 定义为

$$\Delta f\% = \frac{f - f_N}{f_N} \times 100\% \tag{6-16}$$

式中　f_N——频率额定值。

电压、频率与额定值的偏差应该在静态和动态时都予以考虑。动态时，应测定瞬时状态持续的时间。例如，对于配有 AVR 调压器系统和 Woodward UG8 调速器的 650kVA 的发电机组来说，电压瞬时状态持续时间会达到 1s，而频率会达到 4.5s。另外，还需要考虑到电压脉冲对船舶电网的影响。

3）电压和电流不平衡指标：对于三相系统，根据对称的正序、逆序和零序分量定义电压不平衡指标为

$$U_{ub2}\% = \frac{U^-}{U^+} \times 100\% \tag{6-17}$$

$$U_{ub0}\% = \frac{U^0}{U^+} \times 100\% \tag{6-18}$$

式中　U^0，U^+，U^-——分别为三相电力系统中相电压或线电压零序，正序，逆序对称分量的有效值。

同理，可定义电流不平衡指标为

$$I_{ub2}\% = \frac{I^-}{I^+} \times 100\% \tag{6-19}$$

$$I_{ub0}\% = \frac{I^0}{I^+} \times 100\% \tag{6-20}$$

式中　I^0, I^+, I^-——分别为三相电力系统中线电流的零序，正序，逆序对称分量的有效值。

也可将电压不平衡系数定义为偏离平均电压的最大电压偏差量 ΔU_{max} 与平均电压 U_{av} 的比率

$$\Delta U_{ub} = \frac{\Delta U_{max}}{U_{av}} \tag{6-21}$$

式中　U_{av}——相电压有效值的算术平均值。

根据国际电工委员会的规定[2]（在 IEC 报告 892/1987 报告中给出），若电压不平衡超过 5%，则必须对电动机运行进行电压逆序分量的分析。对于轻微的电压不平衡，应根据电压不平衡情况降低电动机负载。

4）描述并联运行发电机组的有功功率和无功功率分配。描述并联运行发电机组有功功率和无功功率分配的参数，对于船舶电力系统供电的连续性很重要，这是为了船舶运行的安全性，但在陆上电力行业中未曾使用过。并联运行发电机的负载分配系数，对第 i 台发电机的有功功率偏移系数 ΔP_i 和无功功率偏移系数 ΔQ_i 的定义如下：

$$\Delta P_i = \frac{P_i - \alpha_i \sum_{i=1}^{r} P_i}{P_N} \times 100\% \tag{6-22}$$

$$\Delta Q_i = \frac{Q_i - \alpha_i \sum_{i=1}^{r} Q_i}{Q_N} \times 100\% \tag{6-23}$$

式中　P_i、Q_i——第 i 台发电机的有功功率和无功功率；

P_N、Q_N——并联运行发电机组中输出功率最大的发电机的额定有功功率和无功功率，或者是额定有功负载和无功负载分别低于上述发电机组中输出功率最大的发电机的额定有功负载的 0.6 倍和额定无功负载的 0.4 倍的发电机的额定有功功率和无功功率；

r——并联运行的发电机台数；

α_i——比例系数，取决于并联运行的发电机数量及其输出（$r = 2$ 时，$\alpha_i = 0.5$，即共同工作的发电机的输出相同）。

功率偏移系数 ΔP_i 和 ΔQ_i 在静态时和动态时都需要测量，原因是并联运行发电机组有功负载和无功负载的分配比例对于确保船舶电力系统的连续供电以及船舶的安全运行都非常重要。

5）其他指标：对于船舶电力系统，由于其电网容量较小，其特性较"软"，并且系统中单个发电机组电压及转速（频率）控制的独立性，出现了 U/f 比率与额定值的偏差较大，从而导致了变压器和电动机中磁通量剧烈变化。为此，定义了描述 U/f 比率

变化的指标, 该指标与 U/f 额定值的比值有关, 表示为

$$\Delta(U/f) = \frac{U/f - U_N/f_N}{U_N/f_N} \times 100\% \qquad (6-24)$$

该指标对包含磁路的设备的总损耗有影响。另外, 出于经济考虑, 式（6-22）定义的 ΔP_i 可用于说明船舶电力系统的电能质量, 因为基波电压和电流谐波产生的功率对许多设备（如电动机）的运行影响很大。

6）船级社的规范中有关描述船舶电力系统电能质量的指标。在表 6-2 中, 以我国船级社《钢质海船入级规范》为例, 列出了船舶电网的电能质量指标及其限制值。表中一些指标的限制条件的缺失, 意味着电能质量的相关指标未在该船级社的规定中定义。值得一提的是, 为了船舶电力系统中电能质量的评估, 大多数主要的船级社均规定了类似的指标, 主要区别在于限制值, 见表 6-3。

表6-2 船舶电网电能质量指标及其限制值

指标	限制值
电压畸变指标 THD_u	5%
电压静态偏差 Δu	−10% 和 +6%
频率静态偏差 Δf	±5%
电压动态偏差 Δu_d	±20% 在 1.5s 内
频率动态偏差 Δf_d	±10% 在 5s 内
有功功率静态分配系数 ΔP_i	15% 或者 25%
无功功率静态分配系数 ΔQ_i	10% 或者 25%

注: * 适用于带有电力电子变流器的系统。

表6-3 各船级社船舶电力系统电能质量指标的对比

	IACS	LR	DNV	NKK	ABS	RS
THD_u	***	8	5 10 *	***	5 **	10
Δu	+6, −10	+6, −10	+6, −10	+6, −10	+6, −10	+6, −10
Δf	±5	±5	±5	±5	±5	±5
Δu_d ($t = 1.5\text{s}$)	±20	±20, −15	±20, −15	±20	±20	±20
Δf_d ($t = 5\text{s}$)	±10	±10	±10	±10	±10	±10
ΔP_i	—	15/25	15/25	15/25	15/25	15/25
ΔQ_i	—	5	10/25	10/25	10/25	10/25

注: * 适用于带有电力电子变流器的系统; ** 仍在讨论中; *** 目前数据缺乏。

表 6-2 和表 6-3 显示了静态和动态时, 电压、频率允许的偏差值, 从中可以看出各项能确保负载正确运行的限制值。然而对发电机组类似的要求更加严格, 如要求 $\Delta u = \pm 2.5\%$。

必须指出：在各船级社规定的大多数指标中：Δu、Δf、Δu_d、Δf_d 阐明了"对安装在船舶电力系统中负载的要求"，THD_u 体现了对供电电压畸变的允许程度，ΔP_i 和 ΔQ_i 给出了发电机组并联运行的条件。但缺少对供电电压不平衡的要求。

（3）船舶电力系统的电能质量综合因子

由于参数较多，很多情况下需要考虑电力系统中的负载与干扰的相互作用，正确评估电能质量是一个复杂的问题。为此，有必要设计一种新的电能质量评估方法，借助基本参变量的中间值，经过主配电板汇流排上三相供电电压向量瞬时值的两级处理过程，成为电能质量的信息，详细内容可查阅有关文献[8]。

6.2 船舶电能质量的问题与原因

影响船舶电能质量的因素很多，也较为复杂，不仅依赖于由发电装置所发电能的质量，而且依赖于电力负载的用电质量。前一个方面主要涉及船舶电力系统中供电系统的应用，而且，有时还包括了发电机传动操纵对电压质量的影响。负载对船舶电网电能质量的影响主要为：

① 接通和关断大功率装置所引起的瞬态响应；

② 电力装置被误操作时的瞬态响应；

③ 非线性负载造成的电网谐波；

④ 不平衡负载。

实际上，在船舶电网中具有确定和随机两种特性的扰动，它们是明显不同的。对于随机性扰动，船舶电力系统的响应由这些因素决定：电站的构造，主配电板上的负载，控制系统的特性等。随机性扰动可以归因于噪声干扰，比如：推进电动机或甲板起重机械的起动等。但这些扰动具有相当的确定性。相反，有些装置的起动或停止过程却不具有确定性，其工作过程要视控制对象的变化情况。如制冷机、压缩机及水泵等。要区分船舶电网实际干扰的特定扰动和随机扰动是一项非常棘手的任务，它们的影响可以通过一些测量参数来描述。

6.2.1 船舶直流推进系统谐波分析

船舶电网所受到的干扰关键是由于船舶上电力电子变流器的运行，所造成的电能质量问题关键为谐波引起。

为了说明直流推进系统的电压和电流瞬时波形中谐波的产生机理，以一个由同步电动机供电的，通过电力电子变流器控制的三相电动机的线路来说明。将三相电路分解成为三个单相电路（忽略负载连接方式，并且忽略电压和电流的相关系数），便能对每一个单相电路进行分析，如图6-3所示。

由非线性负载所导致的谐波有功功率，假定电源产生的为正弦波电动势，变流器为晶闸管三相桥式整流电路。变流器在电网中吸收频率为50Hz的基波电流（$f_1 = 50Hz$），并且在电网中产生频率为 hf_1 的谐波电流，其中：因三相桥式整流电路为6个波，由式

（6-14），$h = 6k \pm 1$。变流器的相电流被分解成基波分量，5次，7次等谐波分量，所对应的频率分别为50Hz，250Hz，350Hz，其波形如图6-4所示。

在图6-4所示电路中出现的谐波，由式（6-8）可知，使电流的有效值增加，将导致所消耗的总功率的增加，即附加功率损耗增大。而该损耗是由流过阻性负载的电流的有效值被增加的部分引起的。谐波还能引起由电涡流导致的附加功率损耗，此外，功率损耗还和磁滞现象有关。

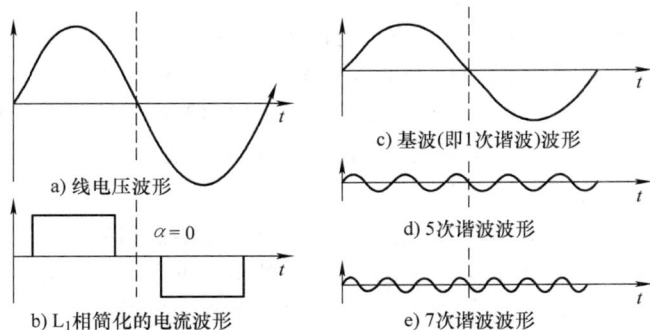

图6-3　带非线性负载的单相电路分析

Z_s—电源和馈电线的等效阻抗

P_1—变流器输入功率　P_h—谐波

功率　P_c—变流器输出功率

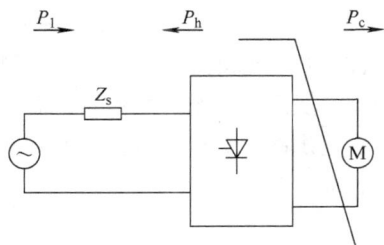

a) 线电压波形

b) L₁相简化的电流波形 $\alpha = 0$

c) 基波(即1次谐波)波形

d) 5次谐波波形

e) 7次谐波波形

图6-4　六脉冲变流器相电流的谐波分解（全控型，且 $\alpha = 0$）

6.2.2　船舶交流电力推进系统的谐波分析

船舶交流推进系统均采用变频器，它将以脉冲性负载的形式来影响电网电压和电流。电网畸变程度取决于它的电路结构和负载电流，现根据船舶推进变频器主要类型进行分析和比较。

（1）VSI型变频器的谐波

通常VSI变频器采用二极管整流器，如果是三相桥式整流电路，在交流输入端可观测到其电流波形为对称阶梯波，如图6-5所示。

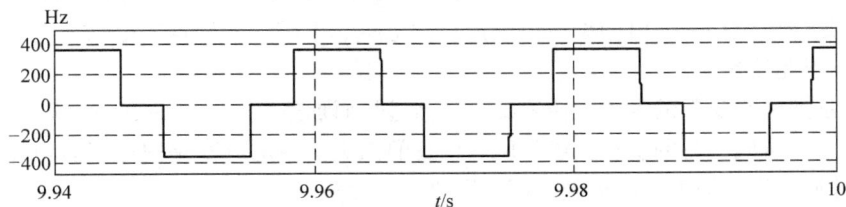

图6-5　采用6脉波整流电路的VSI变频器输入电流波形

假设变频器与变压器均为三相对称结构，且变频器与整流器通过直流母线的电容完全解耦，根据式（6-14），在变频器网侧的谐波电流分量有

$$h = kp \pm 1 = 5，7，11，13\cdots$$

（2）CSI 变频器的谐波　　CSI 变频器其电路结构与 VSI 变频器相似，但船舶大功率变频器一般采用晶闸管整流器，而且其直流母线通过电感解耦不如 VSI 变频器，导致其逆变器输出的电流谐波也会影响到网侧。这样在 CSI 变频器网侧电流谐波中含有机侧的谐波，即

$$f_i = h_i \cdot f_G \pm h_o f_M \tag{6-25}$$

式中　f_i——网侧电流总谐波频率；

　　　　f_G——电网频率；

　　　　f_M——电动机定子频率；

　　　　h_i——变流器输入端的网侧谐波次数；

　　　　h_o——变流器输出的谐波次数。

由于电动机采用变频调速，其频率与电网频率不同，也并非电网频率的整数倍，造成了变频器网侧谐波出现非整数倍的谐波分量，其大小主要取决于直流电感，电感越大，其幅值越小。一般来说，非整数倍谐波分量的幅值要小于整数倍谐波的幅值。

而且，晶闸管整流器的相角变化，将使网侧的功率因数发生畸变。

（3）循环变流器的谐波

循环变流器每相电路通常是由两组晶闸管三相桥式整流器反并联构成，直接进行交 – 交变频，而无中间直流环节。因而，其网侧的谐波也含有输入谐波和输出谐波两种谐波分量。对于三相桥式整流电路，一个周期有 6 个脉冲，其网侧的谐波频率为

$$f_i = (6h_i \pm 1) \cdot f_G \pm 6h_o f_M \tag{6-26}$$

其中，$h_i = 1，2，\cdots$；$h_o = 0，1，2，\cdots$。

6.2.3　船舶电力推进系统对电网的干扰与损害

如上分析，无论采用何种电力电子驱动的推进系统，船舶电网上的交流电压波形只能近似地看作正弦波。除了基波之外，还存在畸变，并且除了周期性的畸变波外，还有随机产生的畸变波。在本书中，仅仅把电压和电流的畸变波称为干扰。图 6-6 显示了在船舶电网中所出现的干扰的实例。

船舶电网电压或电流波形的畸变对电力系统的影响：

1）谐波电流会引起电网设备，包括：发电机、电缆、变压器、电动机等的功率损耗增加，引起发热；

2）加速绝缘材料的老化，使绝缘材料因过热而加速老化，缩短其使用寿命；

3）增加电气设备的负载：通常用电设备的额定负载电流都是按照正弦电压电源所设计，谐波电流增加了用电负载，可能导致电气设备过载；

4）造成电磁干扰：波形畸变可能会产生电磁干扰，一方面对电气设备自身的信号测量和控制产生干扰，引起功能失常；也可能对其他装置，比如：导航系统、无线电通信、计算机等造成干扰。

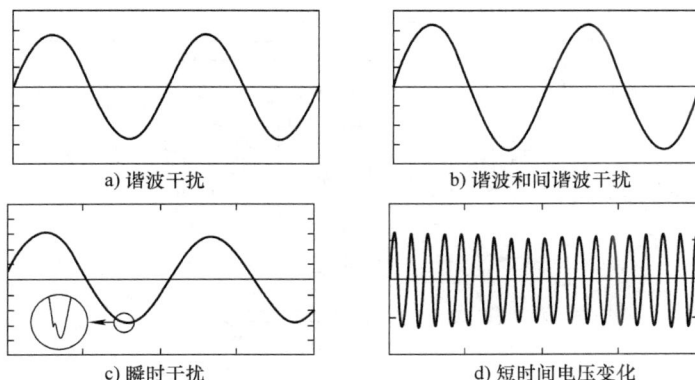

图 6-6 船舶电网电压畸变的实例

6.3 谐波的检测与分析方法

船舶电力系统的电能质量参数来源于电网中频率、电压、电流和功率的测量值。而对于船舶电网谐波的测量方法，以及相应的测量工具的研究目前已受到较大关注，尤其是带大量的电力电子设备的电力系统。

6.3.1 船舶电气测量系统

目前，船舶电力系统谐波的测量方法，主要涉及汇流排上的电压和发电机组的电流以及其他输出。由于需要测量电流和电压的瞬时值，而目前常用的测量仪器仅检测有效值，导致了较大的谐波测量误差。因此，采用变送器直接测量瞬时值的方法已越来越普遍了。但是，电压和电流与各自额定值的瞬时偏差还不能进行有效的记录，不过一些船级社的规范规定中已提出了要求。

船舶电气测量系统如图 6-7 所示。图中的配电网监测系统一般采用分布式测控系统。

6.3.2 谐波的测量方法

对谐波的测量，既可以采用模拟法，也可以采用数字法[9]。不管采用何种测量方式，测量系统必须符合船用条件。

（1）模拟测量方法

非正弦波形的电压、电流以及功率的有效值的测量，目前有许多模拟测量方法。测量变换器的组成中包括实现平方、积分、乘法、求和等数学运算功能单元，这些功能单元是测量系统所必需的。系统中使用的功能单元，可方便地用来测量涉及电压电流畸变的一些指标。一种相对简单的方法可连续测量相应的畸变系数，即将典型的功能单元直接应用在真实有效值测量仪中，这种直接基于畸变系数 k_u 的定义而实现的系统适用于

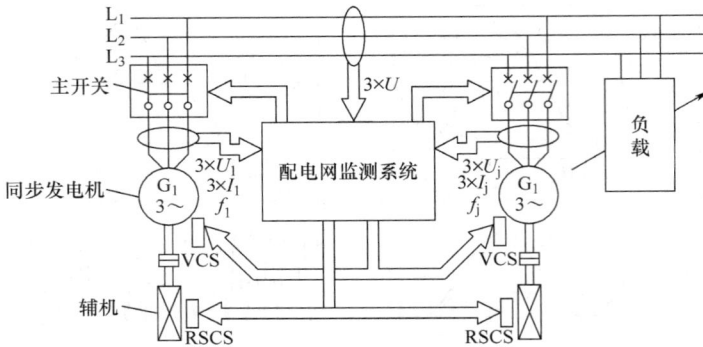

图 6-7　船舶电网电能质量参数综合测量系统示意图

VCS—电压调节系统；RSCS—转速控制系统

船舶电力系统，如图 6-8 所示。

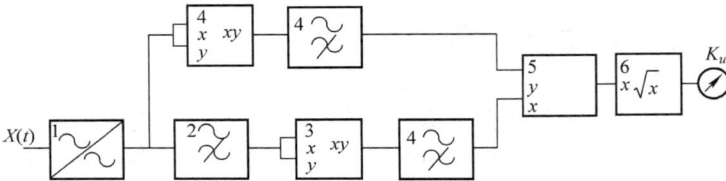

图 6-8　船舶电网主汇流排电压畸变系数的测量系统

1—输入系统　2—高通滤波器　3—平方运算　4—低通滤波器　5—除法运算　6—平方根运算

　　上述系统中，使用了两条输入值处理线。其中之一是测量电压基波的有效值；另一条模拟线用来测量高次谐波的有效值。高通滤波器可消除信号基波。滤波器参数应该与电网基频相一致，并基于频率的变化范围为额定值 ±10% 以内。也可利用模拟量频谱分析仪进行电网电压频谱的分析，一般分为多通道频谱分析仪和计算频谱分析仪。系统按设定的范围进行频率划分后，记录并显示所有不同频率信号的变化。这种全频域的同步分析方式非常适合完成需要较高频率分辨率的测量。

　　（2）数字测量方法

　　船舶电力系统的频带问题使得模拟测量技术应用于船舶电网谐波测量的效果不尽人意，主要原因是用于中低频率的窄带滤波器的研制问题；以及大多数船舶系统的时间常数较大。近来，由于数字系统的功能强、价格低，特别是易于对运行过程进行控制以及进行信息存储，数字系统在电能质量评估中的应用占有优势地位。

　　目前，微处理器技术已广泛运用于仪表电路和测量系统中，其测量原理为：根据特定的规则将测量数据的模拟量信号经过采样处理成数字化格式。根据信号周期内适当选取的采样数目，采用香农—奈奎斯特理论，将测试信号中所包含的谐波分量进行重构。所得信息的数字化过程，可以通过傅里叶分析，或者通过基于相关关联定义的被测量，运用数字积分过程来完成。对多功能设备系统结构进行最小化设计，以及根据微处理器技术的相关要求，实现算法的优化，这是发展船舶电力系统新型多功能微处理测量系统的基础。

多功能可编程测量仪表用于船舶电网，将电网信号瞬时值直接采样处理成为数字格式。这种新型多功能测量仪表的设计，可以完成下列功能：

① 测量电压 $u(t)$ 以及相电流 $i(t)$ 的瞬时值；

② 测量频率值 f_s，f_g 以及相位角 φ；

③ 计算电压、电流和功率（U，I，P，S）的有效值；根据选定的测量功能可以测量的系数值有：$\cos\varphi$ 和 PF 等；

④ 定性的（粗略的）和定量的（精确的）测量值；

⑤ 不仅就初始测量结果，而且将最终的测量结果，与外部电脑系统进行通信。多功能测量仪表的设计概念如图 6-9 所示。

谐波的确定需要根据已知的电压、电流以及有功功率信号的有效值之间的关系进行数字化计算。已测得电压或电流的有效值的计算如下：

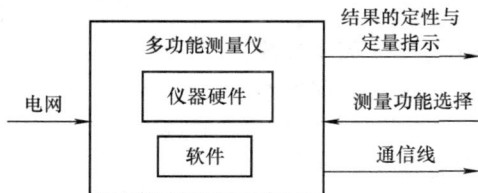

图 6-9　船舶电网中的多功能测量仪表的设计

$$A_{\text{rms}} = \sqrt{\frac{1}{N} \cdot \sum_{k=0}^{N-1} a_k^2} \tag{6-27}$$

式中　A_{rms}——电压或电流的有效值；

　　　N——一个周期内信号采样的次数；

　　　a_k——电压或电流的第 k 次采样值。

功率可由类似的方法计算。

6.3.3　谐波分析方法

测试信号的波形分析是一个较为复杂的问题。如今，解决这个问题的典型工具是傅里叶变换。

（1）傅里叶变换

为了测得描述电压和电流波形的参数，首先需要进行电压和电流信号的频谱分析，接着计算所需的量。当然，这样的分析可通过模拟式仪表来完成。但该过程费时，且提供的结果精确性差。如今，数字化技术已用于信号分析。傅里叶变换方法已普遍地用于信号分析，这与快速傅里叶变换（FFT）运算法的发展有关。该方法极大地加速了计算过程并降低了对处理器容量的要求。若测试信号由傅里叶级数中特定次数谐波之和来表述，则频谱分析可以被认为是在时域内处理。傅里叶级数展开式（6-28）形式，傅里叶变换为将相应的时间函数转化为频率函数，即

$$X(f) = \int_{-\infty}^{+\infty} x(t)\,e^{-j2\pi ft}\,dt \tag{6-28}$$

傅里叶逆变换为将频率函数转换成有关的时间函数，即

$$x(t) = \int_{-\infty}^{+\infty} X(f) e^{j2\pi f t} dt \tag{6-29}$$

若是离散信号，函数 $x(t)$ 被离散化为 $x(n)$，该信号由采样时间 T_s 内 N 次平均采样值组成，式（6-28）和式（6-29）中无穷时间的积分被有限项的求和所替代为

$$X(k) = \sum_{n=0}^{N-1} x(n) e^{-j\frac{2\pi nk}{N}} \tag{6-30}$$

$$x(n) = \frac{1}{N} \sum_{k=0}^{N-1} X(k) e^{-j\frac{2\pi nk}{N}} \tag{6-31}$$

式中　k——频率参数；

　　　n——时间参数。

离散傅里叶变换将在时域内 N 个采样序列点，对于对 N 点序列 $x(n)$，其 DFT 变换定义为

$$\begin{cases} X(k) = \displaystyle\sum_{n=0}^{N-1} x(n) W_N^{nk} & k = 0,1,\cdots,N-1 \\ x(n) = \dfrac{1}{N} \displaystyle\sum_{k=0}^{N-1} X(k) W_N^{-nk} \end{cases} \tag{6-32}$$

式中　W_N——e 算子，$W_N = e^{-j\frac{2\pi}{N}}$。

Cooley 和 Tukey 所精心设计的一种新的算法—快速傅里叶变换（FFT），是对离散傅里叶变换（DFT）计算方法的本质突破。由于 FFT 的应用，计算时间大大缩短了。如，$N = 2^{14} = 16384$ 点时，计算时间缩短比率为 14/16384（即从一小时降为几秒钟）。此后，又不断涌现许多新的算法。但总的来说，快速傅里叶变换的发展方向有两个：一是针对 N 等于 2 的整数次幂的算法，如基 2 算法、基 4 算法等。二是 N 不等于 2 的整数次幂的算法，它是以 Winograd 为代表的一类算法。

图 6-10 给出了 8 个点抽取的 FFT 算法的流程。

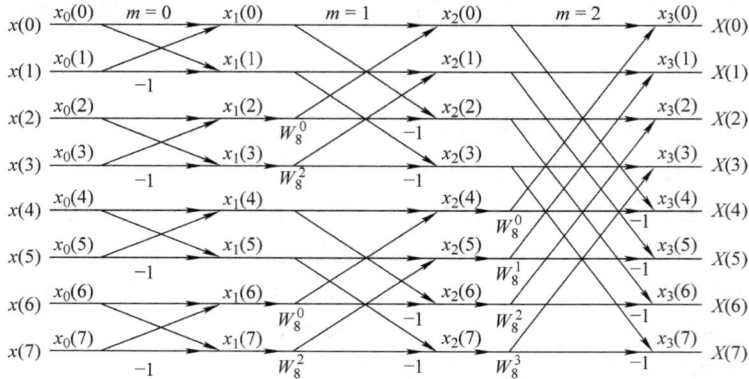

图 6-10　8 点 FFT 时间抽取算法信号流图[1]

（2）改进的傅里叶变换算法

然而基于傅里叶变换的谐波测量要求整周期同步采样，否则会产生频谱泄漏现象和

栅栏效应。传统的同步采样法由于信号频率的偏移和定时器分辨率有限等原因，总是存在同步偏差，难以实现理想的同步采样。因此如何减小因同步偏差而引起的测量误差成了众多学者关注的焦点。

电力系统谐波具有如下特性[6]：

1）奇对称性的特点是 $x(-t)=-x(t)$，展开为傅里叶级数时没有余弦相；

2）偶对称性的特点是 $x(-t)=x(t)$，展开为傅里叶级数时没有正弦相而只有余弦相；

3）半波对称的特点是 $x(t\pm T/2)=-x(t)$，没有直流分量且偶次谐波（2，4，6…）被抵消。这个特点使我们可以忽略电力系统中的偶次谐波，因为电力系统是由双向对称的元件组成的，这些元件产生的电压和电流具有半波对称性。

针对电网信号具有半波对称性的特点，参考文献［10］提出了一种改进的 FFT 算法。该算法针对半波对称性信号只含奇次谐波分量的特点，在算法流程中省去了偶次谐波分量部分。因此，改进的 FFT 算法的计算量是传统 FFT 的一半，大大节省了运算时间。

频率抽取（DIF）算法是同时计算各次谐波的，包括奇次谐波和偶次谐波，并将每一组计算得到的输出序列按奇、偶分开，从而得到的一种改进的 FFT 算法。这里将同时考虑电力系统谐波的特性和 DIF 基2 FFT 算法的特殊性，对 DIF 基2 FFT 算法进行改进，只计算其中的奇次谐波分量，从而得到用于电网谐波分析的快速傅里叶变换算法。由于是根据电网信号具有半波对称性特点而提出的改进算法，因此称该改进算法为半波对称 FFT 算法，其算法流图如图 6-11 所示。

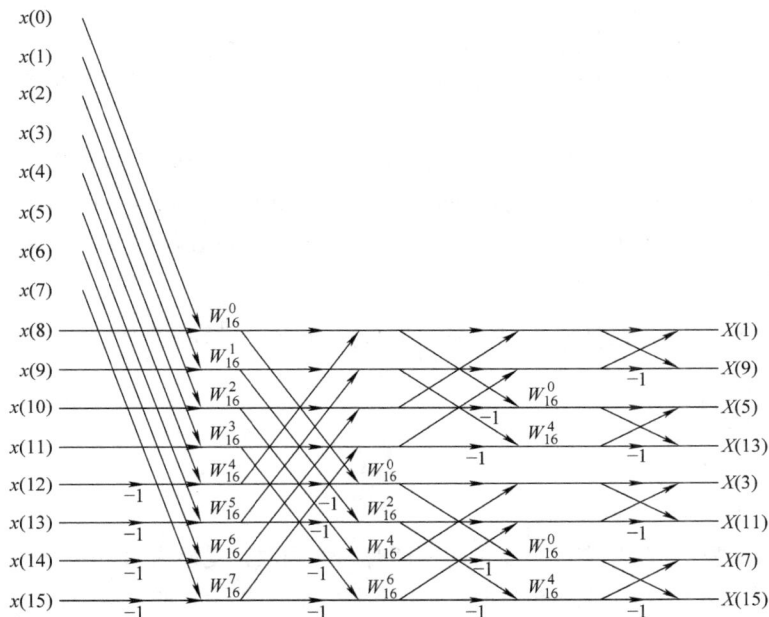

图 6-11　半波对称 FFT 算法流图

通过比较可知，半波对称 FFT 算法仍然是基于 DIF 基 2 FFT 算法的，只是去掉了 DIF 算法中计算偶次谐波的部分，即图 6-10 中的上半部分。因此对于半波对称 FFT 算法，仍然要求用于分析的点数 N 等于 2 的整数次幂。半波对称 FFT 算法的计算量将是原基于频率抽取（DIF）基 2 FFT 算法的一半，因为半波对称 FFT 算法中直接省去了计算偶次谐波的部分。

具体算法请见参考文献 [10]。

（3）傅里叶变换与小波变换

傅里叶变换是用来分析时变函数，其本质是将时域内的函数变换为频域内的函数。然而，船舶电力系统的实际信号中，除了谐波和间谐波引起了信号畸变，还出现了一些瞬时扰动（瞬时的，突降性的）。这些扰动周期很短，从几个纳秒到几十毫秒。正由于其周期短，对 THD 的测量以及谐波含量的测量，就不能保证能够正确地对这些扰动进行评估。原因是傅里叶变换中，相互正交的正弦—余弦函数其积分时间为无穷，因此只能确定信号中出现了何种频率，而未指出频率在时域中的分布。这些信息对于稳定信号来说，并不重要。但是，实际情况中经常有这种瞬时干扰的产生，故必须加以重视。解决问题的办法之一是引进短时傅里叶变换（STFT）。短时傅里叶变换的本质是划分待测信号，并假定其出现在特定截频窗口中为恒定信号。

$$\mathrm{STFT}_x^\omega(\tau,f) = \int_t \left[x(t) \cdot \omega^*(t-\tau) \right] \cdot \mathrm{e}^{-\mathrm{j}2\pi f t} \mathrm{d}t \qquad (6\text{-}33)$$

式中　$x(t)$——变换函数；

　　　τ——移位；

　$\omega(t)$——窗函数。

此方法获得的信息，既描述了时域信号，又描述了频域信号。然而其缺点之一是截频窗口的长度需要预先设定。若长度缩短，则时域内测量会得到改进，但代价是损害了频域内测量的分辨率。

目前，有一种用于对瞬时信号包括含瞬时成分信号进行分析的方法，为小波变换（WT）。如果式（6-34）中，一组积分时间为无穷的正弦—余弦函数改为有限持续时间且相互正交的函数（窗函数 $\overline{\omega}$ 非必要），并将其适当扩展并沿着信号 $x(t)$ 进行移位，就可得到连续小波变换（CWT）：

$$\mathrm{CWT}_x^\psi(\tau,s) = \frac{1}{\sqrt{|s|}} \int x(t) \cdot \psi^*\left(\frac{t-\tau}{s}\right) \mathrm{e}^{-\mathrm{j}2\pi f t} \mathrm{d}t \qquad (6\text{-}34)$$

式中　τ——移位；

　　　s——尺度；

　$x(t)$——变换函数；

$\psi_{\tau,s}(t)$——基小波（母小波）。

因此，小波变换将只有一个变量——即时间的函数，变换为两个变量——时间和频率的函数。如此，当给定频率出现时可以测量瞬时值，把干扰的性质与持续时间可识别出来。频率越高（尺度越小）则时域内分辨率越高；而频域内分辨率越低。低频段不能在时域内较好地"定位",而在频域内则可以。随着所分析的频率越来越高,情况也不同。由于实际信号的低频部分持续时间更长,小波变换的多分辨特性比短时傅里叶变换更有优势。正因为如此,小波变换已经成为瞬时干扰检测和分析的基本工具之一,可精确确定干扰的时间函数,并确定其特征。

离散小波变换法(DWT)已经用于船舶电力系统中谐波的测量和评估。离散小波变换算法中用到了两种滤波器:低通滤波器和高通滤波器。信号在分成3种频带的情况下,形成了较复杂的结构,如图6-12所示。为简化图形,图示结构包含了3种较高频带的信号的分解与重构(分析与合成)。实际情况下,许多频带的设定取决于测试信号的基波以及采样频率。因此,在精度与必要的数学运算过程之间要采取折中的办法。

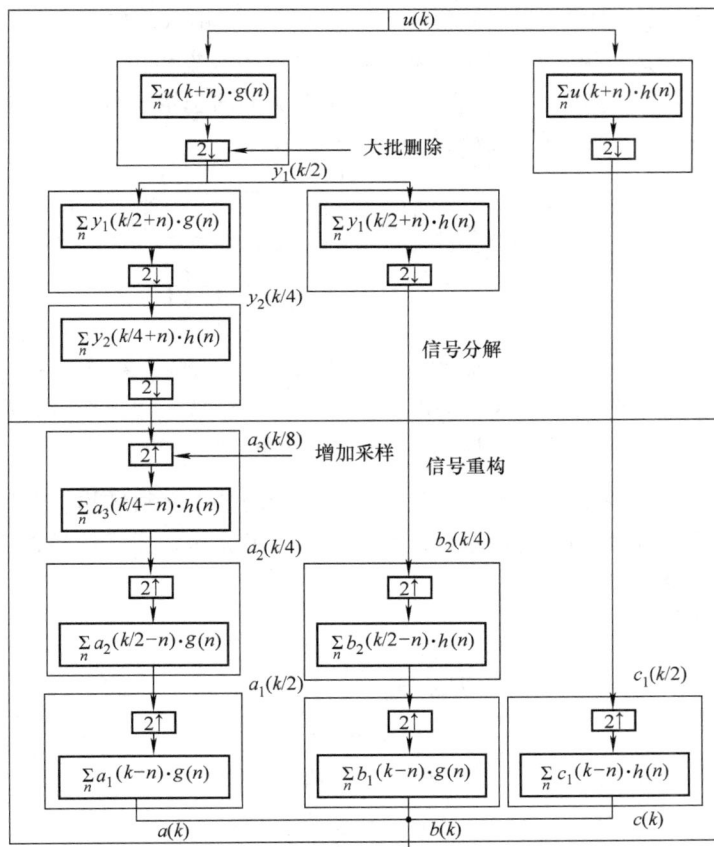

图 6-12　用离散小波变换进行瞬时扰动检测的算法流程图

$a(k)$—频率带宽在 $f_p/16$ 与 $f_p/8$ 的信号取样; $b(k)$—频率带宽在 $f_p/8$ 与 $f_p/4$ 的信号取样;

$c(k)$—频率带宽在 $f_p/4$ 与 $f_p/2$ 的信号取样; $s(k)$—频率带宽在 $f_p/16$ 与 $f_p/2$ 的信号取样

瞬时扰动的测量和评估算法中,有两个基本步骤:信号分解与重构。频率范围在 $0 \sim f_p/2^{p+1}$ 之间(f_p—采样频率,P—重构信号时所采用的频带数目)包含的信号分解后，进行信号的重构。数字滤波系数 $g(n)$ 与 $h(n)$ 之间的关系如图 6-12 所示，可由下式表述：

$$h(L-1-n) = (-1)^n \cdot g(n) \qquad (6-35)$$

式中　L——滤波系数数目；

　$h(n)$——高通滤波器；

　$g(n)$——低通滤波器。

6.3.4　船舶电力系统谐波测量系统

测量船舶电网信号的新型仪表，结构上而言，主要有两种实现方式。

1）采用多功能可编程仪表（FCDIS－0x 系列）测量电网电压频率及其相关量（相比额定值的频率偏差，频差），以及系数 $\cos\varphi$，测量相电流和相电压之间相位角 φ。这种方案下不用 A－D 转换器，采用适当的时间间隔，对所选量进行测量。多功能微处理器仪表（FCDIS－0x 系列）的示意图如图 6-13 所示。

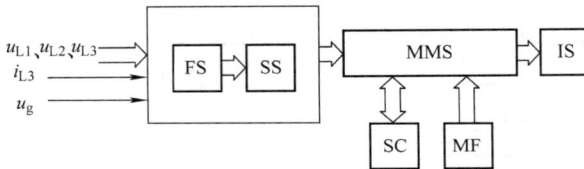

图 6-13　测量仪器的频率和 $\cos\varphi$ 的函数关系图

$u_{L1,L2,L3}$—电网电压　u_g—发电机电压　i_{L3}—相电流　FS—成型系统　SS—分隔系统

MMS—微处理测量系统　IS—感应系统　SC—串联　MF—测量功能选择系统

图 6-14 中给出了采用 FCDIS－1x 设备进行测量的基本算法结构。微处理器的内部程序，控制着微处理器的运行及相应功能，由于 A－D 变换，数字信号替代了模拟采样信号，则电网的参数表述如下。

对于单相系统：

$$U_{rms} = \sqrt{\frac{1}{N}\sum_{k=0}^{N-1} u_k^2} \qquad (6-36)$$

$$I_{rms} = \sqrt{\frac{1}{N}\sum_{k=0}^{N-1} i_k^2} \qquad (6-37)$$

$$P_{1p} = \frac{1}{N}\sum_{k=0}^{N-1} u_k i_k \qquad (6-38)$$

$$S_{1p} = U_{rms} \cdot I_{rms} \qquad (6-39)$$

$$\lambda_{1p} = \frac{\sum_{k=0}^{N-1} u_k \cdot i_k}{\sqrt{\sum_{k=0}^{N-1} u_k^2 \cdot \sum_{k=0}^{N-1} i_k^2}} \qquad (6-40)$$

对于三相系统：

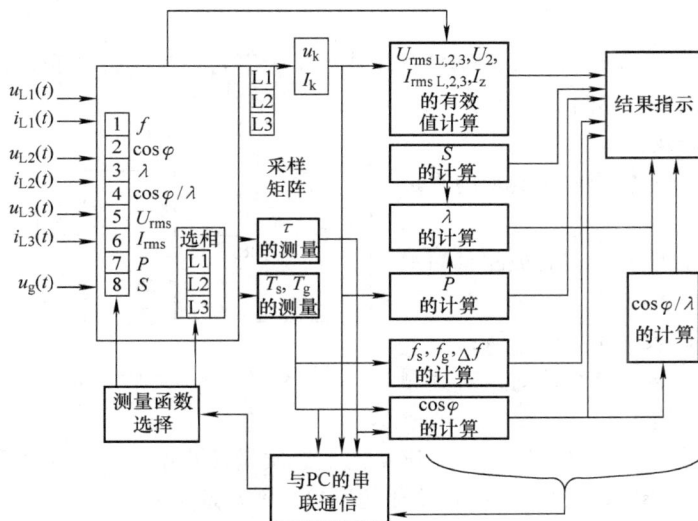

图 6-14　通过 FCDIS – 1x 设备完成的基本测量算法流程图

$$\lambda_{3p} = \frac{\sum_{k=0}^{N-1}(u_{1k} \cdot i_{1k} + u_{2k} \cdot i_{2k} + u_{3k} \cdot i_{3k})}{\sqrt{\sum_{k=0}^{N-1}(u_{1k}^2 + u_{2k}^2 + u_{3k}^2) \cdot \sum_{k=0}^{N-1}(i_{1k}^2 + i_{2k}^2 + i_{3k}^2)}} \qquad (6\text{-}41)$$

值得一提的是测量有功功率因数 PF_{3p} 的算法，对于畸变的信号 $u(t)$ 以及 $i(t)$，三相电网中功率因数 PF_{3p} 测量可由 A – D 变换技术以及图 6-15 所示的算法实现。

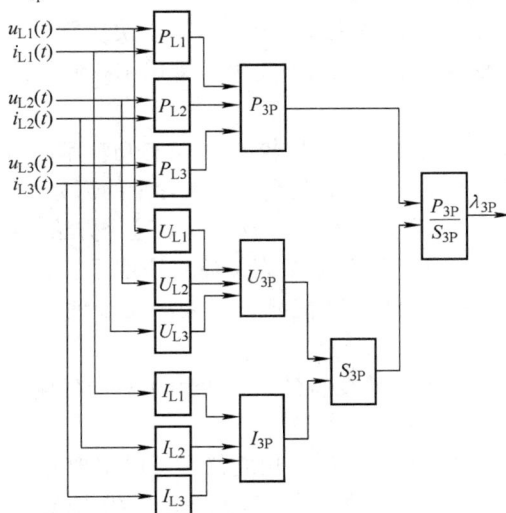

图 6-15　三相电网中测量有功功率因数 λ_{3p} 的测量算法流程图

该功率因数的实际意义明显：可以测量出船舶电站主汇流排供电过程中三相负载的

利用率。

2）由 PC 单元和 LabVIEW 图形软件组成的实验平台可以对仪表测量特征进行经验评估。虚拟测量平台如图 6-16 所示。

测试目标涉及：

① 仪表中微处理器程序实现的测量算法的验证；

② 仪表中程序所处理的被测量的中间计算阶段的校正控制；

③ 测量线路校正系数的确认；

④ 实现仪表的特殊功能时，对其测量误差进行经验确定。

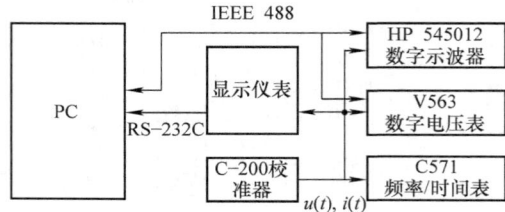

图 6-16　研究测量仪特性的测量平台

参考文献［11］研究了基于 LabVIEW 的电能质量检测系统，其硬件采用 LabVIEW 的数据采集卡，软件设计采用功能模块化的思想，主要是对电力系统信号源进行有效值测量、功率测量、谐波分析、电压波动与闪变分析、电压偏差分析、频率偏差分析以及三相不平衡度分析这七大功能模块的检测分析，并以数据和图形的形式显示。

例如：设计的谐波检测与分析模块，主要检测的是电流信号的各次谐波含有量、THD_u、THD_i 基波电流的频率、基波电流分量、谐波电流分量。LabVIEW 提供了多种谐波分析的功能函数，它们的功能各异。在设计中，选用 LabVIEW 提供的 "Harmonic Analyzer．VI"（谐波失真分析．VI）功能函数来实现谐波的测量。"Harmonic Analyzer．VI" 是一个相对初级的谐波分析 VI，它通过对被测信号的自功率谱的分析，输出各次谐波的频率、幅值及 THD。

因 LabVIEW 自身提供的 "谐波失真分析．VI" 模块功能十分强大，其中一个输出端可以直接求得总的谐波畸变率，再用该输出值乘以 100 便得到总的谐波畸变的百分数值。

另一种控制畸变功率 D 的方法是，比较 $\cos\varphi$ 与有功功率因数 λ 的测量值，并在此基础上总结出相电压和相电流波形中超出允许谐波含量的部分。$\cos\varphi$ 与有功功率因数 λ 的偏差定义为 $\Delta = \cos\varphi - \lambda$，两者的比率 $k = \cos\varphi/\lambda$。这个方法有助于电力系统畸变信号对电能影响的初步评估。其分析过程以及模拟研究说明了：按照图 6-17 显示的过程，以 $\cos\varphi/\lambda$ 测量功能为基础，采用多功能测量仪表来初步评估电网中出现的谐波是可行的。

$\cos\varphi$ 与 λ 的关系，可以体现畸变特性，并可用于对产生畸变的设备进行定位，然后进一步确定电网中引起信号畸变的对象。

用于船舶电网电能质量参数测量的多功能仪表可以实现 $\cos\varphi/\lambda$ 的测量，从而可用于对存在谐波的电力系统电能质量的评估，以及在超出船舶检验规范的标准值范围时发出信号。不过到目前的研究为止，仪表的应用还只能限制在一些特定的情形下，例如：仅有一种信号出现畸变。但是，若同时发生电压和电流的瞬时畸变时，则还需进一步的研究和分析。

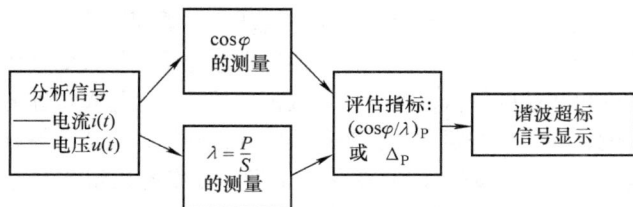

图 6-17　对信号中谐波进行初步的快速功率分析

6.4　电能质量控制方法与装置

目前，采用电力电子技术来改善电网电能质量问题已获得长足进展。方法主要有两个：

① 采用滤波器，包括有源滤波器，用来消除因大量应用电力电子元器件而造成的电能质量问题，主要为对高次谐波进行滤波；

② 采用交流电力脉冲控制器，即设计一个通断频率比电源电压频率高得多的开关系统来得到线性化的电能调节装置，从而使得负载电压–电流特性线性化。

6.4.1　控制船舶电力系统电能质量的意义

在船舶电站中，电动机消耗的电能至少占总发电量的一半。其中，又有相当一部分处于变频器供电的调速运行状态，而变频器的前级仍然是 AC/DC 变换器，而且基本上还是采用传统的整流方式。但不管是相控式还是不控式整流电源装置，在运行时，必然要从电网吸取无功功率（即装置侧功率因数偏低），同时向电网注入谐波电流。即使是 AC/AC 变换器，也是一种无功谐波源。并且，船舶上一些给大负载供电变换器容量占电网容量的百分比较高，特别是电力推进系统。也就是说，对于船舶电网，一个具有复杂环境的，又越来越多地应用电力电子变换器的独立的小容量电网，谐波造成的影响更为显著。而消除谐波不仅提高了功率因数，减少了无功功率，也减少了有功损耗。同时，因减少了谐波对通信、导航系统及海难救助设备的干扰也提高了船舶航行的安全性。另外，还可降低环境噪声等污染。具体而言，电能质量的影响表现在：

（1）电能质量与船舶运行的安全性

船舶电力系统是船舶动力系统的一部分。电能的生产、传输和使用过程中是否具有符合要求的质量是船舶动力系统能否正常运行的基本条件。故从船舶系统操作的安全性角度而言，应当首先考虑电力系统的电能质量。对于船舶系统如推进系统或导航系统，几乎每个运行故障都不能排除导致海上意外事故的风险，甚至危害人身安全和破坏海洋环境。国际海事组织（IMO）收集了有关船舶紧急情况和灾难的相关记录，根据故障发生的地点，总结了 120 个船舶电力系统或电子系统所发生的故障。发现其中的大部分故障都与电能质量的下降有关。

对船舶电力系统的安全运行影响最大的是电能质量的瞬间恶化，而电能质量的长期恶化通常首先是影响系统运行的经济性。值得关注的是电能质量的长期恶化会引起系统中的重要设备的耐用性和可靠性的降低，从而也导致了船舶系统运行安全性的实质性下降。为了消除这种不良影响，同样也需要增加船舶系统的维护费用，包括劳务方面的成本。

例如，船舶电站中电能质量的瞬间恶化常常发生在发电机组并车过程中。虽然对船舶电站有相应的安全规定，即船舶在海上航行时有必要保持每台发电机组的功率余量达到相应的单台发电机额定输出功率的15%左右。但对于过渡过程则有所放宽，然而，即使在过渡过程中，任何有关推进系统和舵控系统的故障，都会威胁到船舶安全。因此，确保船舶电力系统供电的连续性极其重要。

（2）电能质量参数与船舶运行的经济性

船舶电力系统电能质量的下降，既有瞬时效应，同时也有长期效应。在电能质量恶化后所产生的额外损耗，以及船舶设备中的一些常用元器件，如电动机、仪器、照明器件——也就是照明灯和信号灯的耐用性下降。

电能质量下降所产生的影响，首先是船用电动机运行时的供电电压变化带来的影响，比如：供电电压偏差、频率偏差、波形畸变、电压不平衡等，有时还会伴随着电动机运行的环境压力（周围的高温往往超过50℃），这在很大程度上降低了电动机寿命。

另一个问题是船舶电站中发电机组是并联运行的。若并联运行的发电机组之间负载不按规定比例进行分配，就有可能一方面使船舶电站过载，另一方面有不少未被使用的备用功率，从而导致了船舶安全性的下降，也会增加燃油消耗，降低经济性，因为内燃机的燃油消耗与其所承受的负载之间是非线性关系。

一般地，供给电动机的电压在质量上带有畸变、不平衡、频率不恒定以及有效值具有波动性，则会导致电能的各种额外损失。船舶电力系统中大多数感应电动机运行在恒定负载下，电压和频率偏离额定值越大，供电电压的畸变，不平衡等的电能质量问题就越突出，越会使得电能的额外损失积累起来，结果导致电动机绕组的温升比局部分析要高。

电压下降对电力驱动系统中的开关运行有较大影响：低电压导致触点接触压力降低，还可能导致接触电弧，甚至脱离衔铁。而电压值上升可能会导致开关的机械故障或者触点的强力吸合造成的回弹，从而降低开关性能。

（3）电压畸变造成的影响

供电电压波形畸变首先是导致谐波和间谐波，以及瞬时电压降和宽频域内的噪声。这些畸变对用电设备的影响根据畸变性质的不同而不同。

供电电压中包含的谐波和间谐波，几乎对所有用电设备的运行都有影响。由于谐波引起的发热，使发电机带负载的能力下降，导致一些安全装置误动作，以及加剧电缆及电力设备的发热；而且也影响了半导体变流器本身的运行。例如，变流器供电电压畸变使得其性质发生变化（例如：允许的输出降低），安全装置受到激励会引起误动作，或引起安全装置的永久性故障（例如：发生过电压）。另外，电压畸变所造成的一些损耗也很可观，如磁路中铁心的额外损耗，以及用来改善功率因数的电容器的功率损耗，荧光灯的功率损耗等。当电压中谐波较大时，还会加剧绝缘的恶化，以及导致电容器故障。而对于电网中电压波形的分析表明，实际船舶电力系统中的铁心损耗，会比预期高百分之几。

电动机的供电电压畸变，另一个影响是谐波电流流经电动机定子和转子时会产生电磁力矩。但高次谐波和寄生力矩会产生较大的振动及噪声，甚至会阻碍电动机起动。

负载电流中的谐波，对测量系统工作的影响也值得关注，因为电流变换器主要用途就是这个。例如 0.5 级的变流器，在梯形额定电流时，总的误差会增至 1%。变换器一次绕组的电流波形对上述误差的影响，取决于二次电路的性质，且相位系数 $\cos\varphi$ 在 0.6 ~ 0.8 范围之间时影响最大。

另外，电压和电流波形的失真，会对电力保护系统产生不利影响；增加了电压偏差，不利于船舶发电机调压器的控制。

瞬时扰动及噪声对无线电通信和电子导航设备以及船舶自动化系统的影响较大。瞬时扰动会引起这些设备不正常运行，甚至停止运行。这些扰动通过电缆网络很容易传播开来，因此需要通过滤波器或屏蔽设备，连同电缆一起防护。

需要说明的是，有必要采用电能质量的电流控制原则，才能得到受控系统中较本质性的故障信息，从而可识别出诸如电压和频率调节器，谐波滤波器，以及大功率用电设备，等一些重要系统和元器件运行中可能产生的不可靠运行状态，并且可以在船舶电力系统出现故障之前，采取恰当的防护性检查。

6.4.2 船舶电能质量控制方法

船舶电力系统运行时，本质上只有两个参数与电能的生产和使用有关，即需要控制的电压值以及频率值。参数值超过船级社规范规定中的允许值时，会使相应的安全装置动作，包括应急停机（断电）。目前常规的电能质量解决方案，均着重于解决变流过程中的扰动以及系统中的负载工作特性。尽管该领域的研究已有许多重要的成果，但是还有很多方面需要探索。在这个还未获得充分的研究结果的领域，不仅需要对降低上述扰动的有关技术进行研究，而且还要研究如何提高用电设备的抗扰动能力，尤其是对于复杂的电子设备和系统，如 GMDSS（全球海难救助与安全系统）和无线电导航设备。本节介绍一些可能的电能质量控制方法和措施。

（1）电力系统的电能质量控制方法

降低电力系统的扰动有诸多方法，但是还不能完全消除这些扰动。较为常见的有：将对扰动敏感的用电设备隔离开来，从而降低扰动对这些设备的影响；或应用在抗扰动方面性能较好的或对扰动能起抑制作用的设备。隔离对扰动敏感的用电设备，可以用下述两种方法：

1）将给定电力系统分成各个子系统，并选择受干扰较小的子系统给特定的负载供电；

2）采用系统主配电板（如 $3 \times 1000\mathrm{V}$，50Hz），经变压器或者变换器给通用电网供电（$3 \times 380\mathrm{V}$，50Hz）。

（2）电力推进系统的谐波抑制措施

在电力推进船舶中，通常推进变流器的用电负荷要占到系统发电量的 80% ~ 90%，为了保持系统正常运行和避免过载或功率不足，必须采取必要措施来抑制谐波，以满足相关标准和规范对谐波畸变的要求。目前，抑制谐波的主要措施有：

1）旋转电动机的设计。旋转电动机包括：发电机和电动机，是船舶电力系统的电力产生和消费的主要装置。因谐波电流会通过阻抗最低的路径注入到电网，可以针对需要抑制特定谐波频率。

对于发电机，可降低次瞬态阻抗，以阻止谐波流入电网。由于凸极式同步发电机的 d 轴阻抗 x_d 与 q 轴阻抗 x_q 的不同，故采用 x_d 和 x_q 的平均值，或采用负序阻抗。但是，往往次瞬态阻抗低的发电机体积较大，约为 20%，需要降低体积。另外，如果次瞬态阻抗降低，会使短路电流增大，因此需要在谐波抑制、额定电流、体积和成本等因数之间进行折中。

对于电动机，可以采取分布绕组、短距绕组或阻尼绕组等措施来减小谐波。

2）变频器拓扑。如前分析，变频器的谐波特性与其电路结构有关，应尽量选用谐波小的变频器。在上述几种船用推进变频器中，VSI 型变频器的谐波较小。但 VSI 型变频器常用的二极管整流器，一般三相桥式整流电路为 6 波换流，如前分析其网侧电流谐波较大。抑制谐波的常用办法是采用多重化技术，以增加整流电路的脉波数。例如：12脉波整流器、24 脉波整流器等。一种典型的两重整流器电路拓扑如图 6-18 所示，采用两组二极管整流器串联或并联，其交流输入相位相差 30°，将两组整流器各自输出的 6脉波直流电流叠加成 12 脉波直流输出。

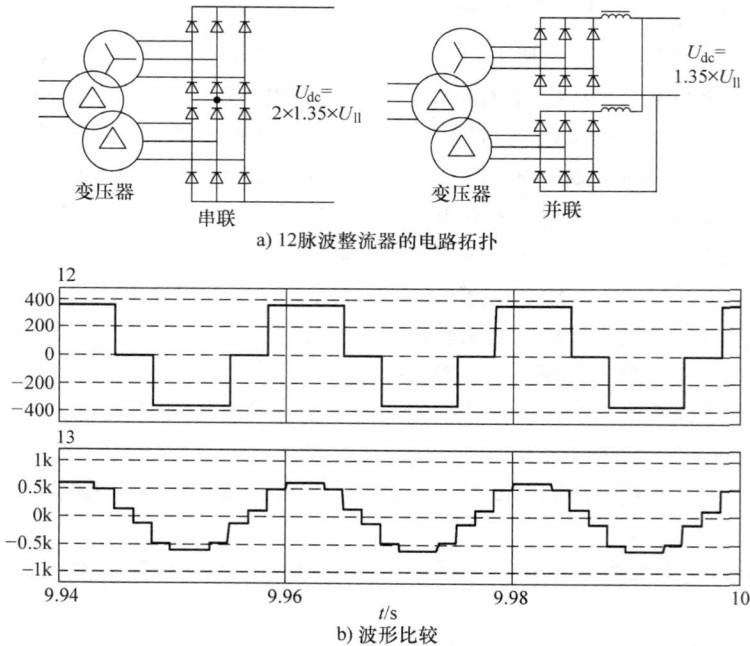

a) 12脉波整流器的电路拓扑

b) 波形比较

图 6-18   典型的两重整流器电路拓扑与网侧波形

12 脉波整流器与 6 脉波整流器相比，其谐波电流如图 6-18b 所示，分析与比较结果见表 6-4。可见，采用 12 脉波整流电路可有效地减小电流的 THD。

表 6-4 6 脉波整流器与 12 脉波整流器的谐波电流比较

H	1	5	7	11	13	17	19	THD
I_{h6p}	100	20.0	14.3	9.1	7.7	5.9	5.2	28.45
I_{h12p}	100	1.8	1.6	6.6	5.4	0.33	0.3	9.14

另外，采用 PWM 整流器构成双 PWM 变频器，也是抑制谐波的有效方法。

对于 CSI 型变频器，其整流与逆变电路都采用晶闸管，其 SCR 的整流器对电网的功率因数和谐波电流随整流控制的相位角而变动。再者，因 CSI 的交流输出波形并非理想的正弦波，其谐波（特别是低频的 5 次和 7 次谐波）注入电动机会增加电动机损耗和发热。同样可以通过增加整流器的数量来平滑直流回路电流，以减小两侧的谐波。一种由两个 SCR 组成的 CSI 变频器如图 6-19 所示，该方案采用两个变压器二次绕组分别按 Δ 型和 Y 型连接，相互

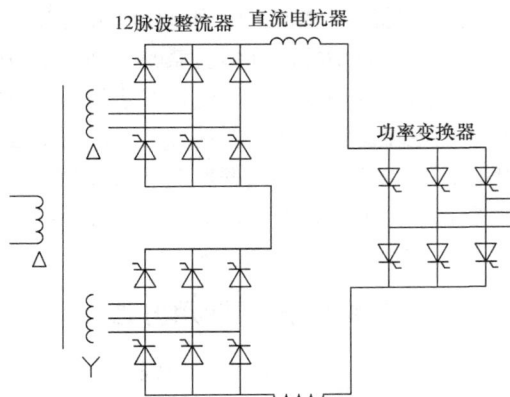

图 6-19 采用 12 脉波整流器的 CSI 型变频器

之间有 30°相位差，使两个三相桥式 SCR 的直流输出电流脉波也相差 30°，叠加形成 12 脉波直流电流。

其谐波分析方法与二极管整流电路相同，但因晶闸管整流电路的移相控制，其谐波电流畸变与移相角和晶闸管导通角有关，要更为严重。

3）电源变压器设计。对于变频器的输入隔离变压器，应选用短路阻抗较高的变压器，以平稳负载电流，减小谐波含量。一般的配电变压器的短路阻抗小于 4%，可设计变频器的隔离变压器短路阻抗在 5%～8%。

在变压器一次绕组与二次绕组之间设置一个导电片，通过一个高频接地母线可靠接地，以屏蔽谐波从二次绕组耦合到一次绕组，并满足 EMI 要求。

改进变压器的接法也能抑制谐波。采用 Ddy 型变压器，可以有效地消除 3 倍频的谐波，即 3、9、15 次等谐波分量。

采用谐波抑制变压器是较常用的一种限制电网中谐波的方法。这种变压器通过增加从电网变换而来的电压的脉冲数目，使得从电网上吸收的电流，其瞬时值波形得以改进。

基于变压器的电压滤波器可以把对电压波形畸变或电压脉冲敏感的用电设备与电网隔离开来，确保几乎是在正弦电压条件下工作。基于变压器的电压滤波器，变压器每相的铁心与磁轭之间的交叉部分，比功率变换器中应用的典型的铁心要大，其一次绕组与

二次绕组是圆柱形的线圈绕组，或者圆线圈组成的圆柱形绕组。若一次电压的相绕组为三角形连接，二次绕组成 Z 字形连接，这样是有利的。对于每相绕组，选择合适的匝数，以便在 3.5～6 范围之间得到变压器的铁心质量与总质量的比率。每个一次绕组与二次绕组线圈，由薄铜片屏蔽起来，所有的屏蔽连接在一个公共点。

由于变压器这种结构，变压器铁心与磁轭之间的磁感应很小（0.20～0.25T）。变压器工作在饱和特性曲线线性部分的起始处，是线性的用电设备。另外，变压器自感可以有效地过滤供电电流和电压。上述变压器可以确保线性负载吸收的电流和电压波形为正弦波，而且可以使得用电设备与电网隔离开来。基于变压器的电压滤波器还可以有效地抑制电压脉冲，其值是电网电压脉冲的几倍至几十倍。

由于对干扰敏感的许多负载都工作在 220V，上述基于变压器的滤波器可以替代目前应用较多的降压变压器。这种方法的额外成本，等于传统变压器与特殊方式制造基于变压器的电压滤波器两者费用之差。但需要强调的是，应用基于变压器的电压滤波器，并不能降低电压偏差和频率偏差（有效值与额定值的差值）。采用特殊的系统方案，可以有效地降低上述偏差，例如，将系统分割成有独立电源的各个子系统，或者使用机电变换器。

6.4.3 谐波滤波器的使用方法

为降低扰动造成的后果，特别是为抑制超出允许值的高次谐波，可使用各种谐波滤波器，也就是无源滤波器、有源滤波器，以及近年来运用越来越多的混合式滤波器。

（1）无源滤波器

为改善电能质量，常规的方法是采用 *LC* 无源谐振式滤波器。*LC* 谐振滤波器与供电电网母线并联连接（在配电板与特定非线性负载之间），这是降低电流谐波的传统方法，有时也用作基波无功功率的瞬时补偿。这样的滤波器通常由一系列电容和电抗串联的支路组成，如图 6-20 所示。*LC* 支路的数目与需要滤波的谐波数目有关，在图 6-20 中，只考虑滤除 5 次、7 次、11 次和 13 次谐波。每条支路中，电容和电感的取值，取决于特征频率下电压的谐振条件。

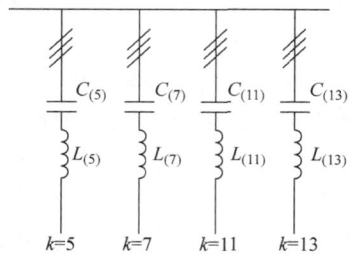

图 6-20　四分支 *LC* 谐振滤波器

在三相谐振式无源滤波系统中，特定支路的 *LC* 元件连接成如图 6-21 所示的结构。

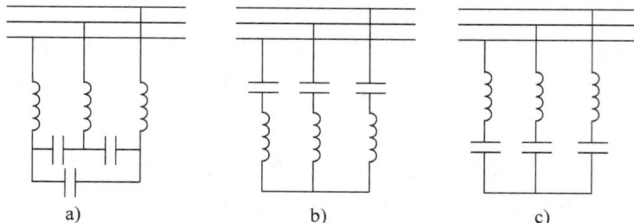

图 6-21　谐振滤波器中 *LC* 元件连接示意图

图 6-21a 的连接，可以获得比单个电容效率更高的等效电容，但其中的电容须工作在相电压下。在与电抗有公共连接点时（图 6-21b），电容的绝缘介于对地电压和相电压之间，可改进电容的可靠性。图 6-21c 所示的方案在实际中广泛被采用，它简化了滤波器的设计：所用的电抗通常接成单相的，采用空气磁心或者气隙可调，标准的三相电容器通常有一个公共结点。用于抑制多重谐波的滤波器的构造，往往具有设计形式的可变更性，以及元器件的可替代性和方案的可调整性。因此，更有效的设计方案是组合 LC 滤波器，其中所有的电抗元件都相同，并适用于两种或者三种谐振频率。图 6-22 和图 6-23 给出了组合滤波器的例子。

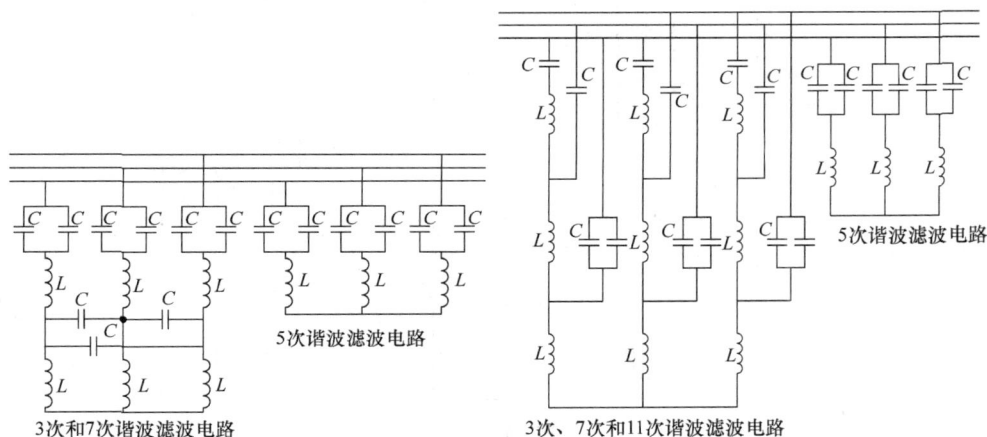

图 6-22　3 次、5 次、7 次谐波联合滤波器　图 6-23　3 次、5 次、7 次、11 次谐波联合滤波器

本质上，谐振式滤波器作为谐波源的低阻抗旁路电路，降低了谐波对系统中其他负载的影响。但无源滤波器与电网阻抗形成了一个并联的谐振电路，会对某些特定频率形成谐振。由于电网阻抗呈感性，在低于谐振频率时滤波支路呈容性，因而在低于相应支路的调谐频率时，滤波器各支路与电网会在一些频率点发生谐振现象。正由于上述的并联谐振的存在，则当电网同时存在低次谐波时，便不能用 LC 滤波器来滤除电网的高次谐波。只能在特定频率处，滤除较高次的谐波，但不能滤除较宽频带内的电流谐波。

（2）有源滤波器

采用有源滤波器，是另一种消除电压或电流畸变的方法，这里所说的畸变电流是指非线性负载从电网中所需吸收的电流。有源滤波器（APF）是一种电力电子变换器，可以产生任意设定的电流、电压的瞬时波形。有源滤波器与无源滤波器不同，它能同时对所有的谐波起作用，其任务是消除"非有功功率"。非有功功率包含谐波和基波分量中的无功功率。这种滤波器没有电源，工作时从电网吸收能量，并将所产生的补偿电压或补偿电流反馈回电网。为了存储瞬时能量，使用了电容器和缓冲器。电网中定点的补偿，是为了使该点的三相电压和电流为正弦的和平衡的，且各相电压和电流的波形没有相位移。滤波器损耗的能量也来自电网。

图 6-24 显示了一种并联型有源滤波系统。电力晶体管换流器的作用是产生用于补偿非线性负载所吸收的谐波电流，其中，非线性负载为六脉冲三相整流器。直流电路中的电抗，用于存储可控电流逆变器所吸收和补充的电能。

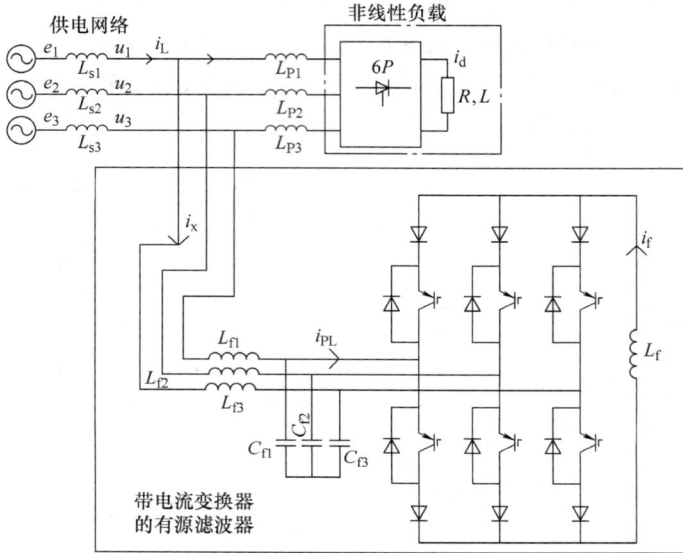

a) 系统示意图

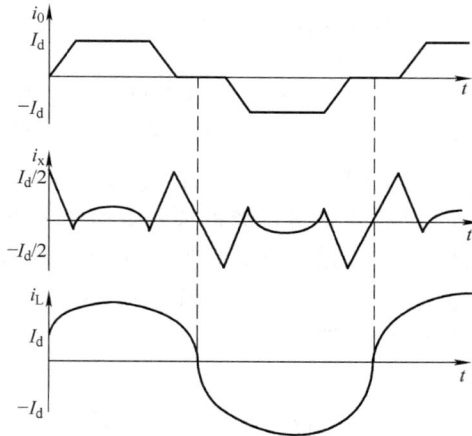

b) 电流波形

图 6-24　带有有源滤波器的非线性负载
畸变功率补偿

有源滤波器从电网被选定的一相中吸收能量，保存在"存储器"（电容、电抗或者蓄电池）中，需要时再反馈回上述那一相的电网。该操作过程的速度影响到"存储器"

的容量，也就是能量存储元件。由此可见，在有源滤波器与电网之间有瞬间的能量交换。这种交换是相互的，且平均值不变，即恒等于零（忽略损失）。否则，有源滤波器需要与附加电源或者有源负载相连。

有源滤波器，根据其与电网相连的方式，可以分为并联式和串联式。据此，有源滤波器（补偿器）可以称为并联式或者串联式，有源滤波若是并联的，则是电流型的，或者串联的，也就是电压型的。值得一提的是，若这两种基本结构组合起来，就形成了串-并联式有源滤波器。

并联式有源滤波器的常规构造为基于脉宽调制的三相逆变器。选择适当的高频调制频率，按照20Hz直至30kHz的顺序，可以补偿直至19次谐波造成的畸变。实际应用中有两种逆变器：电流源型逆变器（电感作为储能元件）和电压源型逆变器（电容作为储能元件）。

简化的串联式有源滤波器和并联式有源滤波器的结构框图，分别如图6-25和图6-26所示。

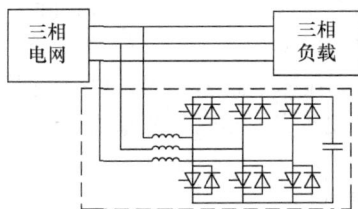

图 6-25　并联式有源滤波器　　　　图 6-26　不对称系统的串联式有源滤波器

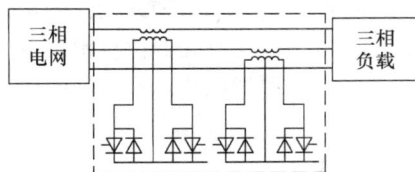

图6-25所示的系统，实际上是一种三相三线并联式有源滤波系统。其中，逆变器的作用为：以瞬时无功功率理论为基础，通过与标准正弦波形的对比，形成补偿电流。电容 C_d 的功能为储能，用于平衡负载所吸收功率的脉动性。

并联式有源滤波器可涉及负载所吸收的所有电流分量，使畸变电流只在负载电路和受控补偿电流源（滤波器）中流动，因此不会加载于电网，从而完成了下述三项任务：

① 补偿负载基波电流的无功分量；

② 平衡电网负载，甚至补偿负载在不平衡供电电压下，其电流的反相分量；

③ 滤除高次电流谐波而无须考虑电网的阻抗，这是无源滤波器所无法实现的。

电网中的串联滤波是将受控的电压源（电压型串联有源滤波器）与电压源串联起来。因此，源电压与滤波系统之和，减去供电线路阻抗造成的电压降，即为负载电压。将测得的负载上的畸变电压值，减去理想正弦供电电压值，就是滤波器的一个设定值。

图6-26所示的串联有源滤波器可以进行100%脉宽调制。串联有源滤波器可以用来：

① 补偿供电线路电抗的电压降；

② 平衡和调节供电线路上的电压（包含降低和稳定电压骤降）；

③ 滤除由特定电压源或者负载产生的电压谐波；

④ 作为相位调节器。

有关并联、串联和串并联式，并应用电压、电流逆变器的有源滤波器设计方案，在很多文献中有详细的描述。这些文献也包括相应的串并联滤波的理论基础，各种类型有源滤波控制器的结构框图，有的还给出了利用电脑仿真技术完成的研究和实验结论[12]。

有源滤波器中一部分的损耗功率，与系统元器件（如：半导体元器件）的电压降有关，另一部分则与元器件的开关损耗有关。开关损耗在有源滤波器中占显著地位，与开关设备的开关操作频率成正比。但频率越高，对快速畸变的补偿效果越好。实际工作中，需要在补偿质量与系统能量损耗之间寻求一个折中。

有源滤波器的初投资和运行成本是一个首要问题。有源滤波器中的 4 个部分分别为：无源元件（电容、电抗），半导体功率元器件（IGBT、GTO），电子（微处理器）测控设备，以及辅助元件。选择元器件时，需要考虑功率与电压等级。电子测控设备的成本以及人工费用，对于低功率滤波器（直至 10kW）的总成本有重要影响。对用于低压系统（直至 0.4kV）的中等功率滤波器（直至约 250kW）而言，半导体功率元器件对系统总的价格有决定作用。对于中压系统中的大功率滤波器（到 MW 级），除了半导体功率元器件的价格，无源辅助元件的价格也很重要。

如今，由于半导体功率元器件技术，以及微处理计算技术的迅速发展，可以获得能够消除各种畸变的有源滤波器。唯一的问题只是寻找滤波器成本与运行效率之间的最佳关系。

（3）混合型滤波器

如上所述，电源阻抗对无源 LC 滤波器的特性有影响。即在包含电源阻抗和并联 LC 滤波器的电路中，可能会产生谐振现象。然而，有源滤波器却没有上述缺陷，但需要安装更大功率的设备，提高了制造成本。为了避免有源滤波器、无源滤波器使用中的不足之处，提出了混合型滤波器的概念，包括了有源滤波器和谐振 LC 滤波器。这种方法消除了上述无源滤波器的缺陷，而有源滤波器所需的功率也较低（尤其是在涉及中等功率和大功率系统时）。LC 滤波器越来越多地用作混合滤波系统中的可调无源元件，大大降低了有源部分的使用功率和生产成本。尤其是在大功率系统中，单纯的有源滤波器往往造价更昂贵，结构更复杂。

混合滤波器既可以在并联型，也可以在串联型有源滤波系统的基础上构建。图6-27显示了补偿电网中电流谐波的三相混合滤波系统结构框图[13]，其中，有源滤波器与电网串联。

由三相交流电网供电给三相桥式可控整流器。桥式整流器连接的负载为电阻－电感性的，参数为 R_0 和 L_0。供电电网阻抗由电感 L_s 来代替。可滤除 5 次，7 次及更高次谐波的无源 LC 滤波器为星型联结，而且与整流器并联。三相有源滤波器，本质上为一个附加电压，接在 3 个变压器的一次绕组上，变压器的二次绕组则与电网串联。

有源滤波器通过附加的低功耗元件 L_R 和 C_R 与变压器的一次绕组相连，L_R 和 C_R 的作用是防止电压突增。图 6-27 所示的系统，首先是能够有效抑制电网电流中所包含的低次谐波。抑制系数随着谐波次数的增加而降低，即：5 次电网电流谐波，抑制系数为 8，而 19 次电网电流谐波，其相应的抑制系数只是略大于 2，结果还是令人满意的。

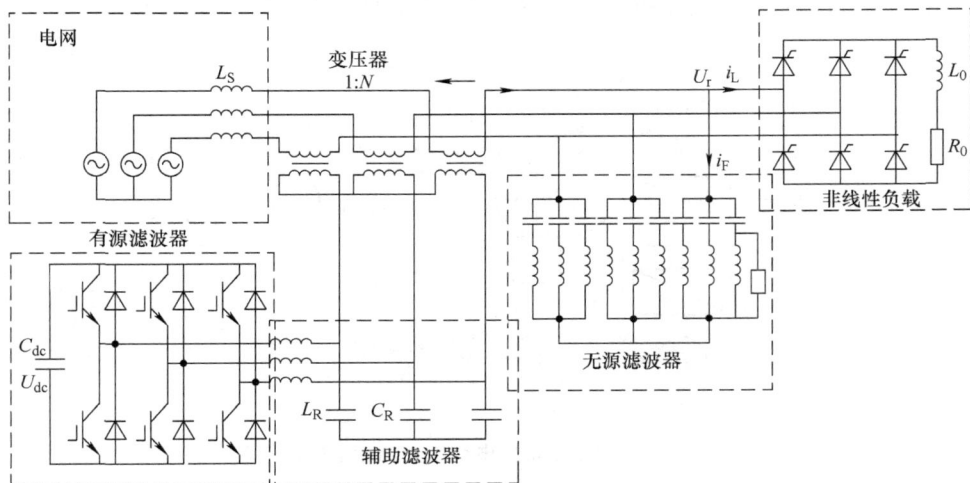

图 6-27　带串联有源滤波器的三相混合滤波系统示意图

将各种有源滤波器和无源滤波器用不同方法结合起来，可以得到多种类型的混合式滤波器。一般地，混合式滤波器（包括其控制系统）的系统框图，主要有以下几种：

① 将附加串联式电压源，连接至电网；

② 将附加串联式电压源，连接至无源滤波器；

③ 将附加串联式电流源，连接至无源滤波器；

④ 将附加电流源，并联至单条支路的无源滤波器。

有源滤波器与无源系统连接后，有源滤波器所包含的变换器中，电压和电流就可以降低，另外，视在功率也随着降低，另外可以降低成本。

可见，混合滤波系统吸收了电网中的无功分量。作为滤波—补偿系统，混合有源滤波器的工作原理是：既作为高次谐波的滤波器，又作为负载电流中无功分量的补偿器。关于混合滤波器从电网中吸收的无功电流的控制，可以通过基于晶闸管的电流控制器，或者采用无源 LC 滤波器。

6.4.4　船舶电力系统电能质量控制举例

同步发电机是船舶电力系统中最基本的电源，可以认为其输出为正弦电压，而电网中的非线性负载将导致谐波电流。特别是在换向过程中，将出现较高的谐波含量，但具有衰减特性。

逆变型轴带发电机组在发电时也会产生扰动，即产生电能质量问题。起动轴带发电机时，需要同时起动与电网并联的滤波器，其作用是降低一次扰动直至允许范围。

（1）带轴带发电机组的船舶电站

1）带轴带发电机组的船舶电站的构成。图 6-28 所示的船舶电站示意图中，S_j（$j =$

1，2，3）为开关，GS 为独立发电机组，I 为逆变器，HF 为谐波滤波器，SG 为带有整流器的轴带发电机，ME 为主机，SC 为同步补偿器，G 为发电机，AE 为柴油辅机。

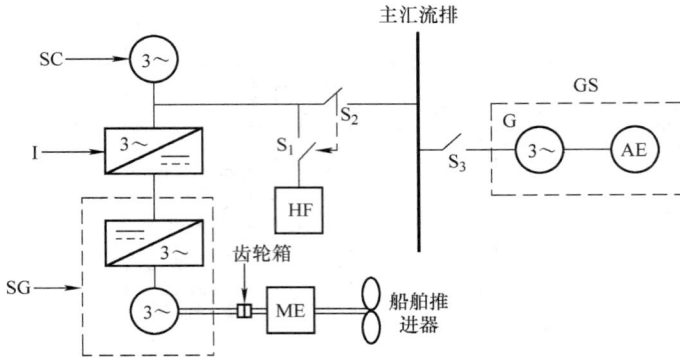

图 6-28　安装有轴带发电机组的船舶电站示意图

由图可见，轴带发电机是靠与主机直接耦合的三相发电机发出电能，再经由直接安装在上述发电机上的整流器，产生了直流电。直流电经过三相逆变器被交流化处理，变成三相交流电，其基频 f_0 与电网电压的频率一致。同步补偿器（SC）与逆变器输出相连。逆变器频率值与同步补偿器电压值由电子控制系统控制。轴带发电机与独立发电机组（GS）并联起动后，谐波滤波器（HF）连接至汇流排，其作用是消除波形畸变。

2）滤波器介绍。所用的滤波器框图如图 6-30 所示。

图 6-29 所示的等效电容 C_e（电容模块），由若干个并联的三相电容器组成。这种模块的结构如图 6-30 所示。

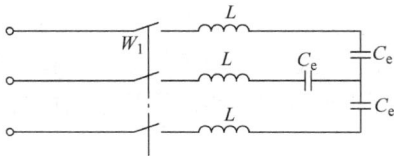

图 6-29　三相无源 LC 滤波器的示意图

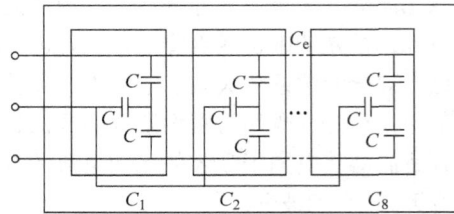

图 6-30　带有等效电容 C_e 的模块连接图—滤波器中的一部分

选择一定数量作为模块元器件的三相电容器，从而得到所需谐振频率，使抑制特定次谐波的效果最理想。由于能量需求和高稳定性要求，需要对电容器进行特殊的设计。一种符合要求的方案是把一些选定的低容量电容并联起来，达到单电容器 C 的效果（图 6-30）。这种电容器 C 的内部结构如图 6-31 所示。每一组电容 C_{ci}，$i = 1，2，\cdots，n$ 用电线"b"连接起来，等效于断路器电路。若超出允许电流，导致电极之间短路，而相关的导线"b"熔断后，故障电容就从电路中断开。

滤波器中电容器的选择举例如下：

第一步是测量那些特定电容的电容量，并将这些电容连接起来，以获得特定相位的合成电容，尽量对称。然后，串联上去补充电容，这样滤波器的合成电容能够在最佳性能下抑制谐波分量。

运行时，三相电容器特定电容值的测量可以用图 6-32 所示的测量系统来完成。

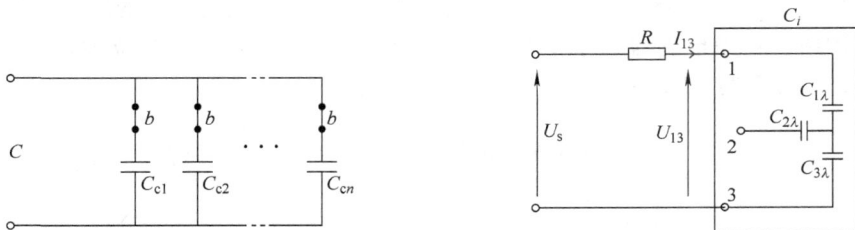

图 6-31　单相连接的电容器 C_{ci} 内部组成示意图　　图 6-32　三相电容器的电容值的测量系统

如图 6-32 所示，在运行时测量三相电容器特定电容值 $C_{1\lambda}$，必须在端点 1，端点 2 和端点 3 处，测量合成电容值 C_{ik}，由特定频率的电压 U_s 通过限流电阻 R（例如一个加热器）给 C_i 供电，通常用 220V 的交流电网。电压需要在相关的接线端测量，并测量电流强度。每次端点组合后需重复测量。合成电容值可以通过下式来确定

$$C_{ik} = \frac{I_{ik}}{2\pi f U_{ik}} \tag{6-42}$$

其中，i、$k = 1$，2，3。

对于三角形连接的电容器，其特定电容值可以由下列公式确定：

$$C_{1\lambda} = \frac{2 C_{12} C_{13} C_{23}}{C_{12} C_{23} + C_{13} C_{23} - C_{12} C_{13}} \tag{6-43}$$

$$C_{2\lambda} = \frac{2 C_{12} C_{13} C_{23}}{C_{12} C_{13} + C_{13} C_{23} - C_{12} C_{23}} \tag{6-44}$$

$$C_{3\lambda} = \frac{2 C_{12} C_{13} C_{23}}{C_{12} C_{23} + C_{12} C_{13} - C_{13} C_{23}} \tag{6-45}$$

然后，为了减少繁琐的计算，用下列已知的公式，计算等效的星型连接的电容。

$$C_{12\Delta} = \frac{C_{1\lambda} C_{2\lambda}}{C_{1\lambda} + C_{2\lambda} + C_{3\lambda}} \tag{6-46}$$

$$C_{23\Delta} = \frac{C_{2\lambda} C_{3\lambda}}{C_{1\lambda} + C_{2\lambda} + C_{3\lambda}} \tag{6-47}$$

$$C_{31\Delta} = \frac{C_{1\lambda} C_{3\lambda}}{C_{1\lambda} + C_{2\lambda} + C_{3\lambda}} \tag{6-48}$$

已知特定的星型连接电容器的电容值，可以选择特定相位的连接，以使负载对称。实际运行过程中，还应考虑到电容器本身的机械构造所带来的一些限制。最后，需要将电容器并联起来，用以增加滤波器的电容值。这样，可减少维修替换的电容器的数量，

从而降低滤波器的维修成本。

（2）带变流器子系统的船舶系统

谐波对于带变流器子系统的船舶电力系统的不利影响，可以通过下列方法来限制：

1）对船舶电力系统的分区。SOLAS 公约规定，功率大于 3MW 的船舶电站，其主配电板汇流排须分成几个独立的区。这种方法经常应用于安装有电力推进器的系统，因为电力推进器能引起系统中电压和频率较大的变化。电站主配电板的结构图如图 6-33 所示。图中，M 为推进器的电动机，SG 为轴带发电机，$G_{1,2,3}$ 为独立发电机，$Tr_{1,2}$ 为 380V/220V 变压器，ME 为主柴油机，AE 为辅机。

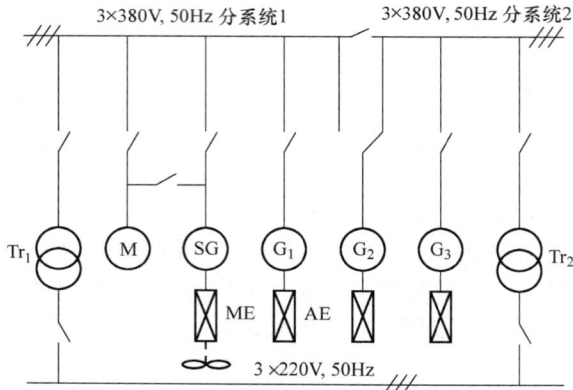

图 6-33　船舶电站主配电板分区结构示意图

另外，这种方法也适用于电力系统中包含有产生扰动的设备，如电力电子变流器；同样也适用于输出功率较低的系统，如信号系统的供电系统。

2）滤除谐波。尽管目前在船舶电力系统中还没有有源滤波器或者混合型滤波器的应用，在不久的将来，必定会实现这些滤波器的应用。一方面，这与船舶电力系统的发电机和负载的功率相对较低有关；另一方面，船舶系统中安装了许多对供电电压畸变较敏感的重要设备。采用有源滤波器或者混合型滤波器，可以将那些"安全"设备单独地安装在畸变较轻微的子系统中。对有源滤波器或者混合型滤波器的选择，取决于安装在"安全"子系统中的负载容量。

3）隔离变压器和机电转换器。为了避免大功率可控硅变流器吸收非线性电流的不利影响，船舶通用电网通常在电站的主汇流排上安装有隔离变压器或者电能转换器。这为在电力推进系统和电网中采用不同的电压，提供了便利。即，对于大功率的推进设备，电站常用 660V 或者 1000V 的发电机，而通用电网目前最常用的是 380V 电压。

图 6-34a 所示的系统由主汇流排经换向电抗器 L_C 和平波电抗器 L_s 为推进电动机供电；由隔离变压器 Tr，向船舶通用电网（3×380V 50Hz）供电。

图 6-34b 所示的系统由主汇流排经换向电抗器 L_C 和平波电抗器 L_s 为推进电动机供电；由 M - G 机组转换，向船舶通用电网（3×380V 50Hz）供电。

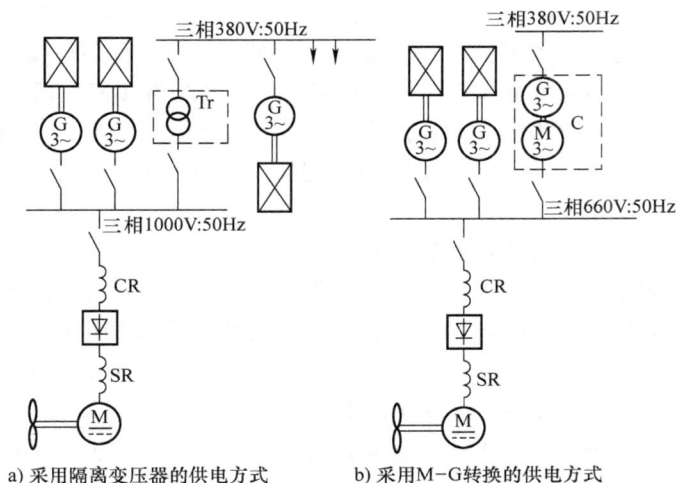

a) 采用隔离变压器的供电方式   b) 采用M-G转换的供电方式

图 6-34 主汇流排安装有变压器或者变换器的抑制谐波方式

4）其他设计方案。船舶主电力推进系统使用双工系统或者双电源系统，来降低系统中因带有变流器子系统而产生的干扰。

例如，在图 6-35 所示的变流器中，可控硅整流器由其中一台变压器供电，变压器二次绕组为星型联结，另一个可控硅整流器由另外一台变压器供电，变压器二次绕组为三角形联结。这种方法可以改变两个可控整流器的供电电压相位，从而降低注入电网的谐波。采用这种方法，可以用较小容量的滤波器来把 6.6kV 主汇流排上的谐波限制在允许的范围内。

在应用于交流驱动系统的其他方法中，应用了几对反相并联的变流器组成的直接频率变换器（周波变换器）。这样的系统应用于船舶主电力推进系统中，形成"交—交变频推进"型，ABB公司有相应的产品。

除了产生扰动，变流器对系统电能质量的影响还在于过电压以及无线电高频干扰（RFI）。无线电高频干扰在带宽 150kHz ~ 30MHz 之间时，与功率半

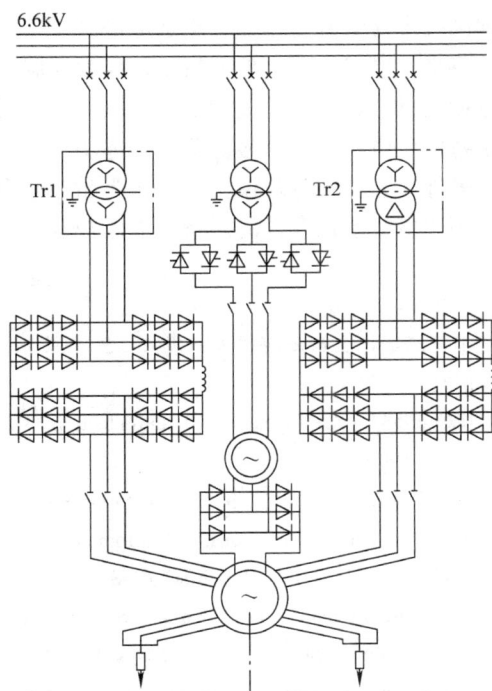

图 6-35 采用循环变流器应用于船舶主电力推进系统连接图

导体元器件（功率二极管，桥式整流器中的晶闸管，以及逆变器中的功率晶体管）的运行有关，通常称为"开关干扰"。为了避免变流器子系统，特别是频率变换器造成的这种扰动，系统中采用屏蔽电缆来连接电动机的变流器与 RFI 滤波器（阻止无线电高频干扰），以及无源 LC 滤波器（削弱扰动）。限制频率变换器中间电路的电压脉冲，可以降低扰动电压，这可由设计合理的 LC 滤波器实现。频率变换器的输入电路中使用变阻器，可以限制过电压。

（3）船舶电力系统电能质量控制方法的展望

对于船舶电力系统的设计者和使用者（即船舶操纵者）来说，控制电能质量是一项挑战。针对船舶电力系统中与电能处理过程相关的扰动产生的机理，有源和无源两种方法都可以用来控制电能质量。电能质量控制的概念，应该理解为消除和限制扰动作用的技术方法的应用。毫无疑问，这些方法目前主要是与船舶电力系统的变流系统相连的船舶电网滤波器（目前主要是无源滤波器）的应用。但是，目前还没有有关有源和混合型滤波器在实船中的应用信息。

SOLAS 公约推荐的另一种方法是，采用适当的主配电板结构，主配电板应该分成若干个独立的区域。根据公约的规定，船舶电站的额定功率大于 3MW 必须采用这一设计：对供电电压参数变化较敏感的设备（如海难救助与安全系统 GMDSS），以及对船舶安全运行极其重要的设备，应该由独立的供电系统供电。这种方法比采用防护设备，如添加高技术含量的滤波器，更加经济。

将来，可以运用电能分析仪，作为控制电能质量的多参数自动化系统的一部分，因其电能质量参数的有关测量数据可以经处理后用来控制电压和频率调节系统，以及产生切断特定发电机组的信号。除了上述功能，电能分析仪还可以监测船舶电站中的电流参数。另外，先进的测量模块能够作为船舶电力系统运行过程中的电网参数独立的测量仪表，用于电能质量参数的测量和电流控制。

参 考 文 献

[1] 中国船级社. 钢质海船入级规范 [S]. 第 4 分册, 第 4 篇: 电气装置. 北京: 人民交通出版社, 2009.

[2] IEC 60533 - 1999: Electrical and electronic installations in ships - Electromagnetic compatibility [S]. 1999.

[3] IEC 61000 - 3 - 2: (1995). Electromagnetic compatibility part 3: Limits. Section 2: Limits for harmonic current emissions. (Equipment with input current < 16A per phase) [S]. Geneve, 1995, and consolidated edition 1998.

[4] IEEE Interharmonic Task Force [S]. CIGRT 36. 05/CIRED 2 CC02 Voltage quality working group, Interharmonics in Power Systems, 1997.

[5] Review of emergence source of electrical power [C]. IMO document DE 39/6, Sub - committee on Ship Design and Equipment, London, 1995.

[6] IEEE Recommended Practice for Monitoring Electric Power Quality [S]. IEEE Standard:

1159 – 1995.

［7］ George J Wakileh. Power Systems Harmonics Fundamentals, Analysis and Filter Design ［M］. Springer – Verlag. Berlin Heidelberg, 2001.

［8］ Mindykowski J, Assessment and improvement of electric power quality in ships' modern systems ［C］. International Marine Electrotechnology Conf. and Exhibition, Shanghai, China, 2003. 9: 8 – 21.

［9］ IEEE Std 51 9 – 1992. IEEE Recommended Practices and Requirements for Harmonic Control in Electrical Power Systems ［S］. IEEE, New York, 1993.

［10］ 汤天浩, 郑慧. 一类半波对称 FFT 改进算法与电网谐波分析 ［J］. 电源学报, 2011 (2): 80 – 85.

［11］ Jing Chen, Tianhao TANG. Power quality analysis based on LABVIEW for current power generation systems ［C］. Proceedings of SPEEDAM Symposium, Italy, 2012.

［12］ 许晓彦, 杨才建, Janusz MINDYKOWSKI. 有源滤波器空间失量脉宽调制电流跟踪算法的优化 ［J］. 电力系统自动化, 2012, 36 (4): 80 – 84.

［13］ Xiao – Yan Xu, Janusz Mindykowski, C L Philip Chen. Study on Hybrid Filtering Solution for Marine Electric Network ［J］. Polish Maritine Research, 2010, 17 (2): 72 – 78.

第7章　船舶电力推进系统的设计与实践

前面各章主要介绍了船舶电力推进系统的结构、工作原理与控制方法。在此基础上，本章重点讨论船舶电力推进系统的设计与应用，并介绍了具体的设计案例和典型应用，旨在为船舶电力推进系统的装置研发、方案选型和实际应用提供技术依据。

7.1　船舶电力推进系统的技术要求与设计

7.1.1　船舶电力推进系统的组成部分与技术要求

（1）船舶电力推进系统的组成

船舶电力推进系统主要由电源、变流器、电动机与螺旋桨，以及控制器组成。此外，为了保障安全，还需要有状态监测和安全保护系统，以实现故障报警、容错控制等。

对于电力推进系统，需要根据船舶推进功率选择电动机、变频器及控制器等。如图7-1所示的电力推进系统方案，其电力系统由主配电屏输入的电源经隔离开关、变频变压器向变频器供电；另一路经降压变压器向辅助设备、控制电源、励磁电源等供电。推进系统采用电压源型变频器调速，同步电动机驱动螺旋桨。设计研发者则需要根据系统结构与技术要求进行设计与选型。

（2）船舶电力推进装置的设计要求

船舶电力推进装置的设计基本要求是成套装置包括单个设备及其部件都必须满足相应的船用技术标准与入级船级社规范，目前相关的技术标准如下：

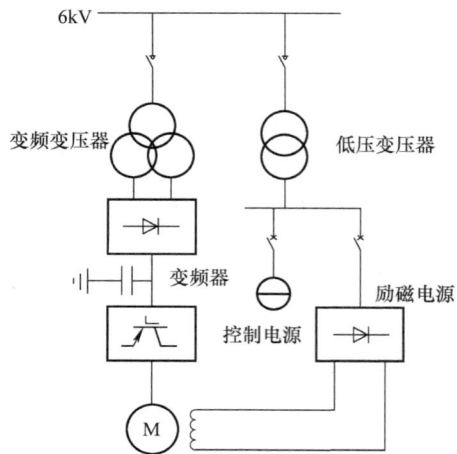

图 7-1　典型的船舶电力推进系统结构单线图

中国国家标准：

GB/T 13030 – 2009《船舶电力推进系统技术条件》；

GB/T 13031 – 1991《电压为 1kV 以上至 11kV 的船舶交流电力系统》；

GB/T 10250 – 2007《船舶电气与电子设备的电磁兼容性》；

GB/T 22193 – 2008《船舶电气设备　设备　半导体变流器》。

IEC（国际电工委员会，International Electro technical Commission，IEC）制定的

标准：

　　IEC 60092 – 302：1997《船用电气设备　第 302 部分　低压开关设备和控制设备》；

　　IEC 60092 – 301：1980《船用电气设备　第 301 部分　发电机和电动机》；

　　IEC 60092 – 401：1980《船用电气设备 401 部分：完全安装的安装和测试》；

　　IEC 60092 – 501 – 2007《船用电气设备 501 特别条款：电力推进装置》。

以及各船级社相关的规范及检验细则。

（3）电力推进系统设计步骤

电力推进系统的设计与选型步骤如下：

1）根据船舶推进需求确定螺旋桨转速及其推力，加减速度及其调速范围，设计和选择装置的机械设备和运动部件。

2）根据推进功率需求，设计和确定推进电动机和变频器的基本电气参数，比如：额定功率、额定电压、额定电流和额定转速等。

3）再考虑船舶其他电气设备和日用负载需求，设计和选择主配电盘与配电系统的基本电气参数，比如：变压器、电动机等其他负载的额定功率、额定电压等。

4）根据船舶总的用电需要，设计和选择发电机组的台数、额定容量、额定电压、额定电流、额定转速、效率、功率因数等。

5）估算和核准电力系统的谐波，按船舶电能质量的规范和标准，设置滤波器或其他电能质量控制装置，例如：12/24 脉波整流器，低电抗发电机、有源滤波器、UPS 等。

6）成套装置、设备及其组件应适合船舶安装地点的环境条件，并考虑所有对装置寿命和安全有影响的环境因素，例如：温度、湿度、防护等级、腐蚀和污染、霉菌、机械应力和振动、电磁干扰、爆炸及火灾危害等。

设计选型的计算流程如图 7-2 所示。

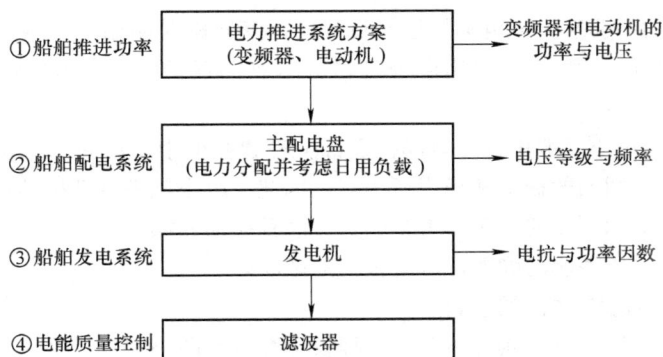

图 7-2　船舶电力推进系统设计流程

7.1.2 船舶推进电动机的设计

7.1.2.1 船舶推进电动机的技术要求

船用电机，包括发电机与电动机，其设计、制造与选型应遵循通用标准 IEC60034 和船用电气设备有关发电机和电动机标准 IEC 60092 - 301：1980 第 301 部分。船舶推进电动机的技术要求是与船舶环境条件相关的，一般要求：

1）可靠性高。主推进电机是船舶推进的主要动力装置，甚至是唯一的动力装置，其可靠性直接关系到船舶的安全航行。对于船用推进电动机，应包括长期不间断地稳定工作，能承受船舶航行中可能出现的各种海况海流冲击和船体纵横向运动，电机应具有承受冲击振动耐海水腐蚀等良好性能。

2）容量大。船用推进电动机的最大功率取决于船舶航行所要求的最大航速、排水量、运动阻力和推进螺旋桨的特性，一般在船舶总体设计时决定。推进电动机的电磁转矩大致与螺旋桨转速的平方成正比，其输出功率就与螺旋桨转速的立方成正比，因此，在输出功率相同的条件下，与一般的恒速电机相比，船用推进电动机实际承担的功率、电负载和磁负载都要大得多。

3）低速大转矩。为提高推进效率和降低噪声，一般采用低速大直径螺旋桨，并且螺旋桨与推进电动机同轴连接，无减速齿轮箱，采用低速推进电动机通常工作在低速状态，要求其低速输出转矩大，也就是必须具备大转矩电机的基本性能。

4）可控性好。船用推进电动机应能满足船舶航行的全部航速需要，并且要推动船舶在不同的航速下运行，满足船舶多工况的需要。这就要求推进电动机有较宽的调速范围和较好的控制性能。

5）比功率高。船舶舱室空间和排水量有限，希望船上设备的体积小，重量轻。推进电动机在船上属于大型设备，特别是潜艇推进电动机一般放置在船舶的尾部，舱室空间狭小，这就要求推进电动机体积小，重量轻，比功率高。

6）高效节能。船舶推进电动机用电负载大，其效率对船舶的燃料消耗、船舶的运行效益有很大影响。特别是潜艇用推进电动机的效率直接影响潜艇的续航能力和作战半径。

7）振动和噪声小。船用推进电动机通常是安装在很小的房间内，在那里长期工作的人员会因电机不间断的振动和噪声所困扰。因此，减小推进电动机的振动和噪声也重要。对于特殊船舶如测量船、海洋考察船等，这种振动和噪声还会干扰测量的精度。另外，振动和噪声对于潜艇的隐蔽性也是很大的威胁。

7.1.2.2 船舶推进电动机的设计

船用推进电动机的设计具有显著的工程设计特点，即将预研成果和成熟技术转化为适用的产品，达到设计定型和生产定型的有效结合，其过程主要包括电磁设计、结构和参数设计、机械设计等。

（1）船舶推进电动机的电磁设计

船舶推进电动机电磁设计的原始数据是由技术规格书给定的，除通常的额定功率、额定电压、相数及相间连接方式、额定频率、额定转速或同步转速、额定功率因数外，还包括船舶航行的功率特性、调速范围、各种工况的功率，以及电动机的外形尺寸等。

推进电动机的电磁设计可以采用基于磁路的设计方法，该方法简单易行，如普通的直流电动机、交流异步电动机和交流同步电动机都有比较成熟的电磁设计方法，基本按照主要尺寸计算、磁路计算、参数计算和起动计算等步骤来进行。对于船用特殊推进电动机，由于其内部结构的复杂性，往往需要进行电动机磁场的仿真计算。显然，基于磁场分析的设计方法精度较高，可提高电动机设计的可靠性。目前，可用于电动机磁场分析的工程应用软件主要有 ANSYS、ANSOFT 等。

（2）电动机的参数设计

各项性能参数：额定功率、额定电压、额定电流、额定转速、效率及功率因数等应能适应船舶使用场所、驱动系统类型以及螺旋桨各种运行工况的要求。

大多数电力推进船舶需要连续航行，因而电动机的功率选择应按连续运行工作制选取。其额定电压按低压还是中压等级选取，相应的电流也就能根据功率与电压来确定。额定转速取决于船速及其螺旋桨转速，如果是直接驱动，则直接按螺旋桨速度选取；如果中间有齿轮箱传递，则需要计算速比。

（3）电动机的结构设计与制造

电动机主要结构分为定子和转子。

1）定子及定子绕组。对于交流异步电动机和同步电动机，其定子的构造基本相同。其定子铁心由冷轧硅钢片叠压而成。为防止铁心端部过热，除采用 T 形非磁性铸钢压圈压紧，以减少漏磁引起的损耗外，可使定子铁心比转子本体稍短，以降低压圈上最热处的温升；并将两端铁心做成阶梯形，冲片齿部中间开设径向小槽，以降低边端铁心中由漏磁场轴向分量引起的涡流损耗。

定子绕组可采用双层叠式的三相对称交流绕组结构。还可以采用多相绕组，比如：6 相双 Y 移 30°绕组或 12 相 4Y 移 15°绕组的结构如图 7-3 所示，以满足大功率传动需要。ALSTON公司的 AIM 异步电动机其定子绕组为15 相。

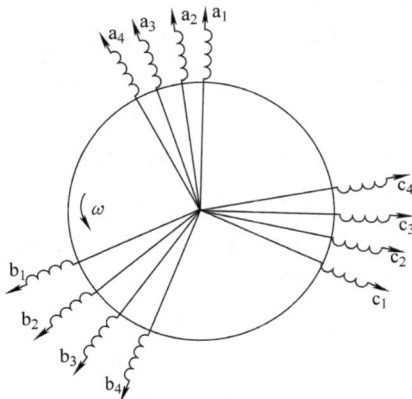

2）转子及转子绕组。异步电动机因不需要转子励磁，其转子结构相对简单，如果是笼型转子，转子绕组短接；如果是绕线型转子，其绕组与定子对称。而同步电动机则相对复杂，其转子结构可采用凸极式或隐极式的结构，其励磁方式可以是直流励磁，需要设置转子励磁绕组；或采用永磁材料，则在转子中设置永磁材料，而不需要励磁绕组。

图 7-3 12 相 4Y 移 15°交流绕组

3）阻尼绕组。同步电动机设置阻尼绕组对于改善变频调速的动态特性是十分必要的。阻尼绕组有全阻尼、半阻尼方式，各有特点（总体来看，全阻尼略优于半阻尼）。如果采用隐极式的转子结构，全阻尼绕组的布置比较困难，而凸极式可采用半阻尼的结构。

具体实施办法是：在保证励磁绕组安置空间的前提下，在转子外表面开设专用槽形，阻尼导条直接插入槽内。把两个磁极上阻尼导条的两端分别焊接在两块磁极压板上，然后在磁极尾处用钢板把磁极与磁轭连接起来，利用磁极极身与磁轭作为交轴阻尼电流的通路，由此构成自行短路的阻尼绕组。

（4）船舶推进电动机的机械设计

机械设计的目的是解决机械部分的设计问题，即从机械结构上保证电动机性能、制造时的经济合理性和运行时的可靠性等。对于船用推进电动机，机械设计应满足以下基本要求：

1）轴承应能保证在所有的工况下正常润滑，并在所有规定的倾斜工况下保证润滑油的可靠密封。轴承的止推面应能承受纵倾时电动机转子和联轴器间的轴向推力。

2）轴计算时应考虑推进轴系扭转振动所引起附加应力的最大转矩和逆转时可能承受的转矩。

3）电动机通风系统应在最小通风机功率消耗的情况下，保证电动机各部分必须冷却。

4）为了减轻船体重量，应最大限度地用机加工的手段减轻电动机的质量，并尽可能采用轻金属和合金。

5）防止轴电流。电动机应设计成轴与轴承之间无破坏性电流。电动机因磁的不平衡等所引起的轴电压峰值一般应不超过1V。如果设计时已考虑了轴承的电气绝缘，则允许有较高的轴电压。

6）当采取轴承绝缘措施时，至少应将非驱动端的轴承加以电气绝缘，与该绝缘轴承相连的油管和其他导电连接体也均应予以绝缘。

7）当采取轴接地措施时，应在轴的两端用电刷接地。

8）较大的零部件、有止口配合的零部件应设有安装、调整或拆卸用的螺孔，例如轴承座、端盖和机座等。

9）对相对位置要求较精确的零部件之间应设有定位销，例如轴承座与机座间、上下机座间、上下刷干座间等。

10）装配前进行半精加工，装配后还将进行精加工的零部件必须考虑装配后进行精加工时的定位基准，例如电枢转轴。

11）紧固件应有良好的防松措施，应尽可能使用止动垫圈，导电部分与转动部分尽量不用弹簧垫圈。

12）对需用吊具搬运、安装的零部件应考虑挂吊结构。

船用推进电动机的设计应在满足性能指标的前提下，体积、重量和效率力求达到最优。

7.1.2.3 船舶推进电动机的结构与防护

船舶推进电动机一般工作在环境温度高，湿度大，有油污及冲击振动的条件下，由于水下工作环境的特殊性，在防护型式、绝缘结构、通风冷却和减振降噪等方面都与普通电动机有所不同。

船用推进电动机机壳的防护型式包括以下4种：

1）防护式：防护式电动机机壳和端盖上的所有孔都有保护网或百叶窗遮住，防止其他物体掉入电动机内部。

2）防滴式：防滴式电动机能防止水滴与水平线成45°掉入电动机内部。

3）防水式：防水式电动机的内部应很可靠地防止水流的影响。这要求在将水流在2个大气压下从直径25mm的软管中对电动机做冲击试验时（距离5m），在任一方向冲击5min内，水不应该进入电动机内部。同时必须注意试验防水性能时，标准螺栓连接不应该渗透进水，螺栓连接必须用特殊紫铜垫圈或用其他方法密封。

4）密闭式：即电动机可以沉入水中长期工作，在此状态下没有水渗入电动机内部。同样的密封式电动机应该能防止周围大气压中的蒸气或煤气渗入电动机内部。当然，对于有转轴轴伸的电动机，无论在何种密封结构下，绝对的密封性是不可能达到的。

一般主推进电动机采用开式冷却时，除风管接口外，上半部最低为防滴式，下半部最低为防水式；采用闭式冷却时，除风管接口外，上半部最低为防水式，下半部最低为密闭式。与推进轴成一直线安装的经航电动机，除风管接口外，其上半部最低为防滴式，下半部最低为防水式。辅助推进电动机的防护型式，根据船上安装位置按需要选择，最低为防滴式。

7.1.2.4 船舶推进电动机的绝缘

电动机的绝缘结构与其使用寿命休戚相关。对于直流推进电动机已经形成了较为完整的F级电动机绝缘系统，根据绝缘材料的耐热等级，分为A、E、B、F、H共5级。绝缘等级与电动机的允许温升相关，所谓允许温升是指电动机的温度与周围环境温度相比的升高限度，电动机绝缘等级与允许温升等指标的对应关系见表7-1。

表7-1 电动机的绝缘等级和允许温升

绝缘的温度等级	A	E	B	F	H
最高允许温升/℃	105	120	130	155	180
绕组温升限值/K	60	75	80	100	125
性能参考温度/℃	80	95	100	120	145

不同绝缘材料的耐热性能是不同的，采用不同绝缘材料的电气设备其耐受高温的能力也就有所不同，所以一般的电气设备都规定了最高工作温度。例如，B级绝缘说明的是该电气设备采用的绝缘耐热温度为130℃。使用者在电气设备工作时应该保证不使绝缘材料超过该温度，才能保证设备的正常工作。

随着变频和调速技术的发展，实践证明，过去利用工频正弦波电压下的电动机绝缘设计理论已不能适用于交流变频电动机，变频电动机的绝缘损坏主要表现在电磁线的损坏、主绝缘、相绝缘和绝缘漆的损坏，以及循环交变应力造成的绝缘加速老化等。尤其在大功率变频调速电动机中，绝缘材料是较为薄弱的环节，绝缘材料尤其容易受到高温的影响而加速老化并损坏，值得设计者充分重视。

根据 IEC60034-18 的规定，绝缘材料等级不低于 F 级，在任何情况下的温升不应超过 B 级温升。对于电动机绕组的所有部分，应按 B 级温升设计电动机的额定值。根据变频电动机绝缘损坏的机理，可采取下面的措施加强其绝缘结构：

（1）选用合适的电磁线

变频电动机中的电磁线处于大量谐波和变频脉冲电压作用之下，其绝缘性能对变频电动机绝缘结构的影响尤为重要。对于功率在 300kW 以下的变频电动机，一般选用圆漆包线，目前国内可供选择的漆包线主要是 QZY-2 和 Q（ZY/XY）-2，而国外均已采用专用的特殊漆包线。对于功率在 300kW 以上的变频电动机，其电磁线主要选用 FCR 耐电晕聚酰亚胺薄膜烧结线，国外最近开发成功的薄型单面聚酯薄膜补强云母带绕包线，比 FCR 线具有更可靠的防电晕性能和更长的使用寿命。

（2）获得无气隙绝缘

变频电动机绝缘结构中若存在气隙，在变频脉冲电压的作用下，气隙会产生空间电荷，导致局部放电的数量增加，最终导致绝缘损坏。目前常用的无溶剂型浸渍漆，由于苯乙烯单体在高温固化中易挥发，难以形成无气隙绝缘。采用低挥发的快干无溶剂漆和 VPI 旋转烘焙工艺，绝缘漆在固化过程中的挥发物小于 5%，基本上可以形成无气隙绝缘。

（3）提高绝缘结构的整体性

对于大型交流电动机，国外一般采用绕组正体 VPI 成型工艺，也就是线棒或线圈包绕少胶云母带后，不经成型处理就嵌入定子槽中，绑扎固定后，绕组连同定子铁心一起进行 VPI。少胶云母带和绝缘漆必须有好的相溶性，使其具有较低的介质损耗。整体浸渍可提高电动机绕组的散热效果，减少线圈的嵌线损伤，提高绝缘结构的整体性和机械强度。

7.1.2.5　电动机的发热与冷却

电动机运行时要产生损耗，这些损耗都要转变为热能，致使电动机各部分的温度升高，称为温升。船用推进电动机的基本特点是大容量，低转速，高转矩。随着船舶排水量的增大，航速的提高，所需推进动力加大，推进电动机的容量也提升。电动机损耗总是随着容量的提升而增加的，如果这时冷却量不变，实际的电动机温度将升高，有可能损坏绝缘乃至烧毁电机。

（1）损耗分布

电动机损耗的大小与所选择的电磁负载有很大的关系。为了减低损耗，就得选取较低的电磁负载以及电流密度，但这样会增加电动机的尺寸及材料的用量。此外，损耗的大小还与材料性能、绕组型式、电动机结构等有密切的关系。因此，要设计出一台性能良好而又经济的电动机，必须熟悉电动机损耗与这些因素的关系，了解电动机中热源及其分布，适当调整通风系统的支路，尽量增大发热体的散热面积，冷却发热部分，以求电动机各部件温升均衡。

船舶推进电动机的损耗一般可分为下列几类：

1）基本铁耗，主要是主磁场在定子铁心和转子铁心中发生变化时产生的。

2）空载时的附加损耗，主要指由定、转子开槽而引起的气隙磁导谐波磁场在对方铁心表面产生的表面损耗，以及由开槽而使对方齿中磁通因转子旋转而产生的脉振损耗。

3）电气损耗，指由工作电流在绕组中产生的损耗，也包括电刷在换向器或集电环上的接触损耗。

4）负载时的附加损耗，这是由定子或转子的工作电流所产生的漏磁场（包括谐波磁场）在定、转子绕组中和铁心及结构件中所引起的各种损耗。

5）机械损耗，包括通风损耗、轴承摩擦损耗和电刷与换向器或集电环间的摩擦损耗。

以上各项中，1）、2）、5）项称为空载损耗，对于大多数运行时电枢端电压固定或转速变化不大的电动机，这些损耗变动很小，因此也称为不变损耗。其余两项是在负载情况下产生的，所以称为负载损耗，也称为可变损耗。为维持海水－空气冷却器冷却介质循环泵的动力消耗，也可视为船用推进电动机的机械损耗。特别应注意：推进电动机因变频驱动系统运行而产生谐波的发热量、du/dt 和共模电压等方面的要求应符合 NE-MA MG1－1998 标准的规定。

（2）通风冷却方式

船用推进电动机一般是利用空气进行通风冷却，随着单机容量的增加，防潮、防水、降噪等要求的提高，电动机的散热面积和风路安排受到诸多限制，使通风冷却较为困难。所以，需要用不同的冷却方式和通风系统保证电动机温升不超过允许值。船用推进电动机的通风冷却方式有很多种，根据空气循环的能量来源，可分为

1）自通风冷却方式。在推进电动机的转轴上装有风扇，依靠电动机转子自身的旋转作用，将冷却空气吸入电动机中或从电动机中排出热空气，如图7-4a所示。这种冷却方式一般用于中小型船舶推进电动机，如辅侧推进电动机、经航推进电动机等。

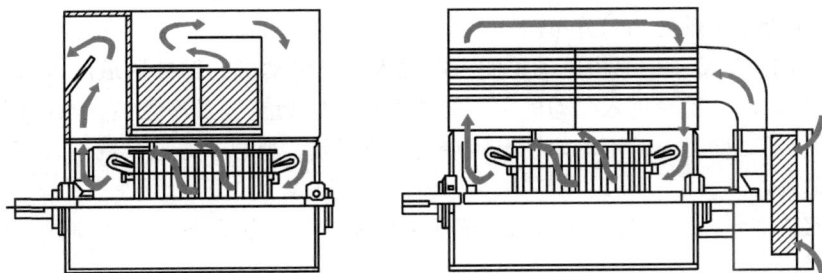

a) 自然通风方式　　　　　　　　　　b) 强迫通风方式

图7-4　电动机的通风冷却方式（图片来源：ABB公司）

2）强迫通风冷却方式。借助外加的单独电动通风机，迫使冷却空气吹入推进电动机中，经过电动机各散热面，吸收电动机的损耗热，冷却发热部位，如图 7-4b 所示。这种冷却方式适用于功率较大、发热量较大的船舶主推进电动机。

根据空气循环的封闭与开启模式，可分为：

1）开启式通风冷却方式。电动机周围的冷却空气直接从电动机进风口进入电动机中，经过电动机各散热面，吸收电动机的损耗热，冷却发热部位后，从电动机出风口直接排出机外，不再重复循环。这种方式较为简单，一般用于辅侧推进电动机、经航推进电动机等中小型船舶推进电动机，如图 7-5a 所示。

2）闭路循环通风冷却方式。冷空气进入电动机中，经电动机各散热表面，吸收损耗热，冷却电动机的同时，自身温度将提高，热空气经过空气冷却器、空气过滤器，冷却、过滤后，重新进入电动机，在电动机内部形成封闭循环。这种方式具有进风温度稳定、不受环境温度影响，防潮、防尘、压头损失小和一定的噪声隔离能力等优点，在船舶主推进电动机中采用较多。

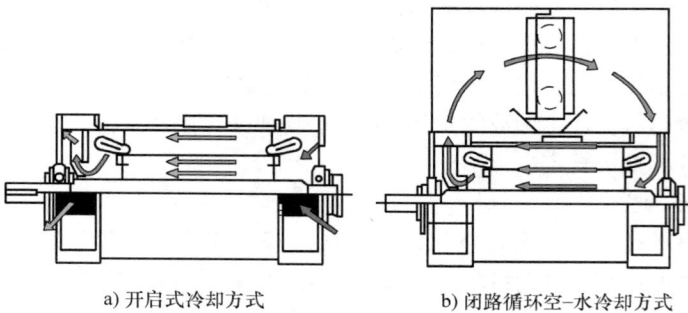

a) 开启式冷却方式   b) 闭路循环空-水冷却方式

图 7-5　冷却空气的循环方式（图片来源：ABB 公司）

根据空气进入电动机后的主要路径，可分为：

1）径向式。冷却空气由转子支架、转子铁心径向风沟穿过气隙，再进入定子径向通风沟和冷却器，然后重复如上的循环。如果定、转子风沟配置适当而且均匀，这种方式可使风量沿定子轴向均匀分布。

2）轴向式。冷却空气由电动机的一端进入，沿电动机的轴向风道流入另一端，经热交换器冷却后，重新进入电动机中，继续循环。因为空气沿途吸热，温度逐步升高，造成电动机沿轴向的温升不均匀，出风端高于进风端，所以铁心较长的电动机不宜采用这种冷却方式。

3）径、轴向式。上述两种方式兼顾的通风系统，目前大部分船舶推进电动机都采用这种系统。

例如：ABB 的高压同步电动机的定子绕组采用双边绝缘的抗老化耐热材料，其绝缘等级为 155℃（F），温升等级为 80K（B），冷却方式为 IC86W，属正向通风型式，外壳被来自安全区域的气体清扫和加压。

　　船舶推进电动机的通风冷却方式还有水冷却、蒸发冷却和热管式蒸发冷却等，如水冷却就是以水为冷却介质的冷却系统，其效果比空气冷却系统好，而且没有空气噪声，越来越受到人们的关注。这种系统电动机定子水冷却较好实现，转子因为旋转存在密封问题，结构较为复杂。

　　例如：西门子的某一型号同步电动机的绝缘等级为155℃（F），温升等级为80K（B），电动机配有一个空水冷却器，采用适合于洁净工业用水的铜镍铁合金单水管，并卧式安装。该冷却器具有120%的冷却能力，热量是通过装在轴上的2支风扇吹动，经过内部2路冷却循环回路散热，这便是所谓的"X"型双回路循环冷却系统，如图7-5b所示。内部被加热的空气经水平安装的水冷却器进行再冷却，这种冷却方法保证了高效冷却，内部的冷却循环同样也保证了绕组的均匀散热。

7.1.2.6　船舶推进电动机的振动与噪声

　　船舶推进电动机通常都是安装在很小的空间里，在附近长期工作的人们会因电动机不间断的振动和噪声而困扰。对于特殊船舶如测量船、海洋考察船等，这种振动和噪声还会干扰测量的精度。另外，从军事安全的角度来说，振动和噪声对于潜艇的隐蔽性也是很大的威胁。因此，减小推进电动机的振动和噪声是十分重要的。

　　无论船用推进电动机采用直流电动机还是交流电动机，其振动源主要分为两个方面：电磁振动和机械振动。

　　（1）推进电动机的电磁振动是由电动机气隙磁场作用于电动机铁心所产生的电磁力（称为激振力）而激发，而电动机气隙磁场又决定于定、转子绕组磁动势和气隙磁导，所以分析电磁振动首先应从分析定、转子绕组磁动势和气隙磁导着手，再分析所建立的磁场以及产生振动的电磁力。推进电动机由于质量较大，其一阶固有频率一般较低。低速推进电动机的转速范围较宽，其电磁力频率随电动机转速的变化而变化。与中小型电动机相比，推进电动机具有复杂的动态谐振范围，某些工况下的电磁力频率与推进电动机的某低阶固有频率接近的可能性很大，有可能引起较大的谐振。

　　（2）推进电动机的机械振动主要包括电动机转子机械上的不平衡所产生的振动，以及轴承振动、受轴承激振而产生的端盖轴向振动、电刷和换向器或集电环之间的摩擦振动等。推进电动机的转速不高，但其旋转质量较大，存在的不平衡转矩不可忽视，在设计和制造中应尽可能加以控制。

　　船舶推进电动机的噪声源可分为3类：电磁噪声、机械噪声和空气噪声。

　　低速推进电动机自身的空气噪声是比较小的。采用强迫风冷的推进电动机，其辅助设备电动通风机组成为主要的空气噪声源。要求通风机具有较大的风量、较高的压头，其旋转的叶片周期性地打击空气质点，引起空气压力的脉动而噪声较大，称为旋转噪声；气体在旋转的叶片后面产生涡流，引起气体扰动，形成气体压缩和稀疏的周期性变化，也有一定的噪声，称为涡流噪声。这样，由通风机叶片所产生的旋转噪声和涡流噪声统称为空气噪声。

　　对于采用水冷或其他特殊冷却方式的推进电动机，不需要外加通风机，空气噪声的大小仅取决于电动机内部风路的布置，此时电磁噪声和机械噪声成为主要的噪声源。

抑制船舶推进电动机的振动与噪声涉及电磁设计、机械设计和通风冷却等诸多环节，其中的某些措施与推进电动机减小外形尺寸和质量的设计要求是相互制约和相互影响的。如直流推进电动机斜槽可能引起电动机换向裕度的减小，提高机座和轴承的刚度可能要求增加部件的外形尺寸，降低通风机风量风压可能要求采用更高耐热等级的绝缘材料，并使电动机效率有所下降。因此，设计者应在满足总体要求和性能指标的前提下，综合考虑减振降噪的措施。

（1）电磁振动与噪声的抑制

1）模态分析与振动计算。对推进电动机进行模态分析，计算各阶固有频率和相应的模态，使固有振动频率不与电动机的各主要激振力的频率及相关的谐振频率重合或靠近。必要时，还可以进行电动机振动特性的计算，得到电动机最大响应所对应的频率，以及测点的振动分布曲线，作为改善电动机电磁设计和机械设计的基本依据。

2）选择适当的气隙磁通密度。气隙磁密是电动机设计中最关键的电磁参数，由于电磁力幅值与气隙磁密的平方成正比，气隙磁密在保证一定励磁功率的前提下，不应过大。

3）采用偏心气隙。采用偏心气隙有削弱电枢反应，改善气隙磁场波形，以及削弱引起振动和噪声的电磁力交变的作用。由均匀气隙和偏心气隙总磁导等效的条件可以得出，当气隙偏心率为1:2或1:3时，偏心气隙的电磁激振力几乎可以减小50%。

4）合理选择直流电动机的电枢绕组槽数和补偿绕组槽数。电动机机座的振动模态形式与极弧下的电枢槽数和每极下的电枢槽数有关，选择电枢槽数时，一般使每极电枢槽数偏大且不等于整数，这样可使磁通沿电枢齿槽的脉动减小，进而使电枢电流和电磁振动减小。对于有补偿绕组的电动机，还应注意补偿绕组槽数的选择，补偿槽距和电枢槽距不能太接近，要错开10%～15%。

5）合理选择异步电动机的定、转子槽配合。异步电动机的定、转子齿谐波磁场由定、转子槽数决定，槽配合直接影响由定、转子谐波磁场相互作用所产生的径向力的大小、阶次和频率，对电磁噪声的大小和频率影响很大。但采用新的槽配合时，除了要遵守槽配合选择的基本原则外，还应进行电磁场计算，分析齿谐波的影响，进行槽配合的比较择优。

6）采用斜槽或斜极。斜槽或斜极可使磁极上的电磁激振力在电枢转过一个槽距的时间内，力的矢量相位从电枢一端边缘到另一端边缘按线性变化，力的合成矢量值较小，可明显降低电磁激振力。

7）变频器与推进电动机的匹配性设计。当推进电动机由变频器供电时，由于有较宽的调速范围，以及电压、电流波形的非正弦，电动机原来的一些设计理念将发生改变，如原来的额定点设计变成了运行区域设计，变频器的开关频率和载波频率也与电磁噪声有很大的关系，必须从系统集成的角度来进行变频器与推进电动机的合理设计。

（2）机械振动与噪声的抑制

1）提高推进电动机转子的动平衡精度。推进电动机的转子质量大、转速低，难以用专用的动平衡机进行动平衡校正，一般采用现场校验的方法。目前，由于高精度的数据采集系统、传感器、计算机软件技术的发展，推进电动机转子的动平衡现场校验完全可以进行，并能保证足够的精度要求。

2）提高电动通风机组的转子动平衡精度。提高通风机叶轮的加工精度和动平衡精度，进行通风机电动机转子和通风机叶轮的整体动平衡，将旋转体的整体残余不平衡转矩控制在标准范围之内。

3）提高定子关键部件的刚度。推进电动机的振动是通过机座的底脚和轴承座传递到安装基座和船体的，提高机座、端盖和轴承的刚度，增大阻尼，可减小机械振动的幅值。

（3）空气噪声的抑制

1）降低通风机噪声。通风机噪声的大小与通风机的叶轮直径、叶片结构、转速、蜗壳外形尺寸等有很大关系，可进行通风机空气动力性能计算，实现通风机的优化设计。

2）采用闭式通风冷却系统。冷却风不排入舱室中，而是回到电动机的进风口循环使用，整个通风冷却系统为箱体结构，其外壳厚板可明显降低噪声。

3）优化风路、减小通风机的风量需求。合理选择风路参数，在风路转弯处设置弧形导风板，使电动机内部风阻减小，从而减小通风机所需的风量。

4）设置消声器。采用闭式通风冷却系统虽然具有一定的隔声作用，但在吸入和排除冷空气的孔洞附近，是空气噪声辐射较大的地方，在这些地方添置消声器是抑制噪声最简单和最有效的方法。

5）采取其他冷却方式。对永磁推进电动机，可采取水冷方式，没有外加强迫风机，可大大降低空气噪声。

总而言之，设计与制造者应明确电动机的噪声水平，按 ISO1680 - 2 标准进行测试。

7.1.2.7 船舶推进电动机的设计举例

由于船舶螺旋桨的转速与推进功率成平方关系，因而需要采用低速电动机直接驱动，以免去减速齿轮箱的机械损耗。永磁电动机因其永磁体易于构造多个磁极，是目前低速直驱电动机的主要技术方案。现以低速直驱永磁同步电动机为例来说明船舶驱动电动机的设计，其结构如图 7-6 所示，采用径向磁路，定子处开槽嵌入定子绕组，转子表面贴装永磁体，构成多个磁极。

图 7-6　低速永磁同步电动机截面图

设要求电动机的额定转速为 150r/min，根据式（4-15），假定电源频率为 60Hz，则电动机的极对数设计为

$$N_p = \frac{60 f_s}{n} = \frac{60 \times 60}{150} = 24$$

在本例中，使用稀土永磁钕铁硼（NdFeB），具有高剩磁（最高达 1.47T）、高矫顽

力（最高可超 1000kA/m）、高磁能积（最高
398kJ/m³）等特性，而且容易加工成各种尺寸。
常温下，该材料的退磁曲线为直线，如图 7-7
所示。

这里引入每极每相槽数 q，即整个电动机定子
中每相在每极下所占有的槽数，亦称极组数。参
数 q 与定子侧齿槽数的关系可表示为

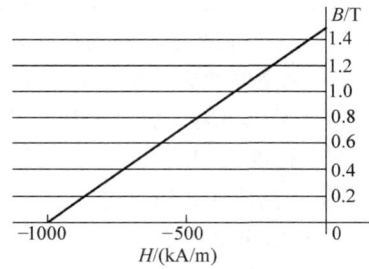

图 7-7　NdFeB 永磁体的退磁曲线

$$Z_s = 2mq \cdot N_p \qquad (7\text{-}1)$$

式中　m——电动机的相数；

　　　Z_s——定子侧总齿槽数。

为了有效地减少电动机定子侧的齿槽数（减小电动机尺寸），将选择每极每相槽数
q 为 1，也就是所谓的集中绕组。在这种情况下，磁感应强度近似于梯形。

永磁体尺寸的选择对于永磁同步电动机设计极为重要，它对永磁同步电动机转矩的
影响相当大。为了更好地确定永磁体的尺寸，首先将分析电动机的等效磁路。为了简化
问题，将近似认为定子侧的磁阻为 0，如图 7-8 所示。

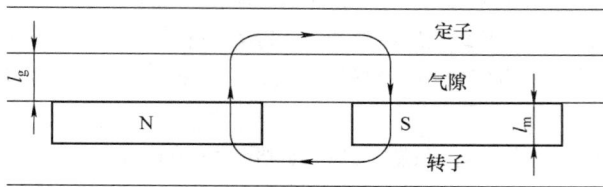

图 7-8　永磁电动机等效磁路

如果忽略定、转子的磁阻，则气隙磁压降等于永磁体的磁动势，即有

$$H_m l_m + H_g l_g = 0 \qquad (7\text{-}2)$$

式中　H_m、H_g——永磁体和气隙的磁场强度；

　　　l_m、l_g——永磁体和气隙的径向长度。

假定永磁体的退磁曲线为直线，永磁体的磁通密度为 B_m，而气隙的磁通密度为
$B_g = \mu_0 H_g$，不考虑漏磁，即 $B_g = B_m$，由此可推导出永磁体的磁通密度与气隙长度和永
磁体厚度的关系

$$B_m = \frac{B_r}{1 + \dfrac{\mu_{rm} l_g}{l_m}} \qquad (7\text{-}3)$$

进一步简化问题，假定气隙截面积和永磁体的截面积相等，即

$$B_m A_m = B_g A_g \qquad (7\text{-}4)$$

由此，永磁体的体积可计算为

$$V_m = A_m l_m = \frac{B_g^2 V_g}{\mu_0 B_m H_m} \qquad (7\text{-}5)$$

按照上述公式可以初步计算永磁体的尺寸。本例计算结果见表 7-2，详细的计算过程请见参考文献 [10]。

表 7-2　永磁同步电动机主要参数

参数名称	数值	参数名称	数值
频率 f	60Hz	齿槽宽度 E_{air}	0.0055m
极对数 N_p	24	齿槽面积 S_{slot}	$2.0769 \times 10^{-4} m^2$
机械角速度 Ω_s	150r/min	导线填充率 k_r	0.5
齿槽数 Z_s	144	永磁体宽度 E_{air}	0.0211m
极距 τ_p	0.0331m	永磁体高度 h_{air}	0.005m
每极磁通 Φ_p	0.0032Wb	永磁体电角度 β_{mag_e}	115°
气隙高度 h_{air}	0.001m	定子轭部高度 h_{yoke}	0.0098m
定子外直径 D_{ex}	0.6m	定子侧电阻值 R_s	1.9537Ω
定子内直径 D_{in}	0.5054m	铜损 P_{joule}	1219J
有效长度 L	0.1497m	铁损 P_{fer}	214J
每相线圈数 N	873	转矩 T	1636N·m
齿槽高度 h_{air}	0.0375m	电动机效率 η	85.67%

7.1.3　船舶推进变频器的设计

变频器主要根据系统调速的要求，设计变频器满足相应的技术指标，比如：输入额定电压、网侧功率因数和谐波，输出电压和频率的调节范围、输出谐波，额定容量、效率等。选择相应的技术方案，主要包括：变频器类型，是交－直－交变频模式，还是交－交变频模式，是电压源型，还是电流源型。然后开始设计变频器的主电路拓扑、功率开关元器件选择、有源元件的选择等。

（1）主电路拓扑设计

主要包括：整流电路拓扑采用二极管整流，还是 PWM 整流？逆变电路拓扑采用两电平还是多电平电路？多电平电路采用桥臂式还是级联式？船舶电力推进变频器的主电路拓扑已在前节详细论述，这里不再赘述。

（2）功率元器件选择

电力半导体元器件是构成变频器主电路开关的关键元器件。对于大功率变频器，需要高压大电流的开关元器件。目前常用的大功率开关元器件，可分为晶闸管类型（例如：IGCT）和晶体管类型（例如：IGBT）。目前在船舶电力推进变频器中，主要采用功率二极管、晶闸管及 IGBT 和 IGCT。元器件的主要技术参数应满足要求，比如：平均电流、耐压等级、开关频率、损耗和结温等。

1）功率二极管。目前，功率二极管的正向电流定额可达数千安培，反向电压定额可达数千伏特。主要用于整流电路、续流电路和保护电路中，一般采用模块封装形式，

244

可以选择单管或半桥，单管散热相对好一些。模块封装工艺如图 7-9 所示，有压接式、连接线式和焊接式 3 种。

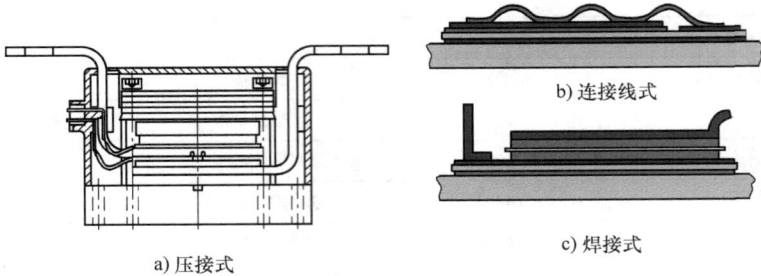

b) 连接线式

c) 焊接式

a) 压接式

图 7-9　功率二极管的封装形式（图片来源：英飞凌公司）

对于大功率变频器的应用，可选用压接式封装的功率二极管，因有特别高的功率周次、过电流承受能力，失效模式是短路，这是作为冗余旁路所必需的特性。

2）晶闸管是基于 PNPN 的四层基本结构。虽然，普通晶闸管是半控型开关元器件，不宜用作逆变器主电路的开关元器件，但由于其容量与耐压仍是目前电力电子元器件中最高的，因而在大功率变流应用场合具有重要作用。目前应用的最高电压为 8000V 左右，当电网电压较高时，可采用晶闸管串联的办法。比如，当电网电压为交流 4160V 时，需要 2 个耐压为 5kV 的晶闸管串联，才能满足 5900V 峰值电压时的耐压要求。考虑到元器件串联时的均压问题和元器件耐压使用安全裕量，一般使用到元器件额定电压的 50%～60%。晶闸管串联存在静态均压和动态均压问题。均压电阻会消耗一部分功率，影响系统的效率。晶闸管的通态压降一般较低，门极触发电路比较简单，驱动功率较低。以 6500V，4200A 的晶闸管为例，通态压降可做到 1.73V，门极触发电流仅需 400mA，触发功率仅为 3W，该晶闸管的断态电压临界上升率达 2000V/μs，通态电流临界上升率达 250A/μs。门极换向晶闸管（GCT）和集成门极换向晶闸管（IGCT）是一种用于大功率变流装置的新型电力电子元器件，最先由 ABB 公司开发并使用。对于 2 电平和 3 电平系统而言，可以使用 4.5kV 的 GCT。例如：可选择 ABB 的 5SHY35L4512、5SHY35L4511 和 5SHiX19L6005。

3）绝缘栅双极晶体管（IGBT）。IGBT 是一种复合型开关元器件，具有驱动功率小、通态压降小、开关速度快和热稳定性好的优点。目前主流的 IGBT 芯片是采用沟槽栅场终止技术，其导通损耗和开关损耗都更加降低。由于输出电流远大于单个芯片的标称电流，大功率应用需要采用模块封装形式的元器件，且应用时需要通过串、并联，或采用多电平的拓扑结构。例如：5kV 额定电压的 2 电平逆变器需要 2.5kV 元器件串联连接。因开关瞬态过程中会有稍不对称电压，此交流电压需上升约 2.8kV。或采用多电平拓扑结构，比如：采用 1.7kV 的 IGBT 的 4 电平逆变器可输出 3.3kV 额定电压。

上述各元器件的比较见表 7-3。

比较内容	晶闸管	GCT	IGBT
最大电压和电流等级	高	高	低
封装	压接式	压接式	模块式
开关速度	慢	中	快
开通（di/dt）吸收电路	需要	需要	不需要
关断（du/dt）吸收电路	需要	不需要	不需要
过电压有源箝位	无	无	有
di/dt 与 du/dt 的主动控制	无	无	有
短路主动保护	无	无	有
通态损耗	低	低	高
开关损耗	高	中	低
损坏后的特性	短路	短路	开路
门（栅）极驱动电路	复杂，分立元器件	复杂，集成器件	简单、紧凑
门（栅）极驱动电路功率损耗	高	中	低

（3）有源元器件的设计和选择

变频器中常用电感或电容作为滤波和能量缓冲，其作用也很重要。

1）直流电抗器应符合 IEC60076 - 6 的要求，适合于在含有非正弦波电流和直流分量下运行，在任何运行条件下不应引起过热；谐波滤波电抗器应在各种工况点时电抗器不能饱和。

2）直流滤波电容器应符合 IEC - 60871 要求并按其要求进行试验，在任何运行条件下不应引起过热。为防止过电压应设置过电压保护装置，或加放电开关。由于电容器的寿命有限，其选择应满足变频器的标称设计寿命。

（4）保护电路设计与选择

大功率变频器的保护技术及其装置也是开发大功率变频器的技术关键。在电力电子装置中，除了电路设计和开关元件选择外，其保护电路的设计和选择也至关重要。电力电子元器件的保护主要分为电气保护和热保护两大类。电气保护有：过电压、过电流保护，以及 du/dt 和 di/dt 的抑制，以保证元器件工作在其安全工作区内。热保护主要是采用散热和冷却方式将电力电子元器件的发热控制在适当范围。本书主要讨论过电压保护，包括：du/dt 和 di/dt 的抑制以及电路设计；过电流保护及其装置；热保护与冷却系统。

一般在设计变频器时，主要是根据其容量、额定电压和额定电流来选择主开关元件，以保证元器件在安全工作区（SOA）内安全运行。但是其 SOA 的大小与元器件的运行条件，包括：开关方式、温升等因素有关。特别是，因为电路的过电压、du/dt 和 di/dt 的变化会引起元器件在开关过程中瞬时超出 SOA，造成元器件损坏。因此需要设置保护电路。

1）过电压保护与缓冲电路。电力电子装置可能因其外部或内部的因素产生短时过电压，过电压还会引起元器件的 du/dt 和 di/dt 突然升高，对元器件和电路都造成不利影响，甚至损害。为此，需要采取保护措施，以防止元器件和装置受损。目前主要的保护措施有：RC 缓冲电路、非线性吸收元件、Crowbar 保护电路。

RC 电路是最常用的过电压保护电路，可以有效地抑制内部过电压、du/dt 和 di/dt，减少开关损耗。通常采用 Snubber 电路作为吸收电路，其典型结构如图 7-10a 所示，图中：L 为串联缓冲电感，用来限制开关元器件开通时的电流上升率；由电容 C、电阻 R 和二极管 D 组成并联缓冲电路，用来限制开关元器件关断时的电压上升率。缓冲电路对电流变化率的抑制如图 7-10b 所示。

a) 缓冲电路结构

非线性吸收电路也是抑制过电压的一种方式，可采用雪崩二极管、金属氧化物压敏电阻、硒堆等非线性元器件来限制和吸收过电压。

Crowbar 电路是设置在交 – 直 – 交变频器的直流回路的一种保护电路，既可用于过电压保护，也可用于过电流保护。尤其对于一般的 VSI 变频器，由于采用二极管整流器无法有源逆变，且在直流回路用电容滤波和缓冲无功功率，钳制着电压的极性，

b) 缓冲电路对电流的抑制作用

图 7-10　缓冲电路结构与电流抑制

其再生制动的能量不易回馈到电网，会在直流母线上产生泵升电压。Crowbar 电路可以有效地抑制直流母线的泵升电压。

对于小功率变频器，可以采用简单的保护回路，其电路如图 7-11a 所示，当检测的直流电压高于设定的电压上限后，Crowbar 电压保护开关动作，通过电阻放电；对于大功率的变频器，特别是需要控制制动电流来控制推进器制动状态的场合，需要采用直流斩波器来控制放电电流。

2）过电流保护。为防止在过载或短路故障时会出现过电流，可用快速熔断器、直流快速熔断器和过电流继电器等保护措施。通常同时采用几种过电流保护，以提高可靠性。这时，需要在选择保护元器件时注意其相互协调，比如：设置过电流保护电路应首先动作，直流快速熔断器整定在过电流保护电路之后动作，过电流继电器在过载时动

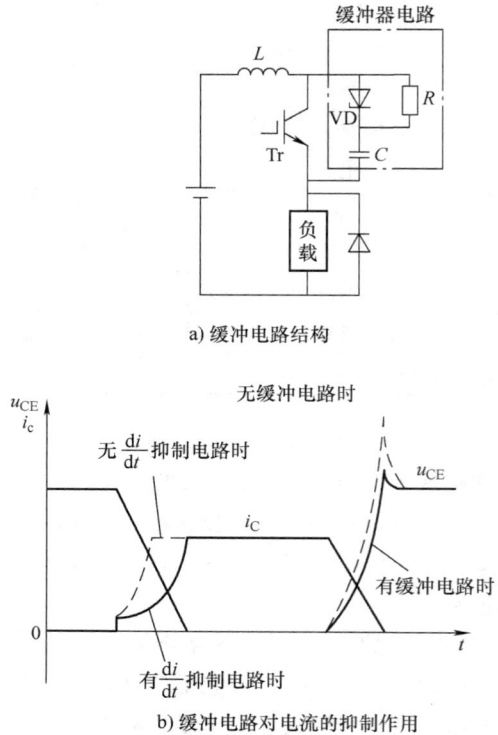

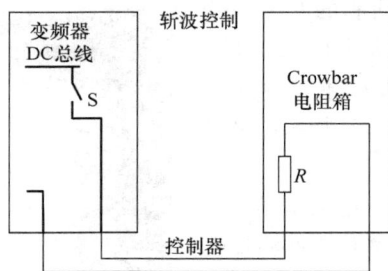

a) 采用简单开关控制的Crowbar保护电路

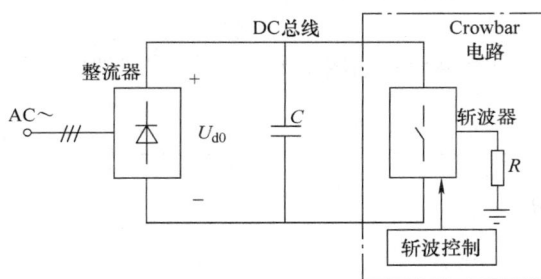

b) 采用直流斩波器控制的 Crowbar电路

图 7-11　Crowbar 保护电路

作，快速熔断器则在短路时起保护作用。

　　由于快速熔断器是电力电子装置中应用最广，最为有效的过电流保护措施，其技术性能及其参数选择也尤为重要。熔断器通常设置在主开关元器件的串联回路中，交流电路以及直流母线上。图 7-12 给出了一个三电平变频器在其一个桥臂上设置快速熔断器的例子，桥臂上下各设置了一个熔断器 FS，当电路短路时，以保护主开关元器件免遭由电容释放的大电流的冲击。

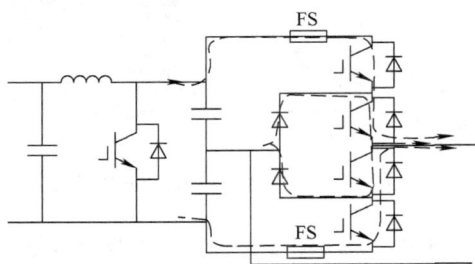

图 7-12　三电平变频器快速熔断器的设置
（图片来源：Mersen 电气保护公司）

　　快速熔断器，特别是直流熔断器一直是制造的难点，对于高压、大容量的变频器专用熔断器则更是技术挑战。对于 VSI 型变频器，其熔断器必须满足 IEC 60269 – 1 –4 的要求。目前，一些厂商生产了电力电子专用快速熔断器，采用无磁构造，具有极快的动作速度，高额定电流和稳定性，异常低的 I^2t 值和功耗，且体积小和重量轻。适用于大功率二极管、晶闸管、IGBT 等元器件的保护。

例如：法国 Mersen 公司研制的 CV4 快速熔断器，其技术参数达到：额定电压 12kV，额定电流 1000A，低电感和低 I^2t 值，且动作快速。一种 3.3kV，3000A 的快速熔断器如图 7-13 所示。

3）热保护及其冷却装置。电力电子元器件的功率损耗所产生的发热使元器件温度上升，从而影响元器件的效率和寿命。电力电子元器件的热设计就是选用合适的散热器，然后通过空气冷却、导热管冷却和液体冷却等方式进行散热。

各种散热方式的冷却效果比较如图 7-14 所示。

图 7-13　CV4 型快速熔断器
（图片来源：Mersen 电气保护公司）

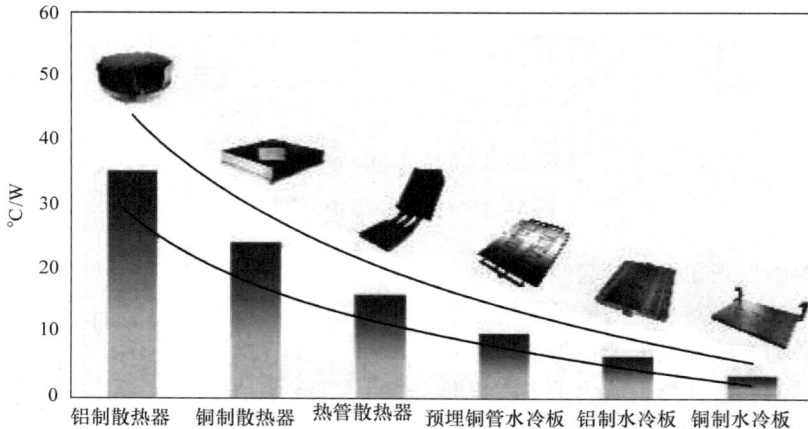

图 7-14　各种散热方式的冷却效果比较（图片来源：Mersen 电气保护公司）

可见：采用传统的铝制散热器价格便宜，但冷却效果最差；采用热管散热器的冷却效果中等；采用铜制水冷板的散热器的冷却效果最好，但加工要求高，价格也相对较贵。综上分析，对于大功率变频器，因其发热量大，应采用铝制或铜制冷水板作为散热器，并配置液体冷却系统。

对于大功率电力电子元器件及其模块或组件，尤其是安装在狭小空间时，需要高效可靠的散热，液体冷却是理想的解决方案。液体冷却可采用水、去离子水、乙二醇等溶液作为传热介质，采用铜、铝等材料制作冷却器，其技术关键是密封性、耐腐蚀性、高散热性和可靠性等。为此，一些生产厂商开发专门的液体冷却装置。例如：法国 Mersen 公司在制造大型金属冷却板方面拥有长期的经验，采用真空焊接技术，以确保冷却器的防漏和防腐蚀。其制作的几种液体冷却器处于国际领先水平。

网格压装水冷板，采用网格堆栈和真空钎焊技术，保证了冷板表面极好的均热性、基底的液压降和高的散热性，图7-15a给出了一种专用于晶闸管的冷却器。

定制的水冷板，由高精度的数控机床加工的水流通道和真空钎焊封装技术，保证了高散热性和流通性。埋入金属基板表面的热管保证了功率器件和冷板表面间最低的热阻。热管可以弯曲成各种复杂形状，如图7-15b所示，使其表面直接埋于功率元器件与基板的接触面下。

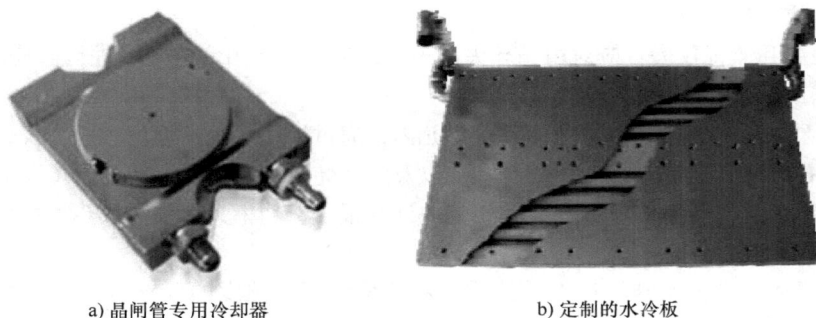

a) 晶闸管专用冷却器　　　　　　　　　　b) 定制的水冷板

图7-15　几种水冷的散热器（图片来源：Mersen电气保护公司）

7.1.4　冷却系统

无论是电动机还是变频器，均需要根据船舶运行环境温度条件，设计和配备冷却系统，用于变频装置主回路功率元器件的冷却和电动机的冷却。冷却系统可以采用空冷或水冷方式，也可采用混合冷却方式。

对于大功率变频器一般采用水—水冷方式，其基本构成如图7-16所示，其主要组成部分应包括：

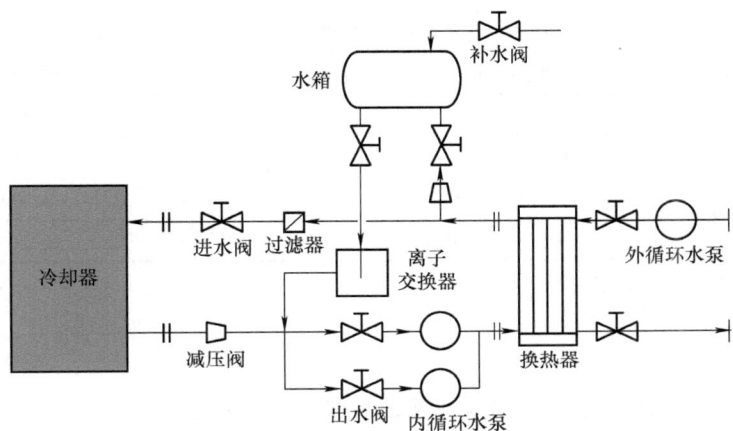

图7-16　水－水冷却系统结构图

① 水泵：水冷单元应配有两台水泵，一台运行，另一台热备用。备用水泵可以在变频装置运行过程中进行维护。两台水泵定时进行运行模式和备用模式的自动切换。

② 换热器：水－水换热器在内循环去离子水和外循环冷却水之间进行热交换。换热系统里的外循环冷却水的压力，必须略低于内循环去离子水的压力，以免换热器破裂时外循环水污染去离子水。

③ 膨胀箱用于压力补偿。

④ 水质处理系统。

⑤ 控制和监视仪表：应对内循环去离子水的温度、压力和电导率进行监控。

⑥ 辅助电源。

冷却泵和换热器安装在单独的水冷单元内，通过检测系统的温度和压力等，由冷却控制装置控制冷却器和其他元件的冷却，以及整套装置的散热量。其控制单元应纳入推进控制系统，提供完整的解决方案和相应的计算报告，功率元器件的散热方式采用双面散热，平板压接元器件。

明确变频装置散发到环境中的热量；对环境温度、湿度的要求；对外部循环水压力、温度、水质、流速要求；对去离子水的水质要求；对外部循环水连接头要求；对用水量的要求。

冷却水按照 GB50050 - 2007《工业循环冷却水处理设计规范》提供，具体参数见表7-4。冷却水质不满足变频装置水质要求时，应按照提供的冷却水标准设计相关设备。

表 7-4　循环冷却水的水质标准

项目	单位	要求和使用条件	允许值
悬浮物	mg/L	根据生产工艺要求确定	≤20
		换热设备为板式、翅片管式、螺旋板式样	
pH 值		根据药剂配方确定	7.0 ~ 9.2
甲基橙碱度	mg/L	根据药剂配方及工况条件确定	≤500
Ca^{2+}	mg/L	根据药剂配方及工况条件确定	30 ~ 200
Fe^{2+}	mg/L		<0.5
Cl^-	mg/L	碳钢换热设备	≤1000
		不锈钢换热设备	≤300
SO_4^{2-}	mg/L	SO_4^{2-} 和 Cl^- 之和	≤1500

注：甲基橙碱度以 $CaCO_3$ 计。

7.1.5　供电系统

电力推进装置的电源分为主电源和辅助电源。主电源由主配电屏经隔离开关、主变压器为变频器及电动机供电，为降低变频器对网侧的谐波影响，常选用移相变压器；辅助电源则由低压变压器供电，主要用于控制电源、冷却系统和其他辅助设备的电源。

7.1.6 保护及报警系统

变频器应设置相应的保护系统，见表7-5，满足如下基本要求：

① 应该采用一种全电子保护系统。并且作为 PDS 的基本保护功能，要对电子保护系统提供单独的后备保护或冗余系统。

② 控制和调节系统宜与报警和保护系统分开设置，以确保其中某一功能失效时整体的完整性和安全性。

表 7-5 变频器基本报警和保护功能

电源侧电压保护	（A/T）
内部短路	（T）
直流环节过电压	（T）
过电流	（A/T）
过负载	（A/T）
控制电源失压	（T）
主回路接地故障	（T）
辅助回路接地故障	（T）
功率元器件单元超温	（A/T）
变频装置电流保护	（T）
变频装置电压保护	（T）
换相失控	（A/T）
失去速度反馈	（A）
正常运行过程中，频率（或转速）的测量值偏离设定值的5%	（A）
辅助系统故障，包括冷却液流量、液位、温度、电导率等	（A/T）
▽其他必要的保护功能	（A/T）

注：A - 报警/预报警，时限应可调。

　　T - 报警并立刻停变频装置，然后使变频装置跳闸。

7.2 船舶电力推进系统的设计案例

上海船舶设计院承担的"中铁渤海轮渡"火车渡船电力推进项目代表当今国际先进水平的交流电力推进系统的成功应用，推进了此技术在我国的应用与发展。这里作为典型案例，介绍其设计过程。

7.2.1 中铁渤海铁路轮渡渡船的设计要求

中铁渤海铁路轮渡渡船（简称轮渡）项目是东北至长江三角洲地区陆海铁路通道中的重要组成部分，是"十五"规划中国家重点建设项目。具体航线为黄海、渤海之间的渤海海峡，由大连羊头洼港至烟台四突港，两港距离 86.28 海里，轮渡主要渡运货运火车、汽车及旅客；火车货列 50 节（4000t）、汽车 20t 50 辆、小车 25 辆、旅客 480 人；火车可载运物品：二类至九类危险品。

（1）轮渡的主要参数

船型：火车/汽车滚装客船；

船长：182.6m；

型宽：24.8m；

型深：9m；

载重量：7218t；

火车轨道长：774m；

汽车车道长：486m；

旅客：480 人；

电站配置：2880kW×4 台；

服务航速：18kn；

推进方式：吊舱式全回转永磁电动机推进装置。

（2）轮渡主要性能要求

操纵性能优越；

推进装置能实现冗余；

优越舒适的居住环境；

节能环保满足绿色港口排放标准；

纵/横倾抗倾性好；

可靠的安全保护。

为实现上述相关性能，轮渡在设计建造前期进行了相关分析研究认证工作。

7.2.2 船舶电力推进系统的方案分析

轮渡设计按照中国船级社现行《钢质海船入级与建造规范》、中华人民共和国船舶检验局《船舶与海上设施法定检验规则》中的《非国际航行海船法定检验规则》、考虑到渤海湾海域的特殊性，凡与安全有关的系统设计及设备配置需按《国际海上人命安全公约》（SOLAS 公约）相关要求执行。

考虑到渤海海峡特殊性，轮渡营运安全性及船舶操纵灵活性是至关重要的，各个专业设计从可行性研究开始，进行了系统的认证比较和优化。具体研究内容如下：

（1）轮渡操纵性

由于轮渡营运距离较短，通常一个航程在 6h 左右，故轮渡靠港次数相对频繁，加之轮渡载运货物为滚装的火车及汽车，对于轮渡在靠离码头过程中定位及可控要求高。如果用常规推进船舶，其回转直径是船长的 2.5 倍，而采用电力推进可实现原地回转，减少了船舶进出港口时的碰撞几率，也提高港口装卸效率。

（2）绿色环保港口

采用常规推进方式，主推进为柴油机，其出轴直接驱动螺旋桨，柴油机特性决定了在进出港口低负载时燃烧性能较差，将向港口排放氮氧化物；采用电力推进方式，柴油机作为电源装置的原动机，通过电动管理功能，使柴油机保持在最佳运行状态。

（3）提高柴油机使用寿命

采用常规推进，由于船舶靠港次数相对频繁，主推进柴油机需频繁前进后退运行，经常作正反转操纵，缩短了柴油机使用寿命；采用电力推进，柴油机作为电力推进电源的原动机，不需进行变速及反方向运行，仅需单方向恒速运行，柴油机使用寿命相对较长。

（4）两种推进方式经济性分析

在轮渡项目设计建造初期，正是船舶交流电力推进发展初期，为了区分电力推进与常规柴油机推进的差别，对当时参与报价的 3 家电力推进系统与常规推进柴油机系统进行了主要经济性分析，见表7-6。回收年限的计算公式为

$$y = \frac{\ln\left[\Delta A / (\Delta A - i\Delta P)\right]}{\ln(1 + i)} \tag{7-6}$$

式中　ΔP——投资差 = 发电柴油机电力推进投资 – 柴油机推进投资（单位为万美元），估算见表7-7；

　　　ΔA——营运费差 = 柴油机推进年燃滑油费 – 电力推进年燃滑油费（单位为万美元）；

　　　i——货款年利率（%）。

如果按年燃油耗量：柴油机推进为12353t/年，电力推进为10594t/年，可年节省燃油：1759t/年。如果按年滑油耗量：柴油机推进为67.6t/年，电力推进为57.2t/年，可年节省润滑油：10.4t/年（滑油价 600 美元/t）。

表7-6　电力推进与柴油电力推进的经济性分析，回收年限的敏感性分析

油价/（美元/t）	ΔP =200 万美元（以 Contaz 50 为例）			ΔP =40 万美元（以 SSP5 为例）			ΔP =28 万美元（以 compact Azipod 为例）		
	$i = 0$	$i = 2\%$	$i = 6.03\%$	$i = 0$	$i = 2\%$	$i = 6.03\%$	$i = 0$	$i = 2\%$	$i = 6.03\%$
170	6.56	7.1	8.59	13.1	15.36	26.72	9.17	10.23	13.76
200	4.87	5.17	5.93	9.73	10.93	15.1	7.82	8.59	10.89
290	3.87	4.07	4.54	7.24	8.49	10.73	3.87	5.8	6.76
350	3.22	3.36	3.68	6.43	6.95	8.38	3.22	4.76	5.41

注：1　"Contaz" 为法国阿斯通公司电力推进系统产品代号；

　　2　"SSP5" 为德国西门子/肖特公司电力推进系统产品代号；

　　3　"compact Azipod" 为芬兰 ABB 公司电力推进系统产品代号；

　　4　"MAK M43C" 为德国马克公司柴油机产品代号。

表7-7　ΔP值估算　　　　　　　　（单位：万美元）

推进方式	柴油机推进	柴-电推进		
	MAK 2×M43C	2×Contaz 50	2×SSP5	2×compact Azipod
推进系统	451	567+250=817	767+250=1017	647+250=897
柴发2台	55			
舵及舵机	20			
艉侧推	80	817（1.32）	1017（1.65）	897（1.45）
总价 p	617（1）			
差价 Δp	基准（0）	200	400	280

以上论证中设备价及油价按2000年价，如按当前年份计算需重新对电力推进、柴油机推进、燃油价、滑油价重新报价；但计算公式及方程是一样的。对于货款年利率 i 则要向货款银行确定。据调查实船投入营运后较相似航线客滚船约了燃料25%。

（5）设备体积比较

两种推进方式的设备体积比较见表7-8。

表7-8　两种推进方式设备体积比较　　　　　　　　（单位：m^3）

	中速柴油机推进		柴油发电机电力推进	
	4 机	2 机	2xSSP5	2xcompact Azipod
主机	Mak 189 / Wartsila 216 / 取203	Mak 189 / Wartsila 134 / 取162		
主柴油发电机组4			296 / 取296	296 / 取296
减速箱2	49	18		
PTO轴发2	16	16		
轴系及桨2	5	5		
推进装置（包括桨）2			船外	船外
推进电动机2			30	船外
高压配电板1			50	18.5
低压变压器2			8.2	25
谐波过滤器2			19.6	
旋转变流器				
柴油发电机组2	51	51		
推进变压器2			25.6	36

（续）

	中速柴油机推进		柴油发电机电力推进	
	4 机	2 机	2xSSP5	2xcompact Azipod
推进变流器 2			45	45
ΣV	324	252	474	421
$\Delta \Sigma V$	72	作基准（0）	222	169
ΣV（％）	128	作基准（100）	188	167

注：SSP5 及 compact Azipod 推进装置，因推进电动机置于船外，不占船内体积（未计及这部分体积），因此电力推进的体积较中速柴油机推进的体积为小，节省了空间。

（6）设备重量比较

两种推进方式设备重量比较见表 7-9。

表 7-9　重量比较　　　　　　　　　　　　　（单位：t）

	中速柴油机推进		柴油发电机电力推进		
	4 机	2 机	2 × SSP5		Pod
主机	Mak 162	Mak 194			
	Wartsila 168	Wartsila 148			
	取 165	取 171			
主柴油发电机组 4			Mak 140		Mak 140
			Wartsila 160		Wartsila 160
			取 150		取 150
主发电机组 4（发电机）			64		64
减速箱 2	56	16.2			
PTO + 轴发 2	20	20			
轴系及桨 2	90	90			
推进装置（包括桨）2			160		186
推进电动机 2			38（1200r/min）		
高压配电板 1			10		10
低压变压器 2			5.4		
谐波滤器 2			8		
旋转变流器 2					15
柴油发电机组 2	38	38			
推进变压器 2			14	14	28.8
推进变流器 2			22	22	12
Σ 重	369	335	451	471	466
ΔΣ 重	34	作基准（0）	116	136	131
Σ 重（％）	110	作基准（100）	135	141	139

根据当时系统设备组成结构，柴－电推进重量大于柴油机推进的重量。

结论：经过多方面性能参数综合比较，采用了由柴油机为原动力的发电系统和交流电力推进系统，通常又称为柴－电推进系统。

7.2.3 发电柴油机电站容量确定

电力推进船舶通常将主推进电源与辅助服务泵站电源组合成一综合电源；故船舶采用电力推进后，电站容量及电站组成形式的确定显得非常重要及必须；电站容量的确定须首先考虑船舶推进所需功率，根据国际上相关资料报道船舶采用电力推进后，船舶推进所需功率占电站容量比在70%左右，客船占比稍低，其他稍高；具体看项目而定。

7.2.3.1 船舶推进功率

船舶推进功率根据背景工程营运需要，与业主商量确定船舶载运货物种类、货物特性、重量、载运装卸方式，以确定船舶主尺度、船舶布局、航速、操纵性等系列参数；轮渡渡船经与业主及专家深入细致技术交流并与渡船港口及连接栈桥进行多次技术协调最终达成轮渡的上述主要参数；同时考虑到渤海湾海况的特殊性，确定采用冗余的双推进、DP－I操控方式。

船舶推进功率（即水动力），在不考虑推进器、轴线、舵时的裸有效功率为

$$P_{D1} = R_T v_{sp} \tag{7-7}$$

式中 R_T——船体裸阻力曲线（没有推进器、轴线、舵）；

v_{sp}——船体航速。

考虑推进器、轴系、舵时的推进功率

$$P_{D2} = k_{sp} R_T v_{sh} \tag{7-8}$$

式中 k_{sp}——系数，对于有轴系的船 $k_{sp}=1$，对于采用吊舱式船 $k_{sp}=0.9$。

则船舶的推进效率：

$$\eta_D = \frac{P_D}{P_{sp}} \tag{7-9}$$

式中 P_{sp}——推进器轴功率。

船舶海军系数为

$$C_A = \frac{Q_{sp}^{\frac{2}{3}} v_{sp}^3}{P_{sp}} \tag{7-10}$$

式中 Q_{sp}——船舶的排水量。

傅汝德系数为

$$F_n = \frac{v_{sp}}{\sqrt{g l_{sp}}} \tag{7-11}$$

式中 g——重力；

l_{sp}——船长。

船推力要求 F_{sp} 为

$$F_{sp} = \frac{R_T}{1 - f_{sp}} \qquad (7\text{-}12)$$

式中　f_{sp}——船舶推力减额，代表被接受来自于船模试验和推进器设计输入。

在综合考虑了各种可能出现的工况下，分析计算并经船模试验后推算推进功率见表7-10。

表7-10　各工况下船舶推进功率　　　　　　（单位：kW）

各工况下船舶推进功率/kW		
航行	进出港	装卸货
4088	2410	

7.2.3.2　船舶辅助设备类使用功率

船舶采用电力推进方式后，通常全船会实行综合电站以实现能源的综合利用及有效的能源配置；除电力推进所需推进功率外，需考虑船上其他辅助设备用电，辅助设备类型随背景工程使用要求也是有所不同，但有些共性的辅助设备有：

为发电原动机服务的各型冷却水泵；

为发电原动机服务的各型空压机；

为发电原动机服务的各型锅炉；

为发电原动机服务的风机；

电力电子设备舱室区域空调通风；

甲板系泊设备；

居住舱室区域空调通风；

厨房设备及洗烘设备；

照明及不间断电源。

对居住舱室为人服务的设施具体看船型种类，相对客船用电负载所占综合电站容量较高，故在进行客船设计时必须特别注意以下内容：

通常为旅客服务的主要辅助设备有：

旅客居住舱室及活动区域生活设施如：

空调通风；

餐饮的各型加热器具；

其他各型服务设备；

其他各型娱乐设备；

火车冷藏服务所需冷场箱插座；

各种照明系统及设备；

不间断电源等。

轮渡渡船主要载运火车及汽车，滚装车辆对于船舶抗倾性能要求很高，火车头拖带车厢上下船时，要求船港轨道相接坡度小于1.5°，为满足其要求配置了特定容量的抗横倾系统；再者轮渡渡船载运火车及汽车上所载运货物由于有许多不确定性，考虑到船舶及人身安全，在载运的火车及汽车舱内均按 2~9 类危险品设计通风要求及电气设备安全要求；通风风机供电容量相对较大；载运的客人是车带驾驶人员及旅客，加之航程较短，旅客仅在船上作短暂停留，故生活设施的配置相对简单；最终根据辅助设备使用情况，计算结果见表 7-11。

表 7-11　各工况下船舶辅助设备使用功率　（单位：kW）

各工况下船舶辅助设备使用功率		
航行	进出港	装卸货
1300	1400	1384

7.2.3.3　发电柴油机电站容量确定

根据轮渡渡船电力推进及辅助设备使用功率，综合电站功率计算见表 7-12。

表 7-12　综合电站使用功率　（单位：kW）

各工况下船舶辅助设备使用功率/kW		
航行	进出港	装卸货
10140	4032	1410

柴油发电机组容量配置原则：最大运行工况下，电站总装机容量的负载率在 85%~90% 为佳。

柴油发电机组数量配置原则：考虑到推进装置配置已有的冗裕度，最大运行工况下，柴油发电机组不考虑备用。

柴油发电机组单机容量配置原则：最小运行工况下，柴油发电机组单机运行负载率 >30%。

根据综合电站使用功率（kW），结合当时设备现状，可供选择柴油发电机组方案见表 7-13。

表 7-13　柴油发电机组方案

	配用柴油机型号	台数	配用柴油机功率/kW	配发电机功率/kW	配用柴油机总功率/kW	配用发电机总功率/kW
1	MAN9L27/38	3 大	2880（750r/min）	2735（750r/min）	11200	10635
	MAN8L27/38	1 小	2560（750r/min）	2430（750r/min）		
2	Wartsila 8L32	2 大	3680（750r/min）	3550（750r/min）	12880	12420
	Wartsila 6L32	2 小	2760（750r/min）	2660（750r/min）		
3	Wartsila 9R32	2 大	3690（750r/min）	3563（750r/min）	11480	11083
	Wartsila 6R32	1 中	2460（750r/min）	2374（750r/min）		
	Wartsila 4R32	1 小	1640（750r/min）	1583（750r/min）		

（续）

	配用柴油机型号	台数	配用柴油机功率/kW	配发电机功率/kW	配用柴油机总功率/kW	配用发电机总功率/kW
4	Wartsila 9R32	1 大	3690（750r/min）	3520（750r/min）	11070	10600
	Wartsila 6R32	3 小	2460（750r/min）	2360（750r/min）		
5	Deutz TBD645L8	2 大	3400（600r/min）	3264（600r/min）	11900	11424
	Deutz TBD645L6	2 小	2550（600r/min）	2448（600r/min）		

最终方案确定：

考虑电力推进系统供电的可靠性、安全性，采用双数机组配置方案，可接受方案如下：

方案Ⅰ：两台小容量的柴油发电机组 + 两台大容量的柴油发电机组；推荐此方案主要原因考虑轮渡在轻载单机运行时柴油机负载率可提高。

方案Ⅱ：四台相同容量的柴油发电机组。

上述两个方案各有千秋，最后由业主选定方案Ⅱ，最终由 4 台 2880kW（750r/min）柴油发电机组组成综合电站。

实船投入营运后，在靠港装卸作业时柴油发电机运行负载率状态欠佳。

7.2.3.4 综合电站电压等级确定

电压等级通常与综合电站容量密切相关的，工程应用经验如下：

（1）总装机容量≤4000kW（4MW），通常采用 1000V 以下电压等级；

（2）总装机容量 4000kW（4MW）～20000kW（20MW）通常采用 6000V 电压等级；

（3）总装机容量≥20000kW（20MW）通常采用 10000V 电压等级。

上述装机容量与电压等级对应关系是在系统阻抗常态下推荐参数，对有些工程需考虑其他因素而采用非常态参数，则需重新计算上述容量与电压等级对应关系。对不同频率其采取电压等级需根据 GB 国标规定的标称电压等级来确定。

1）电源频率 50Hz 采用电压等级为：3kV、6.3kV、10.5kV；

2）电源频率 60Hz 采用电压等级为：2.4kV、3.3kV、4.16kV、6.6kV、11kV、13.8kV。

中高压系统采用三相三线还是采用三相四线制，视系统结构而定，通常采用三相三线制，除非特殊系统结构设计需要采用三相四线制。

轮渡采用综合电站后，总的电站容量为：11520kW。根据装机容量计算综合电力系统短路容量，确定综合电站采用电压等级为交流 6600V，考虑全船所有用电设备详细技术情况，采用了以下多种电压等级：

综合电站电源电压（V）：AC 6600；

舵桨推进装置额定电压（V）：AC 660；

辅助设备类额定电压（V）：AC 380、AC 220、DC 220、DC 24。

上述所有电压均通过不同变换装置变换获得。

7.2.3.5 船舶电站效率计算

推进装置采用直接转矩控制，电站功率因数较高，基本稳定在 0.94 左右，发电柴油机组容量得到充分利用；经过仿真计算结果见表 7-14。

表 7-14 不同推进功率下船舶电站的功率因数以及发电机组效率

单台螺旋桨推进器推进功率/kW	1172	1477.2	1822	2242.1	2737	3352	4207	5083
总推进功率/kW	2344	2954.4	3644	4484.2	5473	6704	8414	10167
低压供电网络有功功率/kW	1000	1000	1000	1000	1000	1000	1000	1000
电站输出总功率/kW	3498	4132	4827	5683	6757	8009	9796	11669
电站总视在功率/kVA	3874	4521	5185	6091	7150	8448	10421	12823
电站功率因数	0.903	0.914	0.931	0.933	0.945	0.948	0.94	0.91
发电机投运台数/台	2	2	2	2	3	3	4	4
发电机组的总损耗/kW	153.9	177.7	183.4	198.9	283.78	304.33	382.05	501.76
发电机组的效率/%	95.6	95.7	96.2	96.5	95.8	96.2	96.1	95.7

所设计的电力系统功率因数与效率分析如图 7-17 所示。

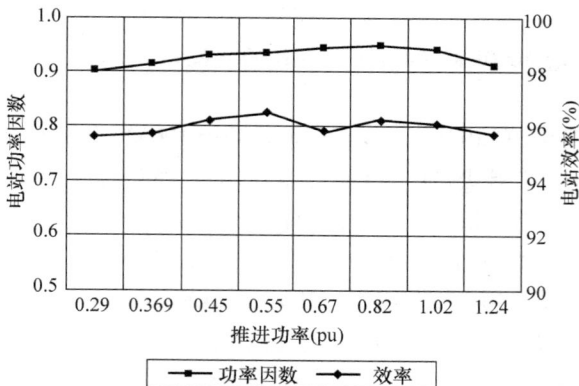

图 7-17 电站功率因数及发电机组效率随推进功率变化曲线

7.2.4 综合电力系统

设计的船舶综合电力系统与电力推进系统结构如图 7-18 所示。

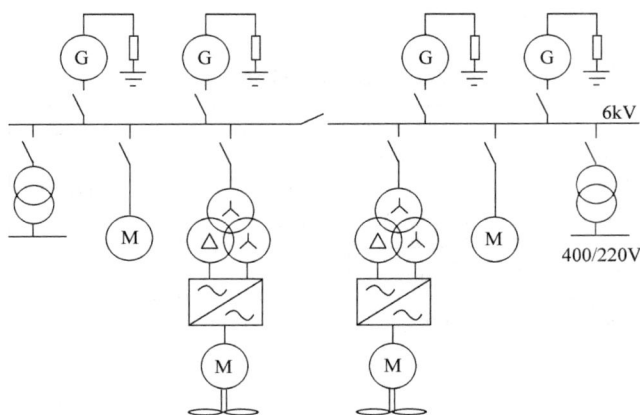

图 7-18　综合电力系统简略图

7.2.5　综合电力系统的故障分析计算

为了确保系统安全可靠运行，电力系统设计时，需要进行故障分析和计算，为电力系统保护设定提供依据。

故障电流分析计算

根据现行规范要求，电力系统需进行最大运行工况下极限短路电流计算及最小运行工况下的最小短路电流计算。图 7-19 为故障分析计算简图。

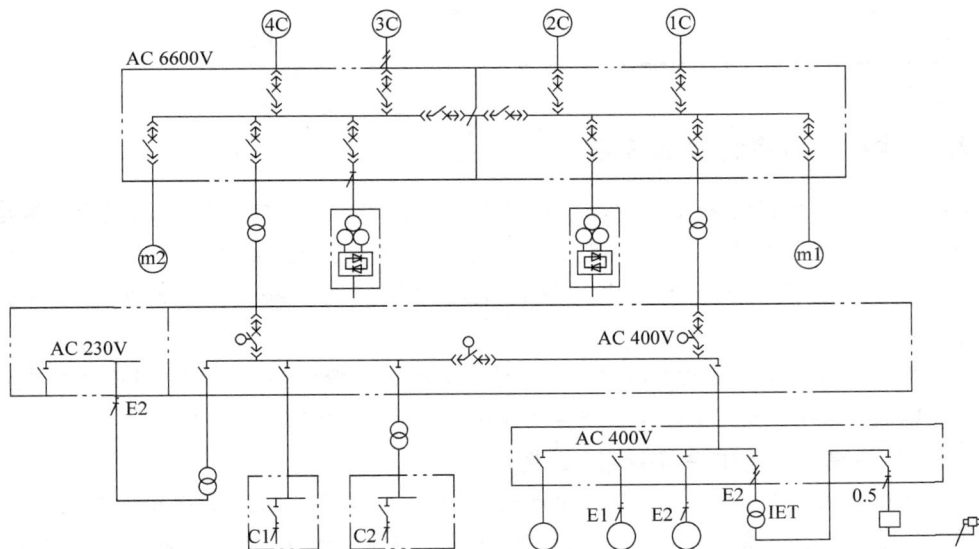

图 7-19　故障分析计算简图

故障电流计算结果见表 7-15。

表 7-15 故障电流计算结果

短路点	最大故障电流			最小故障电流	
	非对称短路 电流/kA	对称短路 电流/kA	短路功率 因数 cosφ	非对称短路 电流/kA	对称短路 电流/kA
A1	4.96	4.6	0.06	4.96	1.65
A2	16.5	5.5	0.06	9.9	3.3
B	21.5	7.2	0.06	5.5	2
C1	136.8	49.7	0.17	59	24.6
C2	62	23.5	0.74	38	21
C3				54	24
D1	15	6	0.7		
D2	14	5.5	0.7	10	6.5
D3	14.5	5.6	0.7	7	4.7
E1				12	8.7
E2				18	6
F				0.06	0.04

7.2.6 中/高压系统接地技术

根据电力系统设计需要，中高压电站的发电机中性点通常采用接地装置，接地装置具体形式要根据系统设计而定，电力系统中中性点接地后，在分析计算电力系统时必须考虑发电机零序电抗，零序电流对系统的影响，相应地要采取保护措施。

在交流 6600V 高压系统中发生单相接地故障时，系统就会出现较大的故障相电流和零序电流，如不及时采取措施，将会使故障扩大，造成严重的后果。

7.2.6.1 中高压系统中性点接地方式选取

中性点接地方式选择原则：单相接地故障对连续供电影响最小，系统能持续运行。当单相接地故障时，将故障电流对设备和电缆的危害限制到最低程度，通过灵敏有选择性地接地保护，使另两相过电压倍数比较低，不致破坏系统绝缘。

接地方式选取：

1）中性点不接地。中性点不接地即中性点对地是绝缘的（如常规低压系统就是典型的中性点不接地系统），由于中心点不接地单相发生接地故障时不会造成短路，系统可以带故障短时运行，但由于一相故障接地，造成其他两相电压升高，会造成绝缘损坏。对于中高压电网，中压设备与中压电缆存在对地电容和漏电导，当发生单相接地故障时，故障点接地的三相电容电流会在较长电缆电路上形成电容电流（$3\omega CU_N$ A）；电网对地电容中储存的能量没有释放通路，接地电弧不但不能自动熄灭，而且会出现电弧接地过电压（额定相电压的 3.5～5 倍）。电弧接地过电压持续时间长，影响面大，对线路的绝缘薄弱点和发电机绝缘威胁很大。单相接地故障存在时间一长，往往会发展成多相短路事故。

2）中性点直接接地。中性点直接接地方式，即将中性点直接接入大地。该系统运行中若发生一相接地时，就形成单相短路，其接地电流很大，使断路器跳闸切除故障。其优点：可将系统过电压控制在安全水平，相应的绝缘水平低。缺点：接地电流大，故对通信系统的干扰影响大。当电力线路与通信线路平行走向时，由于磁链耦合产生感应电压，对通信造成干扰。

3）中性点经电阻接地。中性点经电阻接地的方式有：低电阻接地（目前船舶不采用）；高电阻接地；高阻值接地方式比较适合于规模不大的系统（例如接地故障电流不大于 10A，3～10kV 中压电力系统）。

高阻接地方式一般不要求立即清除接地故障，因为接地故障电流可通过中性点接地阻抗进行限制，根据系统容量设计接地阻抗，通常被限制到 5A 以下低数值，接地保护采用检测报警及延时跳闸形式。

7.2.6.2 中性点接地电阻分析计算

根据 DNV 船级规范规定可忽略发电机次瞬态电抗及线路电抗，等效电路如图 7-20 所示，计算相对简单。

DNV 船级规范规定，当系统中性点通过一个电阻接地，其电阻值等于或者稍小于一相与地之间容抗值的 1/3，即单相接地故障时流过电阻电流等于或者略大于系统总的电容电流，如图 7-20 所示。

（1）电容参数求取

电缆线路的电容 C_1 与电气设备电容参数及其线路长度有关，即

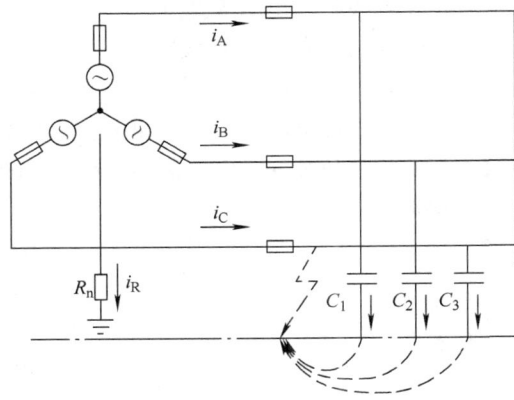

图 7-20 中性点接地分析计算简图

$$C_1 = k_c l_c \tag{7-13}$$

式中 k_c——电缆的电容系数，由电缆产品资料上查到，单位为 μF/km；

l_c——电缆线路长度，单位为 km。

根据电力系统单线图构设接地电容系统图 7-20，求取系统总电容值 C_Σ 为

$$C_\Sigma = \sum_{i=1}^{N} C_i \qquad (7-14)$$

式中　C_i——各接地电容，单位为 F。

（2）电容电流求取

单相接地电容电流为

$$I_{C-1ph} = \frac{1}{\sqrt{3}} U_1 \omega C_\Sigma \qquad (7-15)$$

三相接地电容电流

$$I_{C-3ph} = \sqrt{3} U_1 \omega C_\Sigma \qquad (7-16)$$

式中　　　ω——电源角频率；

U_1——线电压，单位为 V。

I_{C-1ph}、I_{C-3ph}——单相接地电容电流和三相接地电容电流（单位为 A）。

（3）中性点接地电阻求取

1）单相接地故障时电阻电流将等于或者略大于系统总的电容电流

$$R_n \leqslant \frac{1}{3\omega C_\Sigma} \qquad (7-17)$$

2）接地电阻的额定功率为系统三相对地电容无功容量的 1.5 倍求得

$$R_n = \frac{1}{9\omega C_\Sigma} \qquad (7-18)$$

实际的中性点接地电阻 R_n 在上述两公式计算后数值中取较小值。

（4）中性点接地故障电流设定

《中国船级社钢质海船入级规范》2009 第四篇 2.14.2.1 第二条：当采用中性点接地系统时，接地故障电流既不大于配电板上或配电板分段上最大一台发电机的满载电流，又小于其接地故障保护电器最小工作电流的 3 倍。

单相接地电阻分量电流：

$$I_R = \frac{U_1}{\sqrt{3} R_n} \qquad (7-19)$$

单相接地故障电流

$$I_{sh-1ph} = \sqrt{I_R^2 + I_{C-3ph}^2} \qquad (7-20)$$

接地故障电流动作设定值

$$I_{FS} \leqslant \frac{1}{3} I_{sh-1ph} \qquad (7-21)$$

接地电阻功率

$$P_R = I_{sh-1ph} U_1 = \frac{U_1^2}{3R_n} \qquad (7-22)$$

（5）工程估算

对于 6kV 级电缆线路可以通过下式求得经验值

$$I_C = \frac{95 + 2.854S}{(2200 + 6S)U_1l} \tag{7-23}$$

对于 10kV 级电缆线路可以通过下式求得经验值：

$$I_C = \frac{95 + 1.44S}{(2200 + 0.23S)U_1l} \tag{7-24}$$

式中　S——电缆截面积，单位为 mm^2；

　　　U_{1N}——额定线电压，单位为 kV；

　　　l——电缆长度，单位为 km。

电缆线路单相接地电容电流工程估算公式为

$$I_{C-1ph} = 0.1U_{1N}l$$

综合电力系统根据其容量及推进装置组成结构，每一台发电机中心点安装 1270Ω 电阻箱，使每一台发电机接地故障电流（I_0）限制在 3A 以下；整个高压网络接地故障电流限制到 12A，以满足船级社及 IEEE 标准相关要求

IEEE 标准要求：对 6.9~39kV 电网的高阻接地系统接地故障电流限制到 10A 以下，低于 4160kV 电网接地故障电流限制到 5A 以下，电阻设计需满足 $R \leqslant 1/3\omega C$（C 是系统的每一相对地分布电容，$\omega = 2\pi f$ 发电机角频率），暂态过电压限制在 2.5 倍相电压以下，电网电容电流限制在 7.5A 以下。

7.2.7　电力系统保护设定

完整的电力系统一定有一完善的电路系统保护，因其直接影响到电力系统是否能够正常运行；而对一较为复杂的电力系统要实现完善的系统保护通常是比较难；理论上需考虑的选择性、可靠性、快速性、灵敏性在现实系统设计时总是有所侧重的；同时也要考虑相关规范的具体技术要求。

船舶因特种服务设备增加及船舶装载量增大使得电站容量变大，一改以前低压系统而采用中高压电力系统，采用中高压电力系统后其保护设计理念与低压电力系统有相当大的区别，对系统运行可靠性及保护动作选择性等要求相对提高了；对电力系统保护也引进了陆上高压电网的许多保护理念，如差动保护等；轮渡渡船综合电力系统大容量设备采用了差动保护装置，为系统实现完全选择性带来方便；就综合电力系统中重要保护设定介绍如下：

7.2.7.1　发电机保护

发电机出口短路时瞬动保护仅在 3 台以上发电机在网运行时方可作用。主要有：发电机容量 $\geqslant 1500kVA$ 考虑特殊保护；发电机方向性接地故障保护；接地故障保护；欠电压保护；过电压保护；逆功率保护等。4 台发电机由于容量相等，故断路器保护装置设定参数相同。具体保护设置如下：

1）过载长延时保护：动作电流设定（冷态）为 $1.65I_{gN}$（I_{gN} 为发电机额定电流），长延时时间设定为 191s。

2）短路保护：动作电流设定为 $2.5I_{gN}$，短延时时间设定为 0.6s。

3）短路瞬动保护：差动保护设定为 15% I_{gN}。

4）方向性接地故障保护：接地故障电流设定为 1.4% I_{gTAN}（I_{gTAN} 为发电机环形电流互感器额定电流），接地故障电压设定为 $0.05U_{gN}$（发电机额定电压），延时时间设定为 1.5s。

5）接地故障剩余电压保护：接地故障剩余电压保护需考虑与高压配电屏母联断路器之间保护动作协调；接地故障剩余电压设定为 40% U_{gN}；当发电机断路器在合闸状态，本屏高压配电屏母联断路器跳闸时，延时时间设定为 3s，当发电机断路器及励磁回路跳闸时，延时时间设定为 6s。

6）欠电压保护：欠电压设定为 $0.6U_{gN}$；延时时间设定为 1s。

7）过电压保护：过电压设定为 $1.2U_{gN}$，延时时间设定为 3s；过电压设定为 $1.5U_{gN}$，动作时间设定为：瞬时跳闸（发电机断路器及励磁回路跳闸）。

8）逆功率保护：逆功率设定为 $0.4S_{gN}$，延时时间设定为 10s。

7.2.7.2 高压配电屏母联断路器保护

主要考虑当综合电力系统一侧故障时需确保另一侧供电的连续性。

1）接地故障剩余电压保护：接地故障剩余电压设定值 $0.4U_N$（U_N 为额定电压值）；延时时间设定：3s。

2）欠电压保护：欠电压设定值为 $0.1U_N$；延时时间设定为 1.5s。

7.2.7.3 主推进分路保护

考虑主推进变压器合闸励磁冲击电流采用特殊保护装置，并考虑主推进装置冗余性，设两套性能完全一致的推进装置，故主推进装置断路器保护设定参数相同，有：过载保护，短路保护，短路瞬动保护，接地故障保护，欠电压保护等。

1）过载长延时保护：动作电流设定值 $1.55I_{DTN}$（I_{DTN} 为推进变压器额定电流值）；延时时间设定为 95s。

2）短路保护：动作电流设定值 $2.2I_{DTN}$；延时时间设定为 0.2s。

3）短路瞬动保护：差动保护设定值 20% I_{DTN}。

4）接地故障保护：接地故障电流设定值 1.4% I_{DTAN}（I_{TAN} 为环形电流互感器额定电流）；延时时间设定为 1s。

5）欠电压保护：欠电压设定值 $0.7U_{DTN}$；延时时间设定为 1s。

7.2.7.4 交流 6600/400V 供电变压器分路保护

轮渡的辅助用电电源是通过交流 6600/400V 供电变压器获得的，考虑到供电连续性，设两套性能完全一致的交流 6600/400V 供电变压器，故供电变压器断路器保护设定参数相同。设置了过载长延时及短路短延时保护，主推进变压器合闸励磁冲击电流采用特殊保护装置，接地故障保护和欠电压保护等。

1）过载长延时保护：动作电流（冷态）设定值 $1.9I_{1N}$（$I_{1N}=192A$ 为变压器原边额定电流值）；长延时时间设定为 101s。

2）短路保护：动作电流设定值 $2.2I_{1N}$；短延时时间设定为 0.2s。

3）短路瞬动保护：变压器一次差动保护设定值 $0.2I_{1N}$；变压器二次差动保护设定值 $0.2I_{2N}$（I_{2N} 为变压器二次额定电流值）。

4）接地故障保护：接地故障电流设定值 $1.4\% I_{TAN}$（I_{TAN} 为环形电流互感器额定电流），延时时间设定为 1s。

5）欠电压保护：欠电压设定值 $0.7U_N$；延时时间设定为 1s。

7.2.7.5 首侧推配电断路器保护

轮渡设有两套性能完全一致首侧推，断路器保护设定参数相同。设置了：热过载保护、短路保护、相序保护、接地故障保护、欠电压保护、起动时锁定保护。

1）热过载保护：动作电流设定值 $1.85I_N$，长延时时间设定为 99s。

2）短路瞬动保护：动作电流设定值 $3I_N$，延时时间设定为 0.2s。

3）相序保护：动作电流设定值 $1.4\% I_N$，延时时间设定为 1s。

4）接地故障保护：动作电流设定值 $0.2I_N$，延时时间设定为 10s。

5）欠电压保护：欠压设定值 $0.7U_N$，延时时间设定为 1s。

6）起动锁定保护：动作电流设定值 $5I_N$，延时时间设定为 2.5s。

7.2.7.6 大负载起动

船舶由于电站容量不断增大，使用设备单台容量也在不断加大，大负载起动对电站瞬时冲击是必须考虑的，轮渡采用电力推进装置及首侧推装置，设计时根据起动电流计算至少两台发电机在网运行时才能容许大负载起动，限制其对电站瞬时冲击电压降 $\leqslant 20\%$。

7.2.8 电力推进船舶的设计理念

船舶采用电力推进，与常规柴油机推进在电气设计方面有许多不同理念；也有许多新技术需要去研究学习。

7.2.8.1 机桨匹配

常规推进，用于船舶推进的螺旋桨特性是与主推进的柴油机输出特性相匹配，而柴油机的固有输出特性使机桨匹配范围有限，同时要求考虑柴油机的老化影响。中低速柴油机老化影响系数有所不同，在主推力功率设计时，必须考虑这些因素。

采用电力推进后，螺旋桨特性与推进电动机的输出特性相匹配。推进电动机恒定输出转矩范围给螺旋桨的设计及运行带来较大收益。推进电动机不必考虑老化影响，减少原动机的配置容量，节约了初投资。这是采用电力推进后的根本性变化。

7.2.8.2 控制理念

电力推进，其控制对象转到了对电力推进系统的控制；推进的螺旋桨功率与电站容量具有可比性，电站的动态及静态稳定性较为突出。

7.2.8.3 电能质量

电力推进系统变频器的使用，对电网产生谐波污染，造成电动机的脉动转矩；电气设备绝缘材料会老化或击穿，严重时会造成通导设备及自动化设备的损坏，使系统无法正常工作，给设计带来许多需要注意的问题。

7.3 船舶推进控制系统设计与仿真试验

船舶推进控制系统是一个复杂系统，虽然通过设计和估算能确定系统的基本方案和设备选型及转速、功率、容量等稳态参数，但其控制参数设计及动态性能则需要通过系统仿真或实际试验来检验。

7.3.1 船舶电力系统仿真

一个典型船舶电力系统主要由多台柴油发电机组、输配电装置以及电力负载等部分组成。本节采用 Matlab 中的 SimPoweSystems 工具箱对船舶电力系统各组成部分进行建模，并进行数值仿真。

系统模型按第 3 章的发电机数学模型建立，在仿真中将转子量在 dq 坐标系中转换成标幺值，对于定子回路，取额定值作为各参数转换的基准值；对于转子电路，基准值的计算满足下列要求：①用标幺值表示的电枢、励磁和阻尼绕组互感矩阵可逆；②用标幺值表示的 dq 轴定子和转子之间的互感相同。

（1）模型的建立

1）柴油原动机及调速器模型。考虑船舶同步发电机由柴油原动机驱动/电子调速器采用双脉冲调节，将转速信号和负载变化信号这两个脉冲信号叠加起来调节燃油量。根据上述控制原理，对柴油原动机及调速系统建立如图 7-21 所示的数学模型。

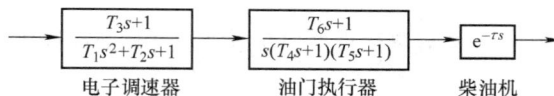

$$\boxed{\dfrac{T_3s+1}{T_1s^2+T_2s+1}} \longrightarrow \boxed{\dfrac{T_6s+1}{s(T_4s+1)(T_5s+1)}} \longrightarrow \boxed{\mathrm{e}^{-\tau s}} \longrightarrow$$

电子调速器 　　　　　 油门执行器 　　　　　 柴油机

图 7-21　柴油机及调速系统模型

T_1、T_2—控制器时间常数　T_3—控制器二阶环节时间常数

T_4、T_5、T_6—柴油机及执行器时间常数　τ—柴油机滞后时间常数

2）励磁系统模型。船舶发电机组的励磁系统是通过实时调节发电机励磁电流以维持发电机端电压的稳定，同时还可以控制发电机的无功功率输出。目前大多数船舶电力系统采用相复励励磁控制系统，该系统检测发电机电枢电压和输出电流的相量信号，通过自动电压调节器控制励磁机产生合适的励磁电流。

根据柴油原动机调速器模型以及励磁系统模型，建立的系统仿真模型的内部结构如图 7-22 所示。可利用仿真模型，对船舶电力系统进行仿真试验与结果分析。

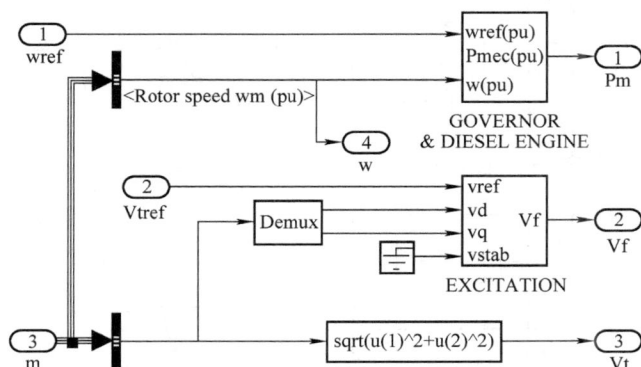

图 7-22　柴油原动机调速器模型以及励磁系统模型

（2）单台柴油发电机组起动过程 Matlab 仿真

利用 SimPowerSystems 工具箱建立单台柴油发电机组 Matlab 仿真模型，其结构如图 7-23 所示。

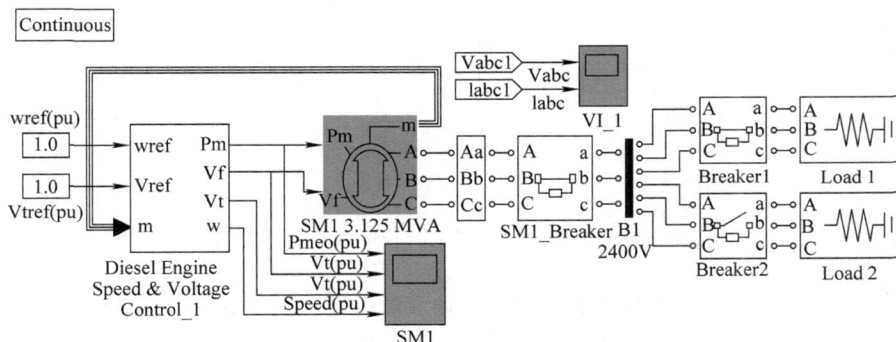

图 7-23　单台柴油发电机组 Matlab 仿真模型

图 7-23 中同步发电机采用 SimPowerSystems 工具箱中的"Synchronous Machine pu Standard"模块，参数设置参考 Matlab 中"Emergency Diesel – Generator and Asynchronous Motor"模型中同步发电机参数设置，其额定容量为 3.125MVA、额定电压为 2400V、频率为 60Hz，极对数为 2。

设置柴油原动机参考转速和励磁系统参考电压为标幺值 1，分别在带负载和空载情况下进行柴油发电机组起动过程仿真，实验结果如图 7-24 所示。

图 7-24 中 P_{mec} 为柴油原动机输出的机械功率；U_f 为励磁电压；U_t 为发电机端电压的有效值；v 是发电机组的转速；以上各量均为标幺值。

从图 7-24 中可以看出，在空载和带负载两种情况下，发电机起动约 6s 后建立稳定

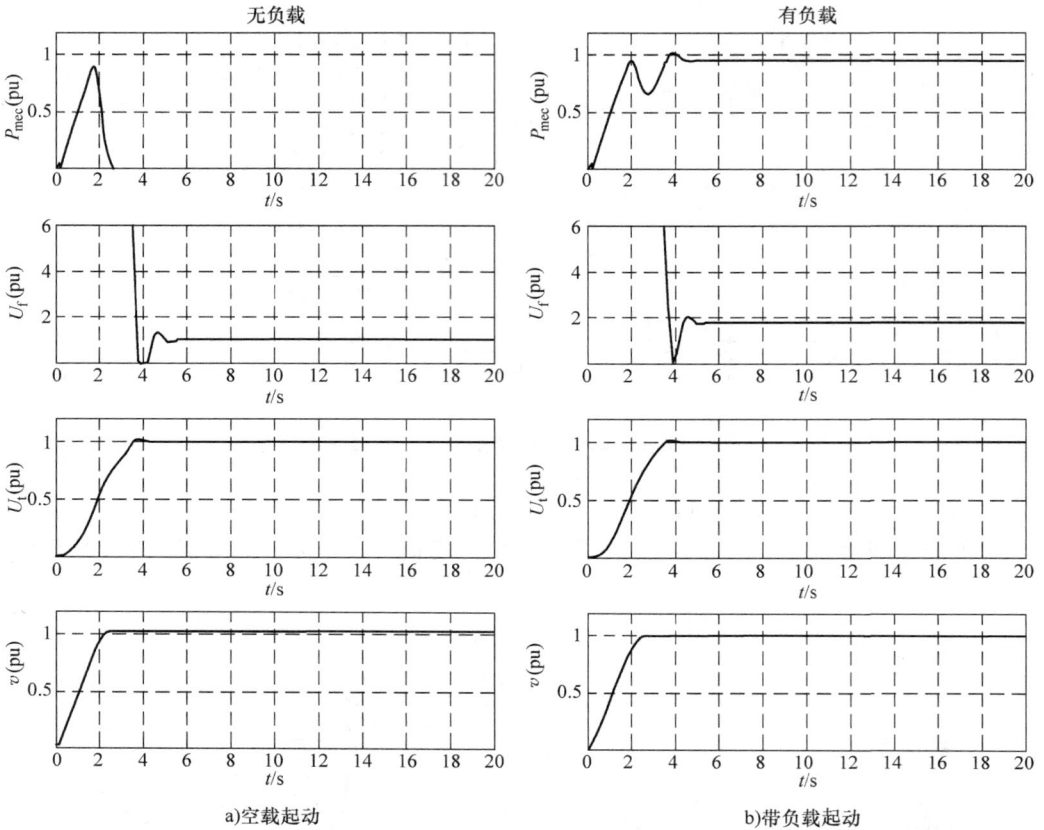

图 7-24 柴油发电机组空载和带负载起动仿真

端电压；柴油机输出功率和发电机励磁电压由负载决定：空载起动时，从柴油机输出的机械功率非常小，只用来平衡由于摩擦产生的阻力矩，此时励磁电压保持在额定值；当带负载起动时，柴油原动机输出的机械功率明显增大，用以平衡负载所需的有功功率；此时为了维持由于电枢反应而导致的端电压变化，励磁系统输出的励磁电压也明显提高。

（3）发电机组并车 Matlab 仿真

通常情况下，船舶电力系统都会安装多台柴油发电机组，这样既可以降低船舶低负载时的运行成本，也可以提高船舶电力系统运行的可靠性。两台柴油发电机组的仿真模型如图 7-25 所示。

当船舶负载所需功率较低时，只需要起动一台发电机组；当该发电机组输出功率达到额定容量 80% 的时候，第二台发电机组起动并自动并网。发电机并网时要求待并机的电压、频率以及相位和电网一致，否则会引起较大的冲击电流。在仿真试验中设定发电机组 SM2 在 4s 时起动，并于 12s 并网，并网过程中在网发电机 SM1 和并网发电机

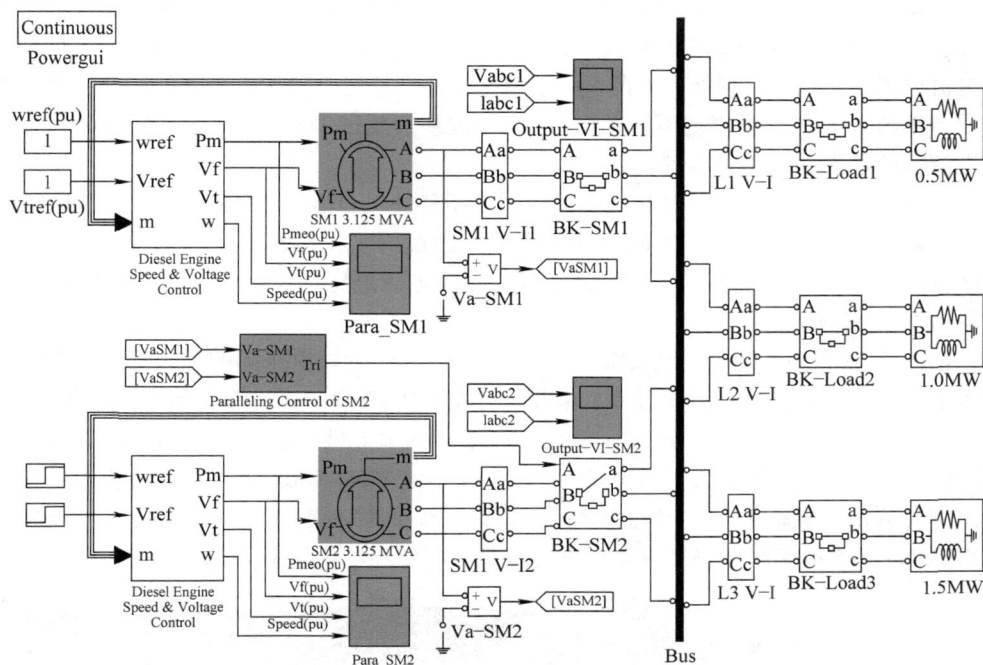

图 7-25　两台柴油发电机组 Matlab 仿真模型

SM2 的端电压和输出电流如图 7-26 所示。

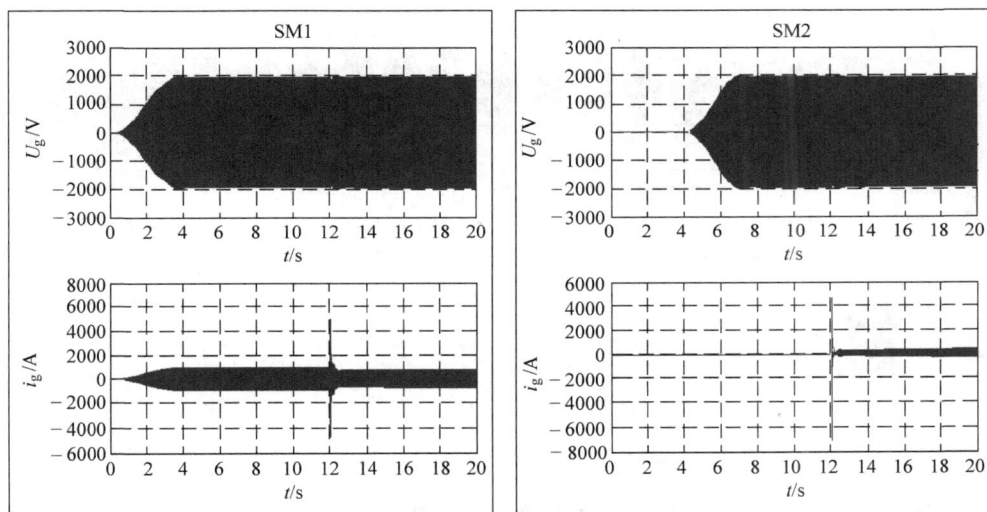

图 7-26　第二台发电机组 12s 并网时引起的冲击电流

由图 7-26 可以看出，发电机并网时如不考虑待并机和电网之间的电压、频率以及相位差，并网发电机 SM2 在两台发电机组间引起数倍于额定值的冲击电流，过大的冲击电流可能会导致设备损坏。为此，一般情况下要求并网时待并机端电压和电网电压之间误差不超过 10%，频率差不超过 0.5Hz，相位差不超过 15°，在此情况下所引起的冲击电流不超过发电机额定电流的 2 倍。

在发电机自动并车 Matlab 仿真实验中，采用待并机和电网电压相量差（脉动电压）基波的幅值和相位作为决定并网时间的依据。假设同步发电机 SM1 工作在额定状态，SM2 待并机，将两台发电机的 A 相端电压的脉动电压进行傅里叶变换，得到的幅值和相位如图 7-27 所示。

由图 7-27 可见，当待并机 SM2 和在网发电机 SM1 的端电压同相时，傅里叶变换后的幅值达到最小值，并且相角过零。由此，可在图 7-27 中相角过零时刻进行并网。

在仿真中，待并机 SM2 并网时间由图 7-25 中的"并网控制"（Paralleling Control of SM2）子系统进行控制，该子系统采用 Simulink 中的"Hit Crossing"模块检测相角下降沿过零时刻，并控制 SM2 并网开关合闸。假设 SM2 同样在 4s 时起动，经过 6s 稳定后，"并网控制"子系统控制 SM2 并网后的发电机端电压和电流如图 7-28 所示。

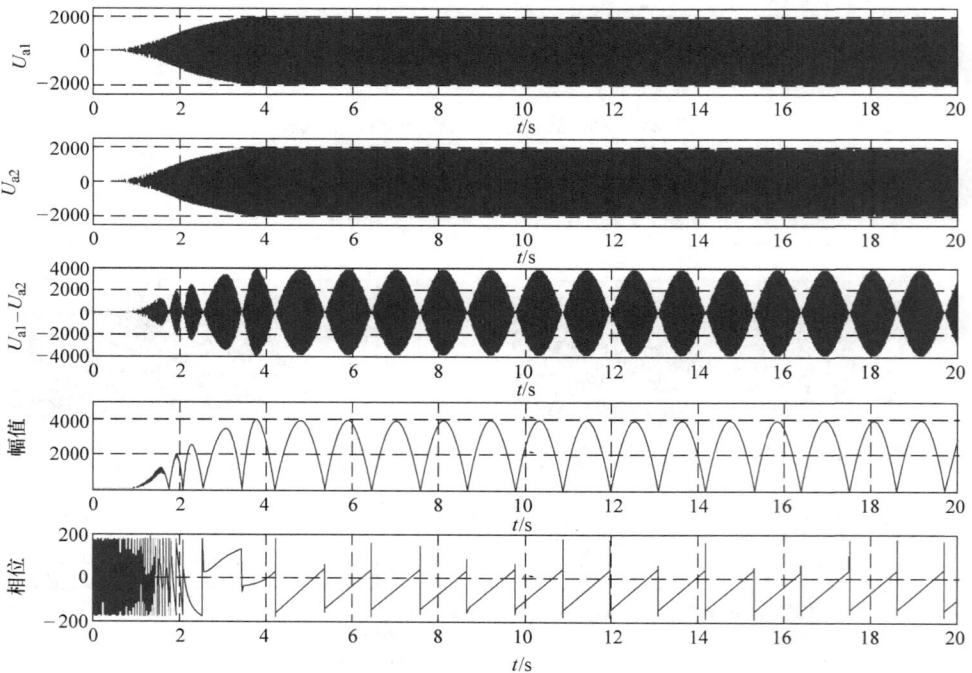

图 7-27　脉动电压的傅里叶变换

由图 7-28 可以看出，当待并机 SM2 端电压和电网电压同相时并网，冲击电流很小。此时同步发电机 SM1 和 SM2 的有功功率、励磁电压、端电压以及转速变化如图 7-29 所示。

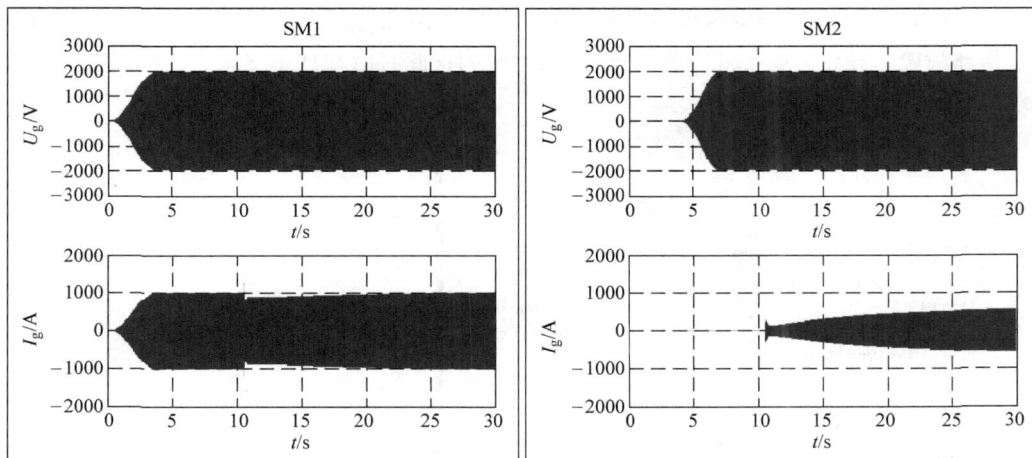

图 7-28　待并机 SM2 端电压和电网电压同相时并网后的发电机端电压和电流

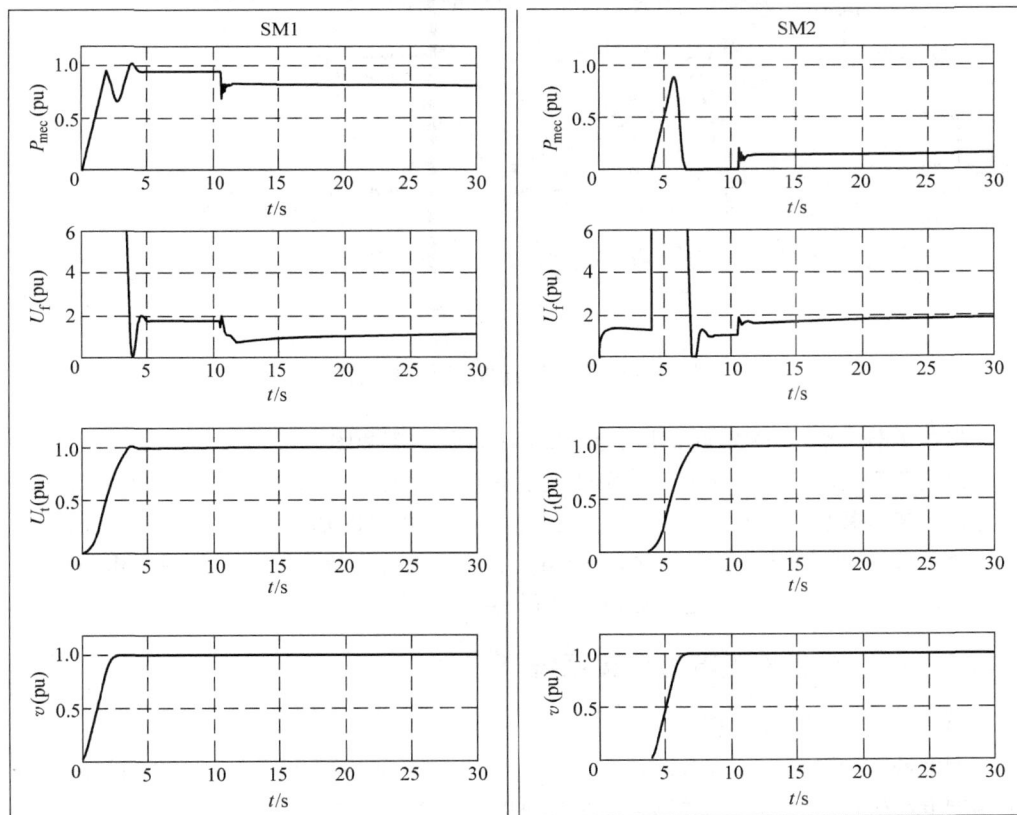

图 7-29　并网过程中两台发电机有功功率、励磁电压、端电压以及转速变化

（4）发电机对地短路故障 Matlab 仿真

以 3 台发电机组组成的船舶电站为对象进行发电机短路故障仿真实验，仿真模型如

图 7-30 所示。假设 3 台发电机组同时向负载供电，10s 时第 3 台发电机 SM3 发生三相对地短路故障，导致 BK – SM3 跳闸，SM3 随之解列；此时由 SM1 和 SM2 两台发电机组继续向负载供电。

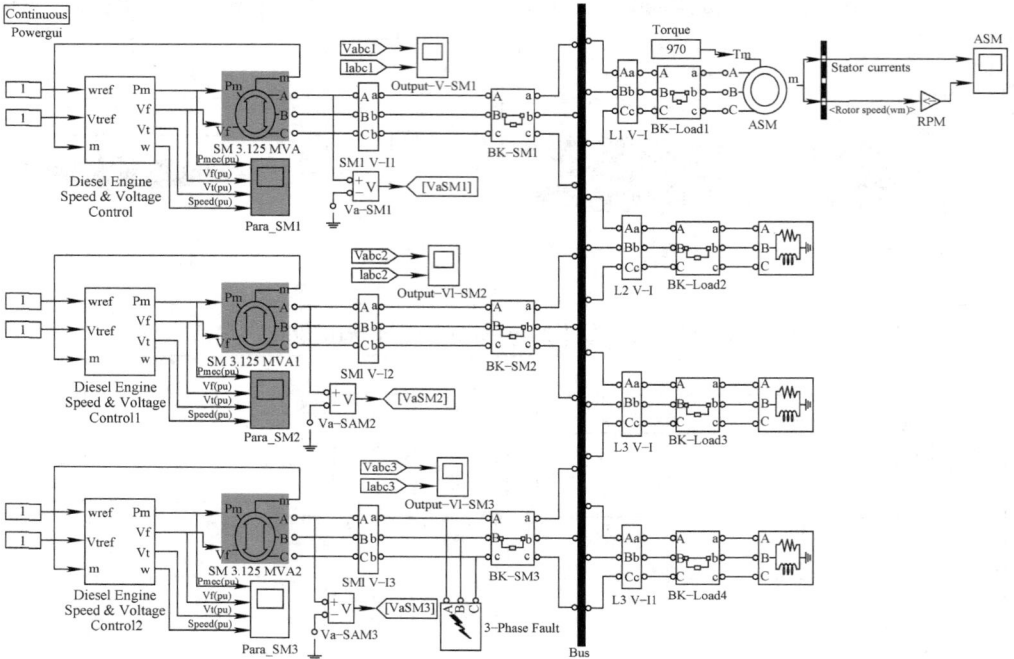

图 7-30　发电机短路故障仿真实验

当总负载大小为 6MW 时，仿真实验结果如图 7-31 和图 7-32 所示。

由图 7-31 和图 7-32 可见，在 SM3 发生短路故障前，3 台发电机输出功率一致，均匀分担系统负载。当 SM3 发生短路后，原来由 SM3 提供的功率转由 SM1 和 SM2 提供；由于总负载 6MW 小于在网两台发电机 SM1 和 SM2 的总容量，因此 SM1 和 SM2 同时增加输出功率，工作于满载状态，系统仍然保持稳定。

7.3.2　烟大铁路轮渡电力仿真系统

（1）综合仿真系统建模

烟大铁路轮渡电力仿真系统如图 7-33 所示，该系统主要由两个中心电站模块、两个侧推电动机模块、两个变频调速系统模块以及 1 个低压网络模块组成。

每个中心电站（1#或 2#）包含两个柴油发电机模块，通过添加发电机测量模块可对发电机电压、电流量进行观测，发电机模块具体模型在 7.3.1 节已详细介绍，这里不再赘述。

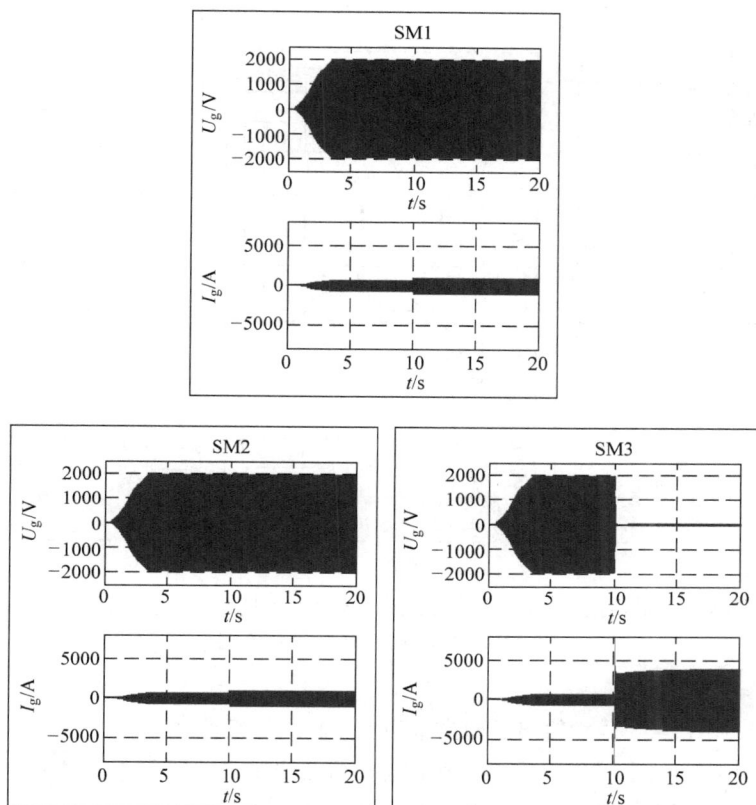

图7-31　SM3 发生三相对地短路故障时3台发电机的端电压以及电流变化（6MW 负载）

（2）变频调速仿真系统

变频调速仿真系统包括交直交变频器模块、永磁电动机模块以及直接转矩控制模块，请参见图7-34。

（3）仿真结果分析

对船舶电力推进系统起动稳态运行后停车过程进行仿真，具体工况如下：

1）0～0.4s，4台发电机向电网负载供电，变频推进系统不起动；

2）0.4～1.0s，两套变频推进系统起动，转速达到额定转速200r/min；

3）1.2～1.4s时，两套变频推进系统停车，转速减速至0。

图7-35 和图7-36 分别给出了两台永磁电动机的转速曲线。从图中可以看出，通过直接转矩控制，永磁电动机具有良好的动态响应性能，稳态转速脉动较小。

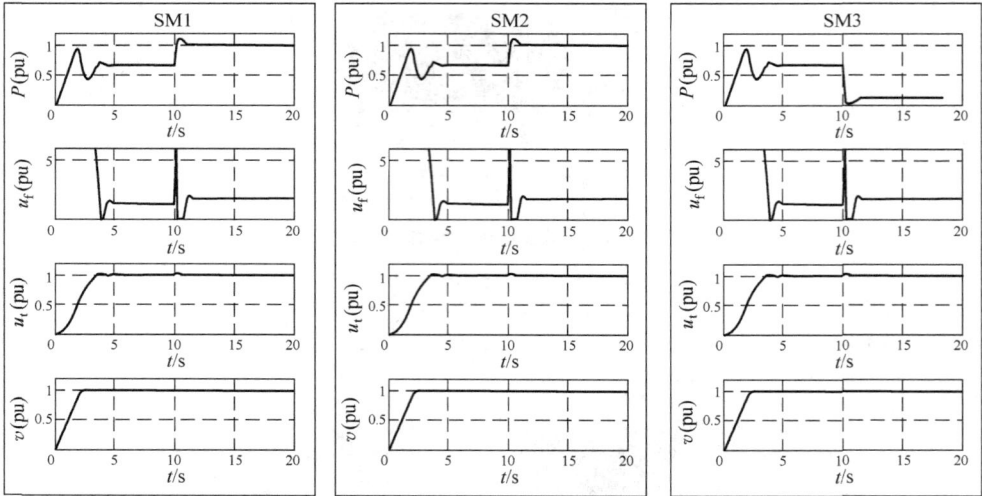

图 7-32　SM3 发生三相对地短路故障时 3 台发电机的有功功率、励磁电压、
端电压以及转速变化（6MW 负载）

图 7-37 和图 7-38 分别给出了两台永磁电动机的转矩曲线。

从转矩响应曲线上可以看出，当永磁电动机被强制停转即参考转速设为 0 时，永磁电动机需要一个较大的制动转矩，其大小约为 $3 \times 10^5 \mathrm{N} \cdot \mathrm{m}$。另外，当永磁电动机的转速降为 0 后，其转矩仍存在一定的脉动现象，这个现象的解释可以参考工况 1 中的分析，其核心原因在于由于减速之前转矩的脉动使永磁电动机减速后的稳态转速不能正好降为 0，而与该值存在一定的误差，这个误差会对转矩产生影响，使其在一个很小的范围内产生脉动现象。

图 7-39 给出了发电机组原动机输出功率的变化曲线。从图 7-39 中可以看出，当永磁电动机停运时，负载的突然减小会使原动机的输出突然变小，由于惯性环节的作用，原动机恢复到稳态工况需要一定的时间，在这里并没有给出原动机出力长时间仿真的结果。

图 7-40 给出了发电机的频率变化情况，从图中可以看出，永磁电机的起动阶段会造成频率的下降，而电动机的减速阶段会使系统的频率上升。

图 7-41 和图 7-42 分别给出了永磁电动机起动阶段的频率跌落变化曲线和永磁电动机减速阶段的频率上升变化曲线，可以计算得到频率的跌落值和上升值，结果如下：

永磁电动机起动阶段，$\Delta f = -1.29 \mathrm{Hz}$，频率跌落百分比为 -2.15%；

永磁电动机减速至零阶段，$\Delta f = 1.15 \mathrm{Hz}$，频率上升 1.92%。

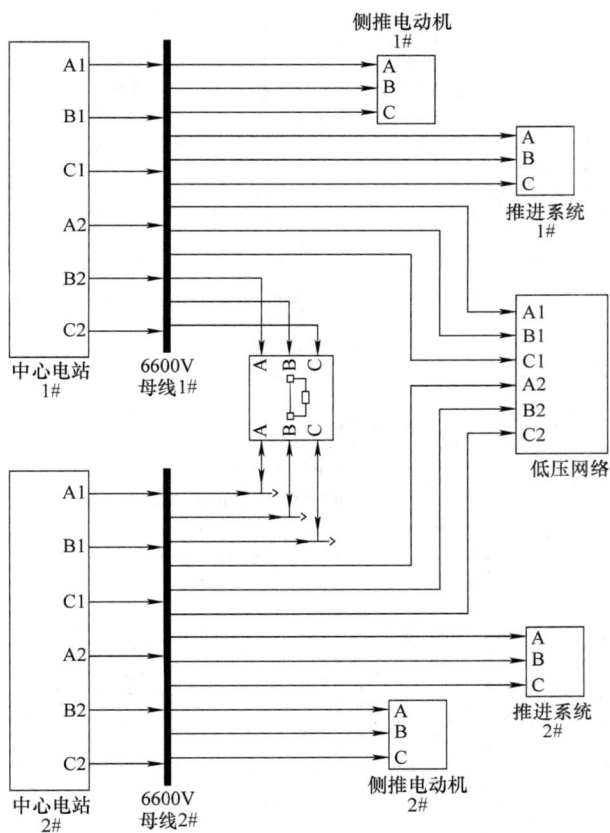

图 7-33 烟大铁路轮渡电力仿真系统

278

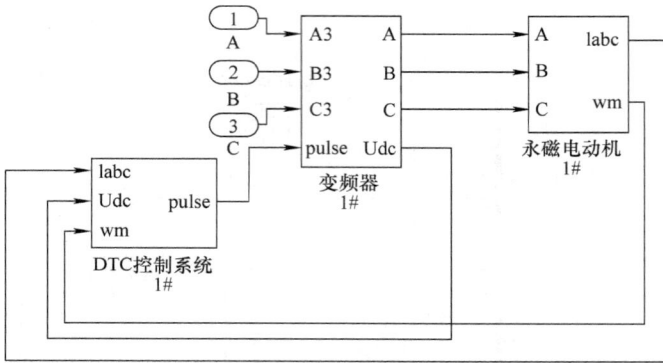

a) 推进系统模块

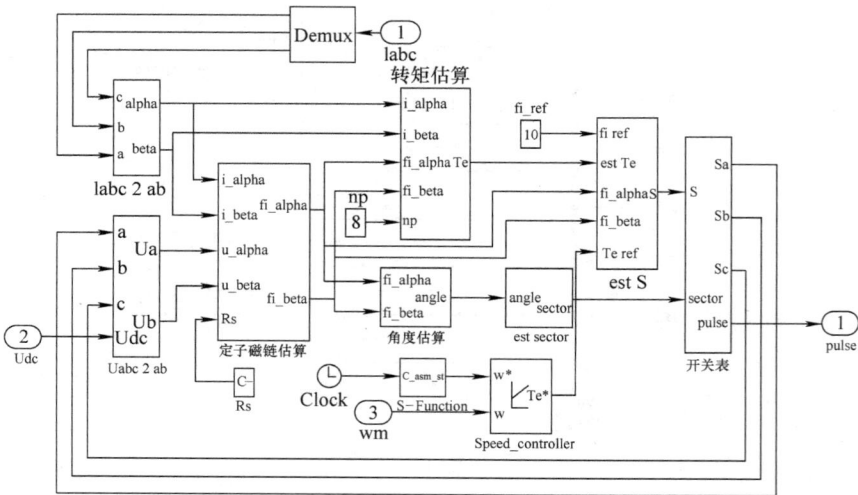

b) DTC控制系统模块

图 7-34　电力推进系统仿真模块

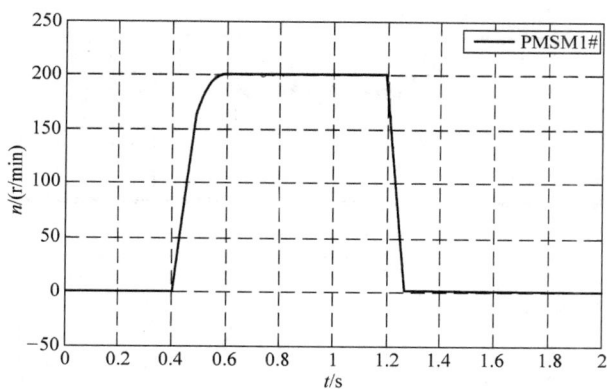

图 7-35 1#永磁电动机转速响应曲线

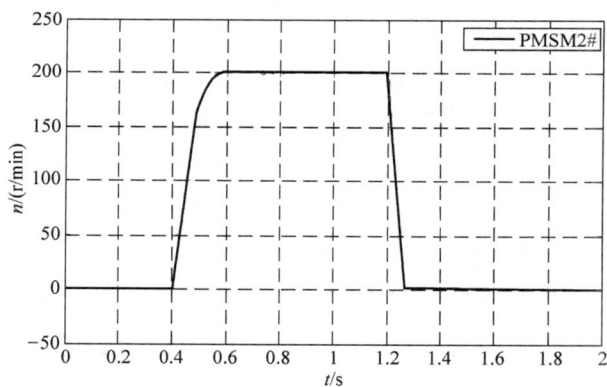

图 7-36 2#永磁电动机转速响应曲线

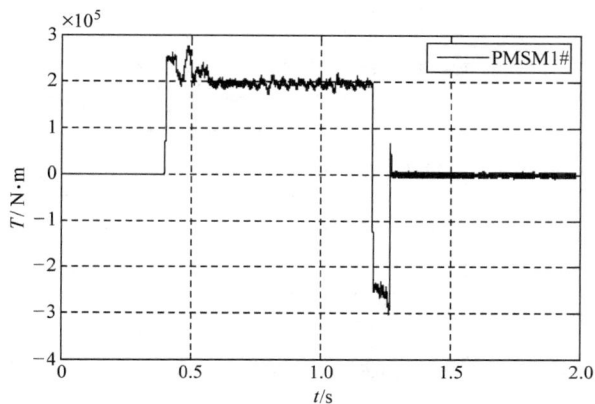

图 7-37 1#永磁电动机转矩响应曲线

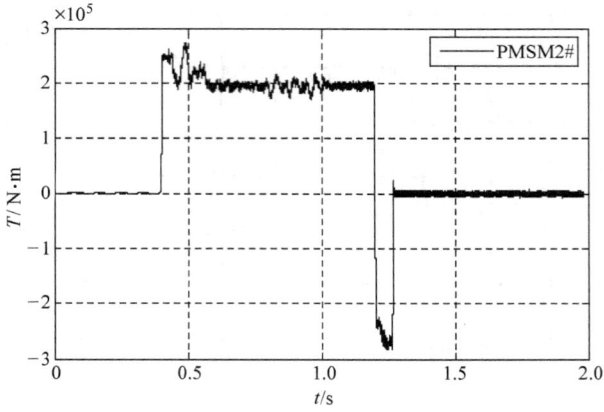

图 7-38   2#永磁电动机转矩响应曲线

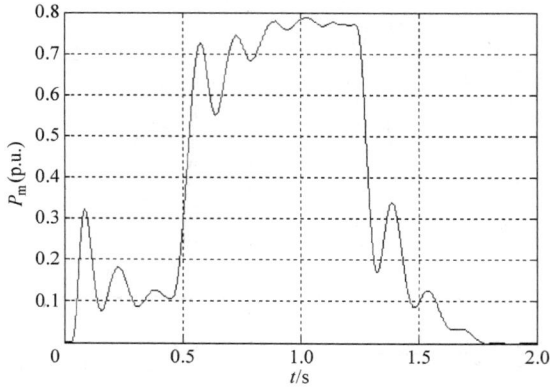

图 7-39   发电机组原动机输出功率变化曲线

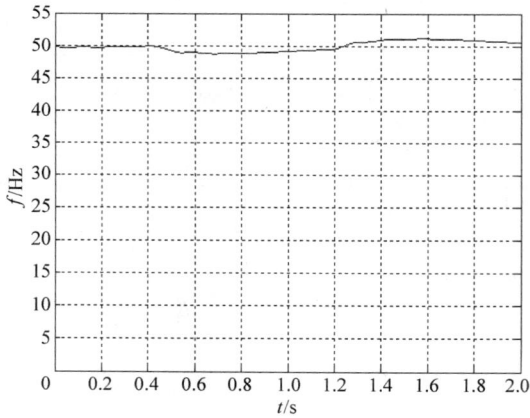

图 7-40   发电机频率变化曲线

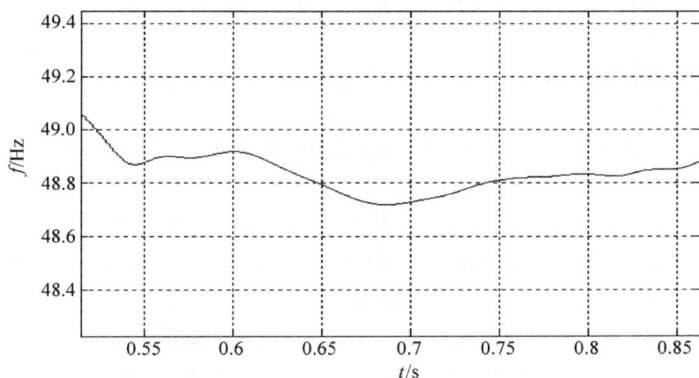

图 7-41　永磁电动机起动时发电机频率的跌落曲线

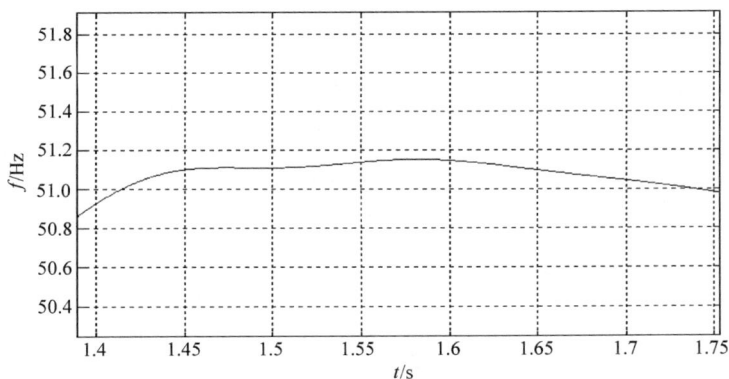

图 7-42　永磁电动机减速时发电机频率的上升曲线

参 考 文 献

［1］中国国家标准化管理委员会．GB/T 13030—2009 船舶电力推进系统技术条件［S］．北京：中国标准出版社，2009.

［2］中国国家标准化管理委员会．GB/T 13031—1991 电压为 1kV 以上至 11kV 的船舶交流电力系统［S］．北京：中国标准出版社，1991.

［3］中国国家标准化管理委员会．GB/T 10250—2007 船舶电气与电子设备的电磁兼容性［S］．北京：中国标准出版社，2007.

［4］中国国家标准化管理委员会．GB/T 22193—2008 船舶电气设备　设备　半导体变流器［S］．北京：中国标准出版社，2008.

［5］GB/T 22195—2008 IEC 60092 – 302：1997. 船用电气设备　第 302 部分　低压开关设备和控制设备组合装置［S］．中国标准出版社，2008.

［6］IEC 60092 – 301：1980. 船用电气设备　第 301 部分　发电机和电动机［S］.

［7］ GB/T 21065—2007 IEC 60092 - 401 - 1980. 船用电气设备 401 部分：完全安装的安装和测试 ［S］. 中国标准出版社，2007.

［8］ GB/T 22190—2008 IEC 60092 - 501（2007 - 08）船用电气设备 501 专辑：电力推进系统 ［S］. 中国标准出版社，2008.

［9］ GB/T 17948—2003 IEC 60034 - 18 - 1.1992 旋转电机绝缘结构功能性评定 ［S］. 中国标准 出版社，2004.

［10］ 陈昊. 低速海流发电机的设计与控制 ［D］. 上海：上海海事大学硕士学位论文，2013.

［11］ SimPowerSystems for Use with Simulink//：http：//www. mathworks. com/help/releases/ R13sp2/pdf_ doc/physmod/powersys/powersys. pdf.

［12］ Wenshan He. Marine Diesel Engine ［M］. China Communications Press，1998.

［13］ *IEEE Recommended Practice for Excitation System Models for Power System Stability Studies* ［S］. IEEE Standard 421. 5 - 2005.

［14］ 韩朝珍，万芳，等. 烟大铁路轮渡渡船电力推进系统仿真计算报告 ［R］. 2004.

第8章 船舶电力推进系统的应用

电力推进方式正在越来越多地用于各种船舶的主推进、侧推，以及海洋平台的动力定位、水下自主载运工具（AUV）等方面。本章主要介绍电力推进系统在船舶和海洋平台的典型应用及案例。

8.1 电力推进系统的船舶应用

目前，交流电力推进装置广泛应用于各种海上运载船舶及海洋工程平台，应用项目主要集中在以下几种船舶类型中：

(1) 客运船舶：邮轮、渡轮、豪华游艇等；

(2) 工程类船舶：海洋工程船、铺管船、风电安装船、钻井安装船等；

(3) 海洋管理船舶：调查船、巡逻船、执法船等；

(4) 军用舰船：各种战斗舰艇，包括航空母舰、驱逐舰、潜艇，及辅助舰船等；

(5) 特种船舶：破冰船、一些货运船舶，比如：化学品、危险品运输船等。

本节举例介绍几种典型的应用案例。

8.1.1 客运船舶

客运船舶，特别是豪华游轮、渡轮和游艇等常采用电力推进系统。其主要优点是：节约客舱容积、降低噪声、提高操控性和平稳性，使乘坐舒适和安全。

CamivalElation 是世界上第一艘采用 Azipod 吊舱式电力推进器的豪华游轮，船长260.6m，宽31.5m，排水量70367t，载客量2634人。平均航速23.7kn，最高24.8kn。

该船电力系统装备了 6 台 Wärtsilä 12V38 型中速柴油机，每台柴油机额定功率7920kW，额定转速600r/min，总输出功率47520kW；6 台 ABB 三相交流发电机，额定容量6×11000kVA，额定电压6.6kV，频率60Hz。

电力推进系统配备了两台 Azipod 吊舱式推进装置，由两台同步电动机，双定子绕组，每台电动机的额定功率为2×14MW，调速范围：0~146r/min，采用 ABB 的 CYCLO 周波变频器。

ABB 公司提供的 Azipod 吊舱式推进装置结构如图 8-1 所示，由 3 个 Dy 接法的三相隔离变压器供电，三组反并联桥式整流器构成交 – 交变频器与三相同步电动机的定子相连，另有一路电源经三相励磁变压器和交流调压器向旋转励磁机的定子线圈供电，转子旋转变压器感应的电压经二极管整流后给转子励磁。

另一个典型案例是 Celebrity 系列豪华游轮，船长 294m，宽 32.2m，排水量

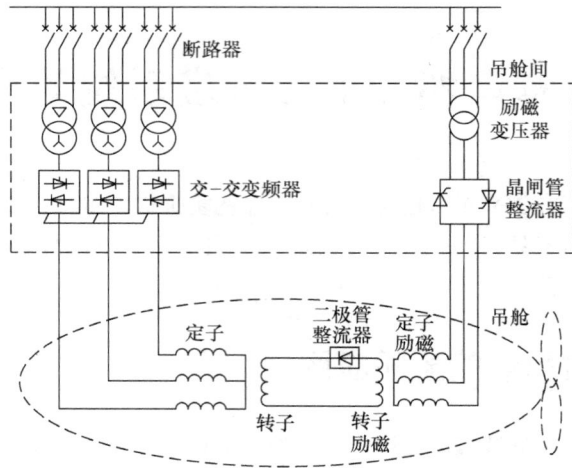

图 8-1 采用周波变流器的 Azipod 吊舱式推进装置结构（图片来源：ABB 公司）

8500DWT。载客 2449 人，船员 999 人，于 2000 年开始陆续下水。其中：Millennium 号船是第一艘采用燃气轮机技术的游轮，由燃气轮机/蒸汽轮机联合 Mermaid 吊舱式推进器组成综合电力推进系统（COGES）。

电力系统配备了两台 GE 公司的 LM2500 + 燃气轮机，容量 50MW，1 台蒸汽轮机，容量 10MW。

电力推进系统安装了两台由 Rolls – Royce 与 Converteam 公司联合研制的 Mermaid 吊舱式推进器，推进功率 2 × 19500kW，额定转速 150r/min。采用两台 Converteam 公司的同步推进电动机，额定功率 2 × 20.1MW；配备了两台 LCI 型变频器。该系列船舶共建造了 4 艘同类豪华游轮。

电力推进系统结构如图 8-2a 所示，定子绕组采用 LCI 型变频器供电，由两个串联晶闸管整流器与一组晶闸管逆变器组成；控制系统如图 8-2b 所示，采用标量控制方式。

8.1.2 工程船舶

工程船舶因需要良好的操控性能，特别是低速稳定运行，有时还需要动力定位，因而大量应用电力推进系统。

【例 8-1】：Shirase 柴电推进破冰/测量船，2009 年下水，排水量 12500t，长 138m，宽 28m，航速 19kn，船员 175 人，科学人员 80 人。其系统结构如图 8-3 所示。

其电力系统采用 4 台柴油发电机，推进系统有 4 台推进电动机，采用两两串联方式，形成双轴推进系统。

【例 8-2】：Stril 系列海洋工程船，排水量 2000DWT，船长 97.55m，19.2m，是一种多功能船舶电力推进船，可作为救助船、供应船、拖船或守备护卫船等。其系统结构如图 8-4 所示。

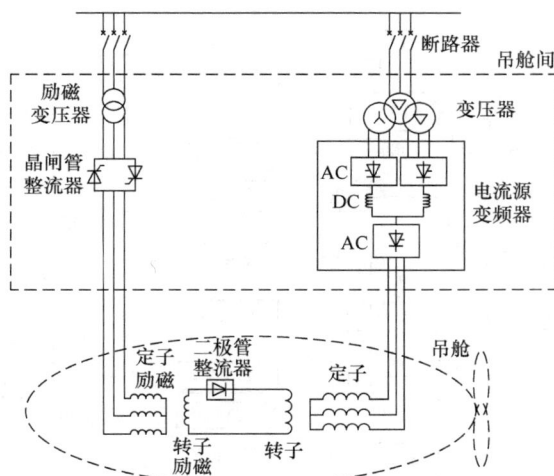

a）Mermaid吊舱式推进器结构

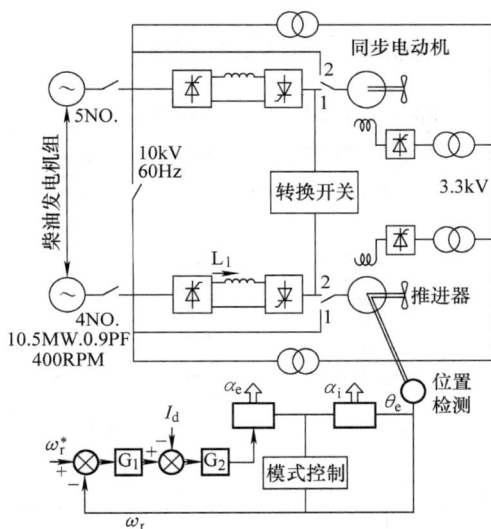

b) 控制系统结构

图 8-2　Mermaid 吊舱式推进器及其控制系统结构（图片来源：Converteam 公司）

电力系统配备了 5 台柴油发电机：$2 \times 1010kVA + 2 \times 552kVA + 1 \times 2467kVA$；另有两台 ABBAMG500 轴带发电机，$2 \times 1700kW$。设置了电力管理系统，具有发电机功率适配、电站保护等功能。

推进系统采用柴油机与电动机联合推进方式，配备了两台 MAK 主柴油机，功率为 4500kW，转速 1000r/min；与两台主推进电动机，$2 \times 2000kW$，1200r/min；通过两台 ACG95 I 850 K 低噪声齿轮联合驱动两台开式 4 叶螺旋桨，直径 4000mm。

286

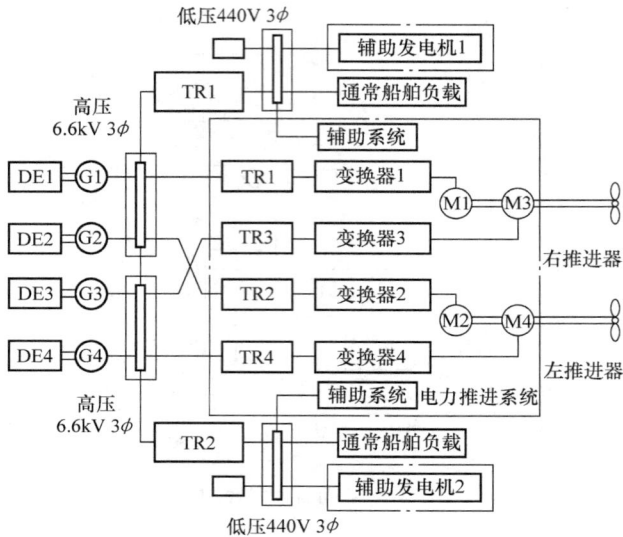

图 8-3　Shirase 柴电推进破冰/测量船电力推进系统（图片来源：Shirase 公司）

还配备了 4 台 Brunvoll 推进器：1 台艏方位推进器电动机，$1\times1800kW$；1 台艉轴隧推进器电动机，$1\times1200kW$；两台艉轴隧推进电动机，$2\times800kW$。采用西门子供货的 Bluedrive 变频器。

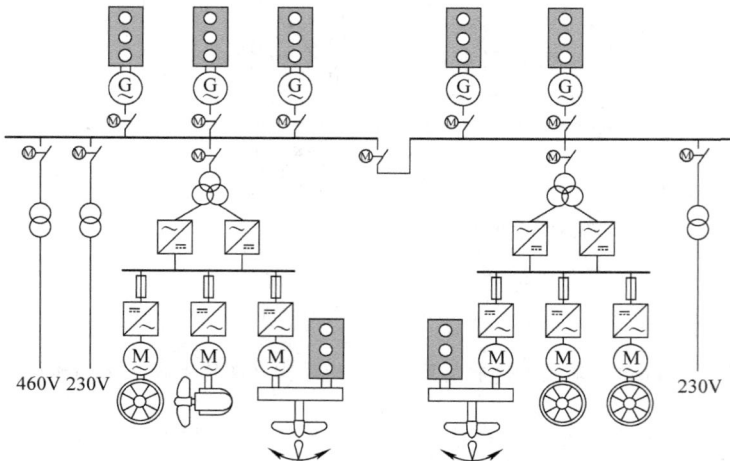

图 8-4　Stril 系列海洋工程船电力推进系统（图片来源：SIEMENS 公司）

【例 8-3】：中国船舶重工集团公司武汉船用电力推进装置研究所研发了系列船用电力推进电动机和变频器。其变频器产品系列见表 8-1。

表 8-1　武汉 712 研究所研制的系列船舶推进变频器

	输入侧	
	低压	中压
输入电压/V	三相，AC 690（-10% ~ +10%）	三相，AC 6600（-10% ~ +6%）
输入频率/Hz	49 ~ 51	48 ~ 53
额定工况效率	≥97%	≥97%
	输出侧	
输出相数配置	3 相，6 相，9 相	3 相，6 相，9 相
输出容量范围/kVA	690 ~ 3520	4000 ~ 24000
额定输出电压/V	690	3300
额定输出电流/A	580 ~ 2950	658 ~ 1400
输出频率范围/Hz	0.1 ~ 120	0.5 ~ 75
过载能力	1.1 倍过电流（1min/5min）	1.1 倍过电流（1min/5min）

目前，研制的推进电动机包括：200kW ~ 20MW 系列交流异步电动机，1MW 的同步电动机。

上述产品应用于新型中近海测量船是国内第一套完全采用自主技术以及自主研发装备的综合电力推进系统。该系统中 712 研究所主要负责：

1）电力推进系统（包括变压器、变频器、电动机、风机起动器等设备）。

2）监控系统（包括数据采集、集控台、推进控制装置、PMS 系统等）。

该船推进系统主要由推进变压器、变频器和推进电动机组成。通过推进变压器联入船舶电网向变频器供电，变频器驱动推进电动机带动螺旋桨旋转，提供船舶所需推进功率。该船为双轴推进，单轴推进功率为 1000kW。

8.2　海洋工程应用——动力定位系统及其控制

随着人类对海洋资源的开发利用，各种类型海洋工程项目应运而生，比如：海洋石油、天然气钻井平台，特种作业专用船舶，海洋新能源（包括：海上风力、海流和波浪）发电装置的运输和安装船舶，海洋监测平台等。由于海洋工程平台或作业船舶的工作具有如下的特点：

1）作业环境恶劣；

2）工程作业特殊；

3）作业系统设备控制复杂；

4）对电能需求量大、质量高；

5）对电源及配电可靠性要求高；

6）对特种作业设备驱动装置要求高；

7）驱动变频器使用对电网影响；

8）需要动力定位。

因此，这类海洋平台大都需要通过动力定位系统（DP）来克服风浪和海流的影响，保持其位置恒定。目前，DP 系统均采用多电力推进装置的协调控制。

8.2.1　动力定位系统的控制原理与控制方法

（1）DP 系统的基本组成与原理

DP 系统的基本结构如图 8-5 所示，系统主要由电力系统、检测系统、推进器及其驱动系统（DS）与 DP 控制系统组成。

系统的基本工作原理是采用多个推进器，可在海洋平台或船舶的各个方向产生推力，而 DP 控制系统的核心作用是通过检测的位置信号及其海洋环境，包括：风、浪、流等信号，综合计算出各推进器的驱动动力，并协调各驱动器的运行，使其产生的合力保持海洋平台或船舶在所需位置。因此，DP 控制系统的原理如图 8-6 所示。

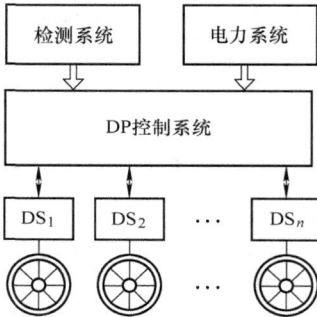

图 8-5　DP 系统的基本组成

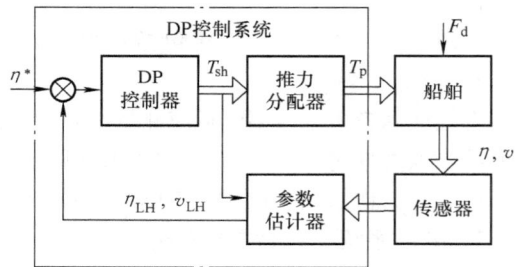

图 8-6　DP 控制系统原理图

DP 控制器根据船舶给定位置向量信号 $\boldsymbol{\eta}^* = [x, y, \psi]$，分别表示船舶前移、横移和船艏转角，由 DP 控制器产生的船舶推力控制向量信号 $\boldsymbol{T}_{sp} = [T_x, T_y, Q_\psi]$，该信号需经推力分配器产生各个推进器的给定信号 $\boldsymbol{T}_p = [T_{p1}, F_{p2}, ..., F_{pn}]$，来控制电动机驱动螺旋桨产生相应的推力以抵消船舶所受的干扰 $\boldsymbol{F}_d = [F_{wind}, F_{wave}, F_{current}]$，表示风、浪、流对船舶的干扰，会使船舶偏离原定位置。传感器用来检测船舶的位置、转角、速度等，可采用全球卫星定位系统 GPS、GLONASS 和北斗，或 Loran 无线电导航系统等；同时，还需要测量船舶环境参数，比如：风、浪、流等。

DP 控制系统主要任务是：

1）滤除波浪高频分量对船舶位置与方向偏移的影响，因为波浪的一阶干扰分量会造成船舶及推进器的震荡。图 8-7 所示系统中，参数估计器的作用就是采用低通滤波器消除检测信号的高频分量。这里，常用卡尔曼滤波、LQG 等方法，估计与预测船舶的位移，使 DP 控制器能进行预先控制。

2）根据推进系统的结构和布置，优化各个推进器的推力分配及推力作用方向，以抵消船舶扰动对船位及方向的影响，保持所需的船位不变。最常用的方法是采用能量消耗最优控制，也可采用前馈控制或预测控制等。

電力推進器及其 DP 控制是实现船舶或海洋平台保持定位的关键，其核心是 DP 系统的建模与控制。

（2）船体动力模型

船舶或海洋平台的位置可用地球坐标系（X_e、Y_e）和船体坐标系（X_b、Y_b）等表示。设船舶的平面运动有 3 个自由度（DOF），如图8-7所示，分别用 x、y 和 ψ 表示船舶前移、横移和船艏转角。

船体在船体坐标系（X_b、Y_b）中的 3DOF 的动力学关系可通过坐标变换转换到地球惯性坐标系（X_e、Y_e），其转换关系表示为[1]

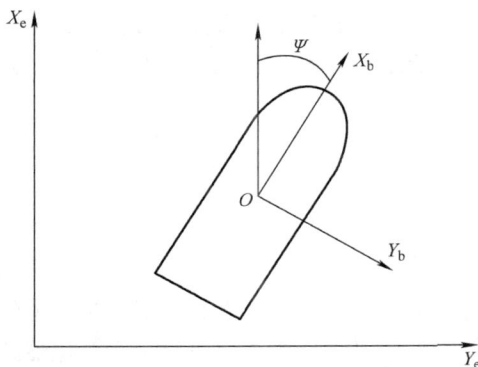

图 8-7　船舶位置坐标

$$\dot{\boldsymbol{\eta}} = \boldsymbol{R}(\psi)\boldsymbol{v} \tag{8-1}$$

式中　$\boldsymbol{\eta} = [x,\ y,\ \psi]^{\mathrm{T}}$——船舶在坐标系 X_e、Y_e 的位移向量；

$\boldsymbol{v} = [u,\ v,\ r]^{\mathrm{T}}$——船舶在船体坐标系 X_b、Y_b 的速度向量；

$\boldsymbol{R}(\psi)$——旋转变换矩阵，即有

$$\boldsymbol{R}(\psi) = \begin{bmatrix} \cos\psi & -\sin\psi & 0 \\ \sin\psi & \cos\psi & 0 \\ 0 & 0 & 1 \end{bmatrix} \tag{8-2}$$

这样，3DOF 的动力定位船舶的运动方程为[1]

$$\boldsymbol{M}\dot{\boldsymbol{v}} + \boldsymbol{D}\boldsymbol{v} + \boldsymbol{R}^{\mathrm{T}}(\psi)\boldsymbol{G}\boldsymbol{\eta} = \boldsymbol{T}_{\mathrm{sh}} + \boldsymbol{R}^{\mathrm{T}}(\psi)\boldsymbol{b} \tag{8-3}$$

式中　$\boldsymbol{M}$——船体系统惯性矩阵；

$\boldsymbol{D}$——船舶运动阻尼矩阵；

$\boldsymbol{G}$——船体系统的弹性矩阵；

$\boldsymbol{b}$——代表海洋环境对船舶影响的偏置矩阵。

对于采用 DP 控制的系统，因 $\boldsymbol{G}=0$，上式可进一步化简为[2]

$$\boldsymbol{M}\dot{\boldsymbol{v}} + \boldsymbol{D}\boldsymbol{v} = \boldsymbol{T}_{\mathrm{sh}} + \boldsymbol{R}^{\mathrm{T}}(\psi)\boldsymbol{b} \tag{8-4}$$

关于矩阵 $\boldsymbol{M}$ 和 $\boldsymbol{D}$ 的表示，以及海洋环境，包括风、浪、流的模型及其对船体的影响可参考文献 [1，2]。

根据图 8-7 给出的 DP 系统结构，假定船舶设置了 n 个 Azipod 推进器，每个推进器产生的推力分别为 T_{p1}，T_{p2}，…，T_{pn}，任意一个推进器的推力 T_{pi} 都可分解为船舶 X、Y 轴方向上的两个分量 T_{pix} 和 T_{piy}，即有

$$\begin{cases} T_{\mathrm{pix}} = T_{\mathrm{Pi}}\cos\delta_{\mathrm{pi}} \\ T_{\mathrm{piy}} = T_{\mathrm{Pi}}\sin\delta_{\mathrm{pi}} \\ \delta_{\mathrm{Pi}} = \arctan\dfrac{T_{\mathrm{pix}}}{T_{\mathrm{piy}}} \end{cases} \tag{8-5}$$

式中　δ_{pi}——推进器推力方向与船舶 X 轴的夹角。

由此，各个推进器产生的推力对船舶运动的合力可表示为

$$T_X = \sum_{i=1}^{n} T_{pix} \qquad (8\text{-}6)$$

$$T_Y = \sum_{i=1}^{n} T_{piy} \qquad (8\text{-}7)$$

$$Q_\psi = \sum_{i=1}^{n} T_{piy} l_i \qquad (8\text{-}8)$$

式中　T_X、T_Y——推进器在 X 轴，Y 轴上的合力；

$\quad\quad l_i$——船舶重心 O 点到推进器的距离；

$\quad\quad Q_\psi$——各推进器对船舶产生的转矩，使船舶转向 ψ 角。

推力分配器的作用，就是根据船舶所需的推力 T_X、T_Y 和 Q_ψ，利用式（8-6）、式（8-7）和式（8-8）计算出分配给各推进器应产生的推力 T_{pix} 和 T_{piy}，$i = 1$，2，$\cdots$，n，然后由式（8-5）计算出各推进器的推力：T_{p1}，T_{p2}，$\cdots$，T_{pn}，及各推进器的推进方向角 δ_{p1}，δ_{p2}，$\cdots$，δ_{pn}。

（3）DP 的控制方法

DP 的控制技术发展快速，从 20 世纪 70 年代到现在 DP 控制技术已经有三代。这三代的控制技术主要是：经典控制技术，现代控制技术，智能控制技术。在进入 90 年代后，DP 开始应用智能控制方法。

1）PID 控制方法。是早期 DP1 系统控制技术的代表类型，采用经典的 PID 控制作为 DP 控制器，如图 8-8 所示，由 3 个 PID 调节器分别对船舶进行 3DOF（横荡、纵荡、艏摇）控制。根据位置和艏向偏差计算推力大小，然后确定推力分配逻辑产生推力，实现船舶定位。

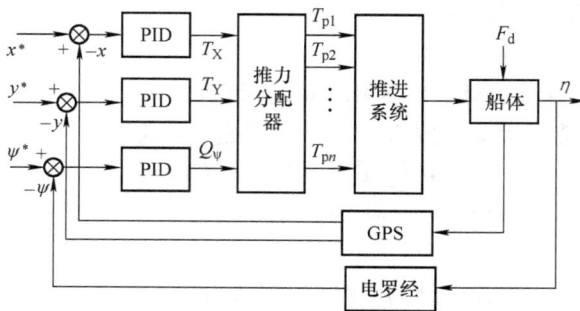

图 8-8　采用 PID 控制的 DP 系统

由于船舶模型的非线性，PID 控制难以获得较好的性能指标，而且 3 个变量之间有耦合作用，实际中调整 3 个 PID 调节器的参数也是不容易的。为此，一些研究提出了加速度反馈控制、非线性 PID 控制器等方法[1]。

2）二次型（LQ）最优控制方法。DP2 系统采用以空间状态理论作为基础的最优控

制算法，LQ 控制算法的基本思想是：考虑到船舶的低频运动特性，通过对船舶运动模型式（8-4）线性化处理，进一步简化为一个线性状态方程[2]

$$\dot{x} = Ax + Bu \tag{8-9}$$

$$y = Cx \tag{8-10}$$

其中：$x = \begin{bmatrix} \eta & v \end{bmatrix}^T$，$u = T_{sp}$，$y = \eta$；

$$A = \begin{bmatrix} 0 & I \\ 0 & -M^{-1}D \end{bmatrix} \tag{8-11}$$

$$B = \begin{bmatrix} 0 & M^{-1} \end{bmatrix}^T \tag{8-12}$$

$$C = \begin{bmatrix} I & 0 \end{bmatrix} \tag{8-13}$$

如果系统式（8-9）和式（8-10）可控，设计其二次性能函数并求极小，即有

$$E = \min_u \int_0^\infty (x^T Q x + u^T R u)\,dt \tag{8-14}$$

其中：R 和 Q 为权矩阵，且有 $R = R^T \geqslant 0$，$Q = Q^T \geqslant 0$。

根据经典的 LQ 算法，求取 Riccati 方程的最优解

$$\lim_{t \to \infty}\{P(t)A + A^T P(t) - P(t)BR^{-1}B^T P(t) + C^T QC = 0\} \tag{8-15}$$

可得最优控制率为

$$u = -R^{-1}B^T P_\infty x = -Gx \tag{8-16}$$

采用 LQ 控制的系统结构如图 8-9 所示。

3）前馈控制方法。海洋环境中风、浪、流对于海面上的船舶定位能产生很大的影响，为了抵消海洋环境对船舶扰动，可设置前馈控制。通过卡尔曼滤波器或参数估计方法，估计和预测风、浪、流对船舶的扰动 $F_d = \begin{bmatrix} F_{wind}, & F_{wave}, & F_{current} \end{bmatrix}$，然后设计适当的控制律。例如：在式（8-8）中考虑扰动的作用，写成一个有扰动的线性状态方程[2]

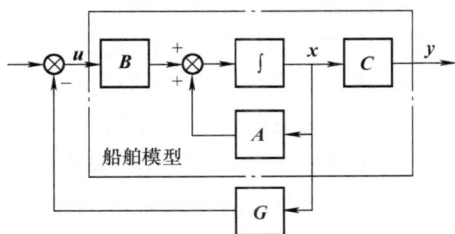

图 8-9　基于 LQ 控制的 DP 系统结构

$$\dot{x} = Ax + Bu + EF_d \tag{8-17}$$

$$y = Cx \tag{8-18}$$

式中　F_d——风、浪、流对船舶的扰动。

当扰动变化较小或缓慢时，可认为是恒值 F_d。设 y^* 为系统给定信号，控制系统应满足如下运行要求，即

$$y^* = Cx^* \tag{8-19}$$

式中　x^*、y^*——系统理想运行状态和输出。

设系统实际输出与理想输出的误差为

$$e = y - y^* = C\begin{bmatrix} x - x^* \end{bmatrix} \tag{8-20}$$

同样，可构造系统的二次性能函数并求极小。既有

$$E = \min_u \{ \mathbf{e}^{\mathrm{T}} Q_{\mathrm{f}} \mathbf{e} + \int_0^\infty (\mathbf{e}^{\mathrm{T}} Q \mathbf{e} + \mathbf{u}^{\mathrm{T}} R \mathbf{u}) \, \mathrm{d}t \} \tag{8-21}$$

对于式（8-21），文献［1］给出了一种求取 Riccati 方程近似最优解的方法，可得如下控制率：

$$\mathbf{u}_x = -R^{-1} B^{\mathrm{T}} P_\infty x = -G_x x \tag{8-22}$$

$$\mathbf{u}_d = R^{-1} B^{\mathrm{T}} (A + BG_x)^{-\mathrm{T}} P_\infty E F_d = G_d F_d \tag{8-23}$$

式中　$\mathbf{u}_d$——通过前馈控制 G_d 来抵消船舶在所受到海洋环境干扰的力和力矩。

$$\mathbf{u}_y = -R^{-1} B^{\mathrm{T}} (A + BG_x)^{-\mathrm{T}} C^{\mathrm{T}} Q y^* = G_y y^* \tag{8-24}$$

可看作为系统的给定环节。这样，在 LQ 控制的基础上，采用前馈控制的总的控制器产生的推力为

$$\mathbf{u} = \mathbf{u}_x + \mathbf{u}_d + \mathbf{u}_y \tag{8-25}$$

按式（8-25）所构造的前馈控制系统结构如图 8-10 所示。

（4）DP 系统的信号检测与处理

DP 系统的信号检测主要是船舶位置、方向、速度以及海洋环境，例如：风、浪、流等。其测量系统实际上是兼顾测量以及输出的系统，在船舶受到外界环境力影响而改变位置时，它会测得改变的内容，然后及时地把信息输送给 DP 的控制系统。控

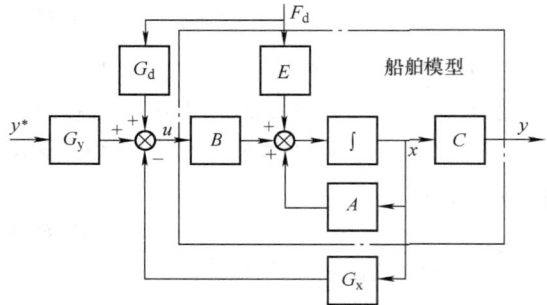

图 8-10　基于前馈控制的 DP 系统结构

制系统再根据外面环境的变化计算出船舶承受的扰动，接着计算出每个方向上所需的抵抗力，送信息给推进器分配推力，进行定位船舶。

DP 系统最主要是检测船舶位置，要求测量信息的准确性、连续性和可靠性。现在所用的测量系统有：卫星定位系统、激光定位系统、微波位置参考系统、张紧索系统和水声定位系统等。此外，测量方位的有陀罗罗经、电罗经等；测量海洋环境的风速风向仪等。但有些信号不易检测，则需要通过模型或状态估计等方法来获得所需信号，比如：海流和波浪等，常用模型来计算和估计。

一般 DP 系统要求控制在 3m 之内，这么高的精度下，可靠性就更加重要。为了增强可靠性，通常采用多传感器进行测量，这就需要对测量信号进行处理，比如：滤波、平滑等，特别是多源信号的融合。

Kalman 滤波器或扩展 Kalman 滤波器是主要的信号滤波、参数估计和信息融合方法。其作用主要是，测量所得到的船舶综合运动的位置信息，估计出其低频运动状态，并将之反馈形成针对船舶低频运动的线性随机最优控制，即 LQG 控制。由于反馈信号只从基于低频模型的 Kalman 滤波器或扩展 Kalman 滤波器获得，因此控制系统只响应低频运动，而不响应高频运动。此外，由于采用 Kalman 滤波或扩展 Kalman 滤波，取样和修正能在同一个周期内完成，因而解决了控制中存在的由于滤波而导致的相位滞后

问题。

Kalman 滤波的基本原理是：考虑如下离散过程的状态方程

$$x(k+1) = \pmb{\Phi}x(k) + \pmb{\Gamma}w(k) \qquad (8\text{-}26)$$

$$y(k) = \pmb{C}x(k) + \pmb{v}(k) \qquad (8\text{-}27)$$

式中　$w(k)$——过程扰动；

　　　$\pmb{v}(k)$——传感器扰动。

设系统式（8-26）和式（8-27）状态可观，且其扰动都为协方差已知的高斯白噪声过程。即有，$w(k) \sim N(\overline{w}, W(k))$，$v(k) \sim N(\overline{v}, V(k))$。其中：传感器扰动的均值为 $\overline{v} = 0$；过程扰动的均值为

$$E[w(k)] = \overline{w} \qquad (8\text{-}28)$$

可以证明：如果矩阵 $\pmb{V}(k) + \pmb{C}\overline{\pmb{x}}(k|k-1)\pmb{C}^{\mathrm{T}}$ 是正定的，则能找到如下最优滤波器[2]

$$\hat{\pmb{x}}(k|k) = \overline{\pmb{x}}(k|k-1) + \pmb{K}_{\mathrm{f}}[\pmb{y}(k) - \pmb{C}\overline{\pmb{x}}(k|k-1)] \qquad (8\text{-}29)$$

$$\hat{\pmb{y}}(k) = \pmb{C}\overline{\pmb{x}}(k|k-1) \qquad (8\text{-}30)$$

$$\pmb{K}_{\mathrm{f}}(k) = \overline{\pmb{x}}(k|k-1)[\pmb{V}(k) + \pmb{C}\overline{\pmb{x}}(k|k-1)\pmb{C}^{\mathrm{T}}]^{-1} \qquad (8\text{-}31)$$

按照式（8-26）、式（8-29）和式（8-30）所构成的 Kalman 滤波器的结构如图 8-11 所示。

目前，多传感器信息融合有两种方法：状态融合方法和观测融合方法。基于 Kalman 滤波的信息融合方法[3]的基本结构如图 8-12 所示，对每个传感器的数据进行 Kalman 滤波，估计出状态值，然后再用这估计量进行融合，得到估计值 $\hat{x}$。

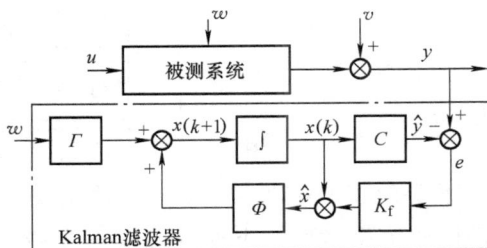

图 8-11　Kalman 滤波器原理

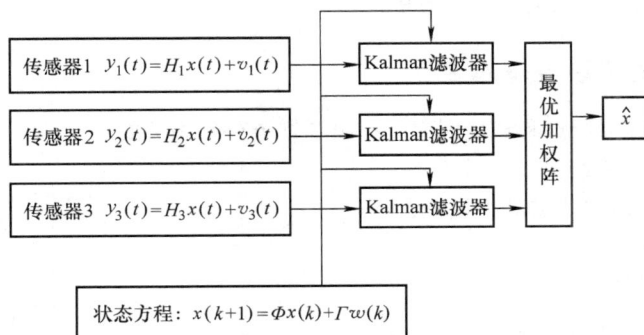

图 8-12　基于 Kalman 滤波的分布式状态融合

该方法对与单个传感器来说最小方差是最优的，但全局不能保证最优。另外，实际中往往有噪声干扰。针对新情况下信息融合所面临的任务，需要寻找多源信息融合的新

方法。

为此，参考文献［4］提出了一种基于分步式顺序滤波的多传感器动态系统数据融合算法，可以解决具有白噪声干扰的信号。为了提高顺序滤波方法的实用性，将白噪声系统下的顺序滤波方法推广到了有色过程噪声系统中，使其适用于有色过程噪声的多传感器信息融合。有色过程噪声系统的顺序滤波融合算法流程如图 8-13 所示，其具体算法请参见参考文献［4］。

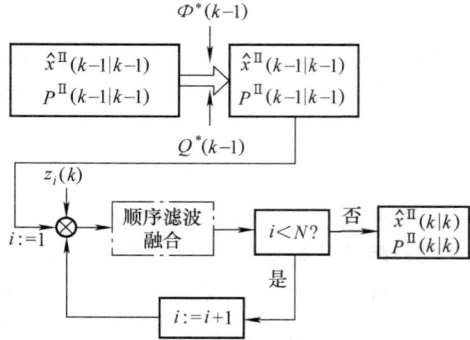

图 8-13　顺序滤波融合算法流程

一种采用扩展 Kalman 滤波器的 DP 控制系统如图 8-14 所示，其主要功能是对海流、船舶位置、方向和速度进行估计，作为反馈信号输入 DP 控制器。

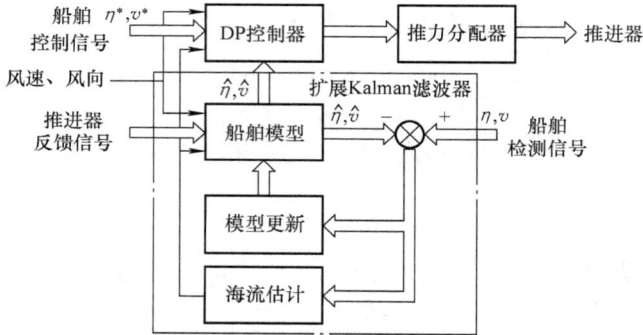

图 8-14　基于扩展 Kalman 滤波器的 DP 控制系统

DP 系统较为复杂，往往采用几种控制方法的集成，将不同控制方法的优点结合起来的优化方法。例如：Konsboreg 公司的 DP3 控制的复合算法框图如图 8-15 所示。

随着各种控制方法的不断进步与发展，神经网络、模糊控制、遗传算法等智能控制方法也成了如今 DP 控制系统的研究热点。

8.2.2　动力定位系统基本要求

根据海洋工程的特点和环境因素，提出了规范公约相关要求。

（1）动力定位系统的基本要求

1）实现动力定位所需动力配置；

2）动力操控的控制系统；

3）精准测量系统元器件；

4）驱动推进器设备系统；

5）驱动推进控制系统；

6）控制装置。

（2）动力定位系统基本组成

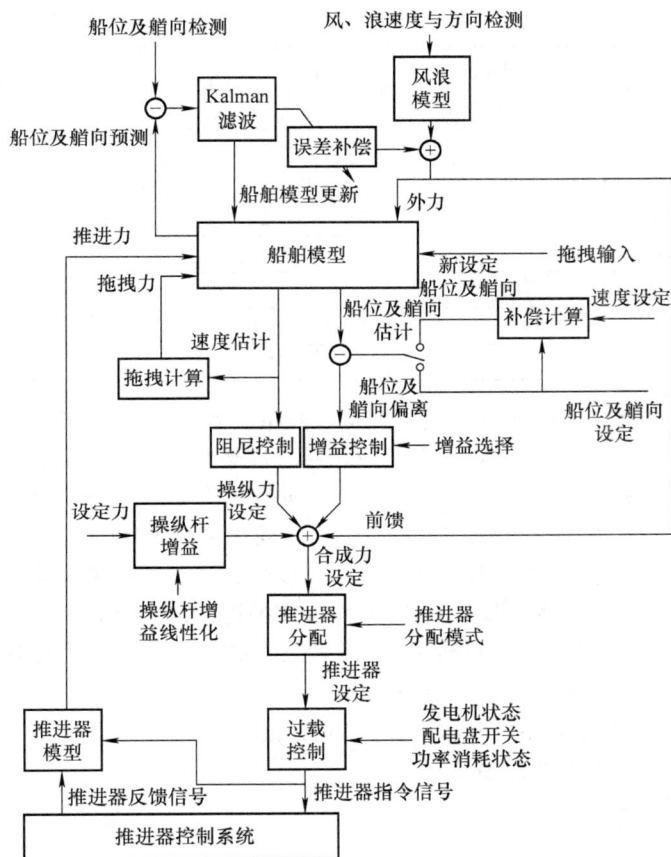

图 8-15　DP3 控制框图

动力定位系统主要可分为电力系统、推进系统、控制系统和测量系统。各船级社根据授予的 DP 等级，对以上系统的配置有明确的要求。表 8-2 为中国船级社对满足DP - 1、DP - 2 及 DP - 3 入级要求的船舶动力定位系统布置要求。

表 8-2　动力定位系统的布置要求

设　备	附加标志	DP - 1	DP - 2	DP - 3
动力系统	发电机和原动机	无冗余	有冗余	有冗余，舱室分开
	主配电板	1	1	2，舱室分开
	功率管理系统	无	有	有
推进器	推进器布置	无冗余	有冗余	有冗余，舱室分开
控制	自动控制，计算机系统数量	1	2	3（其中之一在另一控制站）
	独立的联合操纵杆系统	1	1	1
	各推进器的单独手柄	有	有	有

（续）

设 备	附加标志	DP-1	DP-2	DP-3	
传感器	位置参照系统	2	3	2+1	其中之一在另一控制站
	垂直面参照系统	1	2	2+1	
	陀螺罗经	1	2	2+1	
	风速风向	1	2	2	
UPS		1	2	2+1，舱室分开	
备用控制站		没有	没有	有	
打印机		要求	要求	要求	

以下为烟台打捞局 DP3 起重铺管船为例，介绍其动力定位系统的基本构架：

1）电力系统：电源装置、配电系统及功率管理系统要求冗余配置：多套不间断电源；4 座配电板（满足 DP2 单点故障及 DP3 一机舱丢失要求）；电站管理单元（PMS）需要满足多单元（满足 DP2 单点故障及 DP3 一机舱丢失要求）。

2）推进系统：推进器根据要求冗余配备，以增强系统的故障冗余和容错控制，该船设两台 5500kW 主推进器、四台 3500kW 可伸缩推进器，两台 1500kW 管道式推进器。

3）控制系统：自动控制计算机配置：3 套冗余控制系统及 3 个操作站，能够进行自动定向的手动控制，各推进器单独操控手柄。

4）测量系统：应能精准测量位置及其环境信息，包括：

测量船舶位置及艏向的传感器：3 套；

垂直面参照测量的传感器：2 套；

陀罗罗经：3 套；

风速风向仪：3 套；

运动参考单元：3 套；

水下声呐定位系统：2 套；

差分全球定位系统：2 套；

微波定位系统：1 套（相对位置参考单元）；

激光定位系统：1 套（相对位置参考单元）；

系统通信线缆及硬件接口：需要冗余；

软件配置：需要冗余。

动力定位控制及测量系统拓扑图如图 8-16 所示。

8.2.3 电力与推进系统

（1）中低压电力系统

背景工程作业设备繁多带来配电系统复杂供电电压等级较多，根据作业设备类型主要包括如下：

第一类：船舶动力推进系统；

第二类：作业用工程设备，如起重吊机、铺管设备等；

第三类：船舶航行时为推进服务的泵组、风机、辅助生活设备用电等；

系统电压等级如下：

① AC 6600V——电站电源设备、主推进系统设备等；

② AC 690V——工程作业普管系统设备；

③ AC 400V——泵组、风机、辅助生活设备用电。

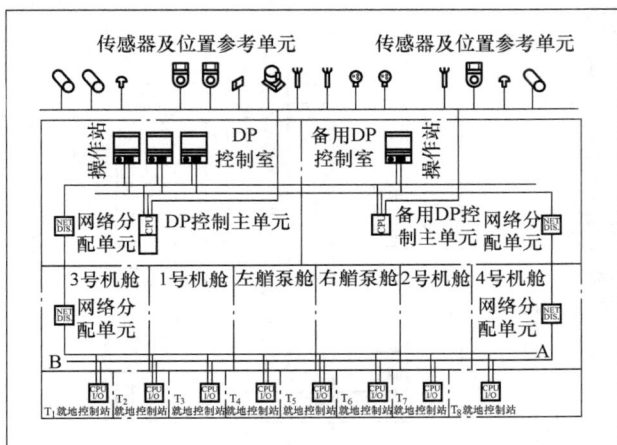

图 8-16　动力定位控制及测量系统拓扑图

电力系统及布置如图 8-17 所示，由 6 台柴油发电机组作为主要电源，为全船设备供电，电网采用环形结构，以增加系统的可靠性，主汇流排直接与推进系统连接，采用中压供电；另外通过降压变压器给其他低压设备供电。

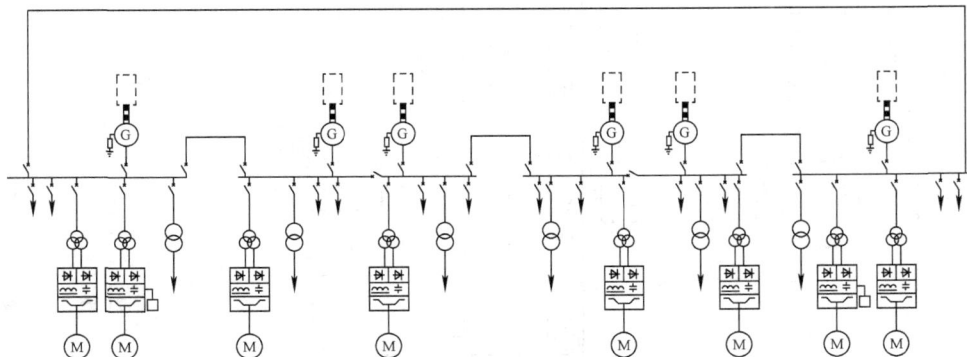

图 8-17　船舶电力系统简图

（2）电站管理系统及集成监测报警系统

电站管理系统及集成监测报警系统简图如图 8-18 所示。

（3）推进系统

电力推进系统由 8 个推进器组成，采用变频调速方式进行转速控制。

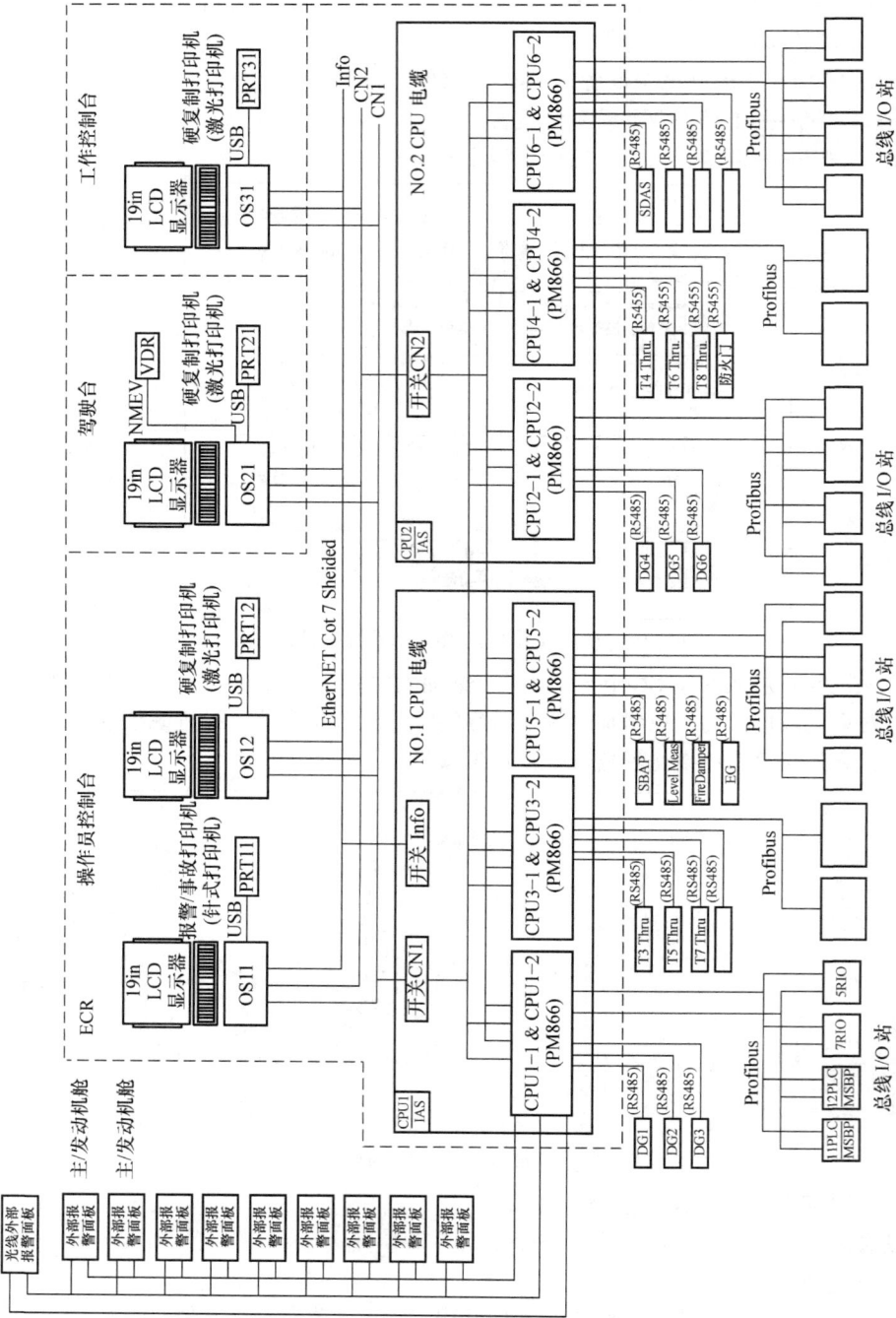

图 8-18　电站管理及集成自动化系统框图

8.2.4 动力定位系统设计案例

背景工程为一艘 5000t 起重铺管船, 如图 8-19 所示, 该船为具有动力定位和锚泊定位能力的自航全回转起重铺管船, 船尾设置一台固定吊 5000t／全回转吊 3500t 起重能力的大型海洋工程起重机, 并安装 S 型铺管设备。

背景工程可用于水下沉船、沉物的抢险救助打捞作业, 具有应对突发事件, 进行大吨位水下物体整体打捞, 快速清障能力。还可在海上进行大型组块、平台模块、导管架等海洋工程结构物的起重吊装。同时具备平台作业支持、潜水作业支持等功能。

背景工程配置 DP3 动力定位系统用于深水定位。配置 10 点锚泊定位系统用于浅水（水深不大于 150m）定位。定位能力能满足起重工况及铺管工况的要求。

该船舱室布置满足 398 人同时在船上作业住宿要求, 为无限航区航行船舶, 可在规定海况下作业。

（1）基本参数 总长 199m, 型宽 47.6m, 型深 152.6m, 航速 13.5kn（100% 推进功率, 吃水 ≥ 7.5m）; 电站功率: 6 × 6680kW; 电力推进系统包括: 主推进器 2 × 5500kW, 可伸缩推进器 4 × 3500kW, 管道式推进器 2 × 1500kW, 推进器驱动装置采用 PWM 变频驱动; 动力定位采用 DP3 控制。

图 8-19 背景船的效果图

（2）动力定位能力计算

背景工程作业时动力定位计算根据项目使用海域的风速、风向、海流等情况进行, 动力定位计算所需电能需求是作为电站容量确定的必然条件之一, 见表 8-3。

表 8-3 动力定位电能需求

	主要工况电站使用情况				
	航行工况	DP3 起重作业	DP3 起重作业（丢失一机舱）	DP3 铺管作业	DP3 铺管作业（丢失一机舱）
使用功率/kW	~ 14000	~ 22700	~ 19500	~ 31000	~ 25700
使用发电机数量及功率	2 × 6680kW	4 × 6680kW	4 × 6680kW	4 × 6680kW	4 × 6680kW
电站负载率（%）	70	85	73	77	96

背景工程作业时动力定位满足 DP3 作业需求，动力、推进器及控制等设备由 A60 舱壁做了 1/4 分隔如图 8-20 所示，增加了冗余度，提高了安全性，发生单点故障或一机舱损失后，最多可丢失约 1/4 的动力和推进能力。其中当电缆和管系不可避免地要穿过冗余系统的舱室时，必须设置 A60 通道。

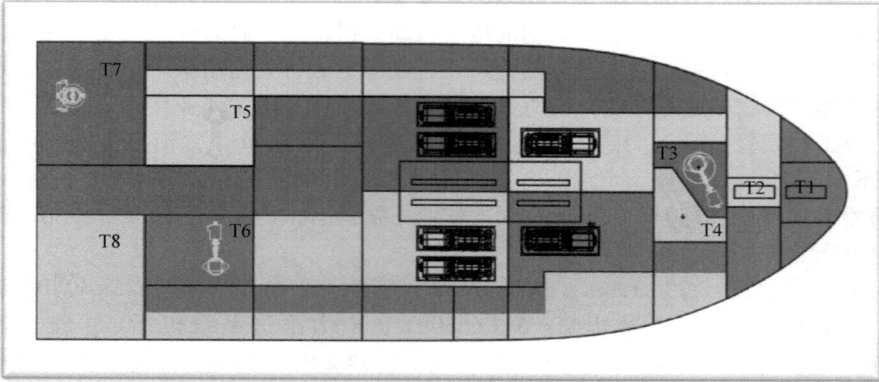

图 8-20 满足 DP3 动力定位装置布置略图

背景工程在预设的定位环境条件下（即有义波高：3m；风速：15.4m/s；流速：2.0kn），当发生任意单点故障或单个舱室损失后仍能保持船位及艏向。

推进器可工作的情况下该船的定位能力如图 8-21a 所示，图 8-21b 为最严重故障模式下该船的定位能力，经过动力定位能力分析在预设的环境下有一定充分的定位能力。

（3）系统设计模拟仿真研究分析

背景工程系统方案设计基本完成阶段，邀请通用电气（GE Energy Power Conversion）对电站及整个系统进行相关性能计算分析，验证其重要指标是否能满足船级社和使用要求，计算分析参数根据通用电气公司设备参数。下列计算结果由通用电气提供。

1）短路容量 按照 IEC 61363 标准对 6.6kV 电站进行故障电流分析，基于以下参数：

发电机额定电压：6.60kV；

发电机视在功率：8.35MVA；

系统频率：50.00Hz；

发电机数量：6 台；

发电机功率因数：0.80；

直轴超瞬态电抗（饱和）：0.12pu；

直轴瞬态电抗（饱和）：0.20pu；

日用变压器容量：2.80MVA；

日用变压器数量（最大低压电动机负载）：2Set；

日用变压器总负载：5.60MVA；

假定所有负载占变压器容量的百分比：100.00%；

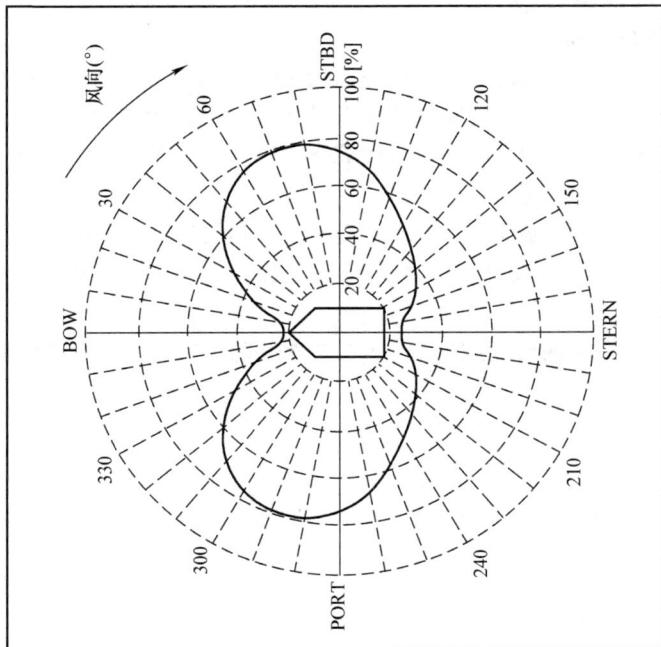

b) 故障模式下的定位能力

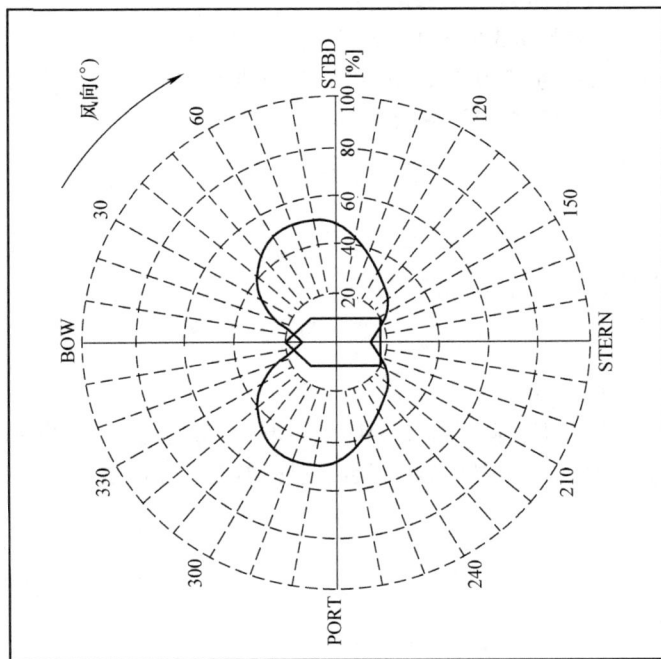

a) 正常情况的定位能力

图 8-21　DP3 动力定位能力曲线图

假定在故障发生时运行的低压电动机负载比例：80.00%。

起重机和锚机由变频器驱动，推进器和起重机系统不产生故障电流（无再生发电能力），计算不考虑电缆的阻抗。

假定在故障发生时，6 台发电机在线，配电板互连开关闭合，计算 6.6kV 故障电流：三相对称故障电流（包括主发电机和低压发电机故障作用）为 37.89kA，三相非对称尖峰故障电流（包括主发电机和低压发电机故障作用）为 98.47kA。

2）谐波分析分为以下几种情况。

① 电压谐波计算。推进器系统采用 12 脉冲变频器，运行时采用虚拟 24 脉冲以降低谐波，用最大正序发电机电抗来计算最大的谐波。计算是基于 GE PC 的起重机变频器。

② 航行工况。航行工况为两台主推进器 100% 功率并网运行，如图 8-22a 所示，运行参数与分析结果为

发电容量：16.7MVA；

母排电流：1051A；

阻抗：15.8%；

船用负载：15.4MVA；

发电机负载状态：92%；

电流谐波：1.13%；

电压谐波：3.29%，谐波分布如图 8-22b 所示。

③ DP3 重吊状态。重吊状态 DP3 模式下，3 号中压配电板的 T7 为 90% 功率，T4 为 100% 功率运行（起重功率假定为 3500kW，GE PC、变频器和 1000kVA 日用负载），其系统仿真如图 8-23a 所示，运行参数与计算结果为：

发电容量：16.7MVA；

母排电流：1139A；

阻抗：15.8%；

船用负载：16.7MVA；

发电机负载状态：100%；

电流谐波：1.5%；

电压谐波：3.9%，如图 8-23b。

④ DP3 铺管状态。DP 模式下，假定铺管 5MVA，铺管 3 号配电板 T7 为 80% 功率、T4 为 100% 功率运行，其系统仿真如图 8-24a 所示，运行参数及分析结果为：

发电容量：16.7MVA；

母排电流：757A；

阻抗：15.8%；

船用负载：15.4MVA；

发电机负荷状态：92%；

电流谐波：1.5%；

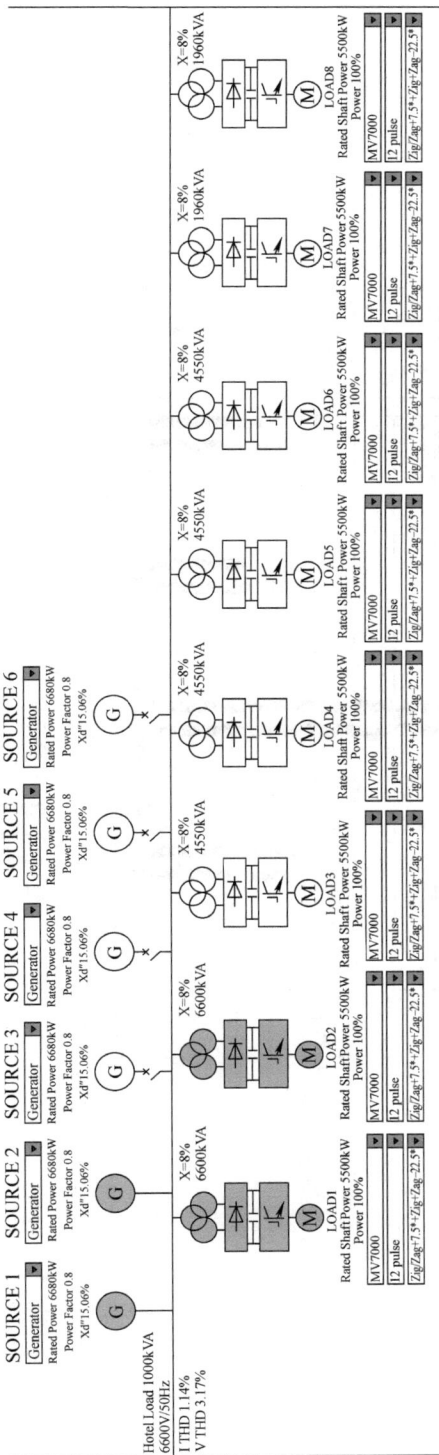

a) 系统运行示意图

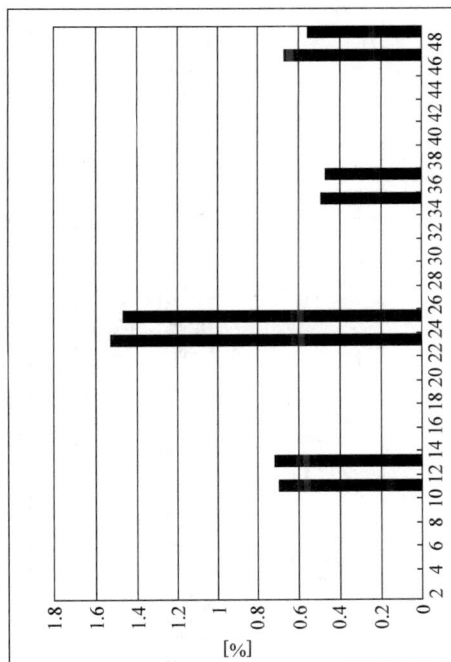

b) 电压谐波

图 8-22　航行工况的谐波分析

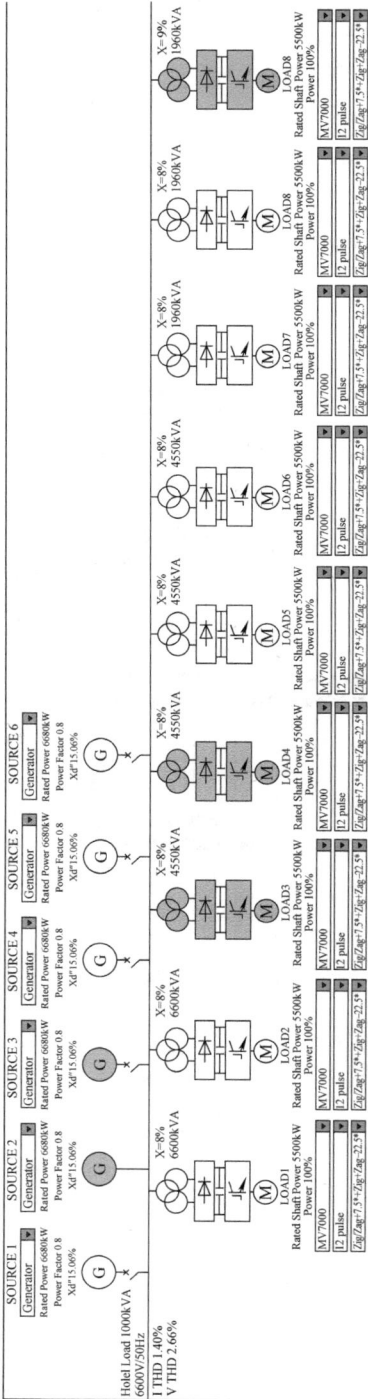

a) 系统运行示意图

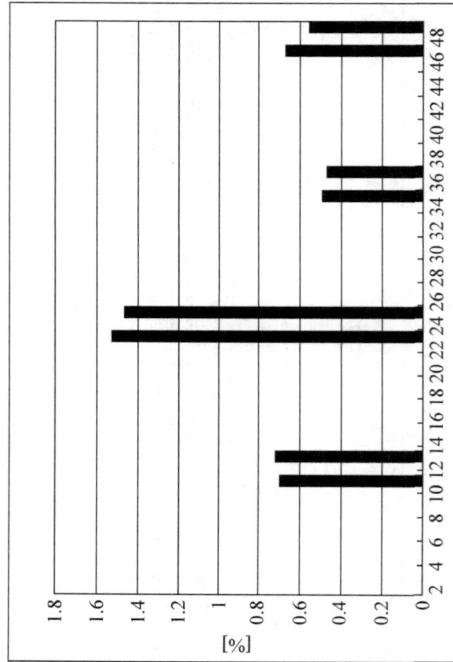

b) 电压谐波

图 8-23 DP3 重吊状态的谐波分析

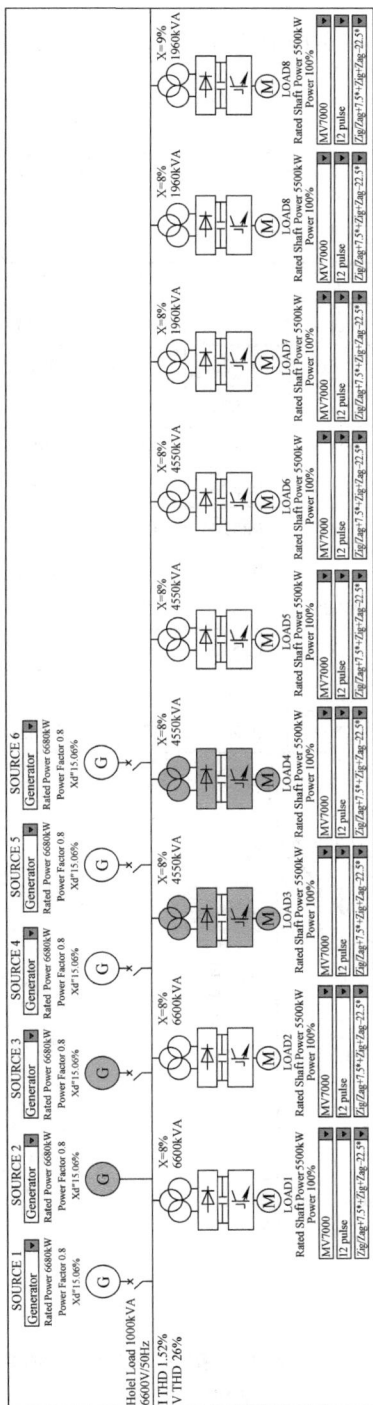

a) 系统运行示意图

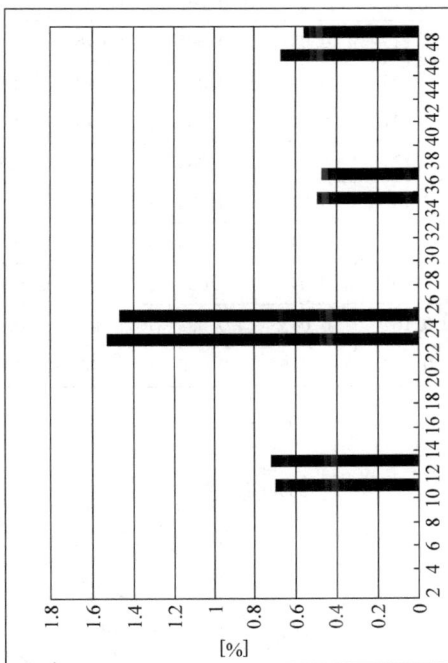

b) 电压谐波

图 8-24　DP3 铺管状态谐波分析

电压谐波：3.6%，见图 8-24b。

基于上述工况的初步分析估算，电压谐波的结果满足美国船级社（ABS）和中国船级社（CCS）的要求。

（3）快速性试验

利用 5000t 全回转起重船模型进行了自航试验，其结果见表 8-4，实船航速预估如图 8-25 所示。

表 8-4　自航试验结果

V_S	F_n	t	w	η_H	η_R	η_0	η_D	N_S	P_D
9.00	0.107	0.045	0.086	1.045	1.001	0.501	0.524	125.9	3190
9.50	0.113	0.044	0.084	1.044	1.000	0.503	0.525	133.1	3710
10.00	0.119	0.043	0.085	1.046	0.992	0.504	0.523	139.8	4316
10.50	0.125	0.045	0.085	1.044	0.990	0.505	0.522	146.3	4991
11.00	0.131	0.042	0.083	1.045	0.985	0.505	0.520	152.7	5760
11.50	0.137	0.042	0.084	1.046	0.981	0.505	0.518	159.2	6607
12.00	0.143	0.043	0.085	1.046	0.977	0.505	0.516	165.9	7530
12.50	0.149	0.043	0.084	1.045	0.972	0.506	0.514	173.1	8543
13.00	0.155	0.044	0.083	1.043	0.964	0.507	0.510	180.8	9703
13.50	0.161	0.045	0.083	1.041	0.957	0.508	0.506	189.2	11008
14.00	0.167	0.046	0.080	1.037	0.949	0.509	0.501	198.6	12509

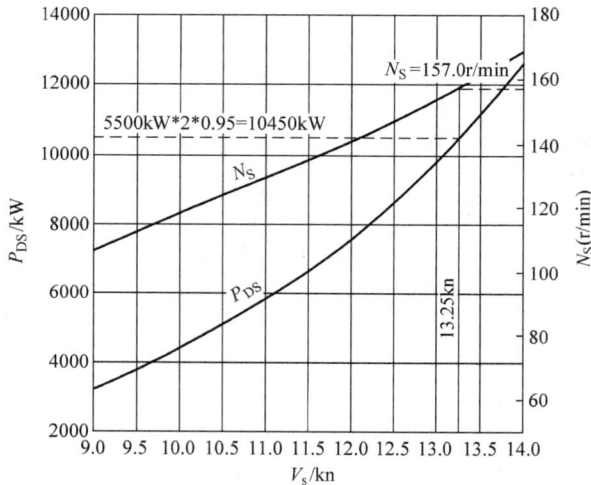

图 8-25　实船航速预估（设计状态）

背景工程主要推进系统经过 GE 通用电气公司初步估算，为电力推进系统设备招标标书参数提出打下初步基础，为后续详细设计及建造奠定了技术基础。

通过 5000t 起重铺管项目的设计建造将为国内建造类似项目及设备奠定了良好基础。

8.3　AUV 推进系统

随着海洋探测、开发以及工程的需求日益增长，水下无人载运工具（在国内称为水下机器人）的研制和应用也迅速发展。其中：水下自主运载工具（Autonomous Underwater Vehicles，AUV）具有低成本、小型化、自主操作等特点成为近年来国内外研究的热点。AUV 基本结构主要由动力系统、自主导航系统、探测与操作系统等组成。动力系统包括：电源、推进器及其驱动控制器；自主导航系统包括：GPS、无线电通信及智能导航控制器等；探测与操作系统有姿态传感器、高度计、深度计和视觉传感器等，并根据工程需要配备机械手等。

AUV 的动力系统主要由电源、推进器及其控制器组成。供电方式有两种选择：有缆方式或无缆方式。有缆供电方式，由工作母船提供电能，采用电缆连接，还可采用远程遥控，又保证了控制操作的有效性和可靠性，当设备出现不可预料的故障时可通过缆线撤回安全区域，不至于丢失，但 AUV 的操作灵活度不够，行动范围有限。无缆供电方式在 AUV 的舱体内安装蓄电池，其自主操作灵活，运行范围大。但蓄电池使 AUV 体积大、船体重，且蓄电池电能有限，影响其连续运行时间。

AUV 大都采用螺旋桨式推进器，基本上由电动机驱动。AUV 要实现水下空间的 6 个自由度（DOF）运动，即三个平移运动：沿 x 轴的前进（Surge）、沿 y 轴的横移（Sway）和沿 z 轴的升降（Heave），三个回转运动：绕 x 轴的横摇（Roll）、绕 y 轴的纵倾（Pitch）和绕 z 轴的转艏（Yaw）。为使 AUV 的运动具有 6DOF 可控性，应适当设计推进器的结构配置和选用推进器的数量。例如：一个 AUV 的推进器配置如图 8-26 所示，采用 5 个推进器，每个推进器均可以 360°转向。其中：两个艉推进器控制 AUV 的前进与后退；两个侧推进器控制 AVU 的升降；一个艏推进器控制 AUV 的方向。

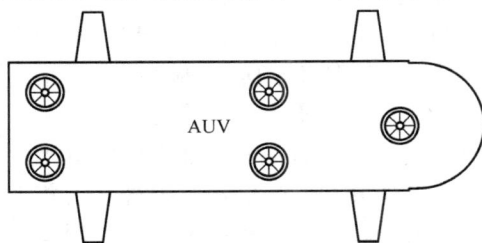

图 8-26　典型的 AUV 推进器布置

AUV 大多采用电动机直接连接螺旋桨。电动机可以选用直流电动机和交流电动机。直流电动机成本低，调速、控制系统简单，特别是采用电池组作为电源的 AUV 大都采用直流电动机。梯形波同步电动机又称无刷直流电动机，因没有换向器（整流子）和电刷组成的机械接触机构，特别是采用永磁体为转子的永磁无刷直流电动机，没有激磁损耗和换向火花，运行可靠，维护简便，且 EMI 小，成为取代传统直流电动机的新选择。

AUV 的推进器是由电动机和螺旋桨组成，因而其电动机需要密封。密封主要有两种方式，一种是机械密封，另一种采用磁耦合器。机械密封相对而言比较简单，但因密封处要承受海水的压力，影响电动机的驱动特性。为了改善电动机性能，通常在电动机内部充油，改善其耐水压的性能，且因密封而引起的摩擦力要小得多，电动机的空载电流的增加也很小。

采用磁耦合器就是利用电磁力传递转矩，这样电动机与螺旋桨之间没有直接的机械联系。依据磁场传递扭矩，密封问题很容易解决，只要用非导磁材料将电动机包围起来就解决了动密封问题。但采用磁耦合器使推进器的效率略有下降，且电动机的转速与螺旋桨的转速不一定完全匹配。为了得到较高的效率，需要采用减速器，但对于中、小型AUV要求推进器结构紧凑不相适应。而轮毂型推进器则因其电动机与螺旋桨一体化构造，没有密封防水问题，可用于AUV。

AUV的控制因无人操作而较为复杂。一种基于智能方法的AUV控制系统如图8-27所示，由智能控制器、AUV控制器与推力分配器组成。

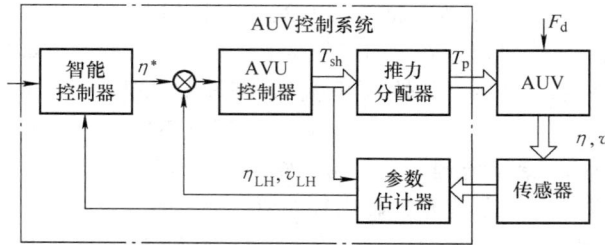

图 8-27 AUV 智能控制系统结构

系统采用分层递阶控制思想，如图8-28所示，AUV控制器是中间层的控制协调单元，其作用与DP控制器类似，根据船体位置、速度及海流等情况产生船体姿态控制和推力信号，推力分配器则根据推进器分布，产生各个推进器的相应控制信号。推进控制系统属于底层实时控制单元，各个推进器根据自己得到的推力和方向控制信号，驱动AUV的运行与姿态。

（1）控制层

主要是AUV的推进控制。与水面船舶或海洋平台不同在于其运动是6DOF，因而AUV的建模也是基于6DOF的船体模型，可表示为[1]

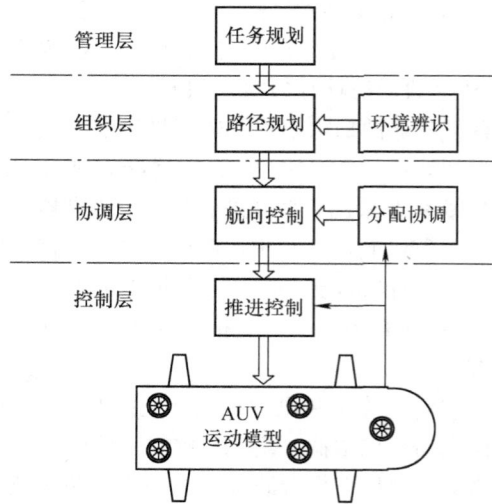

图 8-28 AUV 的分层递阶控制结构

$$\dot{\boldsymbol{\eta}} = \boldsymbol{J}^{\mathrm{T}}(\boldsymbol{\eta})\boldsymbol{v} \qquad (8\text{-}32)$$

$$\boldsymbol{M}\dot{\boldsymbol{v}} + \boldsymbol{C}(\boldsymbol{v})\boldsymbol{v} + \boldsymbol{D}(\boldsymbol{v})\boldsymbol{v} = \boldsymbol{T}_{sh} \tag{8-33}$$

式中 $\boldsymbol{\eta}$——表示 AUV 的 6DOF 的位置：前进、横移和下沉与角度：翻滚、纵倾和艏偏，$\boldsymbol{\eta} = [x, y, z, \varphi, \theta, \psi]^T$；

     $\boldsymbol{v}$——表示 AVU 的 6DOF 的线速度和角速度，$\boldsymbol{v} = [u, v, w, p, q, r]^T$；

   $\boldsymbol{J}^T(\boldsymbol{\eta})$——坐标转换矩阵；

   $\boldsymbol{C}(\boldsymbol{v})$——流体动力学的 Coriolis 和向心力矩阵；

   $\boldsymbol{D}(\boldsymbol{v})$——阻尼矩阵的非线性形式。

上述非线性模型控制较为复杂。一般可根据 AUV 的运行状态分为两个子系统[1]：

1）前向运动子系统。AUV 前进和下潜运动时，主要变量为 u, w, q 和 θ，式（8-33）AUV 的 6DOF 运动方程将简化为一个 $\boldsymbol{v} = [u, w, q]^T$ 的 3DOF 模型；在恒速运动条件下，还可进一步简化为 2DOF 模型或以 θ 为变量的二阶微分方程。

2）侧向运动子系统。AUV 侧转运动时，其速度向量 $\boldsymbol{v} = [v, p, r]^T$，式（8-33）同样可简化为一个 3DOF 模型。在恒速运动条件下，也可进一步简化为 2DOF 模型或以 φ 为变量的二阶微分方程。

这样可以根据 AUV 的运行要求，给出相应的控制指令，划分为不同子系统进行控制。而推力分配的原理与前述相似，根据 AUV 的推进器分布情况，将运行的推力需求分配给各个推进器，每个推进器按其推力要求和角度进行控制。更为一般地，船舶与推进器之间的推力分配关系为[1]

$$\boldsymbol{T}_{sh} = \boldsymbol{T}(\delta_p)\boldsymbol{K}\boldsymbol{T}_p \tag{8-34}$$

式中 $\boldsymbol{K}$——推力的加权矩阵，且有：$\boldsymbol{K} = \mathrm{diag}[k_1, k_2, \cdots, k_n]$；

   $\boldsymbol{T}(\delta_p)$——转换矩阵；

   δ_p——可转向推进器与 AUV 前进方向的夹角，$\delta_p = [\delta_{p1}, \delta_{p2}, \cdots, \delta_{pn}]$。

因而，在控制层大都采用传统的控制方法，也有采用模糊控制或 ANN 控制方法。

（2）协调层

AUV 的协调控制的主要功能是根据上层给定的航线，进行导航控制，按指定的轨迹航行，并协调和分配各推进器的运行状态。实现自主导航，控制 AUV 按预定航线航行，以实现无人自主操纵。这里主要是导航系统的轨迹跟踪控制，有采用自适应控制等方法，也有采用 ANN 等智能控制方法。

（3）组织层

主要根据管理层的任务和航行目标需要，通过路径规划来制定 AUV 的航线。主要的路径规划方法有传统的路径规划方法，需要根据电子海图或其他海洋环境信息。也有采用智能化方法，比如：采用遗传算法进行路径规划；也有采用数据挖掘方法，利用地理信息系统（GIS）与指定海域的船舶航行历史数据，通过聚类分析，进行航线设计。具体方法可见参考文献 [5~7]。

环境辨识是通过参数估计器将根据传感器检测的各种信号对 AUV 运行状态及其环境条件进行辨识和估计，提供所在海域的地理与环境信息，为航线制定提供参考。

（4）管理层

管理层是上层单元，其主要工作是顶层设计，根据计划任务，分解成具体的行动计划，产生完成任务的指令序列。这里需要采用高级人工智能，比如：机器学习、专家系统、ANN 等。因其内容已超出本书的范畴，这里不再详述，请参阅有关文献。

8.4 船舶的故障冗余和容错控制

为了保障海上航行的安全性，船舶需要有一定的故障冗余和容错控制能力。前面章节已介绍了有关船级社对船舶的故障冗余要求与等级，故障的检测与诊断（Fault Detection and Diagnosis，FDD）方法，这里则主要介绍船舶系统的容错控制。

所谓故障容错控制（Fault Tolerant Control，FTC）就是当动态系统的执行器、传感器或元部件发生故障时，闭环系统仍然保持稳定，并能在适当降低性能的条件下继续运行，直到故障排除后，恢复正常控制状态。

容错控制的基本思想是对故障系统进行重组或重构，使动态系统保持稳定运行。系统重组（Reconfiguration）是对控制器的参数进行调整的方法；系统重构（Reconstruction）是对系统结构和控制器参数同时进行调整的方法。

一般来说，故障容错控制分为被动容错控制（PFTC）与主动容错控制（AFTC）两类：PFTC 是采用固定的控制器来确保闭环系统对特定的故障不敏感，因而不需要在线故障信息和 FDD 子系统；AFTC 是在故障发生后，根据所期望的系统特性重新设计一个控制系统或策略的方法，因而需要已知系统故障类型的先验知识，或采用 FDD 子系统来检测与分离故障。目前，故障诊断与容错控制的理论与方法主要有经典方法和智能方法等[8]。

笔者的研究团队探索了基于智能控制的船舶故障检测与容错控制系统结构与控制策略，并提出了一种基于 ANN 的船舶故障检测与容错控制方法[9~11]。

本节主要讨论一种基于混合智能的船舶航向容错控制系统，并通过仿真实验验证该系统对船舶舵机部分功能失效具有容错控制能力。

8.4.1 船舶航向容错控制系统结构及工作原理

对执行器部分功能失效具有容错控制能力的船舶航向容错控制系统结构如图 8-29 所示。图中 φ_r 和 φ 分别为船舶给定航向和实际航向；e 是航向误差，作为控制器的输入；δ_r 和 δ 分别是给定舵角和舵机的实际舵角。

在图 8-29 所示的船舶航向容错控制系统中，除船体、舵机以及 PID 控制器以外，主要增加了与 PID 控制器并联的自适应模糊神经网络控制器（AFNNC）、系统辨识神经网络（SINN）和故障检测与诊断（FDD）3 个子系统。对舵机故障进行容错控制的原理是：当舵机系统正常工作时，由常规的 PID 控制器对船舶进行控制，转换开关 S 位于触点 1 位置，此时 AFNNC 在线学习 PID 控制率；当 FDD 模块检测到舵机系统发生故障时，发出报警，并控制开关 S 转向触点 2，由模糊神经网络控制器对船舶进行控制。由于神经网络具有自学习、自适应的能力，它能根据电罗经等仪器检测到的船舶航向信息

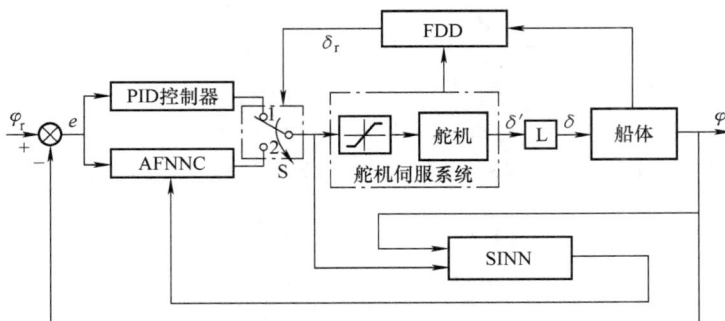

图 8-29 船舶航向容错控制系统结构

自动修正权值，适时的改变输出的舵角信号，适应舵机故障模式下的系统。

系统中采用 PID 控制器与自适应模糊神经网络控制器并联的原因主要有两个，一是因为 PID 控制是目前在实际中应用最为广泛的控制方法，但是 PID 控制器本身不具备自动调整参数的能力，不能在故障情况下进行容错控制。采用自适应模糊神经网络与之并联可以在系统正常时让 PID 控制器作为教师训练自适应模糊神经网络控制器，在故障时让自适应模糊神经网络控制器工作作为容错控制器，同时发挥 PID 控制器控制精度高和神经网络控制器自适应能力强的特点。第二个原因是因为无论 PID 控制器或是神经网络控制器，本身也会出现故障，将两者并联起来，相当于控制器具有了冗余，起到了对控制器故障的容错作用。

8.4.2　自适应模糊神经网络控制器

图 8-29 中的自适应模糊神经网络控制器的控制目标是在舵机系统不完全失效的情况下，使船舶航向的控制效果尽可能地接近正常情况，从而实现舵机部分功能失效下的容错控制。该容错控制器由一个多层模糊神经网络实现，其结构如图 8-30 所示。

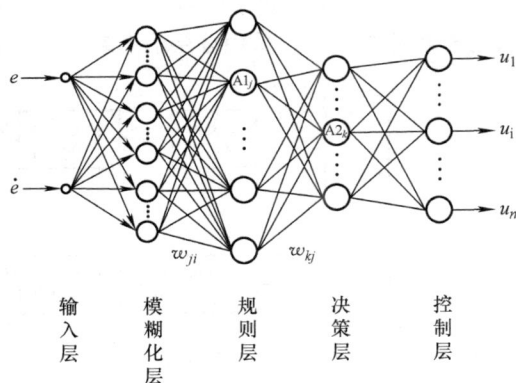

图 8-30　自适应模糊神经网络控制器结构

该神经网络的输入为系统输出误差 e 及其变化率，系统输入首先要经过模糊化层进行模糊化处理，然后由规则层进行模糊推理，决策层对推理结果做出决策，最后经由控制层去模糊化后输出，得到准确的控制量 u。

网络模糊化层采用高斯函数作为隶属函数；网络规则层采用广义概率和模糊算子，其输出为

$$A1_j = \left(\prod_{i=1}^{n} e_i^{w_{ji}} \right)^{b1_j}, \ b1_j \in [0, +\infty) \tag{8-35}$$

其中：

$$w_{ji} = \frac{dw_{ji}^2}{\sum\limits_{i=1}^{n} dw_{ji}^2} , \quad dw_{ji} \in (-\infty, +\infty) \tag{8-36}$$

$$b1_j = db1_j^2, \quad db1_j \in (-\infty, +\infty) \tag{8-37}$$

网络决策层采用广义概率积模糊算子，输出为

$$A2_k = 1 - \Big[\prod_{j=1}^{n1} (1 - A1_j) w_{kj}\Big]^{b2_k}, \quad b2_k \in [0, +\infty) \tag{8-38}$$

其中：

$$w_{kj} = \frac{dw_{kj}^2}{\sum\limits_{j=1}^{h} dw_{kj}^2} , \quad dw_{kj} \in (-\infty, +\infty) \tag{8-39}$$

$$b2_k = db2_k^2, \quad db2_k \in (-\infty, +\infty) \tag{8-40}$$

网络控制层的去模糊化算法采用改进型中心平均模糊消除算法

$$u = \frac{\sum\limits_{l=1}^{M} \overline{u}^l \big[\mu_B^l(\overline{u}^l)/\delta^l\big]}{\sum\limits_{l=1}^{M} \big[\mu_B^l(\overline{u}^l)/\delta^l\big]} \tag{8-41}$$

式中　$\overline{u}$——输出控制量模糊子集的中心；

　　　δ——中心宽度。

该神经网络的学习采用基于步长优化的近似数字微分算法，详细算法请见文献 [9]。

8.4.3　故障检测与诊断子系统

图 8-29 中的故障检测与诊断子系统主要用于对整个系统中的传感器故障和执行器故障进行检测与诊断，采用分层信息融合技术实现，其结构如图 8-31 所示。

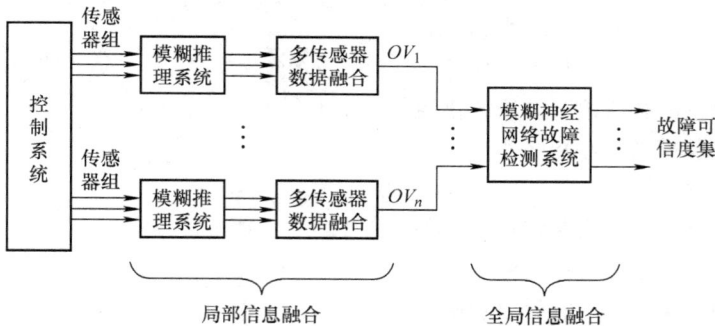

图 8-31　基于分层信息融合的故障检测与诊断系统

图 8-31 中，故障检测与诊断过程分为两个步骤：

（1）首先是基于决策距离模糊推理的局部信息融合

该局部信息融合的目的有两个，一是从含有噪声的传感器测量数据中估计出相对准确的测量值；二是检测、判断是否有传感器出现故障，最终得到准确的征兆变量参与下一步的全局诊断融合。

局部信息融合分3个步骤进行：首先将传感器组的测量数据进行预处理，求出每个传感器测量值的决策距离；第二步根据决策距离进行模糊推理，求出每个传感器在当前采样点的可信度；最后第三步将传感器组中各传感器的可信度归一化，与测量值进行加权融合。

（2）然后进行基于模糊神经网络的全局信息融合

多传感器局部数据融合的目的是得到较准确的征兆变量集，参与故障诊断全局信息融合。故障诊断的基本思想是对故障征兆进行分析处理，提取故障特征并建立故障特征与系统征兆之间的关系。但是，一般故障和征兆之间的关系很难用精确的数学表达式来描述，因此，本方法采用三层模糊神经网络实现全局故障诊断信息融合，网络结构如图8-32所示。

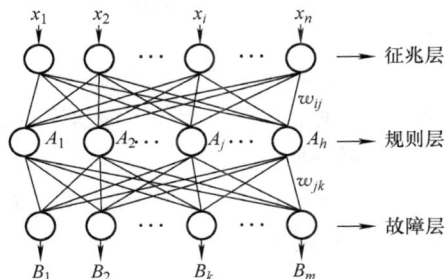

图 8-32　故障诊断模糊神经网络

关于局部信息融合的决策距离模糊推理算法以及全局信息融合的模糊神经网络学习算法详见参考文献［10］。

8.4.4　系统辨识子系统

图 8-29 中系统辨识神经网络的作用是在每个采样周期中为自适应控制器的在线训练提供反馈信息。即在船舶航向的每个采样周期中，神经网络的权值经过一次迭代训练后产生了新的控制舵角，这时必须知道在新控制量作用下的船舶航向才能更新目标函数，但是此时下一个采样时刻还没有到，只能通过系统辨识神经网络来计算出可能的航向角。用作系统辨识的神经网络可以很多种，本方案采用 3 层 BP 网络进行实现。

8.4.5　仿真实验

8.4.5.1　船舶操纵的数学模型

对于船舶航向运动控制问题而言，对船体建模时可忽略船体六自由度运动中的起伏运动、纵摇运动以及横摇运动，而只讨论前进运动、横漂运动和首摇运动，这样可将船舶运动模型简化为只有 3 个自由度的平面运动问题。

根据牛顿运动定律，可建立船舶平面运动模型

$$\begin{cases} m(\dot{u} - vr - x_g r^2) = X + X_w \\ m(\dot{v} + ur + x_g \dot{r}) = Y + Y_w \\ I_z \dot{r} + mx_g(\dot{v} + ur) = N + N_w \end{cases} \tag{8-42}$$

式中　　　　　　 m、I_z 和 x_g——船舶质量、偏航转动惯量和重心横坐标；

u、v、r——前向速度、横漂速度和偏航角速度；

$X(X_w)$、$Y(Y_w)$、$Z(Z_w)$——3 个坐标轴方向上的液动（风）力和力矩。

它们都是很复杂的函数。为了便于研究，将这些复杂的非线性函数按照泰勒级数展开，考虑其一阶偏导，可以得到船舶操舵的微分方程：

$$T_1 T_2 \ddot{\varphi} + (T_1 + T_2)\ddot{\varphi} + \dot{\varphi} = k(T_3 \dot{\delta} + \delta) \tag{8-43}$$

式中 T_1、T_2、T_3——船舶运动方程系数，由船舶的方形系数、吨位、载重、航速等因素决定。

舵机伺服系统主要由比较器、功放、变量泵、液压舵机及舵机反馈装置组成，是一个具有纯延时、死区、滞环、饱和等非线性特性的电动液压系统。通常情况下可被视为一个一阶惯性环节

$$T_r \dot{\delta} + \delta = \delta_r \tag{8-44}$$

式中 T_r——时间常数；

δ_r——命令舵角。

上式经过拉氏变换，转化为传递函数：

$$\frac{1}{T_r s + 1} \tag{8-45}$$

式（8-45）作为舵机简化的数学模型，体现出了舵机的时延特性，但其饱和的物理限制并没有通过模型表现出来。因此，在式（8-45）的基础上，还要加入物理限幅环节，模拟舵叶转角受到最大舵角限幅的情况，如图8-29所示。

8.4.5.2 舵机故障的模型化处理

舵机在实际运行过程中会出现各种故障，常见的有舵速太慢，跑舵、空舵、无舵等。为了在图8-29所示系统中描述舵机不同程度的故障，引入舵机"效率损失"（Loss of Eefficiency，LOE）的概念来模拟舵机故障：当舵机无故障时，可以看作其效率为100%，LOE = 0；当舵机发生一定程度的故障但还没有完全失效时，认为舵机的效率有一定的损失，0 < LOE < 1；当舵机完全失灵时，效率为0，此时LOE = 1。本节只讨论在LOE ∈ （0，1）时的容错控制问题。

在船舶控制的前向通路中设置执行器故障常数 L 来表示 LOE，如图8-29所示。当LOE = 0时 $L = 1$，表示舵机正常；当舵机出现故障并且故障程度逐渐加剧时，L 从1逐渐减小，直到变为0表示执行器完全失效。

8.4.5.3 自适应模糊神经网络控制器设计

自适应模糊神经网络控制器的结构如图8-30所示，仿真实验中为了简便起见，输入只考虑航向误差 e，输出为控制信号 u，其结构如图8-33所示。神经网络隐层结构为 7 – 15 – 7，即正规化层、规则层和决策层分别有7，15 和 7 个神经元。

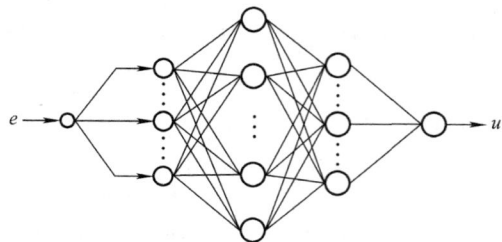

图8-33 仿真实验中自适应模糊神经网络控制器结构

网络的输入首先要经过模糊化处理，航向误差 e 的论域范围是 [–35，35]，通过

高斯函数划分为 7 个模糊子集, 如图 8-34a 所示。各模糊子集等价于语言变量取值: {负大、负中、负小、零、正小、正中、正大}。同理, 网络输出控制量 u 的论域根据舵机限幅取为 $[-30, 30]$, 划分为 7 个模糊子集, 如图 8-34b 所示。

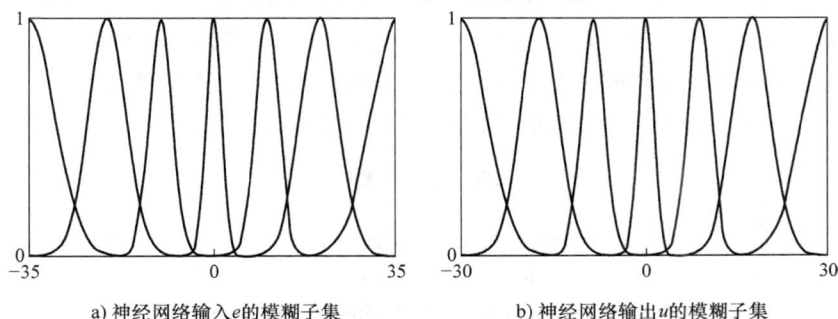

a) 神经网络输入 e 的模糊子集　　　　　b) 神经网络输出 u 的模糊子集

图 8-34　控制器输入及输出隶属函数

网络模糊化层、网络规则层以及网络控制层神经元的传递函数如式 (8-35) ~ 式 (8-41) 所示, 网络训练采用基于步长优化的近似数字微分算法。

8.4.5.4　仿真实验及结果分析

在 Matlab 中搭建仿真模型, 在舵机正常以及不同程度故障时分别进行仿真实验, 以验证自适应模糊神经网络控制器的容错控制效果。

仿真实验在 LOE 为 0、10%、20% 以及 40% 四种情况下分别给定 30°航向角, 相应的舵机故障常数为 $L=1$, $L=0.9$, $L=0.8$ 以及 $L=0.6$; 仿真时间均设置为 200s; 仿真实验时, 首先在无故障情况下给定 30°航向角, 通过 PID 控制器获取输入输出样本对自适应模糊神经网络控制器进行训练, 然后分别在上述 4 种不同情况下由自适应模糊神经网络控制器单独对船舶航向进行控制, 仿真结果如图 8-35 中各曲线所示; 4 种情况下, 系统的上升时间见表 8-5。

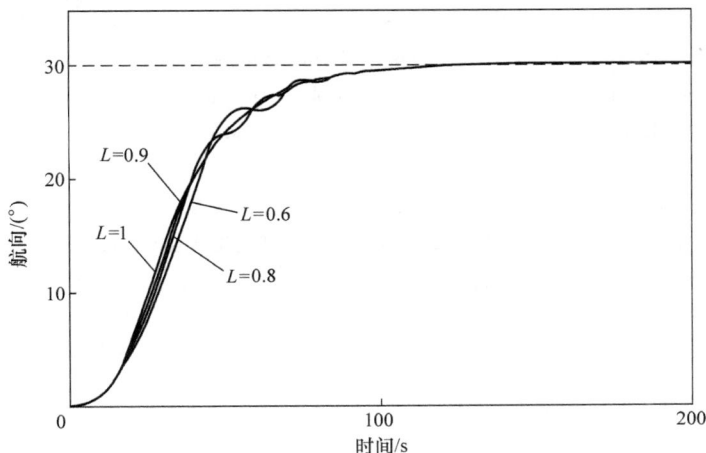

图 8-35　舵机故障情况下的船舶航向

表 8-5 故障情况下的系统上升时间 t_r　　　　　　（单位：s）

	LOE = 0%	LOE = 10%	LOE = 20%	LOE = 40%
神经网络控制器	70	70	70.5	71

由图 8-35 及表 8-5 可以看出，基于模糊神经网络的自适应控制器经过训练后，不但在舵机正常时可以对系统进行有效的控制，当舵机出现不同程度的故障时，同样可以控制系统性能达到接近正常系统的，实现了对舵机故障的容错控制。

参 考 文 献

［1］ Thor I Fossen. Handbook of Marine Craft Hydrodynamics and Motion Control ［M］. Wiley, 2011.

［2］ Sørensen A J, Strand J P . Positioning of Semi – submersible with Roll and Pitch Damping ［C］. I Procedings of the IFAC Conference on Control Applications inMarine Systems (CAM'98). Fukuoka, Japan. 1998：67 – 73.

［3］ Charles K. Chui, Guanrong Chen. Kalman Filtering with Real Time Applications ［M］. London：Springer, 1998.

［4］ 汤天浩, 闻春红, 王天真, 等. 舰船组合导航系统的顺序滤波融合算法 ［J］. 中国航海. 2008 (3)：206 – 209.

［5］ 王天真, 郝瑞吉, 汤天浩. 一种基于数据挖掘的 GIS 及在航海中的应用 ［J］. 中国航海. Serial. 2003, 56 (3)：1 – 4.

［6］ 王天真, 汤天浩. 一种基于动态数据窗口的复合聚类方法及在 GIS 中的应用 ［J］. 模式识别与人工智能. 2005, 18 (4)：506 – 512.

［7］ Tang Tianhao, Wang Tianzhen. ANN – based multiple dimension predictor for ship route prediction ［C］. Informatics in Control, Automation and Robotics II, Edited by Joaquim Filipe, et, al. 2007：207 – 216.

［8］ 周东华, 叶银忠. 现代故障诊断与容错控制 ［M］. 北京：清华大学出版社, 2000.

［9］ Tang Tianhao, Yao Gang. An intelligence fusion system for ship fault – tolerant control ［C］. Preprints of IFAC Conference on Control Applications in Marine Systems. Ancona, Italy, 2004, 7：83 – 88.

［10］ Tang Tianhao, Yao Gang. A fault – tolerant control method based on adaptive FNN for Ship Control System ［C］. IEEE International Conference on Control and Automation (ICCA2005), Budapest, Hungary. 2005.

［11］ GuyLebret, Gang Yao, Mourad Ait – Ahmed, et al. A GAIN – SCHEDULING AND INTELLIGENCE FUSION METHOD FOR FAULT – TOLERANT CONTROL ［C］. IFAC SAFEPROCESS' 2006 Tsinghua University, Beijing, 2006.

第9章 船舶电力推进系统的新技术和新发展

随着全球能源短缺，环境污染和气候变化等问题的日益严峻，船舶电力推进系统应用将逐步扩展。而新技术和新能源的开发，使船舶电力推进的新发展正方兴未艾。本章将围绕船舶节能减排和新能源利用，研讨船舶电力推进系统的新技术和新进展。

9.1 全电船的发展和应用

船舶经历了从蒸汽机到内燃机的发展历程。因而，目前船舶上各种装置五花八门，其动力有气动的、液压的和电动的，造成了设备众多，种类繁杂，管理和维修也很不方便。在电力传动广泛应用今天，船舶装备的电气化、信息化和自动化已经是不可逆转的趋势。在这样的背景下，构建全电船的设想就应运而生了。

9.1.1 全电船的概念和结构

全电船（All Electric Ships），顾名思义就是船舶的全部设备都采用电气装置或电力传动。这是因为电能的传输和利用要比其他能量更为简便和高效，特别是电能的控制与电力传动控制也更易实现自动化和信息化。

全电船的概念提出后，美国和法国等率先进行了尝试，构建了一个全电船示范实验系统（Electric Ship Technology Demonstrator，ESTD），其结构如图9-1所示[1]。

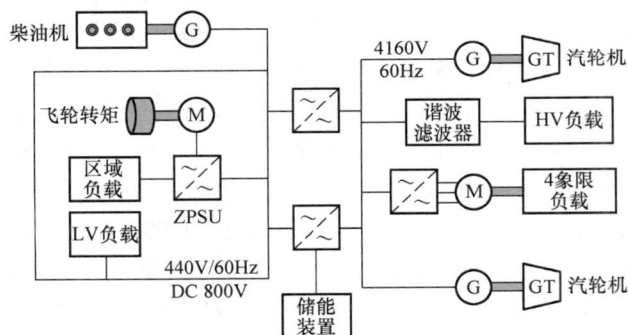

图9-1 ESTD系统结构[1]

该系统的配置如下：

1）原动机：

21MW 的 Rolls – Royce WR21 型汽轮机；

4MW 的 Typhoon 型汽轮机。

2）发电机：4.16kV，60Hz，3600r/min。

3）电动机：采用 AIM：20MW，0～180r/min，15 相绕组。

4）变频器：VDM25000。

5）ZPSU 提供 300kW 低压电源：

AC：440V/60Hz，115V/60Hz，115V/400Hz；

DC：220V，24V。

6）电能储存：

· 5 个飞轮系统提供 200kW，4min；

· 2 个 1MW Flow Cell 供电 10min。

由此可见，要实现全船电气化，需要解决的主要问题和关键技术在于：

1）高功率密度推进电动机；

2）高可靠性中压变频器；

3）大容量电能存储技术；

4）电力系统的发展和革新，包括：IPS 和直流电站，以适应电力推进的 PMS。

目前，在这些领域正在进行新的研究和探索，并取得一些进展和突破。本节将主要介绍超导电动机、基于 PEBB 的变频器构造、大容量储能技术以及直流电站等新的技术进展。

9.1.2 超导电动机

超导现象是 20 世纪的重大发明之一，超导材料具有的优异特性使超导电动机的研制成为未来船舶推进电动机的发展方向。

高温超导（High Temperature Superconducting，HTS）是指超导材料的临界温度较高（目前已可达到 100K 以上），可以运行在液氮温区，用沸点温度为 77K 的液氮冷却。显然，高温超导对设备的要求比低温超导简单得多。

1986 年高温超导材料就已出现，目前已经实现商品化，形成了 YBCO、BSCCO、TBCCO、HBCCO 等 4 类，它们的临界温度分别为 95K、110K、125K 和 135K。其线材的制造工艺也有多种方法，最成熟的在超导装置中使用的线材主要是 BSCCO 材料。例如：美国超导体公司（ASC）具有最强的实力，该公司持有 BSCCO 短导线实验室临界电流的世界纪录，年产量已达 250km，正在建立一个新的年产量为 10000km 的生产基地。日本住友公司（SEI）是首先在世界上主导 BSCCO 导线发展的公司之一，实力较强的还有丹麦的北欧超导公司和德国的真空冶炼公司等。

高温超导同步电动机。高温超导材料的应用，使得超导设备的结构更加简单，成本降低，而运行可靠性大为提高，这些优势对于大容量船用推进电动机的研制显得尤为重要。目前超导推进电动机主要有低温超导直流单极电动机和高温超导同步电动机，后者的应用前景更为看好。

HTS 同步电动机实际上是一种半超导电动机，其结构示意如图 9-2 所示[2]。在总体结构上，它和常规的电励磁同步电动机相似，在静止的定子上放置用铜线绕制的电枢绕组，在旋转的转子上放置励磁超导体。定子电枢绕组是经过改进的铜质空心导线绕组，由淡水冷却。定子总成包括交流定子绕组、定子绕组支架、机座铁心、轴承、护铁和机壳。定子绕组不放在常规的铁心齿槽中，因为它们由转子高温超导绕组产生的强磁场而处于磁饱和状态。

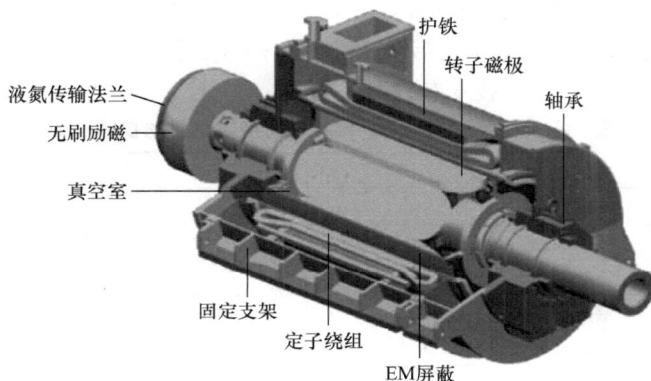

图 9-2　HTS 同步电动机结构示意图[2]

　　HTS 同步电动机的转子与传统电动机的转子完全不同，结构要复杂得多，其励磁绕组由高温超导材料制成，运行在封闭的低温环境中，工作温度 32K。转子总成包括高温超导励磁绕组、支架结构、冷却回路、制冷模块、电磁屏蔽护罩和旋转密封装置等。制冷模块设置在一个固定的构架上，用液氦或液氖来冷却转子上的部件。此外，为了冷却超导励磁绕组，设置了制冷机和对超导励磁绕组供给直流电的无刷励磁装置。

　　与传统技术相比，HTS 同步电动机的最大优势是没有铁的定子齿部，较大的气隙允许设计人员对主要的电磁参数（如同步电抗、瞬变电抗和超瞬变电抗）进行调整，以获得最大的比功率。具体来说，HTS 同步电动机的主要优势表现为以下几点：

　　1）与普通的交流电动机相比，高温超导电动机更轻、更紧凑，其功率密度可比传统的交流电动机高 2 倍以上。体积与重量的优势使高温超导电动机更易于运输与安装，以及在船舶上的灵活布置。

　　2）较大的气隙使谐波磁场变弱，并能承受传导轴上电磁屏蔽的发热，因此高温超导电动机能够容纳较大的谐波电流，因为这个特点也就省掉了谐波滤波器，同时也相应地减小了体积和重量。

　　3）从全速到低速的高效率是提高船舶的关键性能，如燃料的经济性、持续速度和任务范围。高温超导电动机在任何转速下都能在接近最大效率下运行，尤其可贵的是在低速下运行，其效率比普通电动机高出许多，而低速运行又是船舶经常出现的工况，即使在 30% 额定航速下，其效率也能超过 90%。

　　4）高温超导电动机定子绕组采用空心结构，定子齿部为非铁磁材料，因而只有很低的同步阻抗，有利于稳定运行，并可降低结构噪声。而励磁绕组几乎是在恒定的温度下运行，非常适合负载的反复变化。

5）高温超导电动机对驱动和控制装置没有特别的要求，可使用现有的交流变频器、周波变换器或 PWM 变换器。

2003 年美国海军 ONR（US Navy'S Office of Naval Research）与超导公司联合研制成功低转速、高转矩的 5MW、230r/min HTS 同步电动机，该机型是更大实船使用的万 kW 级超导电动机的模型机，全部组装后长 3m，宽 1.5m，重 26t，约为普通船舶推进电动机体积和重量的 1/4，其主要技术参数见表 9-1[2]。

表 9-1　5MW、230r/min HTS 同步电动机的技术参数

额定功率	5MW
额定相电压	2400V
额定相电流	715A
额定负载功率因数	1
额定转速	230r/min
额定频率	11.5Hz
直轴同步电抗	0.32pu
直轴瞬变电抗	0.24pu
直轴超瞬变电抗	0.16pu
电枢短路时间常数	0.069s
直轴超瞬变短路时间常数	0.02s
交轴超瞬变短路时间常数	0.028s

在此基础上，随后又研制了 20MW 的超导电动机用于船舶电力推进，该电动机额定电压 6.6kV，额定转速 120r/min，直径 2.65m，长度 2.08m，重量 60t，采用水冷方式，效率在全速时 97%，在 1/3 额定转速时达到 99%，图 9-3 给出了 HTS 超导电动机与常规同步电动机与异步电动机效率曲线[2]，显然 HTS 的效率在整个功率范围内都保持在 95% 以上。

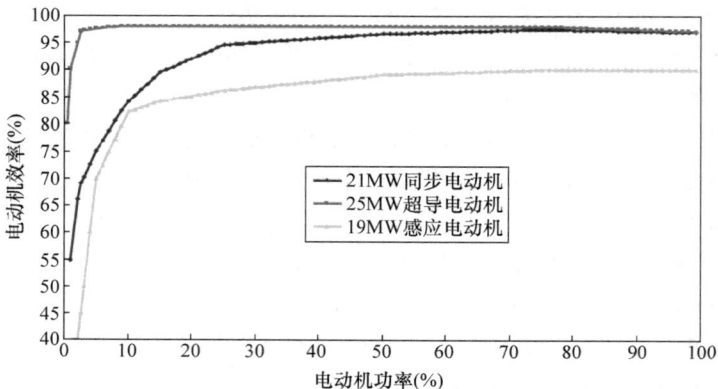

图 9-3　几种交流电动机的效率曲线[2]

9.1.3 电力电子变流器的 PEBB 构造

目前电力电子变流器的发展趋势是将基本变流单元做成 PEBB，其基本构造如图9-4所示。

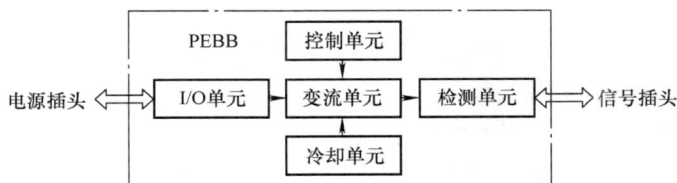

图 9-4　PEBB 的基本结构

变流单元选择一些基本变流主电路拓扑，比如：单相桥式或三相桥式电路，可以是两电平或多电平电路，并设置相应的驱动与保护电路；控制单元中设置有不同的变流控制与开关调制算法，可根据需要通过外部可编程方式来改变控制算法与参数；检测单元由传感器、信号调理电路等组成，可提供变流器所需的各种信号，也能与外界连接和通信；冷却单元为变流单元提供温度控制和热保护；I/O 单元提供 PEBB 电能的输入和输出通道，包括滤波等环节，使 PEBB 可方便连接与插拔。PEBB 可以像搭积木一样的方式组成所需的变频器。这样，可以根据变频器的相数、电平数等需求来构建，非常方便。如图9-5 所示，一个多电平逆变电路的一相采用了 3 个 PEBB 搭建而成，三相逆变器则由 9 个 PEBB 构成，且可用静态开关短接隔离损坏的 PEBB，提高系统的故障容错能力[3]。

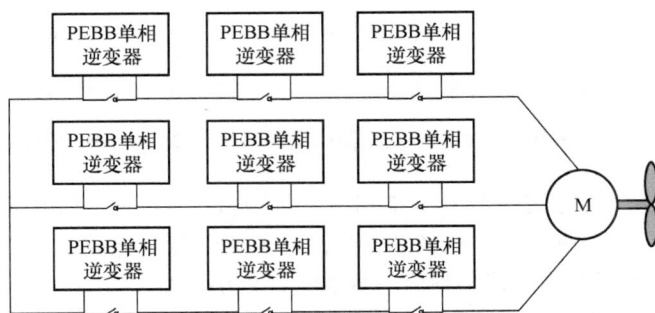

图 9-5　采用 PEBB 构造的三相逆变器[3]

ABB 公司采用了 PEBB 结构开发了 ACS 6000 变频器（见第 4 章），可以根据应用需要进行模块化组合。非常方便。据 ABB 公司的资料，目前可选用的模块有：

1）整流模块：除了前述的 LSU 为 6～12 脉波的二极管整流单元和 ARU 为 6 脉波的主动整流单元外，还有输入电感单元（IRU）用进线电感来替代输入变压器，用于没有变压器的场合；输入滤波单元（IFU）用于 ARU 来减小电网谐波。

2）直流母线模块：包括电压限制单元（VLU）、电阻制动单元（RBU）、制动斩波器单元（BCU）、隔离单元（IU）用于双电容单元冗余配备，电容器组单元（CBU）。

3）逆变模块：逆变单元（INU）可以并联使用。

4）其他模块，还有控制单元（COU）、用户接口单元（CIU）、水冷单元（WCU）、终端单元（TU）等。

应用时可根据需要选用和搭建变频器，其构建原则为

ARU 和 INU 的并联数量≤6；

如果采用 ARU，电动机数量≤4；

如果采用 LSU，电动机数量≤5；

ARU 并联的数量≤3；

LSU 并联的数量≤4；

ARU 与 LSU 不允许在同一个进线一起使用。

AC6000 变频器可用于同步电动机和异步电动机的交流调速，额定电压为 2900～3100V，可 4 象限运行。图 9-6 给出了采用不同模块组成的电力推进系统。

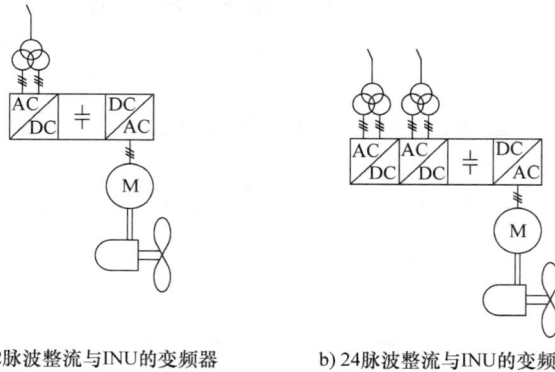

a) 12脉波整流与INU的变频器   b) 24脉波整流与INU的变频器

图 9-6　采用 PEBB 组成变频器的实例（图片来源：ABB 公司）

图 9-6 中：方案 a 选用一个 LSU 输出 12 脉波直流，与一个 CBU 和 INU 构成交 - 直 - 交电压源型变频器驱动电动机及螺旋桨；方案 b 选用两个 LSU 并联组成 24 脉波整流器，再与 CBU 和 INU 连接成变频器，驱动船舶电力推进。

在 PEBB 的构建方法及拓扑结构方面的深入研究可见参考文献 [3]。

9.1.4　电能存储技术

在常规的电力供电和电力传动系统中，其负载功率需求随着工况要求等客观因素的变化，而产生瞬时负载的扰动。这些扰动变化，不仅仅干扰了电力系统传输的正常运行；系统的频繁负载扰动，对能量的传输和利用都造成了很大的额外损耗。如果将负载制动时产生的电能反馈至电网，因船舶电站的容量有限，会对整个电网产生较大的冲击，造成电网波动。

另一方面，对于海洋工程作业和军用舰船来说，经常需要有大负载的设备投入使用，这些设备的瞬间电能需求很大。这就要求电力系统能提供瞬时的脉冲功率，否则也会造成电网的大幅波动，甚至崩溃。

因此，对于全电船来说，需要设置储能装置，特别对于需要大功率瞬时电能的船舶尤为重要。这样，船舶电能的大功率存储装置和系统研究和开发，成为全电船发展的关键技术之一。

目前，大功率电能存储方式主要有：电化学方式，包括各种蓄电池；电场储能，如超级电容；磁场储能，如电感、超导等；动能储能，如飞轮惯量等。这些储能形式的能量密度和在不同设备中的储存周期的对比可见表9-2。

表9-2　各种电能储能方式的对比

储能技术	储能形式	储能时间	能量密度/(kW·h/kg)
电容	电场	秒级	低
电感	磁场	秒级	中等
电池	电化学	天，月	中等
飞轮	动能	天，月	高
超导电磁	电磁场	天，月	非常高

储能装置在船舶中的应用需要满足船舶需要及条件，现在常用的有：

9.1.4.1　蓄电池

蓄电池是应用最为广泛的电能存储方式，在船舶中也早有使用，比如：早期的潜艇采用铅酸蓄电池作为动力电源。目前，绝大多数普通商船采用铅酸电池作为发动机的起动电源和应急电源。

电池的电荷保持能力用 C 来表示，单位是安培·小时（A·h），表示一个电量为 C 的电池可以在 CA 的电流下放电一小时，也可以在 C/n A 的电流下放电 n h。蓄电池的特性一般用充电/放电电压、充电/放电 Ah 比、自放电和涓流充电比、充放电循环效率、充放电周期数等参数来表示。

最近，一些新的电化学技术被用于制作蓄电池，比如：镍镉电池、镍氢电池、锂电池、钠流电池等。不同类型电池的能量密度主要通过能量比质量和能量比体积来表示，其放电过程的平均电压主要取决于电化学反应，不同类型电池的放电电压及适用范围的比较见表9-3。

表9-3　不同类型可充电电池放电电压的比较

电化学类型	典型应用	单体电池电压/V	评注
铅酸电池	工业领域、汽车、船舶	2.0	最廉价的技术
镍镉电池	可移动设备	1.2	有记忆效应
镍氢电池	汽车	1.2	对温度较敏感
锂离子电池	计算机、手机、宇宙飞船	3.6	安全，不含金属锂
锂离子聚合物电池	计算机、手机、宇宙飞船	3.0	含有金属锂

蓄电池可以通过充、放电来存储或输出电能。可采用双向 DC/DC 变换器来控制充电和放电过程。一个基本的双向 DC – DC 变换器如图 9-7 所示，由两个 IGBT 开关管 VI$_1$ 和 VI$_2$，一个滤波电感 L，一个输出电容 C_o 组成。

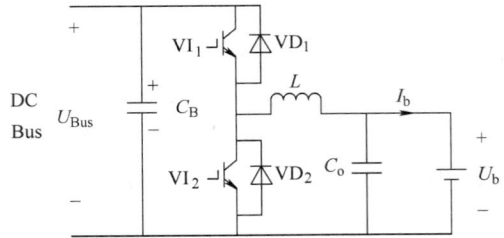

图 9-7 双向 DC – DC 变换器充电电路拓扑结构

U_{Bus} 是直流母线的电压，U_b 是电池组的电压。当电池充电时，该变换器工作于 Buck 模式；当电池放电时，变换器工作于 Boost 模式，把电能传输到直流母线。

蓄电池充、放电的速率影响其使用效率和寿命，特别是对于像锂电池等类型的动力电池，希望能快速充电。但快速充电往往会降低其使用寿命。采用 Reflex™ 充电策略能够提高电池的充电效率，并且延长电池的使用寿命。

典型的 Reflex™ 充电策略由正极性的充电脉冲、负极性的放电脉冲和一段休整时间组成。这个过程一直重复直到电池充满为止。它在充电过程中提供的负脉冲和休整时间对电池有去极化作用，并能够减缓电池内部压强的上升。用于快速充电方案的脉冲充电电流控制电路如图 9-8 所示，主要由一个差分放大器和两个由主控芯片的两个输出引脚所控制的模拟开关组成。

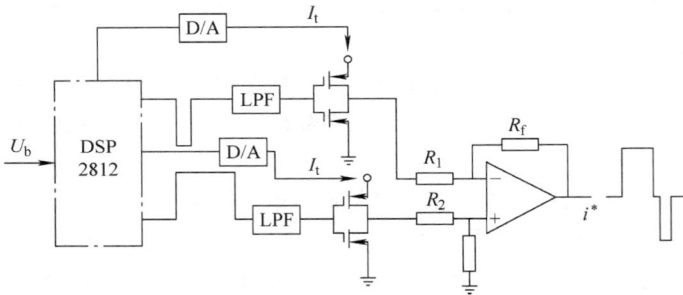

图 9-8 脉冲充电电流控制电路

在图 9-8 中，DSP 的 PWM 引脚输出的是幅值和占空比可变的 PWM 波，经过低通滤波器（LPF）后，就可以得到不含交流分量只含直流分量的模拟量输出，改变 PWM 引脚的频率、幅值和占空比，就可以改变正负脉冲的频率、幅值和占空比。

为了获得所需要的电池电压和电流，通常需要将许多单体电池串联或者并联起来。大电压需要将电池串联起来，大电流需要将电池并联起来。所有连接在一起的电池组的综合电池指标主要由电池放电的平均电压，以及电池的电压降落到一个特定极限之前所能释放出来的总能量来表示。这就需要解决电池组内单体电池的电压平衡问题，目前有两类主要的电压均衡方法：

（1）被动均衡

基于能量均衡原理，采用均衡模块将快要充满的单体电池的能量消耗掉，以便其余没有充满的电池继续充电，从能量保护的角度讲，该方法是被动消极的，依赖充电过程。

（2）主动均衡

采用储能元件，如电感、电容等，不论在充电、放电还是静止的情况下，只要单体电池之间存在电压差异，就进行均衡。这类均衡效率高，并能充分利用能量，是目前均衡电路的研究重点。

我们研究了电感均衡方法和变压器均衡方法，并将这两种方法融合，提出了一种混合主动均衡法。其基本思路是将串联电池组中一定数量的单体电池作为一个单元，对于单元内的单电池采用电感均衡，而单元之间采用变压器均衡。混合均衡的电路基本原理如图9-9所示，其中：Pack是电池单元，其内部能量的不一致再由电感均衡法均衡；当单元之间的电压不一致相差余度较大时开启变压器均衡，用以能量均衡，最终实现所有单体电池电压的一致。

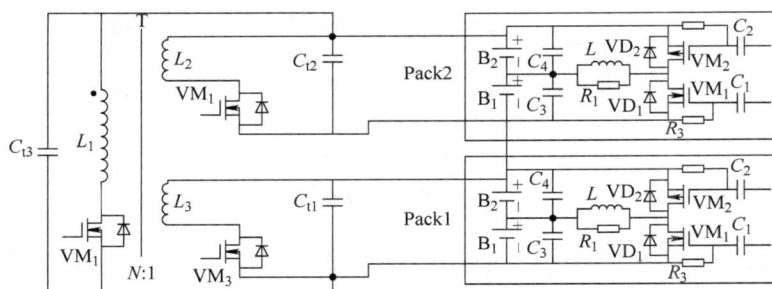

图9-9　混合主动均衡原理图

此外，如果用一个充电器对两个以上并联的电池组进行充电，可能因其中单体电池的性能差异，产生很大的不平衡电流，从而导致电池发热并缩短电池寿命。为避免这种情况的发生，给每个电池组都串联一个独立的二极管，或采用独立的充电器，以阻止电池组之间的环流，如图9-10所示。

电池管理系统是保证电池工作安全、保证电源系统正常应用和提高电池循环寿命的重要技术

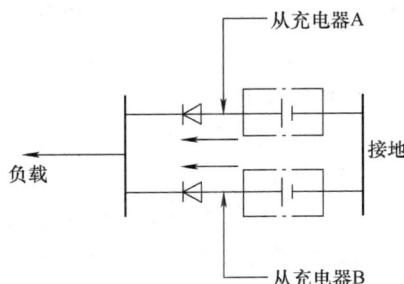

图9-10　有独立二极管并联电池组

措施。它能够对电池组整体性能以及单体电池性能起到保护作用，防止单体电池过早损坏，具有电池状态监控、能量控制管理以及电池信息管理等作用。IEC为此专门制定了关于电池管理系统的标准，主要功能包含：电池SOC的显示；电池温度以及高温报警；电池老化信息；电池异常报警；检测电池的关键数据如电压、电流等[4]。

根据上述的功能和要求，我们研究和设计了一个电池监控和管理系统[6]，其结构如图9-11所示，整个系统由充放电电路、电压均衡电路与电池监控及能量管理模块组成。

其中：电压均衡控制是由两部分组成，电池单元采用电感均衡电路，以及电池单元之间通过变压器均衡电路，其均衡控制采用专用 BQ78PL116 控制芯片。电池的关键数据监测以及剩余电量均通过电感均衡模块中的专用芯片获得，由 SMBUS 实现与 DSP 主控制芯片的通信。DSP 与 LCD 显示以及上位机监控软件均是通过串口实现。历史数据的记录通过上位机软件与数据库结合实现。

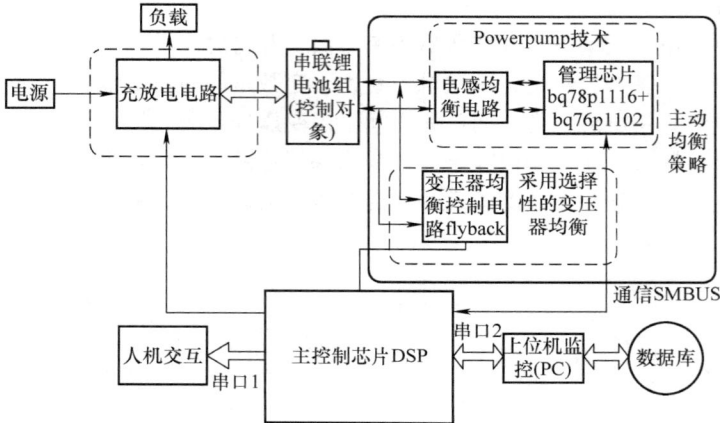

图 9-11　电池管理系统框图

电池管理系统主要功能包括：电池组整体数据以及组内单体电池的数据采集、能量管理、电池组状态估计、安全管理、通信与通信终端软件监控、数据显示等。

1）电池数据的实时监测。主要是对充放电以及静止过程中数据的监测，包括：电池组电压、单体电池电压、充放电电流、电池温度以及电池剩余电量等；并对关键参数如电压、电流和温度等是否超出范围，是否需要保护等进行判断。

2）电池组状态估计。主要是提供整体电池组的剩余电量，由于无法从电池直接获得这个参数，通常是通过采集到的数据计算出来。

（3）能量管理

这里主要是指电池组中单体电池出现不一致时，为了防止单体电池的过充过放以及降低电池组容量与循环寿命而设计的电能均衡管理。

（4）安全管理

其实是电池的保护功能，通过分析实时监测到的电压、电流、温度等是否超过限制而采取相应的保护措施。防止电池过度充放电，防止电池过热而出现安全隐患。

（5）通信及通信终端

通信是将电池关键数据传输到其他设备的重要功能。通信终端即上位机软件可以通过通信接收到数据并保存数据库实现历史数据的记录，便于以后故障状态的分析。通信一般采用标准通信接口，如 CAN、串口通信、I2C 或 SMBUS 等，本文采用了串口通信以及 SMBUS 两种，实现与 LCD、上位机以及 ASIC 的通信。

（6）数据显示

为了方便实时观察电池情况，将电池的关键数据在液晶屏中显示。

9.1.4.2 超级电容

超级电容器是建立在德国物理学家亥姆霍兹提出的界面双电层理论基础上的一种全新的电容器。其基本原理是在电解液中同时插入两个电极，并在其间施加一个小于电解质溶液分解电压的电压，这时电解液中的正、负离子在电场的作用下会迅速向两极运动，并分别在两电极的表面形成紧密的电荷层，即双电层。它所形成的双电层和传统电容器中的电介质在电场作用下产生的极化电荷相似，从而产生电容效应，紧密的双电层近似于平板电容器，但是，由于紧密的电荷层间距比普通电容器电荷层间的距离小得多，因而具有比普通电容器更大的容量，可达数万法拉，而且其放电迅速，成为近年来的一个研究热点。

在船舶的起动、加速，以及制动能量回收等短时间大功率工作条件下都能起到良好的效果；在船舶的 DP 应用中，超级电容还可以抑制浪涌等外界环境因素造成的负载频繁波动，解决峰值动力问题，并节能环保。

超级电容的储能与普通电容相似，其储存的电能为

$$E_C = \frac{1}{2}CU_c^2 \tag{9-1}$$

式中　C——电容的；

　　　U_c——电容两端的电压。

采用超级电容的储能系统结构如图 9-12 所示，该系统直接和供电系统的直流母线相连，通过一个双向 DC/DC 变换器，串联一个缓冲电感，与超级电容储能单元连接。该双向 DC/DC 变换器实为一个 Buck 和 Boost 的变形电路。T1 和 T2 采用 IGBT。由于这个 DC/DC 变换器是可以双向工作的，因而可以完成直流母线和超级电容之间的能量传输。

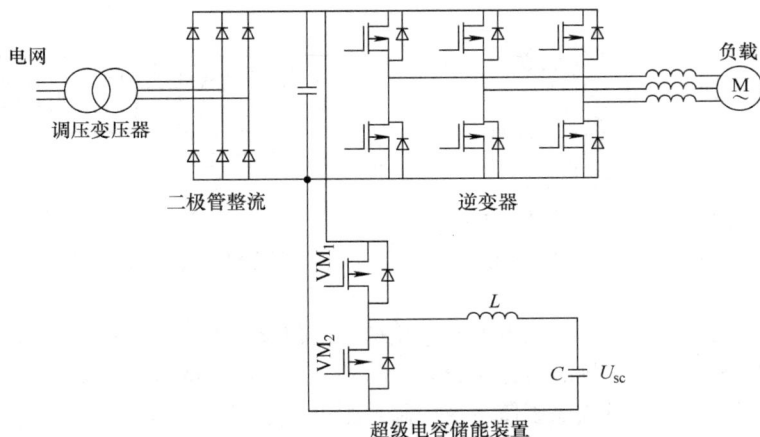

图 9-12　采用超级电容的储能系统结构图

328

其 DC/DC 双向变换器的工作模式与蓄电池充放电电路相似，运行在 Buck 模式时，电网向超级电容充电，能量储存在电容之中，电流从电网流向超级电容；运行在 Boost 模式时，超级电容释放能量，与电网一起给负载供电。通过控制直流变换器的占空比 D 来控制电流和功率的大小，以及超级电容充放电的速度。

虽然，超级电容的电能转换电路与蓄电池相同。但是，与蓄电池相比，超级电容是一个非常特殊的控制对象，其控制要复杂得多。其主要特点有：

1）超级电容储能单元的电压与能量成正比的函数关系，是非常重要的控制参数。为此需要保证超级电容的电压足够大，才能有足够的电能储备供负载使用。在应用中，一般应保证超级电容的电压在其额定电压的 50% ~ 100% 之间工作。

2）超级电容的输出电流反映了储能装置瞬时输出和吸收电功率的能力，控制超级电容的输出电流，则控制了其充放电速度。根据不同的超级电容器，其最大输出电流会有所不同，一般在±200A 之间，短时最大电流可达 500A。

3）超级电容在充放电的过程中，电压会随之变化。但与蓄电池储能不同，超级电容的充放电控制是通过电压控制实现的。而且，系统无法直接通过控制 DC/DC 双向变换器的输出电压，来限制超级电容的输出电压。超级电容的电压尽管非常重要，却又无法直接控制，这成为超级电容储能装置存在的控制难点。

4）超级电容的输出电流和电压需要限幅保护。由于超级电容单元的瞬时输出功率很大，但是大电流的充放电过程，会使超级电容单元本身的电压升高或降低过快，在极短时间内达到极限值。因而，在控制回路中一定要关注超级电容的电压电流之间的相互配合，保证限幅保护。

超级电容的基本控制系统结构如图 9-13 所示，主要采用电流控制模式。

高级控制器是用来计算超级电容的参考电流的（I_{sc}^*），根据峰值功率单元来定义超级电容的状态：

1）当 $I_{sc} > 0$，DC - DC 变换器工作在 Buck 模式，进行充电控制；

2）当 $I_{sc} \leq 0$，DC - DC 变换器工作在 Boost 模式，进行放电控制。

因此，电流控制模式以 I_{sc} 作为系统

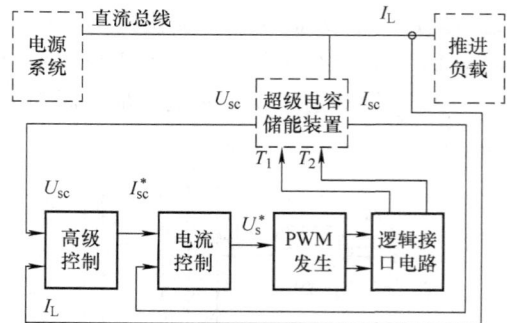

图 9-13 超级电容控制系统

的控制对象，与参考电流 I_{sc}^* 作比较，实现电流控制策略，其输出控制信号给到 VM$_1$ 和 VM$_2$。

电流控制法尽管采集了超级电容的电压信号，但是并没有用作控制流程的反馈，因此其控制精度不高，抗干扰能力也比较差。另外，超级电容的电压与单元内储存的能量成正比例函数关系，如果该电压值不受控制，则可能使超级电容在欠载或过载状态下工作，增加了系统的不稳定性和运行的安全隐患。

为此，一些研究对电流控制方法进行改进。目前，几种常用的控制策略有：功率控

制法、模糊控制法等。但由于电网的实际功率会随着负载的变化而变化，因此，传统的功率控制采用瞬时功率相减所得的超级电容参考功率并不准确，影响系统的稳定性和控制精度。为了达到实现简单有效的控制目的，参考文献［5］提出以平均功率法来代替，同时采用电流电压双闭环控制系统，加强系统的动态性能。改进方法的控制结构如图 9-14 所示。

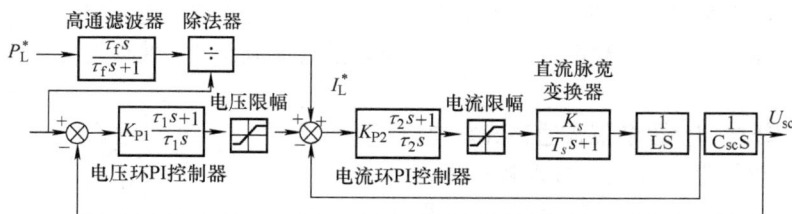

图 9-14　基于平均功率的超级电容双闭环控制系统

控制系统做了以下几处改进：

1）采用双闭环控制策略，系统中内环为电流环，外环为电压环。同时采用 PI 调节器实现控制目的，并达到高要求的动态和稳态控制精度。

2）以负载平均功率作为参考功率 P_L^* 给定，为了得到一个较为稳定的超级电容功率参考值，本文将负载功率采样通过一个高通滤波，滤除稳态情况下的平均功率需求，将这个平均功率需求作为电网侧需供给的功率，剩余的扰动部分则作为超级电容需要吸收或者释放的动态功率。

用超级电容参考电压 U_{sc}^* 来除以参考功率 P_L^*，可以获得较为稳定的电流参考值 I_L^*，有利于系统的稳定运行。另外，功率环作为控制系统的前馈部分，实现电网，超级电容装置，以及负载的能量传输平衡关系。

平均功率法虽然解决了系统功率流的分配问题，采用双闭环系统，可提高超级电容的电流和电压的可控性。但是在实际运用中，仍需要采用 PMS 进行超级电容的能量管理。本文提出采用 PMS 结合控制策略的方法，以达到优化控制的目的。其控制结构如图 9-15 所示，P_{av} 是电网所能提供的最大功率输出，它需和负载的功率输出做一个逻辑比较，取两者中的较小一方作为负载参考功率。当电网无法满足负载功率需求时，不予跟踪响应负载功率变化，直接输出电网的最大功率。

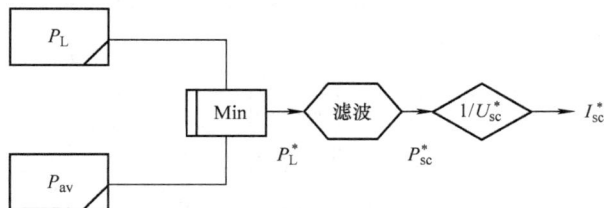

图 9-15　超级电容的 PMS 设计

PMS 在系统中实现如下两个功能：

1）限定负载功率需求，防止电网过载运行；

2）限定超级电容功率输出，防止储能装置电压太低而欠电压运行。

所提出的超级电容改进控制方法及其 PMS 的详细论述与分析请见参考文献［6］。

在电力推进船舶中采用超级电容储能装置，可以将大负载扰动所回馈给系统的能量储存在超级电容装置内，等待需要大功率输出的工况下为系统供电。超级电容储能装置因其高效、高稳定性等卓越的性能，被认为是理想的储能元件，使得电力系统的效率大大增强。

由于超级电容储能装置需直流充放电，因此需要将超级电容装置直接连接在电力推进系统的直流母排上，其系统结构如图 9-16 所示。

为验证超级电容应用对于船舶节能的效果，参考文献［6］利用 ABB 船舶电力推进试验室的 Matlab/Simulink 仿真库建立了船舶仿真系统，其中包括：发电机模块，推进移向变压器模块，ACS800 变频驱动模块，可控负载模块，搭建了如图 9-17 所示储能系统模型进行超级电容及其 PMS 功率管理的仿真研究与试验。

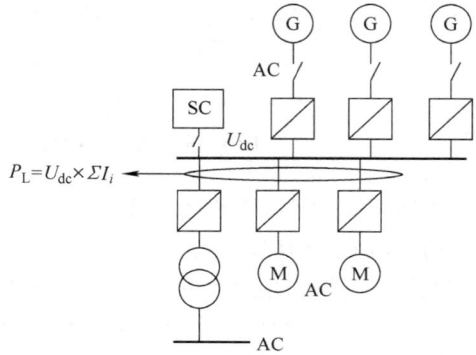

图 9-16　超级电容储能装置在船舶电力系统中的单线图布置

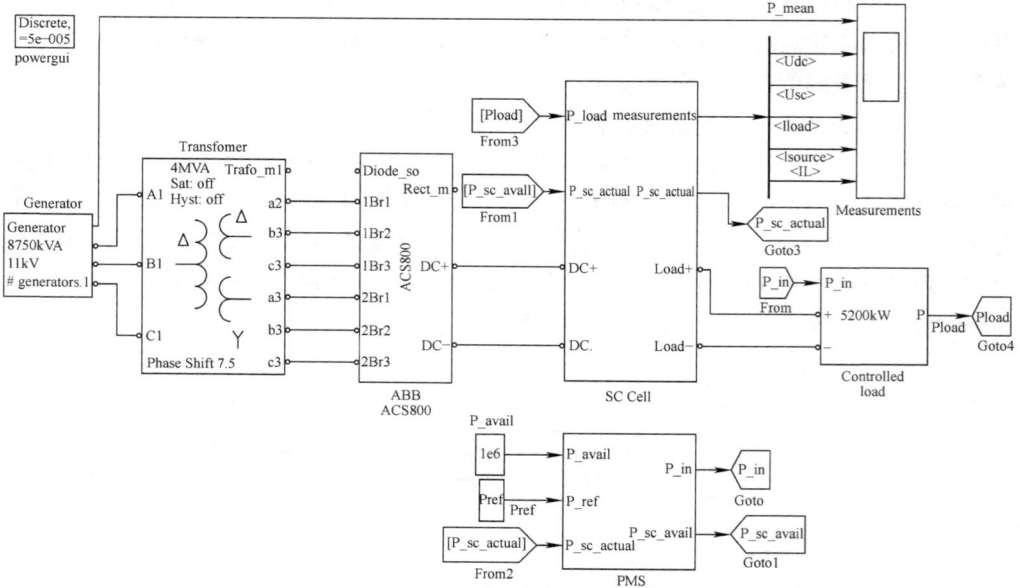

图 9-17　超级电容储能装置在船舶电力推进系统中的模型

系统仿真试验详见参考文献 [6]，设置船舶电网的最大输出功率为 1000kW，研究和试验负载波动对电网的影响。试验结果表明：尽管负载功率需求的变化较大，但在直流母线侧电流变化并不明显，说明负载的功率变化没有引起电网的大幅波动。从实验结果中可以看到，发电机组侧测得的输出功率 Pmean 曲线几乎为一条直线，表示电网侧受负载波动的影响较小，运行稳定。如果没有超级电容储能装置，则系统无法以 1000kW 的最大输出功率满足超过其负载能力的短时峰值功率输出需求，这大大改善了船舶电力系统的带载能力。

此外，电力系统控制效果与没有 PMS 功率管理相比有了更进一步的改善，实现了能量优化控制。因此，对于配备了储能装置的系统，在选型时，可以考虑选择较小容量的发电机组，或者适当减少在线发电机组的数量。以提高系统效率，降低投资成本和减少能源消耗。

特别是在 DP 动态定位的船舶中，有时负载的波动较大且快速，这种高频负载扰动会造成电网波动。而让发电机组在 5 ~ 10s 的周期内进行切换及起停机操作是很不实际的。如果采用超级电容储能装置，则能很好地解决了这一问题。超级电容储能装置可以吸收低载时的能量，并在负载高峰时释放，而电网仅需维持供应在负载平均功率附近的输出功率，则可保证负载的波动需求。

从仿真结果可以看到，当系统负载侧的波动在约为满负载的 30% ~ 100% 范围内，因采用超级电容储能装置，而在电网侧的负载波动适当地减小约为满负载的 40% ~ 60%。这相当于减少 1 台在线的发电机运行。节省电能的计算公式为

$$E_{sa} = \frac{N_{off}}{N_\Sigma} \cdot \eta_g \approx 15.6\% \tag{9-2}$$

式中 N_{off}——减少的在线发电机台数；

N_Σ——总的发电机台数。

假设原有 3 台发电机组在线运行，考虑到柴油发电机的工作效率 η_g 一般不会超过 50%，如采用超级电容装置可减少 1 台发电机运行，能使系统节省 15% 以上的油耗。

按 ABB 的分析报告，船舶采用电力推进较机械推进每年可减少 10% 的油耗，如果再采用超级电容储能装置，DP 动态定位工况下可再节省 15% 左右的能耗。这说明，船舶电力推进系统应用储能装置能进一步节省能源消耗、减少排放和提高经济效益。

9.1.4.3 飞轮转矩

飞轮转矩是利用高速旋转的飞轮储存动能的装置，其基本结构如图 9-18 所示，由飞轮、电动机和轴承等构成。

飞轮转矩储能装置的基本工作原理是：当驱动电动机工作于电动状态时，将电能转换为动能存储在高速旋转的飞轮内；当电动机工作于发电制动状态时，将飞轮存储的动能转换为电能输出。飞轮转矩的存储能量为

$$E_F = \frac{1}{2} J \omega^2 \tag{9-3}$$

式中 ω——飞轮的转速；

J——飞轮的转动惯量。

且有

$$J = \frac{1}{2}mr^2 \qquad (9-4)$$

式中　　m——飞轮的质量；

　　　　r——飞轮的半径。

由此可见，飞轮转矩的储能与其质量、半径及旋转速度有关。即采用高密度的材料制作飞轮，增大飞轮半径，提高电动机转速和电磁转换效率都是增加飞轮转矩储能的有效途径。因此，飞轮转矩储能装置通常都采用高速电动机作为驱动器，常用的结构如图 9-19 所示[7]。

比较上述几种飞轮储能装置的结构，采用径向磁场的电动机，其结构简单，易于构造；采用轴向磁场的电动机，其飞轮外圈的机械转速高，气隙面积大，提高了电磁转换能力。

另外，为了提高飞轮的惯量，一般都选用高密度质量的材料。例如：采用 300 号高镍合金钢制成实心圆柱体的飞轮，可达到 330W·h/L 的储能。采用复合材料制作飞轮能达到更好的储能效果，例如：采用聚酰胺和环氧树脂制作的飞轮能达到 133W·h/kg 的 5 次方。

因飞轮储能时运行速度很高，为了减小摩擦系数，还可采用磁轴承来降低摩擦损耗。一个实际的飞轮转矩储能装置如图 9-20 所示。

飞轮储能装置有两种工作模式：电动机电动运行，驱动飞轮高速旋转来储存能量；电动机制动来释放飞轮储存的动能，并转换为电能。这就需要采用电力电子变流器，一种采用双 PWM 变流器的飞轮转矩储能装置及其控制系统结构如图 9-21 所示[8]。

系统中飞轮储能装置采用双 PWM 变流器，其两组变流器背靠背连接，可实现电能的双向传输。储能时，变流器从电网吸收电能，控制电动机电动运行；放能时，电动机发电制动，通过变流器将电能传输给电网或需要用电的负载。

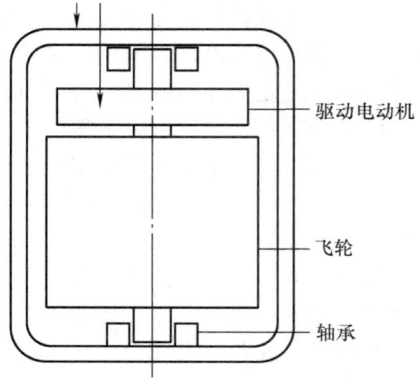

图 9-18　飞轮转矩储能装置的结构[7]

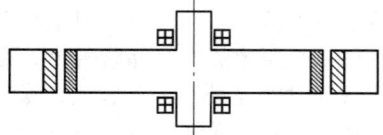

a) 径向磁场电动机高速释放能量飞轮储能装置

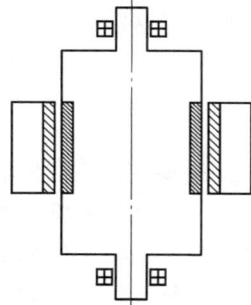

b) 径向磁场电动机低速释放能量飞轮储能装置

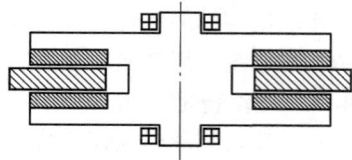

c) 轴向磁场单定子电动机飞轮储能装置

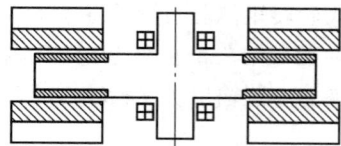

d) 轴向磁场双定子电动机飞轮储能装置

图 9-19　几种飞轮储能装置的结构[7]

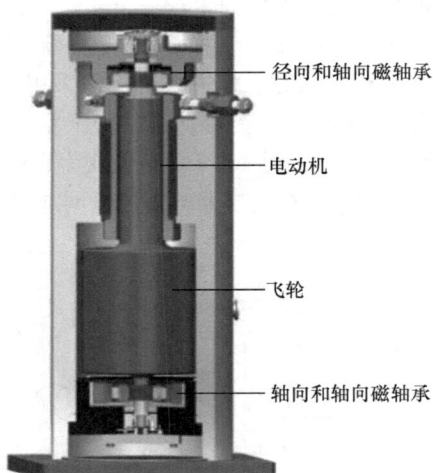

图 9-20　飞轮储能装置构造图[7]

- 径向和轴向磁轴承
- 电动机
- 飞轮
- 轴向和轴向磁轴承

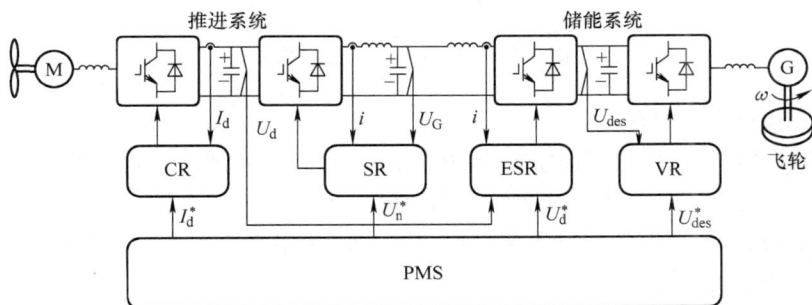

图 9-21　飞轮储能装置控制系统结构

9.1.5　直流电站与输电技术

全电船因电气设备增加，需要电力系统的容量更大，对于电力系统的可靠性和安全性提出了更高的要求。前述的综合电力系统 IPS 是一种解决方案，最近提出的直流电站，是一种新的构想和发展。

直流发电技术早在爱迪生时代就有应用，他于 1882 年建立了全世界最早的电力系统"珍珠街"低压直流电站，为纽约的市场供电。随后，因电力的大量应用，需要远距离的传输电能。而低压直流电因传输损耗大，电压降低严重制约其远距离传输。因此，交流电取代直流电成为电流系统的主要形式。近年来，随着高压直流（HVDC）技术的日益成熟，远距离直流输电已开始应用。特别是可再生能源发电使得能源的利用多样化，在发电方面，各种形式的电能同时存在；而且在用电方面，越来越多的电气设备其实是采用直流电的。这就使得直流电站重新提起，成为未来电力系统的发展方向。

船舶直流电站也顺应时代潮流，应运而生。一个船舶直流电站的结构方案[9]如图9-22所示，其各个发电机组通过 AC/DC 变换器进行直流并网，采用高压直流母线（HVDC Bus）将电能传输到各用电负载。推进系统仅需采用 DC/AC 逆变器进行传动控制，其他低压交流负载也需要 DC/AC 逆变后，通过变压器降压后使用，低压直流负载经 DC/AC 逆变和变压器降压后，再通过 AC/DC 整流变为直流电。后备电源，比如：蓄电池、燃料电池（FC）等通过 DC/DC 变换器与直流电网连接，储能装置也通过变换器与直流电网连接。

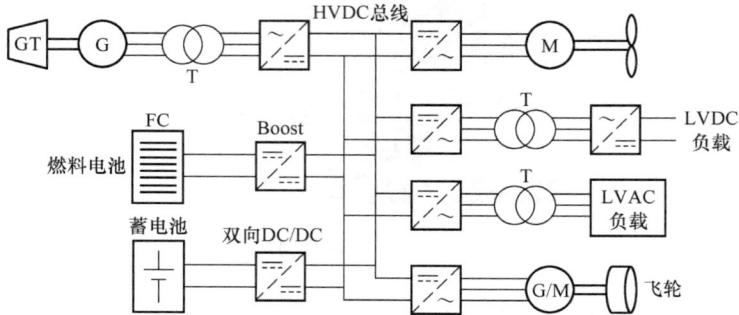

图 9-22　船舶直流电站的结构

采用直流电站的优点如下：

1）直流并网使发电机无须频率和相位相同，简化了控制，起动快速；且各个发电机组可以相互独立运行，其运行效率可更加优化。

2）发电机可变速运行，与定速发电机相比，在用电负载低时，可改变柴油机转速，减少燃油消耗和排放。

3）柴油发电机的低速运行，减少了机械磨损，延长工作寿命；降低了噪声和震动，改善船舶工作和生活环境。

4）直流电网的各个负载也都通过变流器实现独立控制，灵活便捷；且可采用智能直流断路器，提高系统可靠性和安全性。

5）采用直流输电，减少电缆铺设和安装空间，精简了系统配置，降低了建造成本。

6）各种蓄电池、超级电容和燃料电池等新型储能装置和后备电源大都是直流电源，采用直流电网，能更好地支持这些直流电源的连接和控制。

但是，开发和制造直流电站的难点和关键技术主要是：

1）直流电的电压转换和隔离不像交流电采用变压器那样简便，需要采用 DC/DC 变换器。升压时需要采用 Boost 型 DC/DC 变换器；降压时需要采用 Buck 型 DC/DC 变换器；如需电压隔离，则需要先将直流电变换为高频脉冲，通过高频变压器隔离后再整流成直流电。这种带高频直流变压器的 DC/DC 变换器，还可通过变压器来升压或降压，而高频变压器的体积和重量则大大减小。

2）直流断路器的设计和研制。直流断路器较交流断路器因电弧大而难以制造和使用。特别是对于高压和大电流的直流负载，直接切断直流电更为困难。这就需要研制专门的智能直流断路器，其基本思路是采用由电力电子元器件构成的固体开关元器件与机械开关元器件并联，接通时先控制电力电子开关导通，等电路接通后再控制机械开关接通；断开时，则开关的控制过程相反。

直流电站目前已开始在船舶中应用，例如：西门子公司推出了 BlueDrives PlusC 直流电站。

某军用船舶电力系统配置如图 9-23 所示，是一个双向 DC – DC 变换的典型系统形式。电网中主回路正常工作时，通过该变换器对后备电源充电；主回路故障时，通过该变换器将后备电源能量变换为中高压，供其他设备使用。

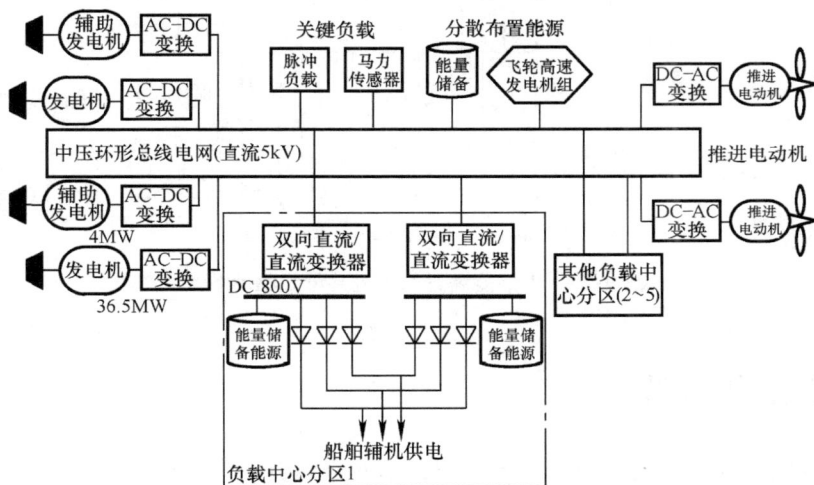

图 9-23　双向直流 – 直流变换器典型系统配置图

ABB 公司在深海石油钻井平台研发了一种基于共有直流母线的多重驱动钻井动力系统，其结构示意图如图 9-24 所示[10]。系统中各驱动电动机的逆变器共用一个直流母线，使电动机再生制动产生的电能能够在直流母线上分配和共享，从而达到节能的目的。

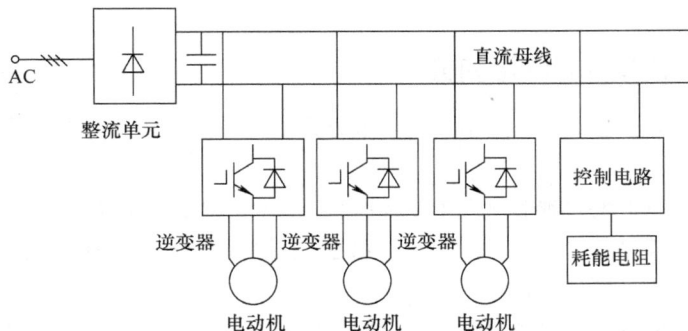

图 9-24　直流共母线调速系统结构

该系统所有的逆变器共用一个直流母线，制动运行电动机产生的电能可供电动运行的电动机使用，无需将制动电能回馈电网或在制动电阻上消耗掉。但为了防止直流母线电压的升高，仍需配置直流制动电阻。

为了克服这种系统的不足，李继方博士研究并提出了一种带储能装置的直流共母线驱动系统，其方案如图9-25所示。比较两种系统，后者节能效果更好[11]。

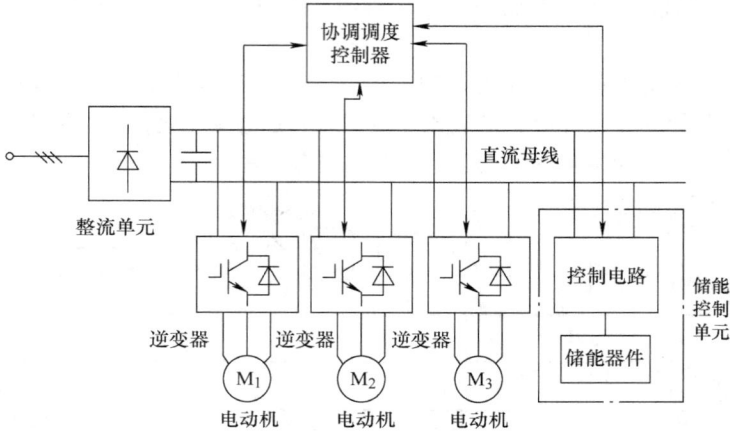

图 9-25　带储能装置的直流共母线驱动系统

9.2　混合动力船

纯电动船舶电力推进系统是未来船舶技术的研究前沿，具有较好的经济性、操纵性、安全性以及低噪声、低污染等优点。然而，由于受发电方式、功率密度以及储能技术的影响，现阶段大多数的纯电动船舶电力推进系统不能达到高性能的速度、加速度和自控性，其续航能力也受其电池容量制约。船舶混合动力技术有助于缓解能源环境问题与技术不成熟之间的矛盾，为船舶从传统的柴油机推动过渡到绿色推进提供可行性方案。

9.2.1　混合动力船的概念和分类

所谓混合动力船，就是采用不同的发电方式或推进方式结合构成船舶动力系统和推进系统。

船舶混合动力系统的雏形出现于20世纪80~90年代，当时为了节能增效，采用了主轴发电系统，其结构如图9-26所示，由主柴油机（M/E）、轴带发电机（SG）和交-直-交变流器（FCP）组成。

主轴发电系统在原有的柴油发电机组的基础上，增加了一台由主柴油机驱动的发电机。该系统当船舶在海洋正常航行时，因用电负载不大，由主柴油机驱动螺旋桨运行的

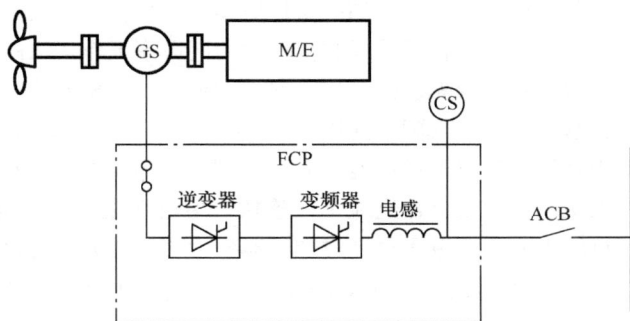

图 9-26　船舶主轴发电系统

同时，驱动轴带发电机发电，为船舶供电。但因船舶螺旋桨受海浪和海流的影响，其主轴的转速是时变的，因而发电机输出的电压和频率也会变化。为此，需要对发电机的输出进行整流和逆变控制，使其输出恒压恒频的交流电传送给电网。

由于船舶低速主柴油机的燃油是重油，其价格便宜。因而，采用主轴发电方式，可以节约船舶运行成本，增加经济效益。

此外，主轴发电系统也可反过来作为辅助电力推进系统，当船舶主柴油机故障时，由柴油发电机向轴带电动机供电，使其作为电动机驱动螺旋桨，推进船舶慢速行驶；还可当需要增大推进功率时，由主柴油机与轴带电动机共同驱动螺旋桨，以增强船舶推进功率。

近年来，随着节能减排技术的发展，混合动力船舶的应用不断扩大。世界上第一艘商用太阳能/风能混合动力的 SOLAR SAZLOR 号双体客船于 2000 年开发并在澳大利亚悉尼水域成功试航，该船的主要电源由两组动力电池组成，可驱动 40kW 的推进电动机，最大航速 6kn。第一艘燃料电池和柴 - 电混合动力系统的潜艇已于 2003 年 4 月在德国基尔港开始首次试航，利用燃料电池推进，该潜艇的最高速度可达 8kn。2010 年上海世博会上亮相了中国第一艘混合动力船 - "尚德国盛" 号游船，该船采用太阳能和柴油机组作为混合动力，时速约 15kn。

目前，混合动力船舶类型主要分为

1) 采用双燃料的混合动力船舶，比如：LNG/柴油混合动力船舶。

2) 采用不同发电装置的混合动力船舶，比如：燃料电池与柴油混合动力船舶、超级电容与柴油混合动力船舶、储能电池与柴电机组混合动力船舶等。

3) 采用不同推进方式的混合动力船舶，比如：柴油机与电动机混合推进船、风翼与柴油机混合推进船舶等。

9.2.2　混合动力船舶的结构与控制模式

（1）混合动力系统结构与工作模式

混合动力的系统结构一般采用发电系统与推进系统串联式结构，其特点在于不存在发电机和螺旋桨之间的机械连接，使船舶的布局更具灵活性，同时柴油机与螺旋桨之间没有直接连接，更有利于其保持在低功耗和低排放的区域中工作。除此之外，串联式混合动力结构的柴油机尺寸根据船舶所需平均功率而制定，低于相同吨位的船舶，其控制策略与传动系统比并联式或混联式配置简单。

串联式混合动力系统在航行过程中有 3 种工作模式。现以图 9-27 所示的混合动力系统为例，柴油发电机组通过整流器直流母线连接，蓄电池组通过双向 DC/DC 变换器与直流母线连接，母线上的直流电压再经过逆变器变为交流电为电动机供电。

1）纯电动模式：当电池电量充足时，由蓄电池单独对电动机供电，柴油发电机停止工作，如图 9-27a 所示。

2）柴－电工作模式：当船舶功率需求不大时，柴油发电机组工作，其一部分能量提供给电动机，剩余的能量则给蓄电池充电，如图 9-27b 所示。

3）混合工作模式：当船舶功率需求超出柴油机额定功率时，由蓄电池补充功率差值，如图 9-27c 所示。

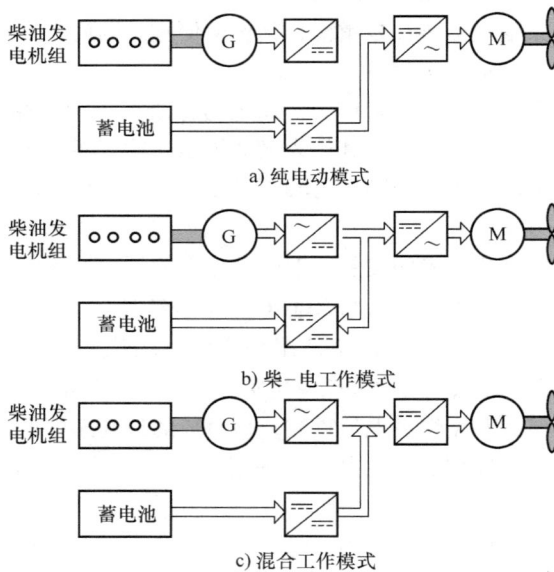

图 9-27　串联式混合动力系统三种工作模式

（2）串联式混合动力系统控制策略

在第一种工作模式时，要求船舶在普通航行阶段保持较高的电池剩余电量 SOC（State of Charge）以使船舶在切换为纯电动工作模式时保证电量充足并能适应功率突变情况发生。除此以外，在普通航行阶段控制系统还必须根据船舶航行功率需求以及电池 SOC 值来完成柴电机组供电模式与混合供电模式的自动切换。

在柴－电和锂电池联合工作模式中，各功率之间存在关系

$$P_L = P_b + P_g \tag{9-5}$$

式中　P_L——船舶需求功率，单位为 kW；

　　　P_b——蓄电池提供功率，单位为 kW；

　　　P_g——柴电机组提供的功率，单位为 kW。

在满足船舶需求功率的前提下，控制柴油发电机组的输出功率，当 $P_g > P_L$ 时，混合动力系统进入柴油发电机组工作模式，在保证功率需求与蓄电池 SOC 不高于上限值的前提下对电池充电，增大蓄电池的 SOC；当 $P_g < P_L$ 时，系统工作于混合供电模式，蓄电池在其 SOC 不低于下限值的情况下放电，减小蓄电池 SOC。由此，在需求功率已知的情况下，通过控制柴油发电机组的输出功率来控制蓄电池的充放电，从而调节蓄电池的 SOC 以达到所要求的控制目的。

串联式混合动力船舶模糊控制系统框图如图 9-28 所示。

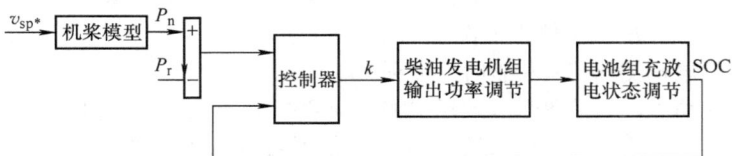

图 9-28　混合动力控制系统框图

控制系统以给定的航速 v_{sp}^* 为输入，通过机桨模型预测得出下一时刻电动机需求功率 P_n，其与当前电动机测得的实际功率 P_r 之差 ΔP 与蓄电池 SOC 值作为控制器的输入，通过控制运算得出柴油发电机功率调节系数 k。由电动机功率计算模块得出发电机在下一时刻所需要输出的功率为

$$P_{g(N+1)} = P_{g(N)} + kP_{gmax} \tag{9-6}$$

式中　$P_{g(N)}$——当前发电机输出功率值，单位为 kW；

　　　P_{gmax}——柴电机组最大调节功率，单位为 kW。

这样就可以通过对控制器输出的柴电机组功率调节系数 k 来控制柴电机组输出功率。再根据公式（9-5）对蓄电池的充放电状态进行控制，从而调节蓄电池 SOC。具体的控制策略有：PID 调节、逻辑控制或模糊控制等[12]。

9.2.3　混合动力船舶的能量管理与能效分析

（1）混合动力船舶 PMS 控制策略

混合动力系统具有结构复杂，非线性电力电子设备广泛使用的特点。多能源的混合接入对船舶动力系统将产生各种瞬间干扰，影响了船舶的航行安全，选择一个合理、最优的控制策略将能提高船舶的安全性和稳定性。因此，混合动力船舶电力推进系统的关键技术是能量管理策略。

假定混合动力船舶试验平台中配备了两种能量，柴电机组作主动力源，蓄电池等其余能源作辅助动力源，如图 9-27 所示，共有 3 种工作模式。

当船舶靠岸时，由岸电给动力电池充电，保证蓄电池的能量。设定 P_L 为负载功率，P_b 为蓄电池组可用功率，P_g 为柴电机组输出功率，P_{ch} 为柴电机组给蓄电池组充电功率。

当船舶正常航行时，为简化分析，假定船舶主要工作模式为：工作模式1（纯电动模式）和工作模式2（柴－电模式），其能量控制规则如下：

1）工作模式1优先级高于工作模式2，也就是只要满足工作模式1的条件下，系统优先进入工作模式1。

2）系统起动后，如果SOC初始值≥80%，首先进入工作模式1，船舶所需功率全部由蓄电池提供，蓄电池处于放电状态，此时$P_L = P_b$，$P_g = 0$，直到SOC低于50%。

3）如果30%≤SOC<50%，系统退出工作模式1，进入工作模式2，柴油发电机组运行在最佳效率的工作状态，并恒定功率输出。若$P_L \leq P_g$，$P_L = P_g - P_{ch}$，柴油发电机组处于供电状态，锂电池处于充电状态；若$P_L > P_g$，$P_L = P_g + P_b$，柴油发电机组和蓄电池混合供电。

4）如果充电，使SOC≥80%时，蓄电池可单独工作，系统退出工作模式2，进入工作模式1，柴油发电机组停止工作。

5）如果放电，使SOC<30%时，转到7）。

6）系统起动后，如果30%≤SOC初始值<80%，首先进入工作模式2，蓄电池可处于放电状态，也可以处于充电状态，但是柴油发电机组必须运行。柴油发电机组运行在最佳效率的工作状态，并恒定功率输出。

7）若SOC<30%，若$P_L \leq P_e$，$P_L = P_e - P_{ec}$，柴油发电机组处于供电状态，蓄电池充电状态；若$P_L > P_e$，系统进行功率限制，系统需求功率限制在$P_L = P_e$，直到SOC>30%后，取消功率限制，回到6）。若SOC≥80%，回到2）。图9-29为能量管理策略流程图。

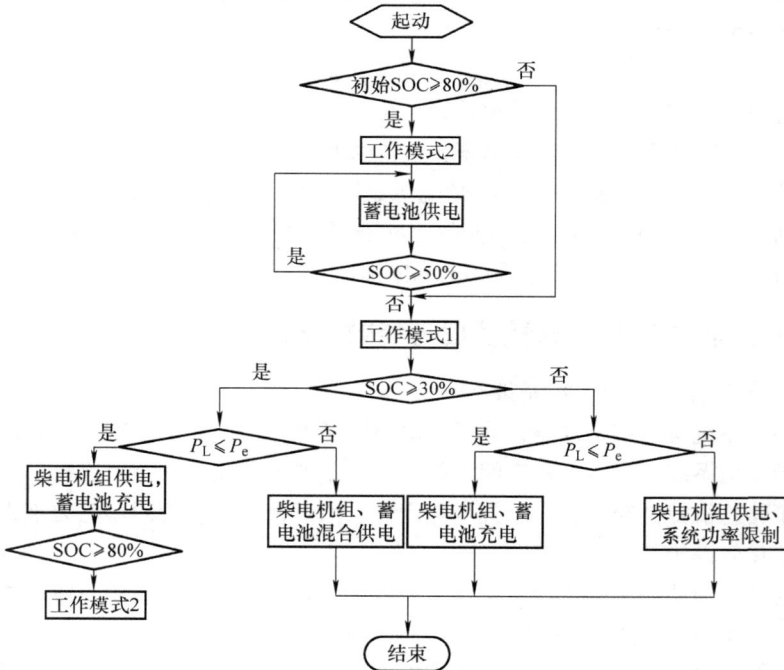

图9-29 能量管理策略流程图

（2）能效分析

上海海事大学交通部重点实验室建立了船舶混合动力实验室，实验室模拟船舶参数为：排水量92t，阻力系数694.2，螺旋桨直径0.8m，螺旋桨转速1500r/min，电动机额定输出功率35kW，柴油发电机组额定功率为30kW。实验室配置16组动力性磷酸铁锂电池，电池总容量为100A·h，电压为500V。可以通过实验分析混合动力船舶的能效。

假定应用对象为周期性作业的船舶，如摆渡船、工程作业船或水上巴士等，通过电力测功机设定船舶功率需求，图9-30是某一类船舶一个运行过程的需求功率曲线图，过程中包含了起动、加速、全速运行、减速、停止，当全速运行时，最大需求功率为35kW，耗时近4h。

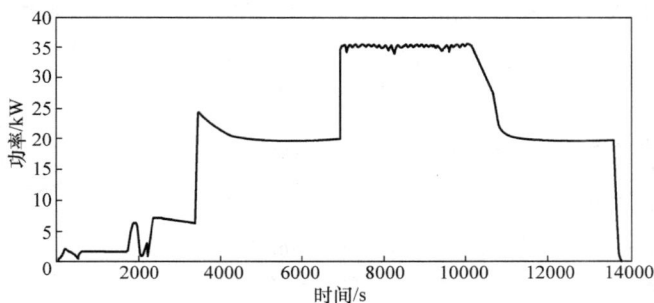

图9-30　船舶需求功率曲线

如果忽略船舶照明等一般负载，同时不考虑动力电池组的充放电效率的条件下，运用本书前面讲述的能量管理策略，利用试验平台的数据记录仪获取4组数据，分别是当锂电池SOC初始值为80%，40%，20%，如图9-31~图9-33所示。这些图中实线为船舶实际需求功率，虚线为柴油发电机运行功率。利用双向DC/DC变换器，使柴油发电机运行时，一直处于满负载运行（约30kW）状态。

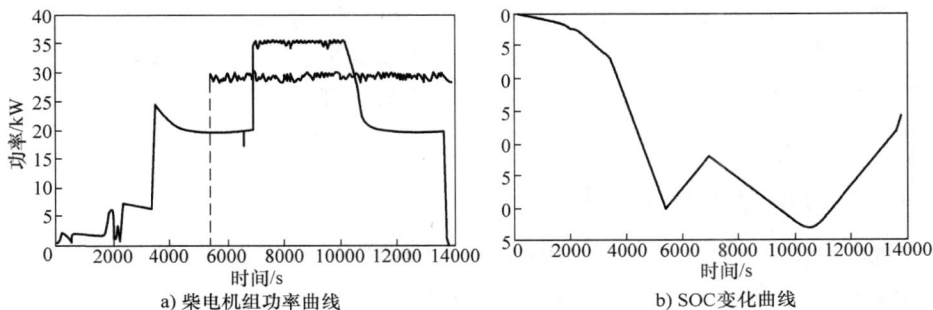

a) 柴电机组功率曲线　　　　　　　　b) SOC变化曲线

图9-31　SOC初始值80%时的柴电机组功率、SOC变化曲线

从不同工况的曲线图对比分析可以看出，只有在SOC初始值在80%以上时，动力电池才能单独供电，而且随着SOC初始值的变小，柴电机组的使用时间越长，这个符

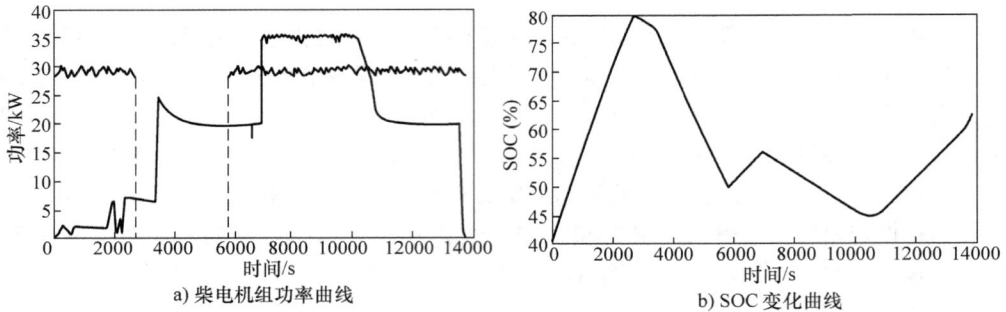

a) 柴电机组功率曲线

b) SOC 变化曲线

图 9-32　SOC 初始值 40% 时的柴电机组功率、SOC 变化曲线

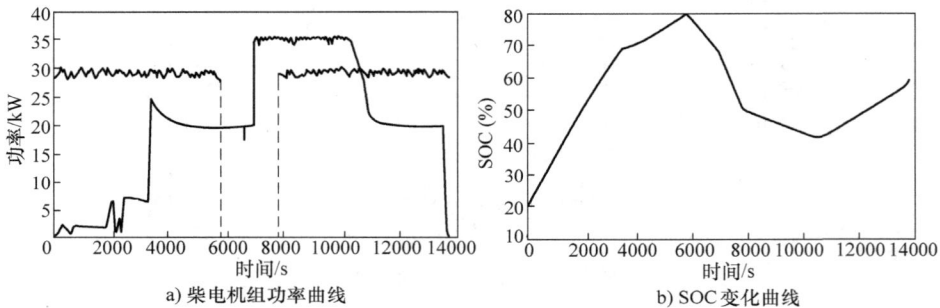

a) 柴电机组功率曲线

b) SOC 变化曲线

图 9-33　SOC 初始值 20% 时的柴电机组功率、SOC 变化曲线

合混合动力船舶电力系统的使用规范，也就是说通常混合动力船舶电力系统启航之前保证动力电池 SOC 为 100%。在一个工作周期中，SOC 初始值为 80% 的系统柴电机组使用时间较 SOC 初始值为 20% 减少约 1h。

因此，混合动力船舶电力推进系统较传统的柴电电力推进系统有如下优点：

1）柴油发电机组装机容量可以明显缩小，本试验平台的装机容量缩小了 14.3%；

2）由于柴油发电机组是断续工作，因此其油耗和排放均有明显地减少，而当 SOC 初始值为 80% 时，能减少近 40% 的废气排放。

9.2.4　混合动力船舶的应用

目前，混合动力系统在船舶的实际应用正不断扩大，主要有机械与电力推进结合的混合动力系统、双燃料混合动力系统和全电力混合推进系统等。

（1）机械与电力推进相结合的船舶混合动力系统

一种机械与电力推进相结合的混合动力系统方案如图 9-34 所示，由燃气轮机作为主推进发动机（GT），通过齿轮箱驱动两个螺旋桨轴系，组成机械推进系统；由两台电动机（EPM）分别与螺旋桨驱动轴串联，组成电力推进系统，既可由柴油发电机组

（DA）供电，作为推进电动机驱动螺旋桨，也可作为发电机实现轴带发电，正常航行时向船舶提供电力。因此，该混合动力系统有3种工作模式：

1）全机械推进模式，由 GT 驱动螺旋桨工作，EPM 发电；

2）全电力推进模式，由 DA 供电，EPM 驱动螺旋桨工作；

3）混合推进模式，由 GT 与 EPM 共同推进螺旋桨工作。

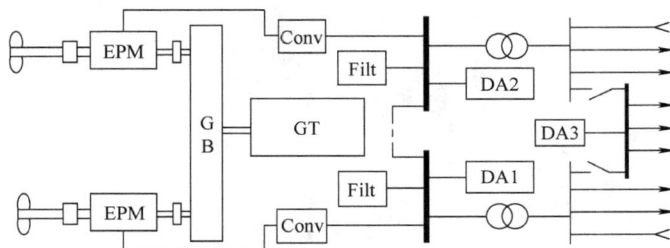

图 9-34　采用 GT 与电力推进结合的船舶混合动力系统

这种机械与电力混合推进系统已有许多实际应用案例。例如：著名的 Queen Mary 2 号豪华游轮于 2004 由法国 Saint – Nazaire 的 Chantiers de I' Atlantique 船厂建造，船长 345m，宽 40m，排水量 151400t，载客量 3056 人，船员 1253 人，最高航速 30kn。采用柴燃联合（CODAG）与 Mermaid 吊舱式电力推进系统。其电力系统配备了 6 台发动机，总功率 118MW，其中：4 台 Wärtsilä 公司的 16V46CR 船用柴油机，功率 67200kW，转速 514r/min；两台 GELM2500 + 燃气轮机，功率 50000kW，能提供经济的低速航行，同时有能力在需要时提高航速，能产生将近 118MW 电力大约是普通豪华游轮电力的 2 倍。这种混合动力的方式在军船中已普遍应用，但是，在客船上则是第一次采用 CODAG 混合动力系统。

推进系统安装了 4 台由 Converteam 提供的 Mermaids 吊舱式推进器，船艏两台吊舱位置固定，而船尾两台能旋转 360°操舵和操纵船舶，配置了 4 台 21.5MW，137r/min 的同步电动机，总推进功率 86MW。采用 SD7000S 型同步变频器。

Farstad 航运公司建造了一艘 UT732 型操锚供应拖船（AHTS），采用了 ABB 公司提供的混合动力系统，其结构如图 9-35 所示，由发电机、配电盘、变频器和电动机组成。这类船舶大多数时间需要的发动机功率较小，最大发动机的功率输出时间很短，适用于采用电力推进系统。但是，又需要零速时有较大的拖力（零速系柱拖力）。为了同时满足两方面的需求，故选择混合动力系统的解决方案。

该系统采用双轴驱动，满足拖轮的机动性要求。由 4 台柴油机提供动力，每两台柴油机为一组，通过齿轮箱驱动螺旋桨转轴，同时驱动 1 台发电机组，还有 1 台电动机与主轴连接。这种配置可以根据船舶需求提供多种动力组合，通常的工作模式为

1）全电力推进模式，由柴油机发电，电动机驱动螺旋桨，用于船舶机动航行、载运和动力定位。

2）全机械推进模式，电动机停止工作，由柴油机驱动螺旋桨，用于船舶拖运和高

速载运。

3）混合动力模式，当需要最大系柱拖力时，采用柴油机与电动机的联合推进。

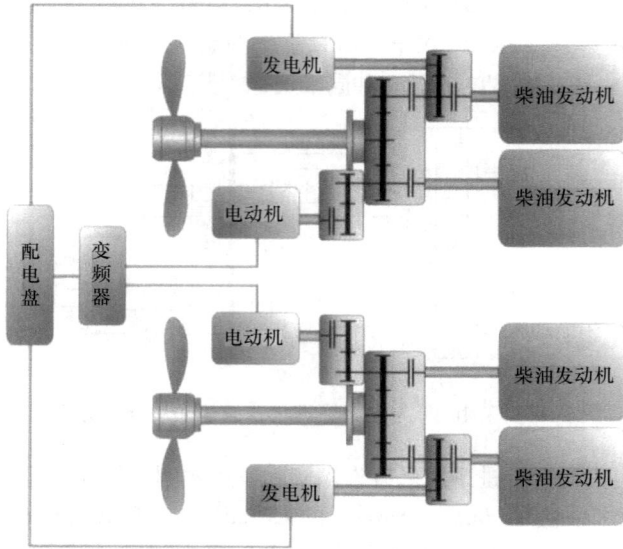

图 9-35　Far Sappire 号操锚供应拖船的混合动力系统

（2）纯电力推进船　2009 年建造的"Carolyn Dorothy"号是世界第一艘柴油机－电池混合动力的拖轮，设计了柴油－发电机组，电池和主推进电动机/发电机组，系统结构如图 9-36 所示。

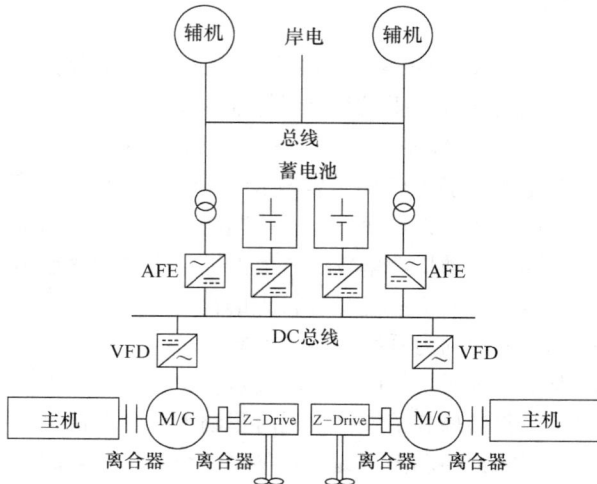

图 9-36　"Carolyn Dorothy"号拖轮混合动力系统

两台主发动机采用 Curnmins QSK50 型主机，每台额定功率 1342kW，转速范围 1800～270r/min，通过减速齿轮驱动螺旋桨；两台主推进电动/发电机组采用 SIEMENS 的 ILA8 型电力轴带 3 相电动机/发电机组，每台额定功率 900kW，电压 AC 690V，安装在主轴上，通过离合器与主发动机连接。两台辅助发电机组为 Curnmins 的 QSM11 型柴油发电机组，每台 300kW，通过 AC/DC 变流器与直流电网连接。126 个 SBS 12GFT225 型船用深循环铅酸蓄电池，12V，223Ah，通过双向 DC/DC 变流器与直流电网连接。

电力推进器采用 Z 型传动，安装了两个 Rolls Royce 公司的 US205 型 4 叶螺旋桨，直径 2.4m，与方位推力器协同运行。

系统采用混合动力模式：

1）纯电动模式：当电池电量充足且航速不高，也无拖拽作业时，柴油发电机停止工作，主发动机也不工作，与主推进电动机的离合器分离。主推进器由蓄电池单独对电动机供电。

2）柴－电工作模式：当船舶功率需求一般，但电池量不够，柴油发电机组工作，其一部分能量提供给推进电动机，剩余的能量则给蓄电池充电，但主发动机仍不工作。

3）纯机械驱动模式：当船舶高速航行时，由主发动机工作，直接驱动螺旋桨，且通过轴带驱动电动机运行于发电状态，向船舶直流电网输电，为船舶其他负载供电，也可为蓄电池充电。

4）混合工作模式：当船舶拖拽作业时，功率需求超出柴油机额定功率时，由辅助发电机组和蓄电池向推进电动机供电，采用机械与电力联合推进方式。

这种采用混合动力方式的拖轮不仅保留了原来的动力，而且由于可以加入电力推进，进一步增强了其动力；同时，也能节能环保，特别是在港口及靠岸时，采用电池供电，无废气排放。

9.3 清洁能源船

随着人类社会对能源的需求量越来越大，大量的传统能源（石油、天然气和煤炭）被消耗殆尽，同时带来了环境和生态恶化等一系列的问题，使得能源短缺、环境污染和气候变化成为当前人类面临的共同困扰，亟待解决。

为此，人们需要寻找可再生的清洁能源来代替传统的石化能源，近年来在太阳能、风能、氢能、海洋能、地热等资源的利用方面进行了研究探索，在光伏发电、风力发电和燃料电池等方面取得突破和进展，并在可再生能源发电、分布式电力系统、智能电网、电动汽车等领域取得了实际应用。上述技术在船舶中的应用则成为近年来探索船舶未来动力与推进方式变革的研究热点[13]。

9.3.1 太阳能光伏电池驱动电动船

太阳能发电是利用光伏效应原理，通过光伏电池将光能转换为电能。目前，光伏电池大多是由半导体材料制成，有单晶硅、多晶硅、薄膜晶体硅和薄膜化合物等类型的光伏电池。

光伏发电作为当前主要的可再生能源利用方式之一，已应用于照明、通信、建筑、商用电源，农村、海岛等偏远地区的小型供电系统，以及大规模并网发电系统。

太阳能在船舶和海洋工程平台方面的应用也早已开始尝试，比如：用于小型游艇、浮标、航标灯、海洋观测平台等作为电源。目前，船舶利用太阳能主要形式是采用光伏电池发电。其主要用途可分为

（1）光伏发电供电系统

为小型船舶、浮标和航标灯、以及海洋观测平台等提供电力，但船舶的推进仍采用风帆或机械驱动方式。这时，光伏发电系统是独立电源系统，如图 9-37 所示，工作于离网状态。由于太阳能是间隙性能源，因此，光伏独立电源需要配备储能装置，以连续输出电能。

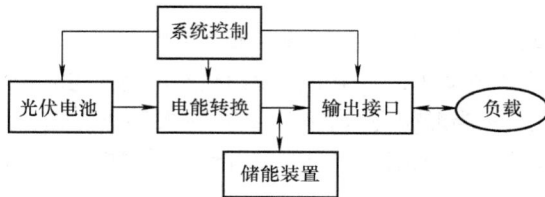

图 9-37　船舶光伏独立电源结构

（2）光伏发电辅助电源

对于大型船舶、海洋观测平台或钻井平台，因太阳能提供的电能有限，仅作为辅助电源，起节能作用；还需要装备常规发电机组。这时，光伏发电系统是非独立电源系统，如图 9-38 所示，工作于并网状态。因并网系统的电网本身可以储能，因而可以不用储能装置，但必须设置并网逆变器，并进行并网控制。

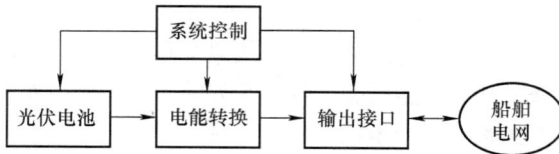

图 9-38　船舶光伏发电辅助电源结构

（3）光伏发电电动船

由光伏发电系统提供船舶全部的电力，包括电力推进系统。这时，光伏发电系统不仅向船舶其他负载供电，更主要的是为电力推进系统供电，其系统结构如图 9-39 所示。

根据上述 3 种光伏发电的电源形式，其共同的关键技术是：

1）光伏电池的选择和安装。应根据船舶需求和海洋环境特点选择适当的光伏电池，特别是，应能与船体结构紧密配合，比如薄膜型光伏电池。

2）电源转换。由于光伏电源是由许多光伏电池组件连接成的阵列，需要通过电源

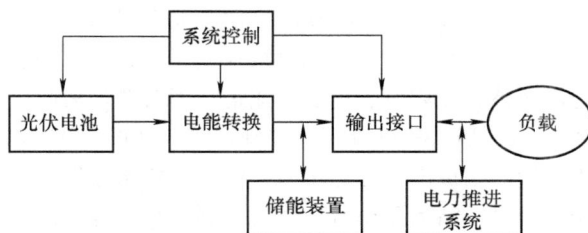

图 9-39　光伏电池电动船系统结构

转换环节输出所需的电能。目前，大部分光伏系统都是采用 Boost 型 DC/DC 变换器，将光伏电池的直流输出提升到系统直流母线的直流电压，并实现最大功率跟踪控制（MPPT），使光伏电池输出最大电能。

3）电源输出接口。根据输出负载的类型和需要提供所需电能。因通常大多是交流负载，因此，目前主要是采用 DC/AC 逆变器，又称光伏逆变器。常用单相逆变器或三相逆变器，但其控制要求则应按输出接口需要有所不同。对于独立电源系统，则需要输出恒压、恒频的稳定交流电；对于并网系统则需按电网要求控制电压、频率和相位。

4）系统控制。光伏电源因作为发电系统来要求，因而其控制内容较多，包括：电源变换器的 MPPT 控制，电源输出逆变器的电压、电流、频率和相位控制，有时还需有功与无功功率控制，电能质量控制，系统监控和能量管理等。

这方面目前在陆上光伏发电装置中已有许多研究和进展可以借鉴，请读者参阅参考文献［14，15］，本书不再赘述。

对于船舶应用，由于光伏电池的功率密度和转换效率还不高，目前只能用于用电负载小的小型船舶，比如：小游艇、小观光船、电动试验船等。图 9-40 给出了一个采用光伏电池作为电源的试验船舶的例子。

图 9-40　太阳能船舶

为了获得更好的光照，可以采用可移动的光伏电池支架，使其跟随太阳运转，以提高电能的转换效率。其控制系统一般采用光电跟踪或视日跟踪方法。

但由于船舶是运动物体，太阳位置也随船舶运行而改变。为此设计了一种光伏跟踪控制系统[16]，包括光电跟踪器、执行机构及控制器等，如图9-41所示。光电跟踪器判断光照情况并将太阳位置转换成电压信号传给控制器，控制器根据光电跟踪器返回的电压信号或时间、日期等信息判断太阳位置，然后控制执行机构，使光伏组件能够朝着垂直于光线的方向转动。

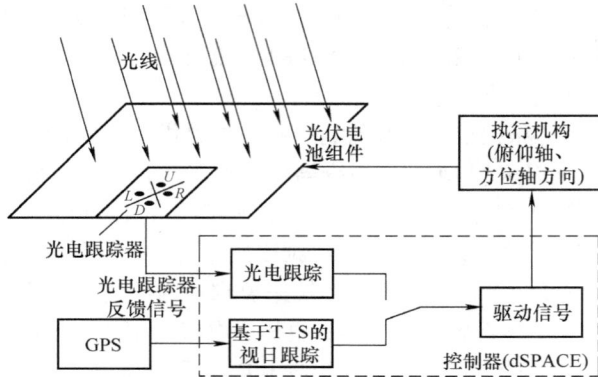

图9-41　光伏跟踪控制系统示意图

太阳跟踪控制系统的控制算法是根据天体的运行规律计算出太阳运行轨迹，再按照太阳运行轨迹控制光伏电池组件面对太阳转动。视日运动轨迹的传统计算方法是通过计算球面三角几何得到的，相对比较复杂，而且直观上不能反映出太阳跟踪控制系统的运行规律。这里采用矢量方法，分别建立太阳运行轨迹的地平坐标系和时角坐标系，通过GPS定位确定跟踪控制系统的运动规律的坐标系，对这些坐标系的变换来建立太阳能跟踪控制系统的运动方程，具体算法参见参考文献［16］。

尽管太阳能船舶电力推进还处于研究阶段，但一些应用已取得成功。例如：Island Pilot 号太阳能混合动力观光游艇（DSe－12m）于2008年投入使用，这是世界上第一艘太阳柴电混合电动游艇。该船的电力系统采用斯泰尔发动机公司的两台柴油发电机组，使用生物燃料，燃烧率达100%，两台48V直流发电机，功率为2×5kW。光伏电池阵列由 Sun Power 公司提供的光伏电池板组成，每平方英尺的额定发电量为16W，将太阳能板分两组串联，每组额定容量为3kW，总发电量为6kW，安装于驾驶室和甲板上方。储能电池选用 AGM 型铅蓄电池，分为两个独立的48V电池组，每组200A·h，相当于10kW·h，两块电池总额定容量20kW·h。这种电池具有寿命长，充放电次数达400次以上，且充放电电流量大的特点。该太阳能混合动力系统工作模式为

1）光伏电池给蓄电池充电，每块电池组配有一个 Outback Power 公司的 MX60 型带有 MPPT 控制的充电器，每个充电器额定容量60A（约3kW）。这种充电器的浮充电设

置比其他充电器高，因此只要有阳光，太阳能板就开始充电。

2）岸电给蓄电池充电，靠岸时，由岸电给蓄电池充电。为了充分利用岸电对电池充电，该游艇选用了 Outback Power 的 FX3648 逆变器/充电器。这种设备可在 30A 的状况下对 48V 直流电电池组充电，然后将其转换成功率达 3.6kW 的 120V 交流电，转换率达 92%。

3）离岸时，柴油发电机组给蓄电池充电。远离码头时，无论柴油发动机是否运转，每组斯泰尔混合发电机都可对电池充电达 5kW，总充电量 10kW·h。

电力推进系统采用两台 7kW 的 48V 直流电动机驱动螺旋桨，其工作模式为

1）在电动模式下，由电力推进系统可维持中速航行；阳光充足时，由光伏电池供电，电力推进系统的航速为 4kn。

2）在混合动力模式下，因阳光不足，由光伏电池提供的电力不够时，采用柴油机发电与光伏电池共同运行，可节能 10%~15%。

这种混合动力系统的优点为

1）电力驱动模式下，DSe-12m 游艇在保持温室气体零排放的同时，可维持中速航行，太阳能板产生的电量足够两个斯泰尔混合电动发动机使用，航行无限里程；另外，游艇行驶时，不会产生任何机械噪声。而且保持温室气体零排放。

2）游艇处于停泊状态时，不必使用内燃机，仅使用两组混合发动机中的电动模式就可在船上生活，太阳能板转换成的电能储存在电池组中，这些电能足够连续使用几天几夜不成问题。另外，电动发动机的声音相当低，因此无发动机的噪声或振动。

3）混合模式下，斯泰尔混合发动机并非"串联式"混合驱动模式，其工作原理是选用柴油机和电动模式中的任一种。但因 DSe-12m 游艇安装了一对斯泰尔混合发动机后，可实现"串联式"混合驱动模式，其工作原理为：将两块 48V 电池组连接，一个混合发动机选用柴油机模式，同时产生充电电流，而另一个则选用电动模式。这种模式的可行性在于当电池电量下降，需要充电，而恰巧太阳光不充足，因此太阳能板收集的电能无法满足充电所需；同时又需要提高航速，但纯粹用电动发动机无法达到。这样可避免使用纯柴油机模式，节省燃料。初步海上试航标明在航行速度相同的状况中，采用混合模式可节能 10%~15%。

4）柴油机模式，只要柴油发动机运转，就可同时对 48V 电池组充电。因为斯泰尔混合发动机安装时自带混合控制组件（HCU），可自动执行该功能。两个混合发动机都选用柴油机模式时，最大充电量为 10kW，采用这种模式充电更快、更有效。

另外，最近报道的 "Turanor PlanetSolar" 号太阳能电动船，名字来自于托尔金（J. R. R. Tolkien）的小说《指环王》，耗资 1250 万欧元，船身长 31m，可容纳 40 名乘客，其表层铺有 500m² 的太阳能电池板，为两个电动机提供能量，可以使该船的最大速度达到每小时 14 海里，如图 9-42 所示。

9.3.2　风力驱动船舶

利用风力驱动船舶古已有之，在蒸汽机发明以前，人类的航海几乎都是采用风帆来

图 9-42 "Turanor PlanetSolar"号太阳能电动船

驱动船舶。只是在蒸汽机、内燃机等动力出现后，采用螺旋桨的机械驱动方式逐步取代了风帆驱动方式。

在石油短缺并即将耗尽的今天，人们自然而然地回想到再次使用风力来驱动船舶的可能。目前风力驱动船舶的尝试主要有几种方案[17]：

（1）全风力驱动方式

这是原来风帆驱动船舶的延续，但风帆的转向和控制等可以采用电力传动，并装备有全球导航、自动驾驶等先进仪器和设备。即船舶的推进完全采用风力，而电力作为辅助设备与控制手段。这种船舶目前在赛艇、游艇等运动休闲船舶上使用较为普遍。

（2）风/机混合驱动方式

这类船舶类似于过去曾在内河航运中出现过的机帆船，既采用风帆驱动，也装备有螺旋桨驱动。在风力充足时，利用风帆驱动；无风时，则采用螺旋桨驱动；需要时，也可采用风、机联合驱动。

（3）风电混合驱动方式

这类船舶采用风帆和电力驱动相结合的推进系统。例如：图 9-43 的照片是 2011 年建造的"Sea Cloud Hussar"号游船，排水量 3000t，船长 153.7m，宽 17.2m，高 5.65m；采用风帆和 SIEMENS 的 BLUEDRIVE 变频器的柴电推进混合动力系统，柴电推进系统总功率 4920kW，由 4 台 1333kVA 的发电机，两台 1700kW 的主推进电动机，1 台 500kW 的侧推推进器组成，航速 14kn。

另据报道 BMW 公司建造了"Green Jet"号游艇，船长 187ft，其动力系统采用柴油机与氢燃料的双燃料发动机，由两个巨大的船帆作为辅助动力。通过游艇的导航系统自动控制，即可自动调整船帆的最佳位置，最大程度地利用风能，减少氢燃料的消耗。船速在最佳状态达 23 海里/小时，普通风向为 10 海里/小时，船上发动机推进速度为 10～13 海里/小时。

图 9-44 是拟建造的"E/S ORCELLE"号船舶，采用风电混合驱动方式的构想方案。

图 9-43 "Sea Cloud Hussar" 号风电混合动力游船

1) 系统的能源获取来自多种能源：铺设在固体风帆和船体上的光伏电池板，设置在船舶底部的波浪或海流发电装置等，为船舶提供电能。

2) 电能的存储。由于来自于太阳能等可再生能源都是间隙性能源，其电能需要储能装置存储并使用。设想利用光伏发电来电解海水产生氢气，在储存氢气用于燃料电池发电。

3) 船舶推进系统采用风帆驱动与电力推进相结合的混合推进方式。

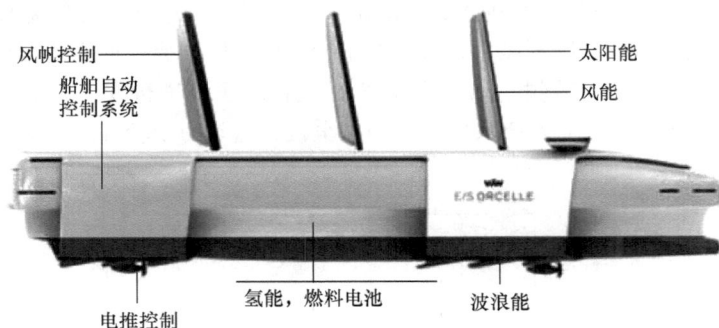

图 9-44 风力与电力混合推进船舶构想（图片来源：HULL Design 公司）

（4）风力发电系统

在船舶或海洋平台上安装风力发电机，利用风能发电来提供所需电能。风力发电系统的结构如图 9-45 所示，由风力涡轮机、齿轮箱、发电机、变流器及其控制系统组成。

风力发电系统与船舶主轴发电系统非常类似，由于风速是随时变化的，发电机输出的电压和频率都会变化，需要通过 AC/DC 变换器先将交流电变换为直流，然后再采用

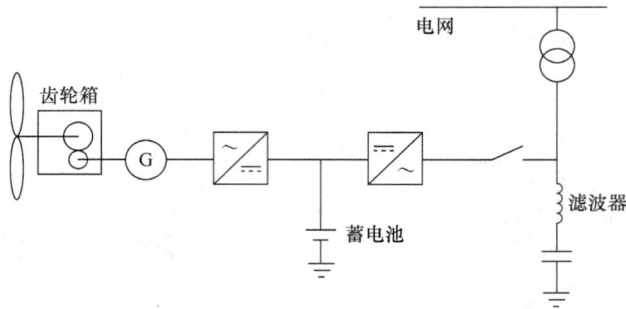

图 9-45　风力发电系统基本结构

DC/AC 逆变器输出恒压恒频的交流电，经滤波器滤波和变压器变压后传输到电网。蓄电池等储能装置可用来存储多余的电能，以备需要时使用。

目前风力发电机有同步发电机与异步发电机两大类，选用不同的发电机，风力发电的形式也有所不同。现有的风力发电系统主要方式有：

1）采用高速同步发电机，需要齿轮箱变速与发电机转速匹配，在发电机定子侧安装变流器，结构与图 9-45 相同，即全部电能经变流器变换后输出使用。

2）采用低速直驱型永磁同步发电机，其原理与船舶推进用的低速永磁同步电动机相同，通过增加磁极数使风力涡轮机与发电机的转速相匹配，不需要齿轮箱，这可减少机械损耗和故障率。变流器仍设置在定子侧，将全部电能变换后输出使用，其原理结构也与图 9-45 相似，仅需去掉齿轮箱。

3）采用绕线式转子异步电机作为发电机，仍需要齿轮箱变速，但变流器设置在转子侧，可实现双馈控制，即在风力超过或低于发电机的同步速时都能运行，其系统结构如图 9-46 所示。且因定子侧电能是直接输出，仅在转子侧进行变流器控制，所需的变流器容量大为降低。特别是对于大容量风力发电机，这是一个较好的解决方案。

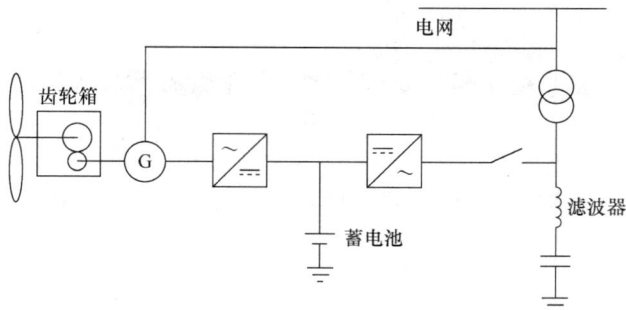

图 9-46　双馈型风力发电系统结构

有关风力发电系统的深入分析和论述，请见相关参考文献［18］，本书不再详述。

风力发电系统目前在一些小型游艇中已有应用，能为船舶提供辅助电力，作为照明等电气设备的电源。

　　风力发电还可与太阳能光伏发电组成风光互补的发电系统，配以蓄电池等储能装置，能为船舶或海洋平台提供更为持续的电能。图 9-47 给出了一个采用风力发电与太阳能光伏发电结合，并设置蓄电池储能的可再生能源电力系统，为海洋观测平台提供电能[19]。由于利用风光互补，能获得持续的电能，为海洋平台装备的仪器设备供电，同时又清洁环保。

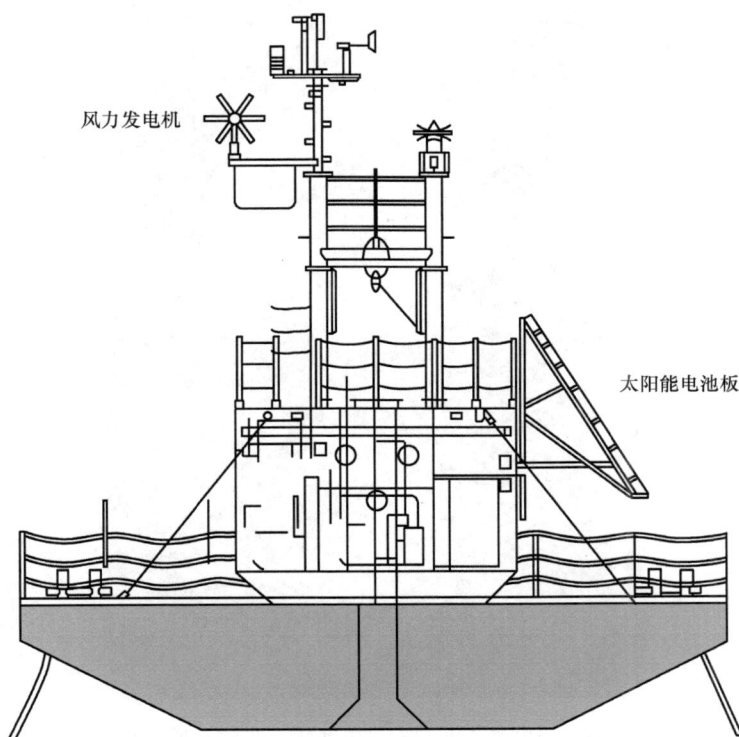

图 9-47　海洋观测平台风光互补发电装置

　　例如：ABB 公司推出一种风光互补的发电系统设想：在集装箱船舶的货舱顶部安装一层特殊集装箱，这种成为 GREEN 电池（Global Renewable Electrical Energy Network）的集装箱本身是一个发电装置，在箱体的顶层铺设太阳能电池板和安装一台小型风力发电机，光伏电池板展开后，可覆盖其顶部及相邻的两个集装箱的顶部。如果光伏电池的发电量为 $500W/m^2$，假设大型集装箱船的顶部面积为 $20000m^2$，则可提供 10MW 的电能。

　　其内部则可安装蓄电池、变流器及其控制器。目前，已研制出集装箱大小的钠硫电池，可在 7h 内提供 1.2MW 的电能。

　　每个集装箱为一个独立的风光互补的电源，它们之间可以连接并网。船舶装卸货时，可以先取下这层电源集装箱，装完货物集装箱后，再安装上去，为船舶航行时供电。而且可在港口设置充电站，给蓄电池充电。这样，GREEN 电池就像普通集装箱一样方便地进行更换。图 9-48 给出该设想的示意图。

图 9-48　ABB 新能源船舶发电系统（来源文献［20］）

可以预见，在不远的未来，可再生能源发电系统将越来越多地用作为船舶电源。特别是海洋平台、浮标灯、海洋监测站、远海的孤岛及人工浮岛等常规电网不能到达的地方。

9.3.3　燃料电池船

1839 年英国的 Grove 发明了燃料电池，利用氢氧的化学反应产生电。1889 年 Mood 和 Langer 首先采用了燃料电池这一名称，并获得 $200mA/m^2$ 电流密度。由于发电机和电极过程动力学的研究未能跟上，燃料电池的研究直到 20 世纪 50 年代才有了实质性的进展，英国剑桥大学的 Bacon 在 1939 年以 27% 的 KOH 溶液作为电解质，试制成功了碱型燃料电池，工作温度为 $100℃$，单个电压为 $0.8V$，电流密度为 $13mA/cm^2$。20 世纪 60 年代，这种电池成功地应用于阿波罗（Appollo）登月飞船。从 20 世纪 60 年代开始，氢氧燃料电池广泛应用于宇航领域，同时，兆瓦级的磷酸燃料电池也研制成功。从20世纪80年代开始，各种小功率电池在宇航、军事、交通等各个领域中得到应用。

燃料电池由于具有能量转换效率高、对环境污染小等优点而受到世界各国的普遍重视，燃料电池的飞速发展必然对人类社会产生深远的影响，正如美国矿物能源部长助理克·西格尔说："燃料电池技术在21世纪上半叶在技术上的冲击影响，会类似于20世纪上半叶内燃机所起的作用"。因此，采用燃料电池作为船舶电源和推进装置，成为未来船舶电力推进的新方向而倍受关注。

（1）燃料电池工作原理

燃料电池发生电化学反应的实质是氢气的燃烧反应。它与一般发电不同之处在于燃料电池的正、负极本身不包含活性物质，只是起催化转换作用。所需燃料氢和氧不断由外界输入，因此燃料电池是名副其实的把化学能转化为电能的装置。图9-49是PEMFC的工作原理示意图。

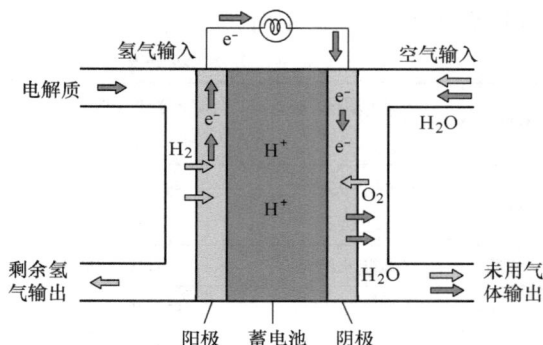

图9-49　PEMFC工作原理

阳极催化层中的氢气在催化剂的作用下发生氧化反应，方程式见式（9-7）。反应产生的电子经外电路到达阴极，氢离子则经过质子交换膜到达阴极。氧气与氢离子及电子在阴极发生反应生成水，反映方程式见式（9-8）。生成的水通过电极随反应尾气排出。

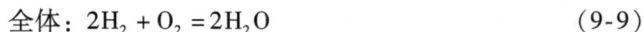

$$阳极：2H_2 = 4H^+ + 4e^- \tag{9-7}$$

$$阴极：O_2 + 4H^+ + 4e^- = 2H_2O \tag{9-8}$$

$$全体：2H_2 + O_2 = 2H_2O \tag{9-9}$$

燃料电池能量转换是一个化学过程，由于不经过燃烧，所以与传统的内燃机相比较有以下特点：

1）能量转换效率高。在理论上燃料电池的热电转换效率可达85%～90%。但实际上，电池在工作时由于各种条件的限制，目前各类电池实际的能量转换效率均在40%～60%，若实现热电联供，燃料的总利用率可以达到80%以上。

2）无污染。燃料电池作为大、中型发电装置使用时其突出的优点是减少污染排放。对于氢燃料电池而言，发电后的产物只有水，可实现零污染。

3）噪声低。由于燃料电池无热机活塞引擎等机械传动部分，故操作环境无噪声污染。

4）可靠性高。燃料电池发电装置由单个电池堆叠至所需规模的电池组构成。由于这种电池组是模块结构，因而维修十分方便。另外，当燃料电池的负载有变动时，它会很快响应，故无论处于额定功率以上过载运行或低于额定功率运行，它都能承受且效率变化不大。

（2）燃料电池的分类

依据燃料电池工作需要的电解质的不同，燃料电池可以分为碱性燃料电池（AFC）、磷酸型燃料电池（PAFC）、熔融碳酸盐燃料电池（MCFC）、固体氧化物燃料电池（SOFC）及质子交换膜燃料电池（PEMFC）等。表 9-4 列出了几种主要类型燃料电池的燃料、电解质、电极和工作温度等基本特点[17]。

其中：PEMFC 以全氟磺酸固体聚合物为电解质，Pt - C 等为催化剂，氢气为燃料，空气为氧化剂，以石墨或改进的金属板为双极板，其工作温度低，约 80 ~ 100℃，所以电池起动较快，适合应用到交通工具中。

表 9-4　燃料电池的分类

类型		磷酸型燃料电池（PAFC）	熔融碳酸盐型燃料电池（MCFC）	固体氧化物型燃料电池（SOFC）	质子交换膜燃料电池（PEMFC）
燃料		煤气、天然气、甲醇等	煤气、天然气、甲醇等	煤气、天然气、甲醇等	纯 H_2、天然气
电解质		磷酸水溶液	$KLiCO_3$ 溶盐	$ZrO_2 - Y_2O_3$（YSZ）	离子（Na 离子）
电极	阳极	多孔质石墨（Pt 催化剂）	多孔质镍（不要 Pt 催化剂）	$Ni - ZrO_2$ 金属陶瓷（不要 Pt 催化剂）	多孔质石墨或 Ni（Pt 催化剂）
	阴极	含 Pt 催化剂 + 多孔质石墨 + Tefion	多孔 NiO（掺锂）	LaXSr1 - XMn（Co）O_3	多孔质石墨或 Ni（Pt 催化剂）
工作温度		~200℃	~650℃	800 ~ 1000℃	~100℃

（3）燃料电池在船舶方面应用

由于燃料电池具有许多优点，它也被航运、造船界所关注。日本船舶振兴财团从 1993 年起连续作了大量的调研，认为可以在 LNG 船、科学考察船等船舶运用燃料电池。但是都还在研究试设计阶段，尚未有试验船的报道。

在 LNG 船中装运的液体天然气在航行中，受到光照会自动气化。传统的方法是放空或再液化，会浪费能源和造成污染。而燃料电池（MCFC）正好利用气化的天然气，这样不仅解决了天然气气化的问题，也节约了能源。LNG 船 MCFC 系统结构如图 9-50a 所示，其电力推进系统如图 9-50b 所示。

但是对于大型海洋船舶，需要功率可能高达几 MW 到几十 MW。考虑到燃料电池的成本，完全采用燃料电池作为大型船舶的动力装置是不现实的。所以辅助功率单元（APU），是目前可采取的方案。ABB 公司针对未来的全电力驱动船舶，提出了一种采用基于燃料电池船舶电力系统结构，如图 9-51 所示，FC 为燃料电池，ESD 为储能装置，HSG 为超导发电机或高速发电机。该方案可以通过直流或交流的船用电网把发电设备、用电设备、应急设备和储能装置连接到一起。据该公司的研究表明，如果通过直流电网组建船舶的能源系统可以节约 20% 的燃料，而且可以方便地把燃料电池单元、太阳能发电单元及储能装置集成到船舶电网中。

挪威的"Viking Lady"号近海工程补给船采用了燃料电池辅助功率单元，由挪威船

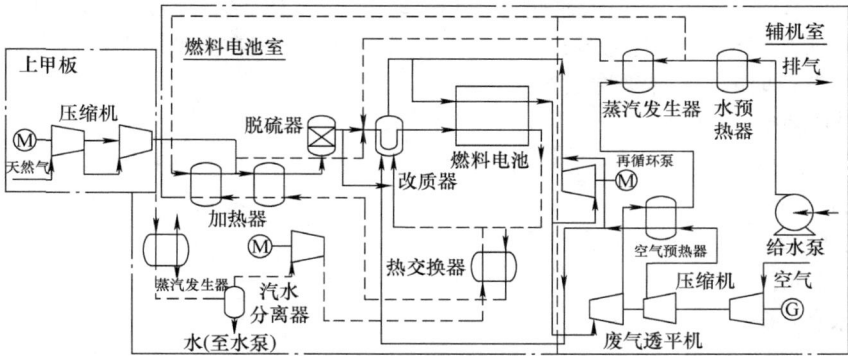

a) LNG 船 MCFC 系统结构图

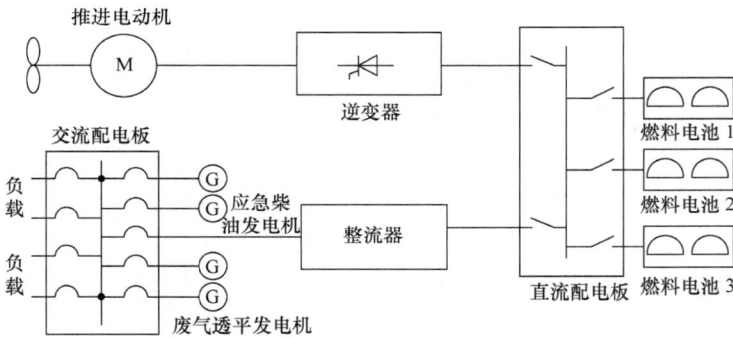

b) 燃料电池电力推进系统

图 9-50　采用燃料电池推进的 LNG 船舶

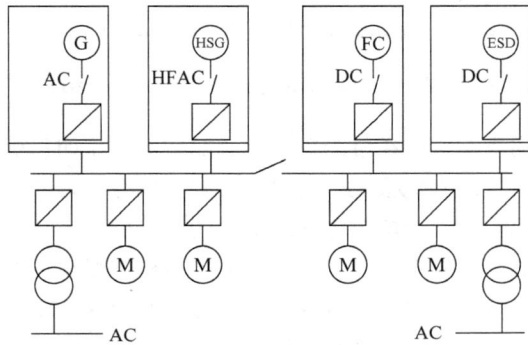

图 9-51　ABB 公司的未来全电船构想图（图片来源：ABB 公司）

级社主导的 FellowShip 燃料电池项目组研发，设计了柴油发电机组与燃料电池组成的电力系统，其系统结构如图 9-52 所示，用一台 320kW 高温燃料电池（MCFC）作为船上

的辅助动力，燃料电池单元通过 DC/DC 变换器和 DC/AC 变换器接于船舶电网
（690V）。目前 Viking Lady 号现已投入运营，是全球第一艘在大型船上进行燃料电池发
电试验的营运船舶。其主要参数为

MCFC 功率：320kW；

热回收：200kW；

燃料：LNG；

长：92.2m；

宽：21m；

吃水：7.6m；

排水：6100t；

载重：5900t；

载员：25 人。

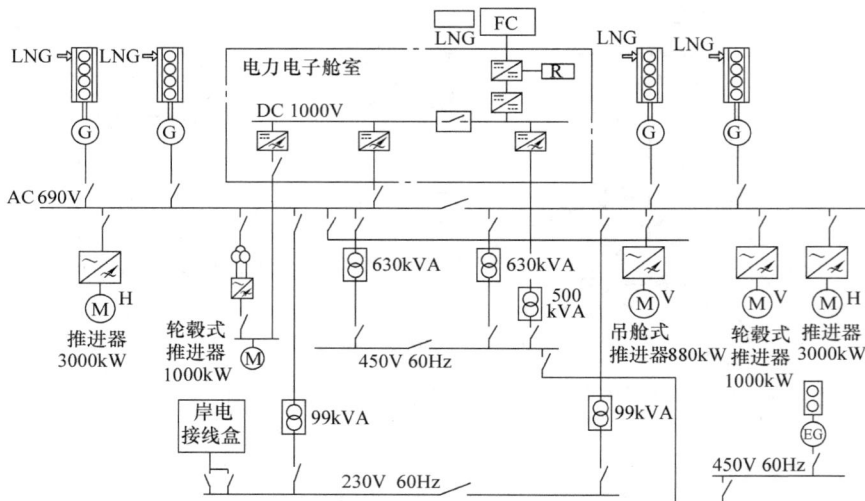

图 9-52　Viking Lady 号船舶的电力系统结构

　　目前，燃料电池的应用主要在游船等小型船舶方面，比如：摆渡船及客船在进出港
口时，低负载运行，且负载变化很大。这时就需要主机有良好的负载特性，而燃料电池
正具有这样的优点。此外，由于燃料电池对港口的污染少，且噪声低，可以给旅客以舒
适的环境，因此具有良好的发展前途。燃料电池电力推进船噪声低、振动少，所以也比
较适合科学考察船，可以为科学工作者提供一个舒适的研究环境。此外，在一些对污染
敏感的水域，特别是在一些旅游景点，对环境的要求很高，而且燃料电池电力推进相比
与蓄电池驱动的船，不需要很长的充电时间，也有良好的应用前景。

　　例如：由欧盟资助的"ZEMShips"项目，意为"Zero Emission ship"。该项目从
2006 年 11 月开始，到 2010 年结束，开发了以燃料电池为动力的游船"Alsterwasser"

号，如图 9-53 所示。目前该船由 ATG 公司管理，在德国的 Alster 湖上提供游览服务。该船安装了德国 Proton Motor 公司提供的两台 PM Basic A50 型燃料电池，额定输出功率 80kW（2×40kW），并配有 560V/360AH 的电池组，输出电压 140～260V，电流为280～520A，电动机功率为 120kW。船舶排水量 72t，长 25.56m，宽 5.20m，乘客 100 人，最大速度达 14km/h。

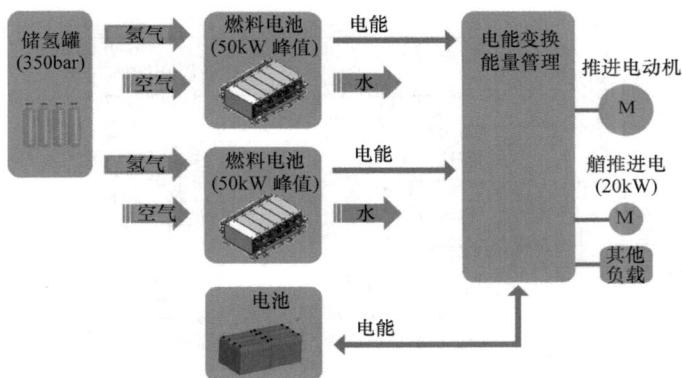

图 9-53　燃料电池游船电力推进系统结构框图

9.4　中国燃料电池实验船的研制

上海海事大学电力传动与控制研究所自 2003 年开始，研发燃料电池电力推进系统，其系统结构如图 9-54 所示，由船体、船舶驾驶台、燃料电池单元、DC/DC 变换器、电池组、辅助电源、市电充电单元、监控单元和信息处理单元以及电动机控制单元和螺旋桨传动机构组成[21]。

燃料电池功率是 2kW，输出电压的范围为 22～40V。为了得到一个恒定的输出直流，采用了一个数字式 DC/DC 变换器把电压调整到 48V。传动电机采用一个永磁的无刷直流电机驱动落选奖。蓄电池由 4 个 12V 铅酸电池串联而成。辅助电源把 48V 的直流电转化为 50Hz，220V 的交流电，为一些辅助设备供电。市电充电单元则是在游船靠岸时，通过市电给蓄电池组充电。监控单元主要由一个 PLC 和数据采集电路构成，根据驾驶台的信号控制游船，并且把采集到的信号通过 MODBUS 传输到信息处理单元。信息处理单元的核心是一个工控机（IPC），其功能主要是显示、存储和处理信息。

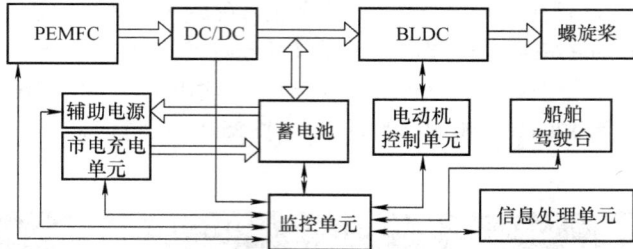

图 9-54　燃料电池实验船系统结构

其中：燃料电池及其控制器、电源变换器与电力推进系统是核心环节。燃料电池的结构如图 9-55 所示，由燃料电池反应堆及其辅助系统、电源变换器和电力推进系统组成。

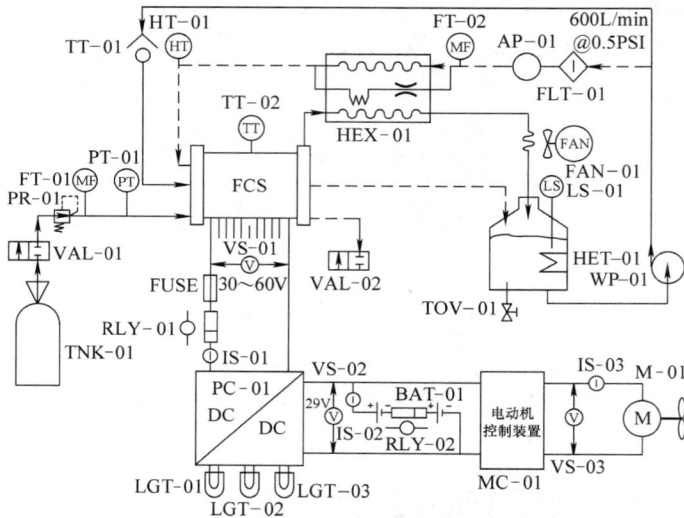

图 9-55　燃料电池动力与推进系统结构

（1）燃料电池发电系统

燃料电池发电系统结构如图 9-56 所示，由空气供给模块、氢气供给模块、反应气增湿系统、废气排除模块和热管理模块组成。

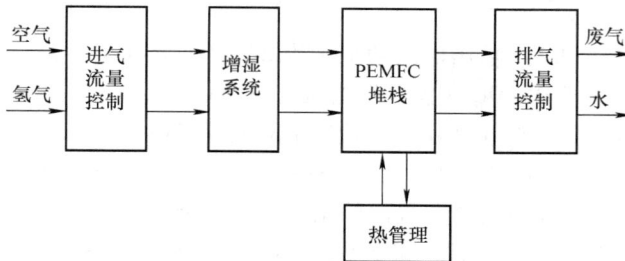

图 9-56　燃料电池系统结构

通常，纯氢气（99.99%）存储在高压气瓶内，气瓶出口处的压力传感器，用来指示其瓶内的含气量。高压氢气经过气瓶阀、手动减压阀后降压，然后通过电磁阀、电动调节阀、氢气流量传感器、氢气加湿器进入电堆。

空气经过空气滤清器，被高速旋转的空压机将空气压缩，经过空气流量计送入加湿装置，然后送到燃料电池电堆中。

氢气和空气反应后，产生的废气，包括水蒸气和其他的气体，通过一个尾气电磁阀排除。

燃料电池工作时会产生大量的热，如果不能及时地排出多余的热能，会影响燃料电池安全、高效的运行。通过一套冷却水循环系统使得燃料电池的最高工作温度保持在80℃左右。

综上所述，燃料电池是一个复杂的非线性系统，为了使燃料电池内部的化学反应根据输出进行调整，必须采用计算机实时控制。这里使用 DSP LF2407 进行控制，采用自适应控制算法满足系统的需求。

（2）DC/DC 变换器

燃料电池的缺点是负载特性太软，因此需要采用 DC/DC 变换器增强其带负载能力。为此设计的 DC/DC 变换器的结构如图 9-57 所示，采用了一个 Boost 升压变换器。

本例中燃料电池由 40 节单电池

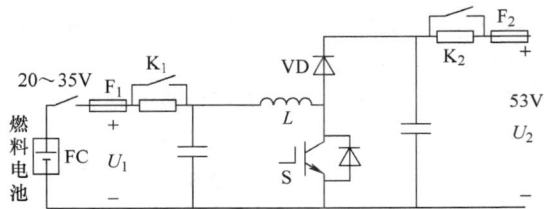

图 9-57 Boost 升压变换器

模块组成，其开路电压 35V，额定输出功率（2kW）的工作电压为 24V，最低工作电压 20V，输出电流范围 10 ~ 90A。通过电源变换来调整燃料电池的输出，使其稳定在 53.3V。

（3）电力推进系统

由于无刷直流电动机（BLDC）具有转矩、功率密度大、位置检测和控制方法简单、效率高的优点。所以这里采用低压的无刷直流电动机来驱动螺旋桨，其结构如图 9-58 所示。

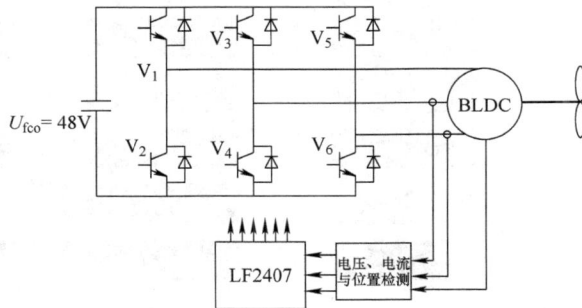

图 9-58 电力推进系统结构

（4）监控系统设计

燃料电池船舶的系统监控与 PMS 也极为重要。设计的监控系统控制采用 PLC，它接受到来自驾驶台的信号，产生动作，起动或停止燃料电池，起动或停止 BLDC；另一方面的作用是信号采集和故障保护，把游船运行状态信息送到驾驶台；同时，PLC 把采集的信号通过 MODBUS 总线送到 IPC，接受 IPC 的命令控制游船。IPC 一方面接受来自 PLC 传输的信号，另一方面通过 RS－232 接受燃料电池传输的信号，把这些信号进行分类，显示，存储，在紧急状况下可以向 PLC 发出命令停止系统。

为了能够对燃料电池试验船的运行状况和故障状况，进行集中控制和分析，对燃料电池的游船性能进行全面的评估，需要全面的记录游船的工作状态。所以开发了基于 IPC 的监控软件。

监控微机通过串行接口与燃料电池的 LF2407 和 PLC 进行实时通信：一方面接受来自 PLC 监测到的游船的运行参数、运行状态和故障参数等数据，接受 LF2407 监测燃料电池的运行参数、运行状态和故障参数等数据；另一方面把这些数据以图表的方式显示出来，紧急状态下向 PLC 发出命令停止游船或燃料电池。主要功能如下：

1）通过串口读入运行数据和发出控制命令，读入的数据存储到数据库；

2）读入的运行数据或故障数据在运行画面上以曲线和数值的方式实时显示，并能够根据用户设定的报警值发出报警信号；

3）在必要时关闭燃料电池和停止试验船。

测控软件可以在 Windows 环境下运行，并提供了 MSComm 通信控件，可以简单高效地实现串口设备之间的通信。IPC 与 PLC 通信采用了 MODBUS 协议，将通信参与者规定为主站和从站，每个从站都有自己的地址编号。不同厂商生产的控制设备通过 Modbus 接口可以相互连成工业网络，进行整个系统的集中监控。IPC 与 PLC 之间通信的内容包括主站对从站的读取和写入，MODBUS 规定，只有主站具有主动权，从站只能被动的响应，包括回答出错信息。

监控软件的主要界面如图 9-59 所示，其中：图 9-59a 可显示燃料电池的堆栈电压、电流、功率、温度和控制电源电压。图 9-59b 主要是显示蓄电池组的电压电流，直流母线的电压电流，螺旋桨的转速等。

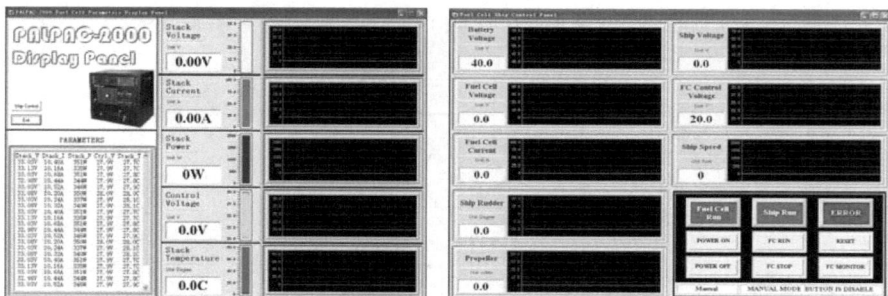

a) 燃料电池指标　　　　　　　　　　b) 蓄电池组指标

图 9-59　燃料电池试验船实时监控软件主要界面图

实测游船的速度可以达到 15km/h；续航能了超过 4 个小时。图 9-60 是游船运行时燃料电池的数据。

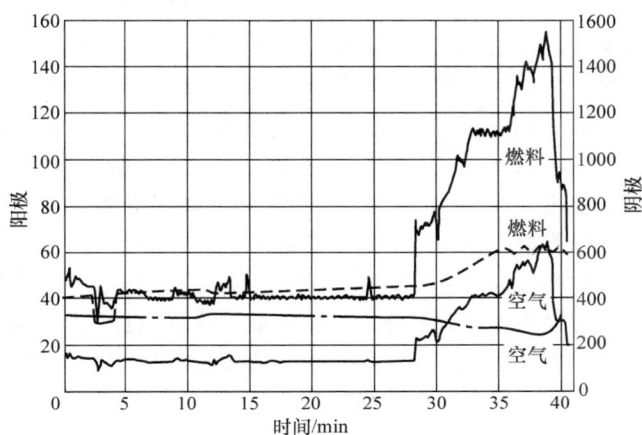

图 9-60　燃料电池工作波形

（5）实验测试

燃料电池试验船的船长 4.8m，宽 2m；高压气瓶安装在船的尾部，瓶的压力为 20MPa，容量为 70L；燃料电池总功率 2kW；蓄电池组由四节 12V，65A·h 的铅酸电池串联而成，图 9-61 为试验船的试航照片。

图 9-61　"天翔 1 号"燃料电池试验船的试航照片

2005 年中国第一艘燃料电池实验船"天翔 1 号"研制成功并完成试验，填补了国内空白，并在上海第 6 届国际工业博览会上展出。

9.5 未来船舶发展趋势

虽然，目前船舶新能源的利用尚处于研究探索阶段，但未来的应用前景光明。未来的新能源船舶将利用风能、太阳能、氢能等多种能源，组成混合电源与电力推进系统。

日本的 Nippon Yusen KK（NYK）公司正在开发降低 CO_2 排放达 69% 的"绿色"集装箱船。"NYK Super Eco Ship"号新能源混合动力船构建设想如图 9-62 所示，主要由燃料电池作动力。将使用 LNG 制作氢气，供 40MW 的燃料电池使用。在应急状态，太阳能和风能将提供额外能量，新的发电电站布置在船的前部。

推进系统采用 4 台推进电动机总功率 40MW，包括两台轴隧推进器和两台方位吊舱式推进器以及对转式螺旋桨来降低损耗。吊舱式推进器提供操舵而不需要额外的船舵。两台多功能可伸缩推力器保证了船舶入坞时的完全操纵能力。电动机布置在自尾部，通过使用低温超导电动机和电缆而降低功率损耗。

该船将使用新开发的抗阻材料以便增强节能环保，通过空气润滑来降低船体摩擦。

NYK 计划在 2030 年完成该未来船的研制。预计其排放的 CO_2 是柴油发电机推进系统的 30%。此外太阳能电池可以增加功率 $1\sim2MW$，使用帆，风力能提供 $1\sim3MW$ 的动力。预计与当今类似船相比，运营该船总的 CO_2 排放将降低 70%。

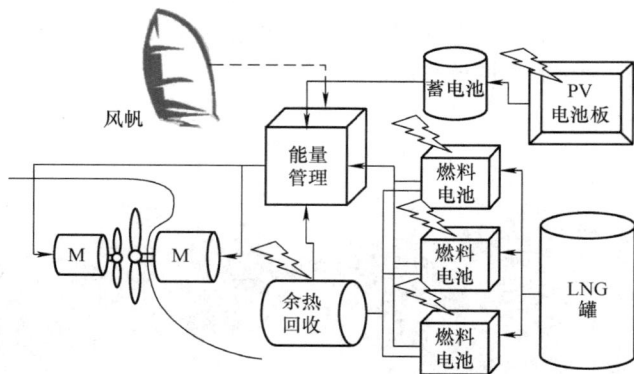

图 9-62 多种新能源混合动力船

参 考 文 献

[1] Apsley J M, Gonzalez – villasenor A, Barnes M, et al. Propulsion drive models for full electric marine propulsion systems [J]. IEEE Transactions on Industry Applications, 2009, 45 (2): 676 – 684.

[2] Kalsi S S, Gamble B B, Ige S O. The Status of HTS Ship Propulsion Motor Developments [C]. Proceedings of AES 2005 – ALL ELECTRIC SHIP, Paris, 2005.

[3] Terry Ericsen, Power Electronics and Future Marine Electrical Systems [J]. IEEE TRANSACTIONS

ON INDUSTRY APPLICATIONS, 2006, 42 (1).

［4］周晶晶. 锂电池主动均衡策略及其电能管理系统的研究 ［D］. 上海海事大学, 2013.

［5］Yamashita K, Tomida T, Matsuse K. Performance of the inverter with the super capacitor for vector controlled induction motor drives ［C］. *IEEE Industrial Electronics IECON* 2006 – 32nd Annual Conference, 2006: 946 – 951.

［6］Wenjie Chen, Alf Kåre Ådnanses, Jan Fredrik Hansen, et al. Super – Capacitors Based Hybrid Converter in Marine Electric Propulsion System ［C］. XIX International Conference on Electrical Machines – ICEM 2010, Rome, 2010.

［7］Zaim. Unconventient Electric Machines ［M］. London: Springer, 2012.

［8］Malesani L, Rossetto L, Tenti P, et al. AC/DC/AC PWM converter with reduced energy storage in the dc link ［J］. IEEE Transations on Industry Applications, 1995: 287 – 292.

［9］Jorulf Nergard, Alf Kare Adnanes. 钻井平台（船）的进展. 动力时代, ABB 公司, 2009 （1）.

［10］李继方, 汤天浩, 等. 共直流母线多电机系统的混杂动态模型及调度 ［J］. 电工技术学报, 2011, 26 (7): 181 – 187.

［11］Del Pizzo A, Polito R M, Rizzo R, et al. Design Criteria of On – board Propulsion for Hybrid Electric Boats ［C］. 2010 XIX International Conference on Electrical Machines, 2010: 1 – 6.

［12］Alf Kare Adnanes. Reduction of fuel consumption and environmental footprint for AHTS and OSVs using electric or hybrid propulsion. ABB AS, Business Unit Marine, P. O. Box 94, NO – 1375 Billingstad, Norway.

［13］汤天浩. 新能源与电力电子在船舶电力推进中的发展和应用 ［J］. 上海海运学院学报, 2004, 25 (1).

［14］赵争鸣, 等. 太阳能光伏发电及其应用 ［M］. 北京: 科学出版社, 2005.

［15］陈立剑, 徐建勇. 太阳能光伏电力推进在船舶上的应用研究 ［J］. 船海工程. 2013, 42 (2): 160 – 164.

［16］杜婷婷, 汤天浩, 韩金刚. 光伏发电伺服跟踪控制系统的设计与应用 ［J］. 机电一体化. 2012, 6.

［17］Muyeen S M. Wind Energy Conversion systems technology and Trends ［M］. London: Springer, 2012.

［18］Ibrahim H, Ilinca A, Perron J. Energy Storage System – Characteristics and comparisons, Wind Energy Research Laboratory (WERL)" Université du Québec à Rimouski.

［19］Krueger S, Roeder W, Wlost K P. The IOW – Baltic Stations DARSS SILL & ODER – BANK, part of the German Marine Monitoring Network ［C］, MARNET Proceedings, Baltic Marine Science Conference, Ronne, Denmark, 1999: 21 – 26.

［20］Ryan Skinner. 没有矿物燃料, 怎样为商船队提供动力? ［J］. 动力时代, ABB 公司, 2009 （1）.

［21］Tianhao Tang, Jingang Han, Gang Yao, et al. Developmen to fa PEM Fuel Cell Boat ［C］. 12th International Power Electronics and Motion Control Conference, EPE – PEMC Portoro. Slovenia. 2006. 9: 1385 – 1388.

电力电子新技术系列图书

目录